니체,
실험적 사유와
극단의 사상

Friedrich Nietzsche

니체,
실험적 사유와
극단의 사상

이진우 지음

책세상

일러두기

1. 주석에서 니체 인용문의 출처를 제시할 때는 니체의 저작을 약어로 표시하고 권수와 쪽수를 밝혔으며, 사용된 약어가 어떤 저작을 가리키는지는 별도의 약어표에 정리해놓았다. 니체 텍스트로는 독일어본의 경우 《니체비평전집 *Sämtliche Werke. Kritische Studienausgabe in 15 Bänden*》(München · Berlin · New York : de Gruyter · dtv, 1980)을, 한국어본의 경우 니체전집의 정본으로 공인된 《니체비평전집 *Nietzsche Werke, Kritische Gesamtausgabe*》(Berlin · New York : Walter de Gruyter, 1967~)을 완역한 니체전집(전21권, 책세상, 2001~2005)을 사용했다.

2. 니체 저작의 번역은 책세상의 니체전집을 따랐으며, 필요와 맥락에 따라 저자가 새롭게 번역한 경우도 있다.

3. 이 책은 저자가 *Politische Philosophie des Nihilismus. Nietzsches Neubestimmung des Verhältnisses von Politik und Metaphysik*(Berlin · New York : de Gruyter, 1992) 이후 쓴 다음의 글들을 일부 토대로 삼았다.

   〈학문과 예술의 사이—문화의 철학적 정당화와 철학의 문화적 의미〉, 프리드리히 니체, 《비극적 사유의 탄생》, 이진우 옮김(문예출판사, 1997), 239~264쪽.

   〈진리의 허구성과 허구의 진실성〉, 《철학연구》 제35집(1994년 가을), 187~208쪽.

   〈계보학의 철학적 방법론—니체와 푸코를 중심으로〉, 《철학연구》 제73집(대한철학회, 2000), 141~167쪽.

   〈21세기와 허무주의의 도전〉, 범한철학회 2000년 봄 학술발표회("21세기, 철학적 화두의 모색") 강연, 《범한철학》 제21집(2000년 봄), 77~101쪽.

   〈글쓰기와 지우기의 해석학—데리다의 '문자론'과 니체의 '증후론'을 중심으로〉, 한국니체학회 엮음, 《니체와 현대의 만남》, 니체 연구 제4집(세종출판사, 2001), 29~59쪽.

   〈니체와 아시아적 사유〉, 《철학연구》 제53집(철학연구회, 2001년 여름), 203~223쪽.

   〈니체와 아시아적 사유 2—니체의 불교관을 중심으로〉, 《철학연구》 제85집(대한철학회, 2003), 273~292쪽.

   〈니체와 현대철학—무엇이 니체를 현대적으로 만드는가〉, 니체전집 출간 기념 학술 심포지엄(2005).

차례

KSA   Friedrich Nietzsche, *Sämtliche Werke. Kritische Studienausgabe in 15 Bänden,* Giorgio Colli · Mazzino Montinari (Hrsg.)(München · Berlin · New York : de Gruyter · dtv, 1980)

KSB   Friedrich Nietzsche, *Sämtliche Briefe. Kritische Studienausgabe in 8 Bänden,* Giorgio Colli · Mazzino Montinari (Hrsg.)(München · Berlin · New York : de Gruyter · dtv, 1986)

GT   *Die Geburt der Tragödie*(비극의 탄생)

PHG   *Die Philosophie im tragischen Zeitalter der Griechen*(그리스 비극 시대의 철학)

WL   *Ueber Wahrheit und Lüge im aussermoralischen Sinne*(비도덕적 의미에서의 진리와 거짓에 관하여)

SE   *Schopenhauer als Erzieher*(=Unzeitgemäße Betrachtungen III)(교육자로서의 쇼펜하우어 : 반시대적 고찰 III)

HL   *Vom Nutzen und Nachteil der Historie für das Leben*(=Unzeitgemäße Betrachtungen I)(삶에 대한 역사의 공과 : 반시대적 고찰 II)

DS   *David Strauss*(=Unzeitgemäße Betrachtungen I)(다비드 슈트라우스 : 반시대적 고찰 I)

MA I   *Menschliches, Allzumenschliches I*(인간적인 너무나 인간적인 I)

MA II *Menschliches, Allzumenschliches II*(인간적인 너무나 인간적인 II)

M *Morgenröthe*(아침놀)

FW *Die fröhliche Wissenschaft*(즐거운 학문)

Za *Also sprach Zarathustra*(차라투스트라는 이렇게 말했다)

JGB *Jenseits von Gut und Böse*(선악의 저편)

GM *Zur Genealogie der Moral*(도덕의 계보)

WA *Der Fall Wagner*(바그너의 경우)

GD *Götzen-Dämmerung*(우상의 황혼)

AC *Der Antichrist*(안티크리스트)

EH *Ecce Homo*(이 사람을 보라)

니체전집 1 《언어의 기원에 관하여 · 이러한 맥락에 관한 추정 · 플라톤의 대화 연구 입문 · 플라톤 이전의 철학자들 · 아리스토텔레스 수사학 I · 유고(1864년 가을~1868년 봄)》, 김기선 옮김(책세상, 2002)

니체전집 2 《비극의 탄생 · 반시대적 고찰》, 이진우 옮김(책세상, 2005)

니체전집 3 《유고(1870년~1873년)》, 이진우 옮김(책세상, 2001)

니체전집 4 《유고(1869년 가을~1872년 가을)》, 최상욱 옮김(책세상, 2001)

니체전집 5 《유고(1872년 여름~1874년 말)》, 이상엽 옮김(책세상, 2002)

니체전집 6 《바이로이트의 리하르트 바그너 · 유고(1875년 초~1876년 봄)》, 최문규 옮김(책세상, 2005)

니체전집 7 《인간적인 너무나 인간적인 1》, 김미기 옮김(책세상, 2001)

니체전집 8 《인간적인 너무나 인간적인 2》, 김미기 옮김(책세상, 2002)

니체전집 9 《유고(1876년~1877/78년 겨울) · 유고(1878년 봄~1879년 11월)》, 강용수 옮김(책세상, 2005)

니체전집 10 《아침놀》, 박찬국 옮김(책세상, 2004)

니체전집 11 《유고(1880년 초~1881년 봄)》, 최성환 옮김(책세상, 2004)

니체전집 12 《즐거운 학문 · 메시나에서의 전원시 · 유고(1881년 봄~1882년 여름)》, 안성찬 · 홍사현 옮김(책세상, 2005)

니체전집 13 《차라투스트라는 이렇게 말했다》, 정동호 옮김(책세상, 2000)

니체전집 14 《선악의 저편 · 도덕의 계보》, 김정현 옮김(책세상, 2002)

니체전집 15 《바그너의 경우 · 우상의 황혼 · 안티크리스트 · 이 사람을 보라 · 디오니소스 송가 · 니체 대 바그너》, 백승영 옮김(책세상, 2002)

니체전집 16 《유고(1882년 7월~1883/84년 겨울)》, 박찬국 옮김(책세상, 2001)

니체전집 17 《유고(1884년 초~가을)》, 정동호 옮김(책세상, 2004)

니체전집 18 《유고(1884년 가을~1885년 가을)》, 김정현 옮김(책세상, 2004)

니체전집 19 《유고(1885년 가을~1887년 가을)》, 이진우 옮김(책세상, 2005)

니체전집 20 《유고(1887년 가을~1888년 3월)》, 백승영 옮김(책세상, 2000)

니체전집 21 《유고(1888년 초~1889년 1월 초)》, 백승영 옮김(책세상, 2004)

머리말

    어떤 사상가의 '이름'이 그의 '사상'보다 훨씬 더 유명해서 그 사상의 참모습을 파악하기 위해서는 온갖 편견과 이데올로기로 뒤덮인 덤불숲을 헤쳐나가야만 하는 경우가 있다. 마키아벨리와 마르크스가 그렇지만, 니체만큼 신비에 휩싸인 사상가는 또 없을 것이다. 그의 사상에 혼란스러워하는 사람들이 있지만, 프리드리히 니체라는 이름은 여전히 많은 모험적 예술가와 사상가들의 가슴을 뛰게 만든다. 니체의 이름에 현혹되지 말고 그의 사상에 주목하라는 진지하고 엄숙한 학자들의 경고는 별 효력이 없는 것처럼 보인다. 니체라는 이름은 여전히 다양한 사상을 잉태하고 있기 때문이다.

    왜 지금 니체인가? 표면에서는 모험과 다양성과 새로움이 가득한 것처럼 보이지만 껍질을 한 꺼풀 벗기고 보면 모험보다는 안정, 다양성보다는 획일성, 새로움보다는 친숙함에 대한 욕구가 강렬한 이 권태의 시대에 왜 우리는 니체를 읽어야 하는가? 다양한 사상적 실험들이 시도되었던 지난 세기와 비교해보면, 21세기의 지성 세계는 그야말로 '죽은 사상가의 사회'이다. 새로운 학파를 세울 수 있는 사상가는 보이지 않고 생명력을 상실한 수많은 이론들만이 떠돌아다닌다. 니체가 시대의 병으로 진단한 역사적 의식의 과잉이 창조적 사유를 죽인 것일까. 철학적 사유가 언제부터인지 이론의 문헌학적 체계화 및 박제화로 인식되고 있다.

니체는 분명 파괴와 창조의 철학자이다. 니체는 자신처럼 사유하는 사람에게는 스스로를 파괴할 위험이 항상 가까이 있다고 고백한다. 그는 기존의 가치를 전복하고 새로운 가치를 창조하려고 했다. 그렇지만 니체가 말하는 것처럼 춤추는 별을 잉태하려면 자신의 내면에 여전히 혼돈을 갖고 있어야 하기 때문인지 그의 사상은 여전히 우리를 혼란스럽게 만든다. 니체는 어떤 사람들에게는 그들이 내줄 수 있는 것보다 더 많은 것을 원하고, 또 어떤 사람들에게는 그들이 감당할 수 있는 것보다 훨씬 더 많은 것을 준다. 전자의 사람들은 의구심을 가지고, 후자의 사람들은 열광한다. 어떤 사람들에게는 전통적 가치를 철저하게 해체하는 사상가 니체가 너무 위험하고, 어떤 사람들에게는 새로운 가치를 창조하는 예술가가 되라는 니체의 심미학적 요구가 너무 모험적이다.

우리가 지금 '위험한, 너무나 위험한' 사상가 니체를 읽어야 하는 까닭이 바로 여기에 있다. 니체는 근본적으로 미래 철학의 모험을 시도하고, 이를 위해 자신의 작품을 '온 몸과 삶'으로 쓰기 때문이다. 우리가 미래의 철학을 가지고 있지 않을 뿐만 아니라 철학을 필요로 한다면, 니체는 세 가지 관점에서 여전히 읽을 가치가 있다. 우선, 니체는 서양의 이성중심주의를 해체함으로써 새로운 이성이 발견될 수 있는 영토를 개척했다. 서양 이성에 대한 철저한 비판이 결국 이성마저 공동화시킬 수 있다는 비판이 없는 것은 아니지만 이성과 감성, 담론과 직관의 관계를 재정립해야 한다는 그의 주장은 타당하다. 포스트모더니즘의 거품이 꺼지고 난 뒤에도 니체의 이름이 여전히 빛나는 것은 그의 작업이 근본적으로 '모든 가치의 가치 전도'이기 때문이다.

다음으로, 니체는 삶과 사상이 구별되지 않는 사상가이다. 자신이 살고 있는 그대로 사유하고 동시에 사유한 것을 살아가는 사상가 니체는 21세기가 불모의 시대임을 폭로한다. 니체는 "인간이 왜 있는가는 중요하지 않다"고 말하면서 "네가 무엇을 위해 존재하는가?"라고 우리에게 묻는다. 우리가 그로 인해 몰락할 수 있는 높고 고귀한 목표를 스스로 설정하고자 한다면, 니체는 여전히 우리를 유혹한다.

끝으로, 디오니소스의 철학자 니체는 우리가 중심을 찾는 한 끊임없이 만들어지는 타자에 주목한다. 정신에 대한 몸, 이성에 대한 감성, 남성에 대한 여성, 인간에 대한 자연. 이들이 여전히 우리의 문제라면, 니체는 동시대의 철학자이다. 니체는 물론 다양한 가면을 쓴 철학자다. 그가 신비로운 것은 그의 사상이 하나의 이론으로 체계화될 수 없을 정도로 다양하기 때문일 것이다.

그렇지만 우리가 니체를 새롭게 읽어야 하는 것은 역설적이게도 니체가 너무 쉽게 읽히기 때문일지도 모른다. 오늘날 가장 많이 인용되는 현대 철학자 중의 한 명인 니체는 이제 지성적 감염의 위험 없이 읽힐 수 있는 것처럼 보인다. 니체를 읽을 수 있다는 것은 그가 이제 수많은 회의에도 불구하고 위대한 사상가의 반열에 오르게 되었다는 것을 의미한다. 니체는 이제 우리가 읽을 수 있는 사상가가 되었다. 니체에 관한 전기, 사전, 수많은 학술적 저서들은 니체를 역사의 서고 속으로 밀어 넣음으로써 탈(脫)마법화하고 있다. 어디 그뿐인가? 한때 그의 이름과 동일시되었던 '초인', '권력에의 의지'는 '위버멘쉬'와 '힘에의 의지'처럼 중성적인 개념으로 바뀌어 사용되고 있다. 니체 사상의 위험성과 극단성이 무뎌지고 약화되었기 때문에 이제 그를 마음 놓고 읽을 수 있는 것이다.

이 책은 바로 이 지점에서 시작한다. 니체는 자신의 권위가 어쩌면 "결코 이해될 수 없다"는 사실에서 기인할지도 모른다고 말한 적이 있다. 자신의 사상이 잘 이해될 수 없기 때문에 오히려 더 잘 경청된다는 것이다. 니체는 한때, 잘 이해되지는 않지만 바로 그렇기 때문에 사람들이 더 귀기울여 듣는 그런 사상가였다. 지금 우리는 니체를 잘 이해한다. 그의 삶과 사상의 관계를 꿰뚫고 있으며, 그의 촌철살인의 잠언들도 줄줄이 인용할 줄 안다. 우리의 질문은 간단하다. 우리는 니체를 읽고 인용한다. 그렇지만 우리는 과연 그의 말을 경청하는가? '세계에서 가장 많이 인용되는 철학자' 니체의 자극적인 말들을 자주 인용하면서도 우리는 그의 글과 말에 숨겨져 있는 극단적 성격을 망각한 것은 아닌가? 우리는 니체 사상의 파괴적이고 전복적인 내용은 간과하고 그의 말이 갖고 있는 선정성만을 찾는 것은 아닌가? 니체의 말이 발휘하는 마력은 도대체 어디에서 기인하는가?

우리가 니체를 단순한 교양의 보고가 아닌 사유의 자극으로서 진지하게 받아들인다면, 우리는 니체 사상의 극단성과 파괴력을 복원해야 한다. 우리가 그가 온몸으로 살고 또 사유하고자 했던 문제의식을 되살릴 때에만 니체는 진정한 전복(顚覆)의 사상가로 부활한다. 이 책은 니체 사상의 극단성을 온전히 드러냄으로써 21세기에도 여전히 의미가 있는 사유의 실험을 복원하고자 한다. 니체 사상의 핵심을 이루고 있는 예술과 학문, 진리와 허구, 인간 극복과 인간 사육, 권력과 생명, 역사의 망각과 기억, 몸의 욕망과 의식의 이성, 해석과 관점, 허무주의와 상대주의, 서양적 사유와 동양적 사유, 영원회귀와 운명애의 문제를 통해 어떤 사태든 그 끝까지 극단적으로 사유하지 않으면 문제가 온전히 드러나지 않는다는 점을 보여주고자 한다.

이 책이 니체와의 끊임없는 대화와 대결의 산물이기는 하지만, 문제의식을 공유하는 많은 사람들과의 교류가 없었다면 지금의 모습을 갖추지 못했을 것이다. 이 자리를 빌려 그동안 사유의 길에 동참했던 모든 이들에게 고마운 마음을 전한다. 또한 이 책이 제 모습을 갖출 수 있도록 온갖 노력을 아끼지 않은 책세상 편집부 담당자들에게 감사한다. 끝으로 '본 연구는 2000년도 계명대학교 비사연구기금으로 이루어졌음'을 밝혀둔다.

2009년 6월 베를린에서

이진우

프롤로그

———

니체는 왜
위험한 사상가인가

———

방랑자—어느 정도 이성의 자유에 이른 사람은 지상에서 스스로를 방랑자로 느낄 수밖에 없다. 비록 하나의 궁극적인 목표를 향하여 여행하는 사람이 아니라고 할지라도. 왜냐하면 이와 같은 목표는 존재하지 않기 때문이다.
— 프리드리히 니체, 《인간적인 너무나 인간적인》(1878)

차라투스트라가 말했다. "그만 하라. 너는 위험을 너의 천직으로 여겨왔다. 그것은 조금도 경멸할 일이 아니다. 이제 너는 너의 천직으로 인해 파멸을 맞이하고 있는 것이다. 그래서 나는 너를 손수 묻어주려 한다."
— 프리드리히 니체, 《차라투스트라는 이렇게 말했다》(1883)

오늘날 우리는 승리하기 위해서 어떤 동맹자도 필요로 하지 않는 유일한 권력이다. 이 점 때문에 우리는 전적으로 강자 중에서도 최강자이다……우리를 위해 싸우는 마력, 우리의 적을 매혹시켜 눈멀게 하는 비너스의 눈, 그것은 바로 극단의 마력이며, 극단적인 모든 것을 행하는 유혹이다. 우리 비도덕주의자들은 가장 극단적인 자들이다.
— 프리드리히 니체, 《유고》(1887년 가을)

나는 내 운명을 안다. 언젠가는 내 이름에 어떤 무시무시한 것에 대한 회상이 접목될 것이다. 지상에서의 전대미문의 위기에 대한, 양심의 비할 바 없이 깊은 충돌에 대한, 지금까지 믿어져오고 요구되어오고 신성시되어온 모든 것에 대한 거역을 불러일으키는 결단에 대한 회상이.
— 프리드리히 니체, 《유고》(1888년 12월~1889년 1월)

1. 포스트모던 시대의 니체의 탈마법화

우리는 이제 니체를 읽을 수 있다. 어떤 위험과 파국에 관한 담론도 더 이상 위험스럽게 여겨지지 않는 불감증의 시대에 우리는 니체를 읽을 수 있다. 한편으로는 파멸이 다가오고 있다고 두려워하면서 새로운 가치를 창조하려 애쓰지만, 다른 한편으로는 이 가치 역시 단명하리라는 것을 잘 알고 있는 냉소주의의 시대에 우리는 니체를 읽을 수 있다. 우리 삶의 중심이었던 신이 죽었다는 충격적인 소식이 더 이상 충격적이지 않은 계몽의 시대에 우리는 니체를 읽을 수 있다. 우리의 삶에 의미를 부여할 수 있는 영성을 오직 세속적인 방식으로만 추구할 수 있는 철두철미하게 세속화된 시대에 우리는 니체를 읽을 수 있다. 간단히 말해 니체의 위험한 사상이 더 이상 우리를 감염시킬 독기를 가지고 있지 않은 포스트모던 시대에 우리는 비로소 니체를 읽을 수 있다.

한때 니체는 "파괴의 철학"[1]을 상징했다. 인간의 삶이 진리가 아닌 것

---

1) Friedrich Nietzsche, MA I, 34, KSA 2, 54쪽. 니체전집 7, 58쪽.

에 깊이 잠겨 있어 이 허위의 심연에서 벗어나려면 허위에 대한 혐오와 파괴가 필연적이라는 인식이 니체의 삶과 글을 관통한다. 니체는 이렇게 자문한다. 이러한 인식을 철저하게 성찰하다 보면 "개인적 결론으로는 절망으로, 이론적 결론으로는 파괴의 철학으로 이어지는 사고방식만이 유일하게 남게 될 것이라는 것이 사실이지 않은가?" 니체의 철학과 그의 개인적 좌절과 절망이 얼마나 깊이 얽혀 있는지가 분명하게 드러난 지금 그의 파괴의 철학은 파괴성을 상실한다. 니체가 "나와 내 작품들은 별개"라고 외치면 외칠수록, 현대의 독자들은 니체의 삶과 그의 사상을 더욱더 연결하려 애쓴다. "관점주의", "가치 전도", "초인", "비도덕주의", "권력에의 의지", "영원회귀"처럼 그가 시도했던 위험한 사상들은 이제 모두 이해될 수 있는 것처럼 보인다.[2] 자신의 사상이 너무 빨리 와서 이해될 수 없을 것이라는 니체의 자기도취적 우려는 이제 기우가 된 것처럼 보인다. 니체는 허무주의 시대의 철학이 "비극이 되지 않을까?"[3] 하고 예견했지만, 허무주의가 철저하게 실현된 현대 사회에서 예언적 철학은 희극이 되고 있다.

우리는 이제 지성적 감염의 위험 없이 니체를 읽을 수 있다. 니체를 읽을 수 있다는 것은 그가 이제 수많은 회의에도 불구하고 위대한 사상가의 반열에 오르게 되었다는 것을 의미한다. 한때 민주주의자들에게는 분노의 대상이었고, 강단 철학자들에게는 어리석음의 대명사였고, 예술가들에게는 전위의 심장을 뛰게 하는 것이었던 그의 텍스트들은 이제 고전이 되었다. 비록 격앙된 잠언의 문체가 그의 일관된 사상을 애매모호하게 만들지라도, 그의 사상이 현대의 고전이 되었다는 사실을 부인할 수는 없다. "인간 실존에 대한 심오한 통찰, 철학적 근본 문제에 대한 정곡을 찌르는 분

---

2) 실험적 사유와 그 철학적 내용에 관해서는 Volker Gerhardt, *Friedrich Nietzsche*(München : C. H. Beck, 1992)를 참조할 것.
3) Friedrich Nietzsche, MA I, 34, KSA 2, 53쪽. 니체전집 7, 58쪽.

석, 인간의 자기표현의 정점 또는 현대에 대한 철학의 기여를 묻고자 한다면, 더 이상 니체를 돌아갈 수 없다. 그는 전형적인 현대의 대가이다."[4]

그가 생전엔 겪었던 시대의 저항, 사회와의 불화를 생각한다면 이는 정말 대단한 반전이다. 니체 자신이 당시의 철학에 저항하고, 당시의 철학이 니체에게 대립하지 않았던가. 우리의 삶이 그 깊은 심층 속에 안고 있는 모순을 이성의 개념으로 획일화하여 설명하려는, 즉 탈모순화하려는 철학은 우리의 삶에 적대적이라는 니체의 말은 혁명적이었다. 우리의 삶을 체계화하려는 철학자들에게 니체는 이렇게 간단히 대적한다. "나는 체계주의자들을 모두 불신하고 피한다. 체계를 세우려는 의지는 정직성의 결여이다."[5] 인간의 모순적 이중성은 니체가 자기 자신과 자신의 운명과 싸움으로써 철저하게 인식한 철학적 통찰이었다. 니체가 자신의 시대와 불화를 겪은 것처럼, 그가 "온몸과 삶으로"[6] 쓴 그의 사상들 역시 모순의 텍스트이다. 그에게 철학은 불가사의한 우리의 몸을 실마리로 인간의 이중성을 있는 그대로 파악하는 것이다. 따라서 "순수하게 정신적인 문제들"은 존재하지 않는다. 그런데 우리는 이제 그의 사상을 정신적인 문제로 전환시켜 니체를 현대의 고전으로 읽는다.

물론 니체의 텍스트가 고전이 되었다는 것은 그의 사상이 이데올로기적 해석에서 마침내 해방되었다는 것을 의미한다. 니체가 민족주의, 국가주의, 반유태주의를 반대했다는 사실이 분명해진 지금 "나치가 니체 철학을 어떻게 오용했는가?"가 관심사일 뿐 "니체의 사상이 나치와 어떤 관계

---

4) Volker Gerhardt, *Friedrich Nietzsche*, 9쪽.

5) Friedrich Nietzsche, GD, Sprüche und Pfeile 26, KSA 6, 63쪽. 니체전집 15, 81쪽. 니체 철학의 모순적 성격에 관해서는 Wolfgang Müller-Lauter, *Nietzsche : Seine Philosophie der Gegensätze und die Gegensätze seiner Philosophie*(Berlin · New York : de Gruyter, 1971)를 참조할 것.

6) Friedrich Nietzsche, KSA 9, 4(285), 170쪽. 니체전집 11, 221쪽. "나는 나의 글들을 항상 내 몸과 마음을 다해 썼다. '순수하게 정신적인' 문제들이 무엇인지 나는 모른다."

에 있는가?"는 전혀 문제 되지 않는다. 니체 사상의 탈(脫)이데올로기화는 그것의 철학화와 맞물려 있다. 니체 사상은 이제 다양한 철학적 관점으로 해석되고 전유되고 인용될 뿐이다. 그렇다. "여러 해석들을 견뎌내고 살아남은 텍스트들이 고전이라면"[7] 니체는 이제 고전적 사상가이다.

　니체는 이제 반형이상학자로 읽히기도 하고, 서양 형이상학의 완성자로 읽히기도 한다. 니체를 포스트모더니즘의 사상적 선구자로 똑같이 인정한다고 할지라도, 한편에서는 그를 이성 비판을 철저하게 극단까지 몰고 간 포스트모더니스트로 해석하고, 다른 한편에서는 그를 이성을 해체함으로써 비판의 잠재력마저 마비시킨 탈(脫)이성의 철학자로 읽어낸다.[8] 실제로 니체를 철학자로 만듦으로써 그의 사상 깊은 곳에 숨겨져 있던 파괴력을 순화시킨 것은 바로 포스트모더니즘이라고 해도 과언이 아니다. 니체의 혁명적 사상은 이제 하이데거의 생기(生起) 존재론이 되기도 하고, 푸코의 권력 이론으로 변하기도 하고, 데리다의 새로운 해석학 이론이 되기도 하고, 들뢰즈의 욕망 이론으로 나타나기도 한다. 극단의 사상이 갖고 있던 파괴력은 사라져버린 것이다. 사망 이후 100여 년 동안 니체가 뒤흔들어놓은 철학은 니체를 자신의 역사 속으로 완전히 수용해버린 것처럼 보인다.[9] 니체 사상의 수용사가 철학에 미친 영향을 강조하면 할수록, 즉 니체와 다른 철학 이론 사이에 안전한 교량을 놓으면 놓을수록, 니체는 수많은 사상가들 중의 한 명으로 등장한다.

---

7) Peter Sloterdijk, *Der Denker auf der Bühne : Nietzsches Materialismus*(Frankfurt am Main : Suhrkamp, 1986), 13쪽.

8) 이에 관해서는 Jürgen Habermas, *Der philosophische Diskurs der Moderne*(Frankfurt am Main : Suhrkamp, 1985), 117쪽을 참조할 것. 한국어판 : 위르겐 하버마스, 《현대성의 철학적 담론》, 이진우 옮김(문예출판사, 1994), 124쪽.

9) 니체 철학과 다른 사상의 관계를 해명함으로써 니체 철학의 영향을 분석하려는 시도는 모두 이런 성격을 보인다. 김상환 외, 《니체가 뒤흔든 철학 100년》(민음사, 2000)을 참조할 것.

니체는 이제 우리가 읽을 수 있는 사상가이다. 최근 활발하게 이루어지고 있는 니체 사상의 '역사적 연구', 즉 니체 사상의 역사화는 이 점을 극명하게 보여준다. 콜리Giorgio Colli와 몬티나리Mazzino Montinari의 비평 전집은 한편으로는 니체 연구의 확실한 문헌학적 토대를 제공하지만, 다른 한편으로는 "다른 시인과 사상가들의 영향을 받지 않고 자신의 길을 걷는 고독한 사상가의 이미지 대신에 사유와 그 작품에서 다수의 독서와 출처의 영향을 받은 니체의 이미지"[10]를 만들어놓는다. 니체에 관한 전기, 사전, 수많은 학술적 저서들은 니체를 역사의 서고 속으로 밀어 넣음으로써 니체를 탈마법화하고 있다. 니체의 위험하고 극단적인 사상이 길들여졌기 때문에 우리는 이제 그를 마음 놓고 읽을 수 있는 것이다.

우리는 바로 이 지점에서 논의를 시작하고자 한다. 자신의 운명을 사유의 과제로 삼았던 니체는 자신의 글과 사상이 겪게 될 운명도 예견한 것처럼 보인다. 니체는 자신의 권위가 어쩌면 이해 불가능성에서 기인할지도 모른다고 암시하면서, 자신과 같이 "사후에 태어나는 사람들은 시대에 적합한 사람들보다 훨씬 덜 이해된다. 그렇지만 더 잘 경청된다"[11]라고 말한 바 있다. 우리는 니체를 잘 이해하지 못했기 때문에 그의 사상에 귀를 더 기울였는지도 모른다. 니체는 이제 이해할 수 있는 사상가가 되었다. 우리는 그의 삶과 사상의 관계를 꿰뚫고 있으며, 그의 촌철살인의 잠언들도 줄줄이 인용할 줄 안다. 우리의 질문은 간단하다. 우리가 니체를 즐겨 읽고 자주 인용하지만, 우리는 과연 그의 말을 경청하는가? 우리는 니체의 자극적인 말들을 인용하면서, 그의 글과 말에 숨겨져 있는 극단적 성격을 망

---

10) Henning Ottmann (Hrsg.), *Nietzsche Handbuch : Leben-Werk-Wirkung*(Stuttgart · Weimar : Metzler, 2000), IX쪽.
11) Friedrich Nietzsche, GD, Sprüche und Pfeile 15, KSA 6, 61쪽. 니체전집 15, 79쪽. 강조는 저자에 의한 것임.

각한 것은 아닌가? 우리는 니체 사상의 파괴적이고 전복적인 내용은 간과하고 그의 말이 갖고 있는 "센세이셔널한 특성"만을 찾는 것은 아닌가?[12] 니체의 말이 발휘하는 마력은 도대체 어디에서 기인하는 것인가?

우리가 니체에게서 교양의 지식보다는 사유의 자극을 얻고자 한다면, 우리는 니체 사상의 극단성과 생산적 파괴력을 복원해야 한다. 그가 온몸으로 살고 또 사유하고자 했던 문제의식을 되살릴 때에만 니체는 우리에게 진정한 전복의 사상가로 다가올 것이다.

> 나는 내 운명을 안다. 언젠가는 내 이름에 어떤 무시무시한 것에 대한 회상이 접목될 것이다. 지상에서의 전대미문의 위기에 대한, 양심의 비할 바 없이 깊은 충돌에 대한, 지금까지 믿어져오고 요구되어오고 신성시되어온 모든 것에 대한 거역을 불러일으키는 결단에 대한 회상이 접목될 것이다.[13]

우리가 감히 바라볼 수 없고 인식할 수 없는 무시무시한 것은 허무주의의 문제이다. 진리는 존재하지 않는다는 사실과 함께 드러난 인간의 이중성이다. 그는 삶과 이 세계를 적나라하게 드러내기 위하여 인류의 계보를 파헤치는 모험을 감행하며, 인간과의 새로운 실험을 시도한다. 그렇기 때문에 니체는 자신의 글이 "예언가의 이미지와는 전혀 다른 이미지를 제공할 것"을 희망하면서, "나는 나에 관한 모든 신화를 그 뿌리부터 파괴하기 위하여 이 책을 쓴다"[14]라고 고백한다. 사후 100여 년이 지난 지금 그의 바람대로 니체의 이름을 둘러싼 신화는 없어지고, 예언가의 자리에 철학

---

12) 이에 관해서는 Werner Ross, "Vorwort", Johann Prossliner, *Das Lexion der Nietzsche-Zitate* (München : DTV, 2001), 8~10쪽을 참조할 것.
13) Friedrich Nietzsche, KSA 13, 25(6), 639쪽. 니체전집 21, 556쪽.
14) Friedrich Nietzsche, 같은 책, 같은 곳.

자가 등장했는지도 모른다.

그렇다면 우리는 여전히 니체의 이름과 무시무시한 것을 접목하고 있는가? 니체가 철저하게 그 극단까지 사유하려고 했던 문제가 사라진 것이 아니라면, 우리는 니체에게 영향을 주고 니체에게서 영향을 받은 수많은 이론과 사상들을 잊어버려야 할지 모른다. 인간과 그의 삶의 터전인 이 지구가 인간 자신에 의해 파괴될 수 있다는 이 무시무시한 사실을 단순한 선정적 파국의 구호가 아닌 긴박한 문제로 받아들인다면, 우리는 니체의 말과 사상에 귀를 기울여야 한다. 이 세계를 있는 그대로 긍정하면서도 인간의 문제를 직시하고 인간 실존과의 실험을 극단적으로 시도한 사상가가 바로 니체이기 때문이다. 니체의 파괴력은 근본적으로 문제 제기의 예리함과 철저함에서 나온다. 이러한 문제의식의 고통과 불편을 느끼지 않는 사람만이 니체를 쉽게 읽을 수 있을 것이다. 그러나 니체를 읽는다는 것은 우리 자신과 우리 시대와 우리 사회와 불화한다는 것이다. 니체를 기억한다는 것은 인간의 무시무시함을 직시하는 것이기에 우리는 문제의 심각성과 문제 제기의 예리함을 잃지 않기 위하여 니체를 불편하게 읽고자 한다. 그렇다면 니체를 불편하게 했던 것은 도대체 무엇인가?

2. 허무주의의 문제—신의 죽음과 인간의 창조

니체의 이름은 무시무시한 것을 상징한다. 만약 우리가 니체의 이름 자체를 선정적인 센세이션으로 받아들인다면, 그것은 어쩌면 그의 광기 때문인지도 모른다. 1888년 늦가을 이탈리아의 토리노에서 이상적인 도취감에 빠져 있을 때 니체는 신은 죽었다는 인식과는 어쩌면 가장 거리가 먼 결론을 내린다. 니체는 자신의 삶과 사상을 스스로 해석하고 있는《이 사람을 보라》를 광기 서린 말로 끝맺는다. "나를 이해했는가? 십자가에 못 박혀 죽은 자에 대항하는 디오니소스." 그는 이 시기에 쓴 마지막 편지들에 "십자가에 못 박혀 죽은 자에 대항하는 디오니소스"[15]라는 말로 서명한다. 그의 광기는 실험적 사유를 극단적으로 실행했던 니체의 삶과 사상을 한 편의 드라마로 만든다.

드라마는 그리스어 어원의 뜻대로 전환과 반전의 '사건'이다. 니체의 삶 자체가 보여주는 것처럼 의식적 실존의 드라마에서는 이론과 실천이 변증법적으로 일치하지 않는다. 허무주의로 인해 드러난 인간의 이중성은 오직 사건을 통해서만 순간적으로 통찰될 수 있을 뿐이다. 생성의 바다에서 익사하지 않기 위해 끊임없이 존재를 갈구하는 인간의 형이상학적 욕구가 너무도 강하기 때문에 수수께끼 같은 인간의 깊은 속을 들여다보려면, 우리의 관점을 역사적으로 형성된 관습과 전통에서 해방시킬 수 있는 '충격적 드라마'가 필요하다.

"신은 죽었다"라는 말이 철학 역사상 가장 유명한 명제 중 하나가 된 것은 바로 니체의 드라마 때문이다. 니체가 이 말을 다름 아닌 어느 "미친 사람"의 입으로 선포한 것은 결코 우연이 아니다. 니체의 말과 사상은 원칙적으로 두 면을 갖고 있다. 진단적인 면과 치유적인 면이 그것이다. 결코 19세기의 새로운 사실이 아닌 신의 죽음은 이미 허무주의가 만연해 있었던 당시에 대한 시대적 진단임과 동시에 신의 죽음과 함께 온전히 드러난 모순적 세계를 긍정하는 철학적 치유이다. 신의 죽음은 니체에게 일종의 복음이다. 그렇지만 이 소식에 경악하고 충격을 받는 것은 광인이지 상식적인 일반인이 아니다. 신의 죽음을 새로운 가치 창조의 기회로 전환시키고자 하는 것은 병든 "미친 사람"이지 건강한 세속인이 아니다. 이 드라

---

15) Friedrich Nietzsche, EH, Warum ich ein Schicksal bin 8, KSA 6, 374쪽. 니체전집 15, 468쪽.

마를 조금 더 상세히 살펴보자. 이 드라마는 4막으로 구성되어 있다.

(1) 너희는 밝은 대낮에 등불을 켜고 시장으로 달려 나가, "나는 신을 찾는다! 나는 신을 찾는다!" 끊임없이 외쳐댄 저 미친 사람에 관해 들었는가. 그때 거기에는 신을 믿지 않는 사람들이 많이 서 있었기 때문에 그 광인의 말은 폭소를 불러일으켰다.

(2) 미친 사람은 그 사람들 한가운데로 뛰어 들어가서, 그들을 뚫어지게 쳐다보았다. 그는 외쳤다. "신은 어디로 갔는가?" 내가 너희에게 말하겠다! 우리가 그를 죽였다, 너희와 내가! 우리 모두는 신의 살해자이다!

(3) 우리는 신을 살해하였다! 모든 살해자들 중의 살해자인 우리는 우리 자신을 어떻게 위로하는가? 세계가 이제까지 가졌던 가장 신성하고 가장 강력한 것이 우리의 칼로 피를 흘리며 죽었다. 누가 우리에게서 이 피를 씻어내는가? 어떤 물로 우리는 스스로를 정화시킬 수 있는가?······이 행위의 위대함은 우리에게 너무 위대한 것이 아닌가?

(4) 마침내 광인은 등불을 바닥에 내던져서, 등불은 산산조각이 나고 꺼져버렸다. 그러고는 이렇게 말했다. '나는 너무 빨리 왔다. 나의 시기가 아직 아니다. 이 무시무시한 사건은 아직 오고 있고, 배회하고 있다. 그것은 아직 인간의 귀에 도달하지 못하였다. 번개와 천둥은 시간을 필요로 한다. 별들의 빛은 시간을 필요로 한다. 행위들은 그것이 이루어지고 난 다음에 보이고 들리기 위해서는 시간을 필요로 한다. 이 행위들은 여전히 가장 멀리 떨어진 별들보다 더 멀리 떨어져 있다. 그렇지만 그들은 똑같은 행위를 하였다!' [16]

드라마의 배경은 간단하다. 광인이 신을 믿지 않는 사람들 한가운데서 신을 찾고 있는 것이다. 철저하게 세속화된 현대 사회에서 신을 구한다는 것은 미친 짓이나 마찬가지라면, 니체는 지금 정상에서 벗어난 미친 짓을 감행하는 것인가? 광인은 곧 신의 죽음이 일반 대중에게 아무런 문제도 되지 않는다는 사실을 알아차린다. 신이 죽었건, 어디로 잠시 사라졌건, 그것은 그들의 관심사가 아니다. 신은 이제까지 우리에게 어차피 파악할 수 없는 존재였을 뿐만 아니라, 행복을 발명한 현대 사회에서 우리는 신을 완전히 포기할 수도 있지 않은가. 이 지점에서 니체는 반전을 시도한다. 신이 스스로 죽거나 사라진 것이 아니라 우리 인간이 신을 살해했다는 것이다.

신이 우리가 삶을 위해 만들어놓은 허구와 해석이라는 사실을 인식할 때에만 우리가 새로운 신을 다시 창조할 수 있다면, 이 반전은 또 한 번의 반전을 경험한다. 신의 살해는 이제 위대한 행위로 승화된다. "이보다 더 위대한 행위는 없었다. 누구이든 우리 이후에 태어나는 사람은 이 행위 때문에 이제까지의 모든 역사보다 더 높은 역사에 속하게 된다."[17] 그렇지만 이 복음을 듣고 이해할 수 있는 사람들이 아직 없기 때문에 이 드라마는 자신의 시대가 오기를 기다리면서 막을 내린다. 이 드라마의 내용은 비극이지만, 형식은 희극이다. 인간의 새로운 창조를 위해 이제까지 자신의 삶의 의미였던 신을 죽일 수밖에 없다는 인식은 비극이지만, 보고 들을 사람이 없는데도 전대미문의 통찰의 드라마를 연출한다는 점은 희극이다.

그렇다면 이 드라마에서 광인이 말하는 "무시무시한 사건"은 도대체 무엇을 의미하는가? 신을 찾으면서 동시에 신의 죽음을 알리는 광인과 대립

16) Friedrich Nietzsche, FW, III 125, KSA 3, 480~482쪽. 니체전집 12, 201쪽.
17) Friedrich Nietzsche, 같은 책, 같은 곳.

하는 군중들의 반응을 보면 '신의 죽음' 자체가 무시무시한 사건처럼 보이지는 않는다. 대중은 광인의 흥분을 전혀 이해하지 못한다. 그들은 신의 죽음에도 흔들리지 않고 냉소적일 정도로 냉철하다. 신은 죽었다고, "그래서 어쩌란 말인가!" 형이상학적 허구와 보증 없이 완전히 실용주의적으로 살아갈 수 있지 않은가? 세계를 수학적으로 서술하고 기술공학적으로 지배할 수 있는 과학이 잘 기능하고 있는데, 무엇 때문에 신이 필요하단 말인가? 어떤 형이상학적 위로 없이도 우리의 삶을 잘 견뎌낼 수 있다고 생각하는 현대인들에게 신의 죽음이 왜 문제가 된단 말인가? 니체가 서술하고 있는 광인에 대한 대중의 태도가 변하지 않았다면, 우리가 니체를 광인으로 만드는 것은 그리 어려운 일이 아니다. 자신의 시대에 고통을 당하는 니체의 파토스, 모든 문제를 그 끝까지 사유하는 극단적 방법, 기존의 가치뿐만 아니라 자신의 관점까지도 끊임없이 변화시키는 실험적 사유, 어떤 체계도 거부하고 다양한 해석을 열어놓는 관점주의. 니체 철학의 이 고통스러운 개방성과 비극적인 극단성은 삶을 즐기는 대중에게는 아무런 자극도 되지 않는다. 신의 죽음에 대한 이 불감증이 허무주의를 통해 드러난 가장 무시무시한 것이다.

그러나 신의 죽음은 또 다른 인식을 감추고 있다. 신의 죽음이 올바로 인식되지 않으면 그것은 인간의 죽음으로 이어질 수 있다는 것이다. 광인을 통해 신의 죽음을 선포하기 10년 전인 1872년에 니체는 《진리의 파토스에 관하여》라는 미발표 유고에서 인간과 인간의 인식에 관한 하나의 우화를 이야기한다.

수많은 태양계에서 쏟아 부은 별들로 반짝거리는 우주의 외딴 어느 곳에 언젠가 영리한 동물들이 인식이라는 것을 발명해낸 별이 하나 있었다. 그것은 '세계사'에서 가장 의기충천하고 또 가장 기만적인 순간이었다. 그렇지만 그것도 한순간일 뿐이었다. 자연이 몇 번 숨 쉬고 난 뒤 그 별은 꺼져갔고, 영리한 동물들도 죽을 수밖에 없었다. 또한 그럴 시간이었다. 왜냐하면 그들은 자신들이 이미 많은 것을 인식했다는 사실을 언짢은 감정으로 알게 되었기 때문이다. 그들은 죽어갔으며, 진리의 죽음을 저주했다. 그것이 인식이라는 것을 발명했던 이 절망적 동물들의 방식이었다.[18]

인간이 단지 인식의 동물이기만 하다면, 이것은 인간의 피할 수 없는 운명이라는 것이다. 우리는 지금 과학과 기술 덕택에 미래에 닥칠 파국을 끊임없이 예견하고 연출하고 있지 않은가? 울리히 베크Ulrich Beck가 말하는 것처럼 "위험 사회"[19]는 우리의 운명이 되어버렸다. 이에 대해 니체는 진리가 인간을 절망하게 만들고 파멸의 길로 몰아넣을 것이라고 예견한다. 우리가 무엇을 안다고 행위를 바꾸는 것은 아니기 때문이다. 테러리즘과 같은 정치적 재앙, 끝없는 탐욕으로 인한 금융 위기와 같은 경제적 재앙, 지구 온난화 같은 자연적 재앙에 관한 과학적 인식이 과연 우리의 과학과 기술을 변화시킬 수 있는가? 니체의 대답은 부정적이다. 우리에게 남아 있는 유일한 길은 진리에의 의지와는 다른 인간의 본성을 인식하는 것이다. 니체는 그것이 바로 예술이라고 단언한다. "예술은 인식보다 강하다. 예술은 삶을 원하지만, 인식은 궁극적으로 오직 파괴만을 성취하기 때문이다."[20] 우리 인간에게는 기만당하고자 하는 어쩔 수 없는 본성적

---

18) Friedrich Nietzsche, "Fünf Vorreden. Ueber das Pathos der Wahrheit", KSA 1, 759~760쪽. 니체전집 3, 303쪽. 이 우화는 《비도덕적 의미에서의 진리와 거짓에 관하여》에서 반복된다. Friedrich Nietzsche, "Ueber Wahrheit und Lüge im aussermoralischen Sinne", KSA 1, 875쪽. 니체전집 3, 443쪽.

19) Ulrich Beck, *Weltrisikogesellschaft. Auf der Suche nach der verlorenen Sicherheit*(Frankfurt am Main : Suhrkamp, 2007)를 참조할 것. 그에 의하면 '리스크'는 재앙과 동일한 의미가 아니다. "리스크는 재앙의 예견을 의미한다." 같은 책, 29쪽.

경향이 있다는 것이다. 그렇기 때문에 우리의 삶에 목표와 의미를 부여할 수 있는 새로운 가상, 즉 가치를 창조하지 않고는 우리의 파괴적 행위를 변화시킬 수 없는 것이다. 이처럼 인식과 기만, 존재와 가상, 진리와 권력, 과학과 예술의 대립은 니체의 삶과 사유를 관통하는 핵심적 문제이다.

인식을 절대화하면 창조의 능력은 파괴된다. 이러한 통찰은 신의 죽음과 어떤 관계에 있는가? 인간의 능력을 인식하고 규정하려는 계몽주의가 보편화됨으로써 이 세계가 탈마법화되고 세속화되었다는 사실을 기억하면, 진리에의 의지의 절대화가 일차적으로 '신의 죽음'을 가져오고 궁극적으로 '인간의 죽음'을 야기할 수 있음을 어렵지 않게 알 수 있다. 만약 신이 인간이 창조한 가장 강력하고 신성한 존재였다면, 신의 죽음은 곧 인간의 창조력의 종말을 의미한다. 그렇기 때문에 신이 죽은 시대에 인간의 고유한 창조력을 회복하려면, 신이 인간의 다른 본성, 즉 창조에의 의지의 산물이라는 사실을 인식시킬 필요가 있는 것이다.

니체의 허무주의는 한편으로는 진리에의 의지가 권력에의 의지라고 폭로하고, 다른 한편으로는 권력에의 의지가 삶을 해석하는 가상에의 의지라는 사실을 계보학적으로 규명함으로써 인간의 창조력을 회복하고자 한다. 니체는 1887년 6월 10일 렌처하이데에서 《서양 허무주의》라는 단편을 통해 신의 죽음의 계보를 추적한다.[21] 여기서 '신의 죽음'은 허무주의의 문화적 현상, 그 계보학적 근원, 그리고 인류의 미래를 상징한다. 신의 죽음은 결코 어느 특정한 종교적 신앙의 종말을 의미하지 않는다. 신이 지상에서의 인류가 스스로를 보존할 수 있는 가장 기초적인 조건을 의미한다

---

20) Friedrich Nietzsche, "Fünf Vorreden. Ueber das Pathos der Wahrheit", KSA 1, 760쪽. 니체전집 3, 304쪽.
21) Friedrich Nietzsche, KSA 12, 5(71), 211~217쪽. 니체전집 19, 263~270쪽. 허무주의에 관한 가장 핵심적인 글로 꼽히는 이 유고는 종종 "렌처하이데 단편"으로 불린다.

면, 신의 죽음은 근본적으로 인간 조건conditio humana과 관련이 있는 것이다. 니체에 의하면 신은 지상 바깥의 신적인 세계를 전제함으로써 인간에게 절대적 가치를 제공한 "너무 극단적인 가설"[22]이다.

신이 극단적인 가설이라고 폭로하는 것은 두말할 나위도 없이 과학과 기술로 표현되는 진리에의 의지이다. 인류 문명의 발전은 실존의 위험을 완화하고, 계몽된 의식은 지상 저편을 약속하는 모든 구원의 개념에 대해 회의하게 만들기 때문이다. 그렇기 때문에 니체는 유럽에서 삶은 더 이상 불확실하지 않고, 우연적이지 않고, 부조리하지 않다고 말하면서, 이제까지 인간 사유의 가장 강력한 수단이었던 도덕적 해석이 더 이상 필요하지 않다고 단언한다. 만약 신과 도덕적 질서에 대한 믿음이 사라졌다면, 그 자리에는 이제 자연의 비도덕성과 무의미성에 대한 믿음이 필연적으로 들어서게 된다. 이것이 바로 허무주의의 문화적 현상이다.

그렇다면 우리는 우리의 삶과 우리를 둘러싸고 있는 지상의 사물들을 어떻게 정당화할 수 있는가? 신이 사라졌다고 해서 신의 과제가 사라진 것은 아니다. 니체는 여기서도 철저하다. "극단적인 입장들은 완화된 입장들로 대체되는 것이 아니라 다시금 극단적이지만 반대되는 입장들로 대체된다."[23] 우리가 더욱 강력한 다른 해석과 가설을 갖지 못한다면, 다시 말하면 우리의 삶과 지구를 위해 몰두하고 복종해야 할 하나의 가치를 갖지 못한다면, 우리는 (도덕에 대한 믿음을 상실했기 때문에) 어떤 위로도 받지 못하고 몰락할 것이다. 이러한 몰락의 예견에도 불구하고 이루어지는 삶과 행위는 결국 '파괴되기 위해 파괴하는' 행위와 다를 바 없다. 니체가 신이라는 극단적 가설에 대립하는 다른 극단적 가설을 세우는 까닭이 여기에 있다.

---

22) Friedrich Nietzsche, 같은 책, 212쪽. 니체전집 19, 264쪽.
23) Friedrich Nietzsche, 같은 책, 같은 곳. 니체전집 19, 265쪽.

니체는 신이 없는 사회를 "가장 두려운 방식"으로 생각해보라고 권유한다. 신이 없는 세계는 동일한 것이 영원히 회귀하는 세계이다. "의미와 목표도 없는, 그렇지만 피할 수 없이 회귀하는, 무에 이르는 피날레도 없는, 존재하는 그대로의 실존 : '영원회귀'. 그것은 허무주의의 가장 극단적인 형식이다."[24] 우리는 어떻게 존재하는 그대로의 실존을 정당화할 수 있는가? 우리는 모든 실존과 모든 순간을 있는 그대로 긍정할 수 있는가? 과거에 도덕적 신을 통해 우리의 삶과 지구를 정당화했다면, 신 없이는 어떻게 이러한 정당화 작업을 할 수 있는가? 니체는 "근본적으로는 오직 도덕적 신만이 극복되었다"고 말하면서, 자신의 철학적 과제를 이렇게 서술한다. "선악의 저편에 있는 신을 생각하는 것이 의미 있는 일인가?"[25] 니체는 이렇게 허무주의를 끝까지 극단적으로 사유함으로써 인간을 있는 그대로 파악하려 한다. 우리가 니체를 단순히 광인으로 취급할 수 없는 것은 그의 문제와 과제가 여전히 긴박하기 때문이다.

3. 극단의 마력—자기 파괴의 창조적 전환

니체의 글이 예리하게 날을 세우고 읽는 모든 사람들에게 상처를 내는 것은 진리에의 의지가 권력에의 의지라고 폭로되는 순간이다. 우리가 스스로를 창조적 존재로 파악함으로써 스스로를 극복하려면 기존의 형이상학적 도덕과 규범을 파괴할 수밖에 없다는 니체의 인식은 이제 위험한 사상이 된다. 니체가 자신의 대변인으로 내세운 광인의 말에 충격을 받아 진

---

24) Friedrich Nietzsche, 같은 책, 213쪽. 니체전집 19, 265~266쪽.
25) Friedrich Nietzsche, 같은 책, 213쪽. 니체전집 19, 266쪽.

심으로 감동받은 사람만이 오직 니체를 파악할 수 있다. 공감과 감동의 불꽃이 없으면 어떤 통찰도 타오르지 못한다. 니체가 예언적으로 선포한 허무주의의 본성을 파악하려면 니체처럼 미쳐야 한다는 말만큼 위험한 사상이 어디 있겠는가.

허무주의가 평범한 문제로 일상화된다고 해서 허무주의가 극복되었다는 것을 의미하지 않는다. 그것은 절대적 가치의 탈가치화로 야기된 상대주의가 가치의 문제를 해결하지 않는 것과 똑같다. 허무주의는 언뜻 극복된 것처럼 보이지만 해결되지 않은 채 끊임없이 회귀하는 근본적 문제들에 속한다.[26] 자기 소외, 방향 상실, 아노미, 정체성의 위기, 자기 파괴와 같은 문화적 개념들은 허무주의의 문제를 끊임없이 인용하고 복제한다. 니체의 말이 위험하지 않게 인용되고 유통된다고 해서 니체의 허무주의가 극복된 것은 결코 아니다. "아무것도 진리가 아니다, 모든 것이 허용된다"[27]라는 허무주의의 핵심 명제가 보헤미안 낭만주의로 왜곡 변질된 것처럼, 행동하지 않고 니체의 말만을 좇는 니체 컬트는 허무주의의 심각성과 긴박성을 퇴색시킨다.

허무주의의 인식으로부터 우리의 삶을 전적으로 변화시킬 수 있는 실천의 힘을 이끌어내려면 "극단의 마력"이 필요하다.

오늘날 우리들은 승리하기 위해서 어떤 동맹자도 필요로 하지 않는 유일한 권력이다. 이 점 때문에 우리는 전적으로 강자 중에서도 최강자이다. 우리는

---

26) Reinhart Maurer, "Nietzsche und das Experimentelle", Mihailo Djuric · Josef Simon (Hrsg.), *Zur Aktualität Nietzsches*, Bd. I(Würzburg : Königshausen und Neumann, 1984), 7~28쪽 중 8쪽.
27) Friedrich Nietzsche, KSA 11, 25(304), 88쪽 : "Nicths ist wahr, alles ist erlaubt". 니체전집 17, 114쪽.

거짓조차도 필요로 하지 않는다. 어떤 다른 권력이 거짓 없이도 유지될 수 있단 말인가? 있을 수 있는 가장 강한 유혹이 우리를 위해 싸우고 있다……우리를 위해 싸우는 마력, 우리의 적을 매혹시켜 눈멀게 하는 비너스의 눈, 그것은 바로 극단의 마력이며, 극단적인 모든 것을 행하는 유혹이다. 우리 비도덕주의자들은 가장 극단적인 자들이다.[28]

니체는 신으로 불렸던 하나의 진리를 다른 수많은 진리들로 대체하는 것은 결코 허무주의를 극복하는 것이 아니라고 잘라 말한다. 그렇기 때문에 니체는 "초인", "권력에의 의지", "영원회귀"로 대변되는 자신의 사상이 진리이기보다는 하나의 해석일 뿐이라고 강조한다. 철저하게 인간화된 현대 사회에서 가장 시급한 것은 신의 도움 없이 세계를 해석할 수 있는 인간의 창조력을 회복하는 것이기 때문에, 니체는 이 긴박성을 강조하기 위해 폭력적인 언어들을 사용한다.

니체는 한편으로는 기독교적 도덕이 삶을 부정하고 파괴한다고 질타하면서, 다른 한편으로는 "도덕적 이상의 승리는 여느 승리와 마찬가지로 폭력, 거짓, 비방, 불의 같은 '비도덕 수단'으로 얻어질 것"[29]이라고 말한다. 우리가 우리 내면의 이러한 폭력성을 회복하지 않으면, 진리와 도덕은 우리의 창조력을 파괴할 것이다. 미덕이 악덕만큼이나 위험한 까닭이 여기에 있다. 그렇기 때문에 니체는 겸손하지 말라고, 이웃을 사랑하지 말라고, 도덕적이지 말라고, 진리에 매달리지 말라고 가르친다. 자신을 인식하지 않고 기존의 가치와 도덕에 순응하고 적응하는 것은 자기 자신을 "가장 위험한 방식"으로 억압하는 것이다.

---

28) Friedrich Nietzsche, KSA 12, 10(94), 510쪽. 니체전집 20, 207~208쪽.
29) Friedrich Nietzsche, KSA 12, 7(6), 272쪽. 니체전집 19, 335쪽.

마치 우리 내면에서는 가치를 설정할 수 있는 척도나 권리가 없는 것처럼 '같은 무리'가 하는 방식대로 존중하는 법을 배우고, 양심이기도 한 내적 취향의 음성에 대항해 똑같이 평가하려고 노력하는 것은 무섭고 섬세한 사슬이 될 것이다. 마침내 폭발이 일어나지 않는다면, 사랑과 도덕의 모든 끈이 단 한 번에 파괴되지 않는다면, 그런 영혼은 위축되고 편협해지고 여성적이 되고 실용적이 된다.[30]

니체의 사상은 진리와 도덕과 사랑의 형이상학적 끈을 폭파할 수 있는 다이너마이트가 되고자 한다. 우리를 가장 위험한 방식으로 억압하는 굴레에서 벗어나려면 우리 역시 위험을 감수해야 한다. 여기서 중요한 것은 가치를 설정할 수 있는 척도와 권리이다. 이 새로운 척도와 권리는 권력에서 나온다. 창조할 수 있는 강한 인간이 필요한 것이다. 진리에의 의지와 권력에의 의지 사이의 간격이 멀면 멀수록, 니체의 언어는 더욱더 공격적이 된다.

나의 사상의 주안점은 한 사람이나 다른 사람 또는 모든 사람에게 베풀 수 있는 **자유의 정도**가 아니라 한 사람이 또는 다른 사람이 다른 사람들에게 또는 모든 사람에게 행사해야 하는 **권력의 정도**다. 즉 자유의 희생, 노예화 자체가 얼마만큼 보다 높은 유형을 산출하는 데 토대가 되는가 하는 문제다. 커다랗게 생각하면 이렇다. '인간보다 더 높은 종을 탄생시키기 위해 인류의 발전을 어떻게 희생시킬 수 있는가?'[31]

---

30) Friedrich Nietzsche, 같은 책, 277쪽. 니체전집 19, 340쪽.
31) Friedrich Nietzsche, 같은 책, 281쪽. 니체전집 19, 343쪽.

우리가 유일한 가치로 인정하는 '자유'를 '권력'으로 대체하는 것도 견디기 어려운데, 보다 높은 유형의 탄생을 위해 이제까지의 인류의 발전을 희생시켜야 한다는 사상은 우리의 상상조차 초월한다. 니체의 사상이 긴박한 진실성을 벗어나 단순한 수사학으로 변질될 위험이 이곳에서 발견된다.

그렇기 때문에 니체를 하나의 문제로 인식한다면 공격적 언어를 사용하게 된 그의 동기를 파악하는 것이 무엇보다 필요하다. 이제까지 삶의 중심이었던 형이상학적 토대가 진리에의 의지를 통해 허구로 드러나면 드러날수록 새로운 토대의 정립은 더욱더 긴박해진다. 그렇지만 새로운 가치설정은 항상 낡은 관점의 파괴를 전제로 한다. 여기서 "일관성 있는 행동의 허무주의"[32]가 능동적 허무주의로 등장한다. 그렇지만 이 파괴의 행동은 바깥에서 우연히 나타나는 것이 아니다. 인류가 진리에의 의지를 실현하면서 축적했던 파괴의 힘이 폭발적으로 분출한 것이다. 이 힘은 전통적 도덕을 파괴할 뿐만 아니라 "진리란 없으며, 사물의 절대적 성질도 없으며, 사물 자체도 존재하지 않는다"는 "가장 극단적인 허무주의"를 새로운 가치 창조의 전제 조건으로 수용한다. 따라서 "파괴의 폭력적 힘"으로서의 능동적 허무주의는 동시에 "상승된 정신력의 표시"[33]가 된다.

니체의 창조는 결코 아름다운 가상만을 만들어내는 단순한 심미적 활동이 아니다. 그것은 폭력적인 파괴의 행동이다. 모든 창조는 동시에 파괴이다. 그렇다면 우리는 어떻게 파괴를 창조로 전환시킬 수 있는가? 이제까지의 목표와 가치가 삶에 기여하지 못할 때, 우리는 기존의 관점을 파괴하고 새로운 실존 조건을 정립한다. 그렇다면 우리의 삶은 끊임없는 자기

---

32) Friedrich Nietzsche, KSA 13, 14(9), 221쪽. 니체전집 21, 20쪽.
33) Friedrich Nietzsche, KSA 12, 9(35), 351쪽. 니체전집 20, 23~24쪽.

파괴와 자기 창조의 과정과 다를 바 없는 것인가? 니체는 이러한 삶의 이중성을 권력 의지의 핵심으로 파악함으로써 인류의 역사를 다르게 볼 수 있는 관점을 제공한다.

우리의 창조가 근본적으로 파괴라는 사실을 인식한다는 것은 사태를 뒤집어 본다는 것을 의미한다. 니체는 이러한 사실을 결코 평면적으로 이해하지 않는다. 그것은 인류의 역사를, 인식이라는 것을 발명해낸 인간이 진리에의 의지를 실현하는 과정으로 계보학적으로 재구성함으로써 힘겹게 얻어진 결론이다. 파괴와 창조의 관계를 시간적으로, 역사적으로 파악해야만 우리는 파괴의 힘을 생산적인 창조력으로 전환시킬 수 있다. 이러한 비판적 작업을 니체는《우상의 황혼》의 부제처럼 "망치를 들고 철학하기"[34]라고 표현한다.

"어떻게 '참된' 세계가 결국 우화가 되어버렸는지"를 서술한 니체의 계보학은 서양 형이상학의 이면사이다. 이 역사는 소수의 지혜로운 자에게 삶과 세계 자체였던 '참된 세계'의 설정으로 시작한다. 여기서 니체는 참된 세계가 (비록 하나의 해석이라고 할지라도) 삶 자체였다는 사실에 주목한다. 이 참된 세계는 지금은 이룰 수 없지만 지식과 덕성을 통해 성취될 수 있는 약속의 관념 세계로 변한다. 현실과 관념이 더 이상 일치하지 않을 때, 관념은 이제 현실에 대한 도덕적 명령으로 군림한다. 관념의 세계가 도덕의 세계로 변질된 것이다. 현실 세계가 관념과 도덕의 세계에서 멀어지면 멀어질수록, 즉 관념이 이제는 인식할 수 없고 성취할 수 없는 것으로 평가될수록, 인간은 더욱더 현실의 실증적 '사실들'에 의지하게 된다. 그것은 동시에 관념적이고 도덕적인 참된 세계의 타당성 상실을 의미한다.

---

34) Friedrich Nietzsche, GD, KSA 6, 55쪽. 니체전집 15, 71쪽.

참된 세계가 아무런 쓸모가 없다는 인식은 결국 수동적 허무주의를 산출한다. 그렇다면 우리는 이러한 수동적 허무주의에서 어떻게 탈피할 수 있는가? 니체는 서양 형이상학의 역사가 하나의 '오류의 역사'라고 폭로하면서, 참된 세계가 강한 자들이 만들어낸 허구임에도 불구하고 사람들이 그것을 하나의 주어진 세계로 착각하여 참된 세계와 가상 세계의 형이상학적 이원론을 만들어냈다고 비판한다. 그렇기 때문에 우리가 허무주의를 극복할 수 있는 유일한 길은 있는 그대로의 세계를 긍정하고, 새로운 가치를 다시 창조하는 것이다. 이런 맥락에서 니체는 이렇게 이 역사를 끝맺는다. "우리는 참된 세계를 없애버렸다. 어떤 세계가 남는가? 아마도 가상 세계? 천만에! 참된 세계와 함께 우리는 가상 세계도 없애버린 것이다!"[35] 이 명제는 망치로 대변되는 극단적 사상의 진수를 보여준다. 이 오류의 역사는 결코 참된 세계의 폐지로 끝나지 않는다. 파괴가 창조로 이어지려면, 이 마지막 문장은 역사의 첫 문장으로 다시 돌아가야 한다. 변화된 새로운 조건에서 삶에 기여할 수 있는 새로운 가치의 창조, 그것이 바로 첫 문장의 숨은 뜻이기 때문이다. 이처럼 파괴한다는 것은 삶과 세계의 숨겨진 면을 들춰낸다는 것을 의미한다. 이것이 바로 니체가 평생 동안 갈고 닦은 실험적 사유의 핵심이다.

4. 데카당스의 시대적 문화와 실험적 사유의 반시대성

니체는 진리에의 의지가 권력 의지라고 폭로함으로써, 삶은 생성이고 생성은 해석이며 해석은 창조라는 사실을 발견한다. 진리는 존재하지 않

---

35) Friedrich Nietzsche, GD, KSA 6, 81쪽. 니체전집 15, 104쪽.

으며 오직 해석만이 존재할 뿐이라는 것이다. 신의 죽음은 이제까지 우리의 삶에 의미를 부여했던 절대적 가치의 상실을 가져왔지만, 동시에 우리의 삶과 이 세계를 새롭게 해석할 수 있는 가능성을 열어놓은 것이다. 광인은 허무주의가 위기일 뿐만 아니라 기회라는 사실을 알려주려 하지만, 대중들은 냉소적으로 반응한다. '그래서 어쩌란 말인가?' 교양 있는 현대인들은 너무 많은 것을 알고 있다. 그들은 절대적 가치가 더 이상 절대적이지 않다는 사실도 알고 있으며, 이러한 가치들도 실은 하나의 해석에 지나지 않는다는 사실도 알고 있다. 현대인은 이러한 계몽 때문에 아무런 시도도 감행하려 하지 않는다.

"계몽에 대한 교훈을 배우긴 했으나 실행에 옮기지 않았을뿐더러 아마 실행할 수도 없는" 허위의식, 즉 "계몽된 허위의식"은 냉소주의이다.[36] 슬로터다이크Peter Sloterdijk는 냉소주의를 이렇게 정의하면서 새롭게 생겨난 문화와의 불화를 언급한다. "문화 속의 불쾌감은 하나의 새로운 특질을 얻었다. 그것은 보편적이고 불명료한 냉소주의로 나타난다. 전통적인 이데올로기 비판은 그 앞에서 어찌할 바를 모르고 있다. 이데올로기 비판은 냉소적으로 깨어 있는 의식의 어느 곳에 계몽의 지렛대를 대야 할지 알 수 없다."[37] 실천의 힘을 잃어버린 비판은 허무주의의 부정적 표현이다. 니체는 세계는 권력에의 의지 이외의 그 어느 것도 아니라는 자신의 철학이 하나의 해석일 뿐이라면서 새로운 해석의 도전을 유도하지만,[38] 대중은 여전히 냉소적으로 반응한다. '그래서 어쩌란 말인가?'

---

36) Peter Sloterdijk, *Kritik der zynischen Vernunft*, Bd. I(Frankfurt am Main : Suhrkamp, 1983), 37쪽. 한국어판 : 페터 슬로터다이크, 《냉소적 이성 비판》, 이진우·박미애 옮김(에코리브르, 2005), 47쪽.

37) Peter Sloterdijk, 같은 책, 33쪽. 한국어판, 43쪽.

38) Friedrich Nietzsche, JGB, I 22, KSA 5, 37쪽. 니체전집 14, 44쪽 : "이것도 해석이라고 가정한다면, 그대들은 이것에 이의를 제기하는 데 충분한 열의가 있는가? — 그렇다면 이제 더욱 좋다."

현대인에게는 의미의 문제가 더 이상 문제 되지 않는 것인가? 아니면, 무의미한 삶을 견뎌내는 것이 현대적 삶의 유일한 의미가 된 것인가? 우리가 새로운 해석을 시도하려 해도, 그 해석의 무의미성을 현대인은 미리 알고 있는 것인가? 과거에 대한 역사적 의식의 비대가 미래의 실천적 작업을 불가능하게 하는 것처럼, 세계에 관한 다양한 지식의 과잉이 새로운 해석을 봉쇄하는 것인가? 이러한 물음에 어떤 답을 하든 한 가지 분명한 것은 우리에게는 오직 우리 자신과 이 세계만이 남아 있다는 사실이다. 세계를 둘러쌌던 형이상학적 거품이 꺼진 지금 우리 인간은 온전히 자신에게 맡겨진 것이다.

허무주의는 인간에게 자기 자신을 실험할 수 있는 정당성을 부여한 것이다. 니체는 《아침놀》의 한 잠언에서 실험적 사유의 필요성을 이렇게 역설한다. "우리는 방황하고 실험할 수 있는 용기와 (어떤 사실을) 잠정적으로만 받아들일 수 있는 용기를 다시 획득했다……우리는 우리 자신을 실험해도 된다! 그뿐 아니라 인류는 자기 자신을 실험해도 된다!"[39] 물론 자기 실험은 확실한 토대가 없기 때문에 항해와 같은 모험적 성격을 갖고 있다. "우리는 우리의 덕성과 선한 행위를 실험하지만, 그것이 목표의 관점에서 필수적인지는 알지 못한다. 우리는 제대로 의심해야 하며 모든 도덕적 규정을 의심해야 한다."[40] 많은 사람들이 실제로 넓은 바다로 항해를 떠나지 않으면서도 육지에 앉아 항해의 모험과 어려움을 이야기하는 까닭이 여기에 있다. 니체는 이러한 데카당스 문화를 정면으로 비판하면서 우리 자신이 실험 이외의 다른 존재로 살아갈 수 없음을 역설한다. "우리는 실험들로서 존재한다. 그렇게 존재하도록 하자!"[41]

---

39) Friedrich Nietzsche, M, V 501, KSA 3, 294쪽. 니체전집 10, 376쪽.
40) Friedrich Nietzsche, KSA 9, 6(32), 202쪽. 니체전집 11, 267쪽.
41) Friedrich Nietzsche, M, V 453, KSA 3, 274쪽. 니체전집 10, 350쪽.

실험이 필요한 까닭은 간단하다. 실험은 다양한 관점과 해석을 열어놓음으로써 창조의 가능성을 높이기 때문이다. 니체는 모든 해석은 힘의 문제이기 때문에 성장과 몰락의 징후라고 말하면서, "해석의 다양성을 힘의 표시"[42]로 파악한다. 니체는 1885년 가을과 1886년 가을 사이에 쓴 한 유고에서 자신의 저서를 관통하는 사유의 핵심 동기를 언급하면서 동시에 해석을 평가할 수 있는 척도를 제공한다. "세계의 가치는 우리의 해석에 있다는 점, 종래의 해석들은 우리가 권력을 증대하기 위해 생명, 즉 권력에의 의지를 보존할 수 있도록 해주는 관점주의적 평가들이라는 점, 모든 인간의 향상은 편협한 해석들의 극복을 수반한다는 점, 모든 도달한 강화와 권력 확장은 새로운 관점들을 열어놓고 또 새로운 지평들을 믿게 한다는 점—이것이 나의 저서들을 관통한다."[43] 이것이 니체가 진리는 존재하지 않는다는 허무주의로부터 이끌어낸 결론이다. 우리가 우리의 생명을 보존하고 강화하려면 새로운 지평이 필요하며, 이를 위해서는 기존의 해석들을 철저하게 비판하는 자기 자신과의 실험을 감행할 수밖에 없다는 것이다. 니체가 우리 현대인들에게 요구하는 것은 바로 파괴와 창조라는 이중적 행동을 수반하는 해석이다.

니체에게 자기 자신을 실험하는 사유는 삶 그 자체이다. 사유가 삶으로부터 분리될 수 없는 것처럼, 사상을 전달하는 글 역시 사유로부터 분리되지 않는다. 이처럼 니체는 삶과 사유, 이론과 실천, 글과 사상을 통일할 수 있는 건강한 양식을 추구한다. 《그리스 비극 시대의 철학》이라는 1873년의 한 유고에서 니체는 철학과 건강의 유기적 상관관계를 이렇게 서술한다. "진정한 의미에서 건강한 사람들인 그리스인들은 그들이 철학했다는

---

42) Friedrich Nietzsche, KSA 12, 2(117), 120쪽. 니체전집 19, 148쪽.
43) Friedrich Nietzsche, KSA 12, 2(108), 114쪽. 니체전집 19, 140쪽.

사실을 통해 단번에 철학 자체를 정당화했다."[44] 니체에 의하면 그리스인들에게서는 삶과 사유가 인격으로 완전히 용해되어 "그들의 사유와 성격 사이에는 엄밀한 필연성이 지배하고"[45]있다는 것이다. 여기서 니체가 철학과 삶의 건강을 연결하는 까닭은 분명하다. 훗날 니체가 실험적 사유로 명명한 것처럼, 삶 그 자체가 사유이기 때문이다.

이에 반해 삶으로부터 분리된 사유는 일종의 병이다. 실제로 자신의 삶을 철저하게 실험할 수 없음에도 불구하고 실험과 비판을 논하는 것은 타락한 사상과 다를 바 없다. 같은 맥락에서 삶과 사유의 모험성과 긴박성을 함축하지 못한 글은 하나의 건강한 "양식Stil"으로 발전하지 못하고 데카당스로 전락한다.[46] 양식은 본래 개인적인 언어와 표현의 심미적 측면을 의미하지만, 니체의 양식은 자신의 삶을 실험할 수 있는 능력을 의미한다. 진리가 존재하지 않는다는 허무주의의 조건에서 양식은 삶에 의미를 부여할 수 있는 가상과 내용에 대한 확신을 전제하기 때문에 "위대한 양식은 아름다움이 무시무시한 것에 대한 승리를 거두게 될 때 생겨난다".[47] 그렇기 때문에 "위대한 양식"은 "권력에의 의지 자체의 표현"이다.[48]

데카당스는 타락한 양식이다. 니체는 1888년 발표한 《바그너의 경우》에서 바그너를 "전형적인 데카당"으로 규정하면서 양식을 데카당스와 대립되는 것으로 규정한다. "모든 문학적 데카당스는 무엇으로 스스로를 특징짓는가? 삶이 더 이상 전체 속에 들어 있지 않다는 것을 특징으로 한다.

44) Friedrich Nietzsche, *Die Philosophie im tragischen Zeitalter der Griechen*, KSA 1, 805쪽. 니체전집 3, 355쪽.

45) Friedrich Nietzsche, 같은 책, 807쪽. 니체전집 3, 358쪽.

46) 양식의 문제에 관해서는 Heinz Schlaffer, *Das entfesselte Wort. Nietzsches Stil und seine Folgen* (München : Hanser, 2007)을 참조할 것.

47) Friedrich Nietzsche, MA II, Der Wanderer und sein Schatten 96, KSA 2, 596쪽. 니체전집 8, 291쪽.

48) Friedrich Nietzsche, KSA 13, 11(138), 63쪽. 니체전집 20, 363쪽.

단어가 독립적이 되어 문장에서 뛰쳐나오고, 문장이 다른 문장으로 번져한 페이지의 의미를 흐려버리고, 한 페이지는 전체를 희생시켜 자신의 생명을 획득한다. ─전체는 더 이상 전체가 아니다."[49] 전체를 표현할 수 없음에도 전체를 표현하는 것처럼 가장하는 것이 바로 데카당스이다. 여기서 우리는 데카당스가 창조와 표현의 무능력에 기인하고 있음을 간파할수 있다. 데카당은 어떤 것을 살아 있는 유기체적 형태로 조형할 수 없는데도 이 무능력을 하나의 원칙으로 위장한다는 것이다. 그렇기 때문에 데카당스 문화에서 "전체는 더 이상 살아 있지 않으며, 조합되고 계산되고 인위적인 하나의 인공물"[50]에 불과하다.

창조할 수 없는 무능력에 대한 니체의 비판은 초기에서부터 말기에 이르기까지 그의 삶과 사유를 관통한다. 1873년 발표된 《반시대적 고찰》의 제1권에서 니체는 다비드 슈트라우스를 "교양 속물" 또는 "속물 교양"의 전형으로 잔인하게 매도한다. 그렇지만 여기서 우리의 주목을 끄는 것은 문화와 속물 교양에 대한 니체의 정의이다. "진정한 문화는 반드시 양식의 통일성을 전제하고 또 추하고 변질된 문화조차 하나의 양식으로 조화를 이루려 하는 다양성 없이는 생각할 수 없는" 것인 반면, 교양의 속물은 "어디에서 자기 자신과 똑같은 특징을 재발견하고 모든 교양 있는 사람의 똑같은 특징에서"[51] 양식과 문화를 추론한다는 것이다.

고전적 작가들이 삶과 정신의 실험적 탐구를 특징으로 한다면, 우리가 그들을 존경하는 방식은 "그들이 지닌 정신 속에서 그들의 용기를 가지고 계속 탐구해나가고 또 지치지 않고 탐구해나가는 길밖에 없다는 것"[52]을

49) Friedrich Niezsche, WA 7, KSA 6, 27쪽. 니체전집 15, 37쪽.
50) Friedrich Nietzsche, 같은 책, 같은 곳.
51) Friedrich Nietzsche, MA I : "David Strauss der Bekenner und der Schriftsteller 2", KSA 1, 165쪽. 니체전집 2, 190~191쪽.
52) Friedrich Nietzsche, 같은 책, 168쪽. 니체전집 2, 193쪽.

알아야 한다. 그런데 속물들은 "더 이상 탐구해서는 안 된다"는 슬로건을 내세운다. 교양 속물과 데카당스 문화를 규정하는 것, 그것은 바로 실험 정신과 모험적 실천의 결여이다. 진정한 문화는 "모든 삶의 표현에서 나타나는 예술적 양식의 통일이지 많이 안다는 것과 많이 배웠다는 것은 문화의 필수적 수단도 아니다. 그것은 오히려 문화와 대립하는 야만일 뿐이다".[53] 그럼에도 데카당스의 교양 속물들은 실질적인 삶의 실험을 감행하지 못하면서도 실험을 가장하는 냉소적 고백을 일삼는다.

우리가 살고 있는 이 시대가 데카당스의 문화라면 니체의 실험적 사상이 반시대적 고찰이 될 수밖에 없음은 명확하다. 허무주의로 표시되는 현재의 상태를 견딜 수 없을 때, 행동은 요구된다. 거꾸로 표현하면, 행동이 요구되는 것은 어떤 상태를 도저히 견딜 수 없을 때뿐이다. 위대한 행동은 지금의 상태가 지속되는 것을 용납할 수 없을 정도로 위대해야 한다. 모든 위대한 사유가 반시대적이어야 하는 까닭이 여기에 있다. 니체는 《바그너의 경우》에서 실험적 사유의 반시대성이 무엇을 의미하는지를 분명하게 밝힌다.

한 철학자가 자기 자신에게 가장 먼저 그리고 마지막에도 요구하는 바는 무엇인가? 자기가 사는 시대를 자기 안에서 극복하며 '시대를 초월하는' 것이다. 그렇다면 그가 가장 격렬한 싸움을 벌이는 대상은 무엇인가? 그를 그 시대의 아들이게끔 만드는 것이다. 자! 나는 바그너만큼이나 이 시대의 아들이다. 내가 한 사람의 데카당이라는 말이다. 바로 이것이 내가 파악했던 것이고, 바로 이것에 내가 저항했다. 내 안에 있는 철학자가 이것에 저항했다.[54]

---

53) Friedrich Nietzsche, 같은 책, 163쪽. 니체전집 2, 187쪽.
54) Friedrich Nietzsche, WA, Vorwort, KSA 6, 11쪽. 니체전집 15, 11~12쪽.

니체가 산 시대는 두말할 나위 없이 진리가 허구로 증발해버린 허무주의의 시대이다. 그는 허무주의의 문제를 극단적으로 끝까지 사유함으로써 허무주의를 극복하고자 했다. 이 과정에서 허무주의가 시대를 초월한 인간의 영원한 문제라는 사실이 분명하게 드러난다. 우리가 허무주의를 실험할 수밖에 없는 운명임이 밝혀진 것이다. 니체는 허무주의를 극복하기 위하여 "현대 영혼의 모든 영역을 두루 섭렵하고 그 영혼의 구석구석에 앉아보기를"[55] 원한다. 그렇기 때문에 니체는 데카당이면서 동시에 그 반대인 것이다. 니체의 사상은 이중적이다. 시대적이고 동시에 반시대적이다.[56] 자신이 살고 있는 시대의 문제를 철저하게 사유한다는 점에서 '시대적'이고, 이를 극복할 수 있는 미래의 철학을 탐구한다는 점에서 '반시대적'이다. 니체에게 반시대적이라는 것은 근본적으로 "시대와 대립해서, 그렇게 함으로써 시대에 그리고 바라건대 앞으로 도래할 시대를 위해 영향을 미치는 것"[57]을 의미한다. 이런 점에서 "반시대적 고찰"이라는 제목은 실제로 니체의 모든 작품에 적용될 수도 있을 것이다.[58]

우리는 이제 니체를 다시 읽을 수 있다. 니체가 현대의 고전으로서 시대적인 사상가가 되었기 때문이다. 니체가 현대의 데카당스 문화를 향해 들이댔던 예리한 칼의 날은 이제 무뎌지고, 그의 극단의 사상은 이제 예리함을 상실한 것처럼 보인다. 우리가 니체를 많이 읽고 자주 인용하는 것을 보면, 니체는 더 이상 위험한 사상가가 아닌 것처럼 보인다. 우리는 여전히 데카당스의 문화에 젖어 있기 때문이다. 그렇지만 니체가 온몸으로 철

55) Friedrich Nietzsche, KSA 12, 9(177), 440쪽. 니체전집 20, 126쪽.

56) Gerd-Günther Grau, *Ideologie und Wille zur Macht. Zeitgemäße Betrachtungen über Nietzsche*(Berlin · New York : de Gruyter, 1984), 서론을 참조할 것.

57) Friedrich Nietzsche, HL, Vorwort, KSA 1, 247쪽. 니체전집 2, 289쪽.

58) Heinz Schlaffer, "Das entfesselte Wort", *Das entfesselte Wort. Nietzsches Stil und seine Folgen*(München : Hanser, 2007), 160쪽.

저하게 사유했던 허무주의의 문제가 사라진 것이 아니라면, 우리는 니체에게 다시 칼을 쥐어주어야 한다. 그의 사상은 우리 자신의 "관점을 전환할 손"[59]이 되어야 한다.

니체는 다시 위험해져야 한다. 그렇기에 니체가 고전이 되었다는 것은 다행한 일이기도 하다. 니체의 텍스트가 속물 독자들에 의해 분해되면 될수록, 그것은 더욱더 감히 건드릴 수 없는 것이 되기 때문이다. 해석학적 의미 해명과 문헌학적 재구성이 고전 텍스트의 조직을 깊이 파고들면 파고들수록, 그것은 더욱더 거세게 해석의 충격에 반발하기 때문이다.[60] 니체의 텍스트가 다양하게 해석될 수 있어서 난해한 고전이 되었다면, 우리는 이제 니체의 경고를 진지하게 받아들여야 한다. 우리는 "사용할 수 있는 몇 가지는 꺼내고 나머지는 더럽히고 엉클어버리며 전체를 비방하는 약탈하는 군인처럼"[61] 니체를 읽어서는 안 된다. 우리는 니체의 삶과 사유 전체를 읽어야 한다. 그것은 니체가 지닌 정신 속에서 니체의 용기를 가지고 삶을 계속 탐구하는 것이다. 그러려면 우리는 니체가 "천직으로 삼았던 위험"[62]을 스스로 살아가야 한다. 왜냐하면 위험이 없는 것처럼 보이는 데카당스 시대에 위험을 직시하지 않으면 정말로 위험에 빠지기 때문이다. 이를 경고하는 니체는 위험한 사상가이다.

나는 보다 남성적이고 전투적인 한 시대가 시작된다는 모든 전조를 환영한다. 이 시대는 무엇보다 용기를 다시 명예롭게 존중하게 될 것이다. 왜냐하면

---

59) Friedrich Nietzsche, GD, Warum ich so weise bin 1, KSA 6, 266쪽. 니체전집 15, 333쪽.
60) 고전에 대한 슬로터다이크의 정의를 참고할 것. Peter Sloterdijk, *Der Denker auf der Bühne : Nietzsches Materialismus*, 13쪽.
61) Friedrich Nietzsche, MA II, Vermischte Meinungen und Sprüche 137, KSA 2, 436쪽. 니체전집 8, 91쪽. 니체는 "가장 나쁜 독자"를 이렇게 정의한다.
62) Friedrich Nietzsche, Za, Vorrede 6, KSA 4, 22쪽. 니체전집 13, 27쪽.

이 시대는 보다 높은 시대의 길을 열어놓고, 그 시대가 필요로 할 힘을 모아야만 하기 때문이다……그를 위해서 지금은 준비하는 수많은 용감한 사람들이 필요하다……더 위험에 처한 인간들, 더 생식력이 강한 인간들, 더 행복한 인간들! 그렇다면, 나를 믿어라! 가장 커다란 생식력과 실존의 가장 커다란 즐거움을 거두어들일 수 있는 비밀, 그것은 위험하게 사는 것이다![63]

---

63) Friedrich Nietzsche, FW, IV 283, KSA 3, 526쪽.

제1장

―――

실존의 예술

세계의 예술적 정당화와
철학의 문화화

실존과 세계는 오직 미적 현상으로만 영원히 정당화된다.
—프리드리히 니체, 《비극의 탄생》(1872)

예술은 인식보다 더 강하다. 예술은 삶을 원하지만, 인식은 궁극적 목표로 오직 파괴만을 성취하기 때문이다.
—프리드리히 니체, 《진리의 파토스에 관하여》(1872)

우리가 진리로 인해 몰락하지 않도록 우리는 예술을 갖고 있다.
—프리드리히 니체, 《유고》(1888)

예술은 세계의 내면에 얼마나 깊이 다가갈 수 있는가? 그리고 '예술가'와 떨어져서도 예술가적 힘이 존재하는가? 이 물음은, 사람들이 알고 있는 것처럼, 나의 출발점이다. 그리고 나는 두 번째 질문에 대해서는 그렇다고 대답했다. 첫 번째 질문에 대해서는 '세계 자체는 예술과 다를 바 없다'라고 대답했다.
—프리드리히 니체, 《유고》(1885년 가을~1887년 가을)

1. 예술은 철학이 끝난 시대의 삶의 방식인가

"비극적 인식의 철학자. 그는 족쇄가 풀려 맹위를 떨치는 지식의 충동을 억제한다. 그러나 하나의 새로운 형이상학을 통해서가 아니다. 그는 새로운 신앙을 세우지 않는다. 그는 무너져버린 형이상학의 토대를 비극적으로 느끼지만, 학문의 화려한 소용돌이 놀이에 결코 만족하지 않는다. 그는 새로운 삶을 건립한다. 그는 다시 예술에게 권리를 되돌려준다."[1] 니체의 이 명제는 의심의 여지 없이 포스트모던적 조건에 대한 리오타르J.-F. Lyotard의 철학적 규정을 선취하고 있다. 잘 알려진 바와 같이 리오타르는 "메타 이야기에 대한 회의"가 현재 우리가 처해 있는 포스트모던적 조건이라고 말한다.[2] 우리는 21세기의 문턱에서 인간의 해방, 역사의 발전, 정신의 의미 등의 거대한 이야기들을 믿지 않을 뿐만 아니라 이 이야기들을 동경조차 하지 않는다는 것이다. 그러나 형이상학적 토대가 다양한 실증 과학의 범

---

1) Friedrich Nietzsche, KSA 7, 19(35), 427∼428쪽. 니체전집 5, 22쪽.
2) J.-F. Lyotard, *Das postmoderne Wissen : Ein Bericht*(Graz · Wien : Böhlau, 1986), 14쪽.

람으로 말미암아 유실되었다는 사실을 다시 한번 확인하기 위해서 우리가 니체와 포스트모더니즘의 상관관계를 언급하는 것은 아니다.

형이상학의 종말은 이미 하나의 사실이다. 그렇다면 형이상학은 어떤 관점에서 이미 끝난 것인가? 이 명제와 밀접하게 연관된 '철학의 종말'은 우리에게 어떤 의미가 있는 것인가? 헤겔이 철학의 종말을 언명한 이후에도 여전히 철학은 존립하며 또 형이상학의 종언이 공공연히 거론된 지 한 세기가 지난 지금도 여전히 형이상학이 연구되고 있다는 사실을 상기한다면, 철학과 형이상학의 종언은 도대체 무엇을 의미하는 것인가? 유행의 상투성과 학문의 현학성을 벗어던지면, 철학의 종언은 (극단적으로 단순화해 표현하면) 철학과 삶의 관계 상실을 의미한다.

철학이 삶에 대한 의미를 상실한 것은 주로 지식의 팽창과 관계가 있다. 20세기는 실제로 다양한 과학적 지식의 해방과 이 지식의 기술적 변형을 특징으로 한다. 무한히 팽창하는 지식에의 충동은, 지식은 항상 기술적으로 응용될 수 있다는 작위 가능성에 대한 믿음과 함께 현대 문화를 움직이는 양 축이라고 할 수 있다. 말머리의 인용문에서 분명하게 드러나듯이 니체는 지식 욕구의 해방을 비극적으로 인식하고 있다. 니체의 비극적 인식의 관점에서 보면 형이상학의 종언은 세 가지를 의미한다. 첫째, 지식 충동의 해방은 비극적이다. 둘째, 고대 그리스에서 지식의 충동은 철학, 즉 형이상학에 의해서 제어되었다. 셋째, 현대 과학의 발전으로 말미암아 더 이상 해방된 지식 충동이 형이상학에 의해 제어될 수 없다는 것이 현대의 비극이다.

과학과 기술의 기호가 각인된 현대 사회에서 지식은 더 이상 삶의 토대가 아니다. 삶에 행복의 편의 수단을 제공하겠다는 현대의 과학과 기술은 삶마저도 수단으로 만들 수 있다는 위험을 우리는 이미 체감하고 있지 않은가! 과학의 절대화로 인한 삶의 도구화와 수단화, 이것이 바로 니체와 포스트모더니즘을 연결하는 사유의 전제 조건이다. 삶의 의미 상실은 바로 현대 사회가 직면한 최대의 위험이다. 그렇다면 우리는 어떻게 삶에 의미를 부여할 수 있는가? 이 물음과 관련하여 니체는 삶에 의미를 부여하는 창조적 행위야말로 문화의 핵심 문제라고 단언한다. 리오타르가 19세기 말 이래 과학, 문학, 예술의 분야에서 실행된 유희 규칙의 변형 이후의 "문화 상태"를 포스트모던으로 규정하듯이,[3] 니체에게도 비극적 사유의 탄생은 근본적으로 문화의 문제이다. 철학의 종언이 문화의 관점에서 파악되어야 하는 까닭이 바로 여기에 있다.

　니체의 삶과 사유를 관통하는 핵심적 문제는 실제로 예술로 환원된다. 니체는 《비극의 탄생》에서 실존과 세계를 정당화하는 "심미적 형이상학" 또는 "예술가-형이상학"[4]을 선언함으로써 철학적으로 등장했으며, 십자가에 못 박혀 죽은 자에 대항하는 디오니소스의 이름으로 서명을 하는 광기로 쓰러질 때에도 이제까지의 모든 가치를 파괴하고 새로운 가치를 창조하는 예술가임을 자처한다. 니체에게 철학은 근본적으로 예술이다. 철학의 목적이 사멸할 존재인 우리 인간의 유한한 삶을 정당화하는 것이라면, 삶은 철학과 예술을 연결해주는 다리이다. 현대의 데카당스 문화가 우리의 삶을 정당화하기보다는 오히려 파괴한다고 예리하게 진단한 니체는 그 근저에 지식의 욕구, 진리에의 의지가 자리 잡고 있음을 발견한다. 니체의 독창성은 기존의 모든 가치를 전도시킬 수 있는, 관점의 전환이다. 니체는 지식은 권력이라는 믿음을 뒤집어 해석함으로써 우리가 믿고 있는 진리에의 의지가 사실은 권력에의 의지의 표현이라고 폭로한다. 진리에의 의지란 곧 우리가 우리의 삶과 이 세계를 정당화하고 견뎌낼 수 있는 가상

---

3) J.-F. Lyotard, 앞의 책, 13쪽.
4) Friedrich Nietzsche, GT, Versuch einer Selbstkritik 7, KSA 1, 21쪽. 니체전집 2, 21쪽.

을 창조하는 권력에의 의지라는 것이다. 전통 형이상학과 도덕에 대한 니체의 계보학적 파괴와 해체 작업은 모두 인간 실존의 예술적 성격의 복원에 맞춰져 있다.

인간이 본래 갖고 있는 창조적 본성은 형이상학적 인식의 틀에 묶여 있는 것이다. 이 틀이 강하게 느껴지면 느껴질수록 니체의 언어는 더욱더 공격적이 된다. 신의 죽음에 관한 소식을 전하는 자가 미친 사람일 수밖에 없는 것처럼, 니체는 자신의 말을 아직 들을 수 없는 현대의 데카당스 문화에 좌절하여 미쳐간다. 니체는 비극적 철학자의 운명을 이미 알고 있는 것이다. "나는 내 운명을 안다. 언젠가는 내 이름에 어떤 엄청난 것에 대한 회상이 접목될 것이다." 자신이 평생 동안 철저하게 사유했던 문제가 엄청나고 긴박하다고 생각하면 할수록, 니체는 삶의 씨앗을 억제하고 있는 형이상학적 껍질을 더욱더 부숴버리고자 한다. "나는 인간이 아니다. 나는 다이너마이트다."[5] 이러한 실존적 고백은 니체 사상의 극단적 성격을 극명하게 보여준다. 니체의 비극적 인식은 필연적 전환을 가져오기 때문에 인류의 역사는 니체 이전과 니체 이후의 시대로 양분될 수도 있다. "나는 인류의 운명을 눈에 보이지는 않지만 두 쪽으로 나눈다. 내 이전과 내 이후로."[6]

니체가 이렇게 극단적인 언어를 동원하면서까지 복원하고자 한 것이 예술이다. 그는 지식의 허무주의가 초래할 인류의 파국을 미리 예감한 것일까? 우리가 살고 있는 이 지구 자체가 세계 종말의 도래를 예견하고 있다면, 우리는 정말 인간의 본성이라고 믿어온 지식 욕구를 통제해야 하는 것은 아닌가? 생태학적 위기에 직면하여 인간의 책임을 역설한 한스 요나

---

5) Friedrich Nietzsche, EH, Warum ich ein Schicksal bin 1, KSA 6, 365쪽. 니체전집 15, 456쪽.
6) Friedrich Nietzsche, KSA 13, 25(5), 639쪽. 니체전집 21, 555쪽.

스Hans Jonas는 우리의 현실을 이렇게 진단한다. "이제까지 전혀 알려지지 않았던 힘을 과학을 통해 부여받고, 경제를 통해 끊임없는 충동을 부여받아 마침내 사슬로부터 풀려난 프로메테우스는 자신의 권력이 인간에게 불행이 되지 않도록 자발적인 통제를 통해 자신의 권력을 제어할 수 있는 하나의 윤리학을 요청한다."[7] 인류 구원의 새로운 윤리학을 창조할 수 있는 것이 철학이 아니고 예술이란 말인가?

진정한 의미에서 극단적인 철학은 모두 결정적인 곳에서 온건하다. 니체가 서양 철학의 역사 전체를 허무주의의 역사로 해체시킴으로써 도달한 곳이 바로 예술이다. 철학과 예술, 심지어 과학과 예술이 더 이상 대립적인 것으로 여겨지지 않는 오늘날 니체의 예술가 형이상학은 온건하다 못해 진부한 것처럼 보인다. 니체는 물론 인식과 지식을 극단으로 몰고 갈 때에만 삶의 예술적 성격을 인식할 수 있다고 말한다. "인식 욕구는 자신의 한계에 이르고, 이제 지식에 대한 비판으로 나아가기 위해 자기 자신에 대립한다. 최상의 삶에 봉사하기 위한 인식."[8] 대상을 향했던 인식이 인식 자체를 대상으로 삼으면, 결국 예술만이 우리의 삶을 정당화할 수 있다는 인식에 도달한다는 것이다. 니체의 문제는 간단하다. 우리는 진리가 아닌 허구와 환상을 원할 수 있는가?

여기서 우리는 이렇게 온건한 니체의 철학적 관심을 진지하게 받아들이고자 한다. 그것은 어쩌면 때로는 예리하고 때로는 잔인한 권력 의지의 수사학에 기대지 않고도 니체 철학의 깊은 의미를 드러낼 수 있다고 믿기 때문이다. 니체는 결코 파괴를 위한 파괴를 실행하지 않는다. 파괴의 수사학을 사용할 때에도 그는 항상 창조의 계기를 염두에 둔다. 니체는 새로운

---

7) 한스 요나스, 《책임의 원칙 : 기술 시대의 생태학적 윤리》, 이진우 옮김(서광사, 1994), 5쪽.
8) Friedrich Nietzsche, KSA 7, 19(35), 428쪽. 니체전집 5, 22쪽.

언어와 새로운 관점으로 이 세계를 정당화할 수 있는 새 길을 열고자 한다.[9] 그것이 바로 온건한 문제로 인식되는 예술이다.

그렇다면 예술이 어떻게 이 세계를 정당화할 수 있단 말인가? 우리는 세계의 예술적 정당화라는 모순적 개념을 어떻게 이해해야 하는가? 이 물음의 핵심에는 끊임없이 반복되는 니체의 핵심 명제가 있다. 《비극의 탄생》에서 니체는 "실존과 세계는 오직 미적 현상으로만 영원히 정당화된다"[10]라고 선언한다. 1885년 가을과 1886년 가을 사이에 쓴 한 유고에서 니체는 이 명제를 반복하면서,[11] "세계는 자기 자신을 낳는 예술 작품"[12]이라고 말한다. 정당화가 통상 일반적으로 인식될 수 있는 하나의 원칙과 근거로 환원하는 것을 의미한다는 것을 생각하면, 세계의 심미적 정당화는 모순적인 표현이다. 그렇지만 우리가 이 표현을 진지하게 생각한다면, 우리는 원칙과 근거를 찾지 않고도 세계를 정당화할 수 있다는 사실을 깨닫게 된다. 그러면 동일한 물음이 다시 한번 제기된다. 우리는 어떻게 삶과 세계를 심미적으로 정당화할 수 있는가? 여기서 니체는 학문과 예술을 모두 삶의 관점에서 바라보기를 권유한다. "학문을 예술가의 광학으로 바라보고, 예술을 삶의 광학으로 바라보는"[13] 관점의 전환을 실행하면, 우리는 삶을 정당화하는 예술의 힘과 정당성을 깨달을 수 있다는 것이다.

---

9) 니체에게 나타난 언어와 사유의 관계에 관해서는 Heinz Schlaffer, *Das entfesselte Wort. Nietzsches Stil und seine Folgen*, 12쪽 이하를 참조할 것.

10) Friedrich Nietzsche, GT 5, KSA 1, 47쪽. 니체전집 2, 56쪽.

11) Friedrich Nietzsche, KSA 12, 2(110), 116쪽. 니체전집 19, 144쪽 : "오직 심미적으로만 세계의 정당화가 존재한다."

12) Friedrich Nietzsche, KSA 12, 2(114), 119쪽. 니체전집 19, 146쪽.

13) Friedrich Nietzsche, GT, Versuch einer Selbstkritik, KSA 1, 14쪽. 니체전집 16쪽.

2. '마지막 철학자'와 비극적 인식

　종말은 철학에서 항상 근원으로의 회귀를 함축하고 있다. 철학의 종말에 관한 비극적 인식은 니체로 하여금 고대 그리스에서 철학이 본래 지니고 있었던 문화적 의미를 반성하게 한다. 이런 맥락에서 1870년대 초기 니체의 철학적 글쓰기는 특히 두 가지 인식 관심에 의해서 이루어진다. 비극적 사유와 반시대적 고찰. 니체는 1873년 봄에 바이로이트의 바그너 그룹에서 《그리스 비극 시대의 철학》이라는 야심찬 논문을 발표한다. 이는 한마디로 말해서 예술에서 철학으로의 회귀를 의미한다. 《비극의 탄생》의 머리말에서 니체는 "예술이 이 삶의 최고의 과제이며 본래의 형이상학적 활동"이라는 사실을 확신한다고 바그너에게 고백한 바 있다.[14]

　그렇다면 니체는 이러한 방향 전환을 통해 예술보다는 철학에, 환상보다는 진리에 우선성을 부여하는 것인가?[15] 그러나 니체의 방향 전환은 단순한 강조점과 우선성의 전이를 의미하지 않는다. 중요한 것은 이러한 방향 전환을 통해 '철학'과 '예술' 자체가 문화의 관점에서 재해석된다는 점이다. 《그리스 비극 시대의 철학》과 같은 해에 발표된 《반시대적 고찰》은 니체의 다른 인식 관심을 서술한다. 니체는 반시대적 고찰의 특징을 고전 문헌학자의 관점에서 이렇게 규정한다. "고전 문헌학이 우리 시대에 있어서 **반시대적으로**—즉 시대에 **역행함으로써** 시대에 영향을 미치고, 희망컨대 도래하는 시대에 유리하게 영향을 미치는 의미 외에 어떤 의미를 갖고 있는지 나는 알지 못한다."[16] 따라서 반시대적이라는 것은 "우리 시대

---

14) Friedrich Nietzsche, GT, Vorwort an Richard Wagner, KSA 1, 24쪽. 니체전집 2, 28쪽.
15) 이에 관해서는 M. Riedel, "Nachwort", Friedrich Nietzsche, *Die Philosophie im tragischen Zeitalter der Griechen*, M. Riedel (Hrsg.)(Stuttgart : Reclam, 1994), 199~227쪽 중 212쪽을 참조할 것.
16) Friedrich Nietzsche, HL, KSA 1, 247쪽. 니체전집 2, 289쪽. 강조는 저자에 의한 것임. 강조된

에 작용하고 있는 것은 무엇인가?"라는 보다 본질적인 물음을 함축한다.

독창적인 사상가는 독립적이고 창조적일수록 철학사로부터 멀어지는 것이 아니라 더욱 철학사 속으로 되돌아간다. 니체도 예외가 아니다. 니체가 바그너와 쇼펜하우어의 영향에서 벗어나면 벗어날수록, 그는 그만큼 더 철학의 시원으로 되돌아갔다.[17] 고대 그리스 비극 시대로의 회귀는 현대의 문화적 현상에 대한 반시대적 의미를 갖고 있으며 동시에 도래하는 새로운 시대를 정초할 '미래 철학'의 준비를 뜻하기도 한다. 니체는 현대 사회에서 과학의 무한한 팽창으로 문화가 타락하고 있는 것을 목도하며 철학이 시작됐던 고대 그리스의 문화를 되돌아본다. 그는 거꾸로 고대 비극 시대의 관점에서 현대의 철학의 종말을 바라본다.

그러나 니체는 헤겔에 의해 제기된 '철학의 종말' 문제를 포이어바흐, 마르크스, 에두아르트 하르트만과 같은 청년 헤겔파와는 다르게 파악한다.[18] 이들이 문화의 주도적 힘을 감성, 경제, 역사에서 찾는 데 반해 니체는 그것을 철학 자체에서 발견한다. 니체의 사유에서는 이제 고대 그리스 비극 시대, 즉 소크라테스 이전의 철학자들이 바그너와 쇼펜하우어의 자리를 차지한다. "탈레스에서 소크라테스에 이르는 길은", 문화의 관점에서 보면, "무시무시한 것을 갖고 있다"[19]고 니체는 고백한다. 여기서 우리는 니체가 철학을 문화적 힘으로 정당화할 수 있는 가능성을 소크라테스 이전 철학자들에게서 찾고 있음을 간파할 수 있다.

부분의 독일어 문장은 다음과 같다. "unzeitgemäß — das heisst gegen die Zeit und dadurch auf die Zeit und hoffentlich zu Gunsten einer kommenden Zeit — zu wirken."

17) 그렇기 때문에 고대는 니체에게 "단순한 사실의 '그것Es'이 아니라 대화와 싸움의 상대인 '너 Du'"였다. K. Joel, *Nietzsche und die Romantik*(Jena, 1905), 338쪽.

18) 이에 관해서는 Jürgen Habermas, *Der philosophische Diskurs der Moderne*, 65~103쪽, "제3장 : 헤겔 좌파, 헤겔 우파 그리고 니체"를 볼 것.

19) Friedrich Nietzsche, "Brief an Carl von Gersdorff, 5. April 1873," KSB, Bd. 4, 139쪽.

그렇다면 니체가 소크라테스 이전의 철학자들에게서 발견한 철학의 유형은 무엇인가? 만약 그의 고대 그리스 비극 시대로의 회귀가 형이상학은 이제 더 이상 불가능하다는 비극적 인식에 토대를 두고 있다면, 소크라테스 이전의 철학은 형이상학 없는 철학의 가능성을 제시하는가? 간단히 말해서, 철학은 형이상학 없이도 정당화될 수 있는가? 이러한 물음에 대해 니체는 다음과 같이 간단히 답한다. "진정한 의미에서 건강한 사람들인 그리스인들은 그들이 철학하였다는 사실을 통해 단번에 철학 자체를 정당화하였다."[20] 여기서 우리는 니체가 비극 시대의 철학자들의 사상으로부터 현대 사회에서 철학을 정당화할 수 있는 관점과 가능성을 도출하고 있음을 엿볼 수 있다. 왜냐하면 일반적으로 철학을 배척하는 현대 사회에서 철학을 정당화하려면 "건강한 민족들이 무엇 때문에 철학을 필요로 하고 또 사용해왔는가를 보여주어야 하기"[21] 때문이다. 그런데 니체는 비극 시대의 '건강한' 철학이 소크라테스를 기점으로 타락하기 시작했으며 또 서양의 역사는 어떤 의미에서 철학의 망각의 역사, 즉 허무주의의 역사였다고 진단한다.

이런 관점에서 보면 소크라테스 이전의 현인들은 철학을 문화적으로 정당화한 최초의 철학자들이었을 뿐만 아니라 마지막 철학자였음에 틀림없다. 니체가 비극 시대의 철학으로 되돌아가면서 스스로를 "마지막 철학자"라고 지칭하는 것은 바로 이런 맥락에서 이해될 수 있다.

마지막 철학자 ─ 그가 탄생하기 위해서는 많은 세대가 필요하다. 그는 오직 삶을 위해 봉사해야만 한다. '마지막', 이는 물론 상대적이다. 우리의 세계에

---

20) Friedrich Nietzsche, PHG, KSA 1, 805쪽. 니체전집 3, 355쪽.
21) Friedrich Nietzsche, 같은 책, 804쪽. 니체전집 3, 354쪽.

대해서. 그는 환상과 예술, 즉 삶을 지배하는 예술의 필연성을 증명한다. 그리스가 비극 시대에 그랬던 것처럼 일련의 철학자들을 다시 탄생시키는 것이 우리에게는 불가능하다. 지금은 오직 예술만이 그들의 과제를 완수한다. 하나의 체계는 오직 예술로서만 아직 가능하다. 지금의 관점에서 보면 그리스 철학의 전체 시대는 예술의 영역에 속한다. 학문의 통제는 지금 오직 예술을 통해서만 이루어진다. 지식과 박식에 대한 가치 판단이 문제이다.[22]

니체는 여기서 철학과 예술의 본질적 친화 관계를 서술하고 있다. 얼핏 보기에는 니체가 철학을 예술에 종속시키는 것같이 보인다. 그러나 문제는 그렇게 간단하지 않다. 니체는 우선 "형이상학에 대한 믿음이 상실되었다"[23]는 비극적 인식에서 출발하여, 현대 사회에서는 오직 예술만이 고대 비극 시대에 철학이 담당했던 역할을 수행할 수 있다고 진단한다. 이제 예술에 주어진 과제는 다름 아닌 과학과 기술로 말미암아 족쇄가 풀린 지식 충동의 억제이다. 예술을 통해 학문을 억제할 수 있을 때 비로소 우리는 삶에 기여할 수 있는 문화를 발전시킬 수 있다고 니체는 단언한다.

그렇다면 니체가 문화의 과제를 부여하는 예술은 철학과 어떤 점에서 다른 것인가? 진리를 추구하는 철학은 이제 허구와 환상을 좇는 예술과 대립하는 것인가? 그러나 니체는 철학과 예술을 대립적인 것이기보다는 상호 구성적인 것으로 파악한다. 예컨대 니체는 1872년에 로데에게 보낸 편지에서 학문과 예술, 진리와 환상을 꼭짓점으로 하는 문화의 피라미드를 건립하겠다는 계획을 언급한다.[24] 철학과 예술은 문화를 창조하는 데

---

22) Friedrich Nietzsche, KSA 7, 19(36), 428쪽. 니체전집 5, 23쪽. 강조는 니체에 의한 것임. 여기서 우리는 니체가 마지막 문장에서 "지식Wissen"과 "박식Vielwissen"을 강조하고 있음에 주목할 필요가 있다. 니체에 의하면 모든 지식은 그 자체로 "더욱 많이 알고자 함", 즉 지식 충동의 성향을 지니고 있다.
23) Friedrich Nietzsche, KSA 7, 19(28), 425쪽. 니체전집 5, 18쪽.

필연적이라는 것이다. 니체는 한편으로 지식 충동의 제어와 관련하여 고대의 현인들이 철학을 예술가적으로 정당화했다는 사실을 강조하지만, 다른 한편으로는 현대의 예술이 새로운 문화를 창조하기 위해서는 비극적 인식에 기초해야 한다는 점을 지적한다.

새로운 문화를 구축할 예술은 다름 아닌 '진리의 파토스'를 토대로 한다. 비극적 인식의 철학자는 세계를 완전히 설명하려는 형이상학이 실패했다는 사실에 고통을 당하고, 바로 이 고통 때문에 예술가적 환상을 필요로 한다. 마찬가지로 현대의 마지막 철학자는 과학과 기술의 폭발적 팽창이 세계의 완전한 설명을 가져오기보다는 오히려 삶의 타락을 야기한다는 사실에 전율한다. 그는 과학적 진리로 멸망하지 않기 위해 예술적 허구를 필요로 한다. 인간의 통제권에서 완전히 벗어난 것처럼 보이는 과학과 기술을 제어하고 이들을 문화적으로 승화시킬 수 있기 위해서 무엇보다 필요한 것은 인간의 삶에 새로운 가치와 목표를 부여할 수 있는 예술이다. 이런 관점에서 진리는 오직 예술적으로만 정당화될 수 있는 것이다. 따라서 학문과 예술은 오늘날처럼 진리와 허구라는 불가 공약적인 공리를 추구하는 독립적인 영역으로 파악되어서는 안 된다. 지식의 충동을 제어하는 예술이 비극적 인식을 형상화할 때, 비로소 문화는 정점에 이를 수 있는 것이다.

그렇기 때문에 문화의 관점에서 철학을 바라보면, 우리는 "철학은 예술인가 아니면 학문인가 하는 굉장히 난처한 문제"[25]에 부딪히게 된다. 철학은 진리의 탐구라는 보편적 견해를 감안하면, 니체가 형이상학적으로 경직된 철학에 문화적 힘을 다시 부여하기 위하여 철학의 학문적 성격보

---

24) Friedrich Nietzsche, Brief an Erwin Rohde vom 20 · 21(1872년 11월), KSB 4, 95쪽.
25) Friedrich Nietzsche, KSA 7, 19(62), 439쪽. 니체전집 5, 35쪽.

다는 예술적 성격을 더욱 강조하는 것은 지극히 당연한 일이다. 왜냐하면 "한계에 도달한 인식 충동은 자기 자신에게로 방향을 돌려 이제 지식의 비판을 행하기"[26) 때문이다. 니체의 관점에서 보면 형이상학의 종말은 철학이 진리 탐구를 지나치게 강조함으로써 야기된 일종의 자기 파괴인 것이다. 형이상학적 인식은 이제 삶을 위해 종사해야 한다. 마지막 철학자는 지식 충동이 이제 한계에 도달했다는 사실을 인식하고 이를 극복하기 위해서는 예술이 필요하다고 말한다. "우리는 스스로 환상을 원해야 한다— 여기에 비극적인 것이 있다."[27) 철학은 무절제한 지식 충동을 억제하기 위하여 환상과 예술을 필요로 하는 것이다.

철학과 예술을 이어주는 핵심적인 문제는 의심의 여지 없이 지식 충동의 억제이다. 왜냐하면 우리는 지식 충동을 통해서만 문화를 성취할 수 있기 때문이다. 그러므로 니체가 아무리 예술을 강조해도, 그것은 결코 예술에 대한 철학의 예속을 의미하지 않는다. 니체는 단지 철학과 형이상학을 예술가적 관점에서 파악함으로써 철학의 문화적 힘을 복원하고, 예술을 비극적 인식의 관점에서 재구성함으로써 '예술을 위한 예술'이 아닌 삶을 위한 예술을 실현하고자 하는 것이다. 엄밀히 말해서 철학은 지식 탐구의 학문과 환상 창조의 예술의 사이에 위치한다.[28) 니체는 철학을 학문과 예술의 사이에 있는 것으로 정당화하기 위하여 비극 시대의 철학자들에게로 되돌아간다. 왜냐하면 그들은 니체에게 환상의 필연성을 인식한 비극적 철학자들일 뿐만 아니라 동시에 문화의 창조자들이기 때문이다.

---

26) Friedrich Nietzsche, KSA 7, 19(35), 428쪽. 니체전집 5, 22쪽.

27) Friedrich Nietzsche, 같은 책, 같은 곳. 강조는 니체에 의한 것임. 니체는 "환상을 원해야만 함 Illusion wollen müssen"을 "비극적인 것"으로 파악하고, 동시에 "환상을 원할 수 있음Illusion wollen können"을 철학의 문화적 힘으로 이해하고 있다.

28) 이에 관해서는 Friedrich Nietzsche, KSA 7, 19(98), 159쪽. 니체전집 5, 51쪽, "철학자. 예술과 인식의 투쟁에 대한 관찰들"을 참조할 것.

3. 실존의 비극적 이중성—아폴론과 디오니소스

니체는 아이스킬로스에서 소포클레스에 이르는 고대 그리스 비극에서 문화의 힘과 논리를 파악할 수 있다고 생각한다. 고대 그리스 비극 시대의 문화는 비극적 인식에 토대를 두고 있을 뿐만 아니라 철학의 예술가적 성격을 가장 극명하게 드러낸다. 그러나 비극 시대에 대한 니체의 고찰은 단순한 과거 시대로의 문헌학적 환원을 의미하지 않는다. 비극 시대로의 회귀는 오히려 우리의 눈앞에 현재하고 있는 것을 볼 수 있는 관점을 제시한다. 그렇다면 니체가 현재와 비극 시대의 차이를 통해 궁극적으로 해명하고자 한 것은 도대체 무엇인가?

하이데거가 정확하게 지적한 바와 같이 다른 것, 즉 차이의 확인은 동일한 것을 해명한다. 니체의 관점에서 보면 그것은 영원히 변하지 않는 인간의 비극적 실존 양식이다. 문화는 동일한 실존 양식에 대한 다양한 철학적 해석과 예술가적 형상화나 다름없다. 그러므로 니체가 예술의 두 범주로 도입하고 있는 '아폴론적인 것'과 '디오니소스적인 것'은 인간의 비극적 이중성으로 이해될 필요가 있다. 《비극의 탄생》에 대한 1886년의 머리말에서 니체는 한편으로 예술을 "인간의 형이상학적 활동"으로 파악하고 있으며, 다른 한편으로 "세계의 실존은 오직 예술적 현상으로만 정당화될 수 있다"[29]고 주장한다. 이 명제에 의하면 예술의 범주로 도입된 아폴론적인 것과 디오니소스적인 것은 한편으로 인간의 형이상학적 활동을 구성하는 두 원리이며, 동시에 실존의 비극적 양극성을 서술하는 용어이기도 하다.

니체는 이 두 용어를 1870년 여름에 쓴《디오니소스적 세계관》에서 처

---

29) Friedrich Nietzsche, GT, Versuch einer Selbstkritik, KSA 1, 17쪽. 니체전집 2, 16쪽.

음으로 체계적으로 사용한다. 니체는 같은 해 크리스마스에 이 글을 약간 축소하고 변화시켜 "비극적 사유의 탄생"[30]이라는 제목으로 코지마 바그너에게 헌정한다. 여기서 우리는 디오니소스적 세계관은 바로 비극적 사유와 다를 바 없다는 사실을 알 수 있다. 니체는 물론 아폴론과 디오니소스를 대립되는 예술의 신들로 서술한다.

> 자신들의 세계관이 가지고 있는 비밀스러운 이론을 자신들의 신들을 통해 말하고 동시에 숨겼던 그리스인들은 예술의 이중적 원천으로서 두 신을 내세웠다. 아폴론과 디오니소스. 예술의 영역에서 이 이름들은 대립되는 양식들을 대변한다.[31]

예술가는 아폴론적인 것을 통해서 꿈과 유희를 하고, 디오니소스적인 것을 통해서는 도취와 유희를 한다는 것이다. 본래 빛의 신인 아폴론은 꿈과 표상을 통해 아름다운 형상을 만들어낸다. 그런데 형상은 다른 형상과 구별될 때에만 하나의 형상으로서 아름답게 인식될 수 있다. 그렇기 때문에 니체는 "아름다운 가상의 신은 곧 참된 인식의 신이기도 해야 한다"[32]고 말한다. 아폴론이 대변하는 꿈과 환상 속에는 동시에 꿈의 환상이 넘어서는 안 될 경계선이 필연적으로 속해 있다. 따라서 아폴론의 본질은 "알맞은 경계 지음과 거친 격정으로부터의 자유"이다.[33]

---

30) Friedrich Nietzsche, Die Geburt des tragischen Gedankens, KSA 1, 579~599쪽. 니체전집 3, 89~113쪽.

31) Friedrich Nietzsche, Die dionysische Weltanschauung, KSA 1, 551~577쪽 중 553쪽. 니체전집 3, 55~87쪽 중 57쪽.

32) Friedrich Nietzsche, Die Geburt des tragischen Gedankens, KSA 1, 582쪽. 니체전집 3, 92쪽.

33) Friedrich Nietzsche, 같은 책, 같은 곳.

그런데 아폴론은 어떤 의미에서 예술의 신으로 만들어질 수 있었는가? 그것은 그가 오직 꿈의 표상을 상징하는 신으로 존재하는 한에서만 그렇다. 그는 철두철미하게 '빛을 발하면서 나타나는 자'이다. 아주 깊은 근원에서부터 그는 빛나는 광채를 통해 현현하는 태양과 빛의 신이며, '아름다움'이 그의 요소이다.[34]

이에 반하여 디오니소스는 인간을 자기 망각에까지 이끄는 도취의 신이다. 도취의 상태에 이르면 '개별화의 원리'는 완전히 깨지고, 주관적인 것은 가장 일반적이고 가장 인간적인 것 앞에서 사라진다. 여기서 우리는 니체가 디오니소스를 통해 인간적인 것과 자연적인 것을 결합하고 있다는 사실을 주목할 필요가 있다. "디오니소스 축제는 인간과 인간 사이의 유대를 맺어줄 뿐만 아니라 인간과 자연을 화해시킨다."[35] 디오니소스는 인간에 내재하고 있는 자연성을 일깨움으로써 인간들 상호간의 유대를 실현한다. 이러한 도취의 상태에서 "인간은 더 이상 예술가가 아니라 그 자신이 예술 작품이 되어버린다"[36]고 니체는 말한다.

자연이 인간과 행하는 유희가 도취라고 한다면, 디오니소스적 예술가의 창조는 도취와의 유희다. 사람들이 도취를 스스로 경험하지 않았다면, 이 상태는 오로지 비유적으로만 파악될 수 있다. 그것은 사람들이 꿈을 꾸면서 동시에 꿈을 꿈이라고 느끼는 것과 비슷한 것이다. 마찬가지로 디오니소스를 받드는 시종은 도취 상태에 있어야 하고, 동시에 관찰자로서 자신 뒤에 잠복하고 있어야 한다. 냉정과 도취가 번갈아 나타나는 상태에서가 아니라 나란히 나타나는 병

---

34) Friedrich Nietzsche, 같은 책, 같은 곳.
35) Friedrich Nietzsche, Die dionysische Weltanschauung, KSA 1, 555쪽. 니체전집 3, 60쪽.
36) Friedrich Nietzsche, 같은 책, 같은 곳.

존 상태에서 디오니소스적 예술가가 드러난다.[37]

인간이 아폴론적인 것을 통해 상징과 표상의 예술가가 된다면, 디오니소스적인 것을 통해서는 스스로 자연의 예술 작품으로 변하는 것이다. 아폴론이 입상과 같은 예술 작품을 만든다면, 디오니소스는 자연적 인간을 만든다. 그러나 자연과 화해하는 디오니소스적 상태는 순간적이다. 이 순간이 지속되기 위해서는 아폴론의 형상화가 필요하다. 그렇기 때문에 니체는 디오니소스 축제를 다음과 같이 서술한다. "이것은 진정 마법의 세계이다. 자연은 인간과의 화해 축제를 벌이는 것이다. 아폴론이 찢긴 디오니소스를 다시 짜 맞추었다고 신화는 전한다. 그것은 아폴론에 의해 새롭게 창조되어 아시아적 분열로부터 구원된 디오니소스의 모습이다."[38]

니체는 여기서 고통 당하는 디오니소스를 예술과 실존의 원리로 도입하고 있다. 디오니소스는 실제로 니체의 예술 철학을 전통 미학과 구별해 주는 새로운 개념이다. 그런데 니체의 디오니소스는 본래 고통을 당하는 디오니소스 차그레우스Dionysos Zagreus이다. 고대의 신화는 거인족들에게 찢긴 소년 디오니소스를 차그레우스로 숭배했다. 고통을 당하는 "디오니소스의 웃음으로부터는 올림포스의 신들이 탄생하였고, 그의 눈물로부터는 인간이 생겨났다"[39]는 것이다. 인간은 이처럼 본래부터 디오니소스적 비극성을 갖고 있는 것이다.

아폴론적인 것과 디오니소스적인 것은 미학적 범주일 뿐만 아니라 인간의 비극적 실존 양식을 서술하는 철학적 핵심 개념이다.[40] 그렇기 때문

---

37) Friedrich Nietzsche, 같은 책, 같은 곳.
38) Friedrich Nietzsche, 같은 책, 559쪽. 니체전집 3, 64쪽.
39) Friedrich Nietzsche, GT 10, KSA 1, 72쪽. 니체전집 2, 85쪽.
40) 이런 맥락에서 보면 이 개념들은 니체 사상에서 "후기 사유를 이해하는 데 실마리 역할을" 한다. 이에 관해서는 Ivo Frenzel, *Nietzsche*(Hamburg : Rowohlt, 1966), 48쪽을 볼 것.

에 니체는 《비극적 사유의 탄생》을 다음의 말로 끝맺는다. "아폴론적 의지로서 그리스 세계의 질서를 구축하였던 동일한 의지가 자신의 다른 현상 양식, 즉 디오니소스적 의지를 자신의 내면에 받아들였다는 사실은 이제 더 이상 불가해한 것으로 여겨지지 않는다. 의지의 두 현상 형식들의 투쟁은 보다 높은 실존의 가능성을 창조하고 이 가능성 속에서 예술을 통해 더 높은 찬미에 이르고자 하는 비범한 목표를 가졌다."[41]

니체는 인간의 내면에서 필연적으로 결합되어 있는 아폴론과 디오니소스를 비극성의 근원으로 파악한다. 아폴론은 자신의 개별적 주체성을 창조하지만 동시에 자연과의 디오니소스적 화해를 필요로 하며, 디오니소스는 자연 속으로 완전히 용해되지 않기 위하여 아폴론적 환상을 필요로 한다. 그러나 니체에게서 이러한 실존의 비극성은 쇼펜하우어에게서처럼 결코 체념적 세계관으로 이어지지 않는다. 실존의 양극성에 대한 비극적 인식은 오히려 피할 수 없는 고통과 동시에 고통의 문화적 승화를 해명해준다. 한마디로 말해서, 고통을 신성화하는 능력을 갖고 있는 것이다.[42] 이런 맥락에서 니체는 비극 시대의 그리스인들이 "고통에 대한 훌륭한 능력"[43]을 가지고 있었기 때문에 그토록 찬란한 문화를 이룩했다고 말한다.

그렇다면 인간 실존의 비극적 양극성에 관한 고찰은 우리에게 무엇을 말해주는가? 비유적으로 표현하면, 오늘날 우리의 실존을 찢어놓는 현대의 거인족들은 누구인가? 현대의 디오니소스는 무엇에 고통을 당하는가? 니체의 철학이 이러한 질문들에 답할 수 있을 때, 니체는 진정한 의미에서 우리의 동시대인으로 남을 것이다. 이 물음에 답하기 위해서 우리는 우선

---

41) Friedrich Nietzsche, Die Geburt des tragischen Gedankens, KSA 1, 599쪽. Die dionysische Weltanschauung, KSA 1, 570~571쪽. 니체전집 3, 78쪽. 강조는 니체에 의한 것임.
42) Friedrich Nietzsche, Die dionysische Weltanschauung, KSA 1, 569쪽. 니체전집 3, 76쪽.
43) Friedrich Nietzsche, 같은 책, 560쪽. 니체전집 3, 66쪽.

"디오니소스는 언제 나타나는가?"라는 질문을 제기해야 한다. 니체에 의하면 "진정으로 실재하는 디오니소스는 형상들의 다수성 속에서 나타난다".[44] 디오니소스는 비록 자연과의 일치를 대변하는 신이지만 동시에 개별 의지들의 그물에 묶여 있는 것이다. 그렇기 때문에 니체는 디오니소스를 "자기 자신에게서 개별화의 고통을 경험하는 신"[45]이라고 간단히 정의한다.

현대의 과학과 기술이 본래 총체적인 인간의 삶을 다양한 영역과 원리로 분리시켰다는 점을 감안하면, 디오니소스 고통을 야기하는 현대의 거인족들은 두말할 나위도 없이 과학과 기술이다. 인간의 지식은 무한히 확장될 수 있다는 현대의 믿음이 인간에게 파멸을 가져올 수 있다는 인식이 비로소 현대의 디오니소스를 도래케 한다. 그렇기 때문에 니체는 그리스 비극 시대의 관점에서 이렇게 말한다. "인간적 인식의 지나친 장려가 장려자뿐만 아니라 장려의 대상인 사람에게도 똑같이 파멸의 근원이 될 수 있다는 본보기가 프로메테우스를 통해 그리스 문화에 제시되었다."[46]

비극 시대에 현인들이 거인족들에게 그랬던 것처럼 니체는 우리에게 이렇게 경고한다. "결코 너무 많이 하지 말아라meden agan!"[47] 이 경고를 통해 니체는 인간에게 파멸을 가져올 수 있는 무한한 지식 충동을 제어하기 위해서는 새로운 예술이 필요하다고 주장하는 것이다. 그것은 새로운 문화를 창조할 수 있는 아폴론에 대한 요청이다. 아폴론적 요청은 근본적으로 지식 충동을 제어할 수 있는 중용의 척도에 대한 윤리적 요청이다. 현대 사회에서 요구되는 중요한 문제는, 니체가 정확하게 지적하고 있듯

---

44) Friedrich Nietzsche, GT 10, KSA 1, 72쪽. 니체전집 2, 85쪽.
45) Friedrich Nietzsche, 같은 책, 같은 곳.
46) Friedrich Nietzsche, Die dionysische Weltanschauung, KSA 1, 565쪽. 니체전집 3, 71쪽.
47) Friedrich Nietzsche, 같은 책, 같은 곳.

이, "학문의 파괴가 아니라 학문의 통제"이다.[48] 이런 관점에서 보면 형이 상학이 더 이상 이런 윤리적 힘을 제공하지 못한다는 것이 현대의 비극인 것이다.

4. 철학의 문화적 의미와 삶의 예술적 정당화

니체는 인간의 비극적 이중성을 철저하게 긍정하면서도 인간의 삶을 정당화할 수 있는 관점을 제공하고자 한다. 다른 모든 위대한 철학이 그런 것처럼 니체의 철학 역시 전체적으로는 하나의 윤리학이다. 니체의 철학적 관심이 근본적으로 삶의 문제로 압축되기 때문이다. 우리가 믿었던 존재가 하나의 허구라고 폭로된 허무주의 시대에 우리는 우리의 내면에서 얼마나 많은 모순을 견뎌낼 수 있는가? 우리는 참을 수 없는 존재의 가벼움을 어떻게 정당화할 수 있는가? 데카당스의 문화에 빠진 현대인들 대부분은 여전히 안전을 중요한 문제로 생각하지만, 좋은 삶을 살기 위해서는 안전만으로 충분하지 않다. 우리의 삶을 건강하게 만들기 위해 필요한 것은 무엇인가? 이러한 소크라테스적 질문이 삶과 사유를 관통하는 것은 어쩌면 플라톤 이래 니체가 처음일지도 모른다.

그렇다면 니체는 인간의 실존을 어떻게 심미적으로 정당화하는가? 첫째, 심미적 가상만이 개인을 정당화한다. 인간의 삶을 정당화한다는 것은 그것을 특정한 부분의 관점에서만 인식하고 파악하는 것이 아니라 하나의

---

48) Friedrich Nietzsche, KSA 7, 19(24), 424쪽. 한스 요나스도 《책임의 원칙》에서 오늘날 요청되는 것은 인간의 통제권에서 벗어난 기술 권력을 억제할 수 있는 윤리적 힘이라고 말한다. 이에 관해서는 Hans Jonas, *Das Prinzip Verantwortung : Versuch einer Ethik für die technologische Zivilisation* (Frankfurt am Main : Suhkamp, 1979), 254쪽.

전체로서 이해하고 표현한다는 것을 의미한다. 과학과 기술이 지배하는 현대 사회는 부분을 절대화함으로써 전체를 볼 수 있는 시각을 상실했기 때문에 우리는 예술을 통해 이 시각을 회복해야 하는 것이다. 니체가 시종 일관 학문과 예술, 인식과 직관, 아폴론적인 것과 디오니소스적인 것을 인간 실존의 비극적 이중성으로 파악하는 까닭이 여기에 있다. 둘 중의 어느 하나를 절대화하면 인간의 삶은 파괴되고 몰락할 수밖에 없다는 사실은 이제 허무주의를 통해 분명해지지 않았는가. 허무주의가 존재의 허구성을 폭로했다면, 니체는 이제 존재의 반대인 가상의 관점에서 인간의 이중성을 재구성한다. 이처럼 니체의 예술가 형이상학과 실존의 윤리학에서 중요한 것은 바로 이와 같은 가상의 발견이다. 니체는 가상을 개인 또는 개인적인 것의 인정과 연결시킨다. 니체의 역설적 시간은 여기서도 빛을 발한다. 개인에서 출발하여 개인을 목적으로 하는 현대의 자유주의는 엄밀한 의미에서 개인을 강화하기보다는 약화시켰다는 것이다.

오늘날 모든 사람들은 사회가 각 개인을 일반적인 요구에 부응하도록 적응시키려 하고 있다는 말을 들을 때, 또한 개인의 행복과 동시에 희생은 자신을 전체의 지체(肢體)와 도구로 느끼는 데 있다는 말을 들을 때 만족을 느끼는 것처럼 보인다……사람들은 개인Individuum의 근본적인 변형, 아니 약화와 지양 이외에는 어떤 것도 원하지 않는다. 사람들은 지치지 않고 지금까지의 개인적 존재 형식 속에 깃들어 있는 모든 악과 적의, 낭비적인 것, 고가의 것, 사치스러운 것을 낱낱이 거론하고 탄핵한다.[49]

니체는 개인을 일종의 더 이상 분할할 수 없는 실체로 보고 이 개념에

---

49) Friedrich Nietzsche, M, II 132, KSA 3, 124쪽. 니체전집 10, 152쪽. 강조는 니체에 의한 것임.

형이상학적 의미를 부여하는 태도를 반박하면서도 '개인적인 것', '개별적인 것'에 높은 가치를 부여한다. 현대의 데카당스 문화는 "개인적인 것에 대한 공포"를 숨기기 위해 역설적으로 개인을 신성화했는지도 모를 일이다. 그렇기 때문에 니체는 개인을 "위험 중의 위험"[50]으로 파악한다. 니체는 인간 실존의 최대 위험인 개인의 문제를 정면으로 포착함으로써 삶을 정당화할 수 있는 방법을 찾고자 한다. 니체는《선악의 저편》에서 자신의 철학적 목적이 결국은 개인적 삶의 복원에 있음을 분명하게 밝힌다.

> 좀 더 크고 다양하며 광범위한 삶이 낡은 도덕을 초월하여 살아가는 위험하고 섬뜩한 지점에 이르렀다. '개인'이 그 자리에 서 있다. 그는 자기 자신의 입법을, 즉 자기 보존과 자기 향상, 자기 구원을 위해 자기 자신의 예술과 간계를 필요로 하게 된다.[51]

우리가 개인적으로 살아가려면 개인에 관한 온갖 이데올로기에서 해방되어야 한다. 우리가 도덕적으로 살 수 있으려면 우리는 우선 도덕에서 벗어나야 한다. 우리가 진정한 의미에서 존재하려면 존재의 허구를 떨쳐버려야 한다. 이것이 바로 니체의 사유를 이끌어가는 인식 관심이다. 그러나 개인적인 것은 결코 인식 행위의 대상이 아니다. 왜냐하면《비도덕적 의미에서의 진리와 거짓에 관하여》라는 글에서 간단명료하게 밝히고 있는 것처럼 "개인적인 것과 현실적인 것을 무시하는 것이 우리에게 개념을 제공하기"[52] 때문이다. 그렇다면 어떤 인식과 개념, 해석과 규칙으로 파악하더라도 여전히 규정되지 않은 채 남아 있는 개인적인 것은 도대체 어떻

---

50) Friedrich Nietzsche, M, III 173, KSA 3, 154쪽. 니체전집 10, 191쪽.
51) Friedrich Nietzsche, JGB, IX 262, KSA 5, 216쪽. 니체전집 14, 284쪽.
52) Friedrich Nietzsche, WL 1, KSA 1, 880쪽. 니체전집 3, 449쪽.

게 경험될 수 있는가? 우리가 어떤 언어로 서술하려 노력해도 우리의 언어를 피해 가는 삶의 전체는 어떻게 표현될 수 있는 것인가? 여기서 니체는 근본적으로 심미적 현상에 직면하고 "가상"이 갖고 있는 정당화의 힘을 발견한다. 니체가 비극의 탄생에서 아폴론과 디오니소스라는 두 신으로 포착하고자 했던 현상은 하나의 심미적 사건일 뿐만 아니라 바로 개인의 삶을 전체적으로 정당화할 수 있는 윤리적 사건이기도 한 것이다.

"가상Schein"은 전체로서 온전히 나타나는 심미적 현상이다.[53] 이 점을 분명히 하기 위하여 니체는 가상이 인식의 대상인 현상과는 전적으로 구별된다는 점을 거듭 강조한다. 인식될 수 있는 존재와 대립하는 것이 가상이다. 그것은 무엇을 무엇으로서 규정하려는 인식을 통해 필연적으로 지나쳐지고 무시되고 간과될 수밖에 없는 것이지만, 동시에 개별적인 것을 전체로서 드러내는 것이기도 하다. 니체는 인식 행위에서 규정되지 않은 채 남아 있는 현실 전체를 파악할 때에만 비로소 개인, 세계, 삶을 정당화할 수 있다고 말한다.

둘째, 문화는 가상을 통해서만 정당화된다. 니체는 그리스 비극 시대의 고찰을 통해 얻은 비극적 인식을 현대의 문화를 진단하는 데 적용한다. 과학과 기술의 폭발적 팽창으로 인해 야기된 현대 비극의 본질은 무엇이며, 이를 극복하기 위해 필요한 예술은 어떤 종류의 것인가? 니체는 새로운 문화를 창조할 수 있는 새로운 예술의 방향을 제시하기에 앞서 우선 현대 문화의 이중성을 분석한다. 니체가 1872년 크리스마스에 코지마 바그너에게 바친《씌어지지 않은 다섯 권의 책에 대한 다섯 개의 머리말》은 현대 문화를 비극적 인식의 관점에서 철저하게 파헤치고 있다. 니체는 우선 첫

---

53) 이에 관해서는 Josef Simon, "Der gewollte Schein. Zu Nietzsches Begriff der Interpretation", M. Djuric · J. Simon (Hrsg.), *Kunst und Wissenschaft bei Nietzsche*(Würburg : Königshausen und Neumann, 1986), 62~74쪽을 참조할 것.

번째 머리말《진리의 파토스에 관하여》에서 "호랑이 등 위에서 꿈결에 잠겨 있는 사람"[54)]에 관한 비유를 통해 인간 실존의 비극성을 서술한다.

'꿈결에 잠겨 있도록 내버려두어라'라고 예술은 외친다. '그를 깨워라'라고 철학자는 진리의 파토스에 외친다. 그러나 잠들어 있는 사람을 흔들어 깨운다고 그가 생각하는 동안, 자신은 더 깊은 마법의 잠 속으로 빠져들어간다. 그는 아마 '이념들'에 관해서 또는 불멸성에 관해서 꿈꿀 것이다. 예술은 인식보다 더 강하다. 예술은 삶을 원하지만, 인식은 궁극적 목표로 오직 파괴만을 성취하기 때문이다.[55)]

여기서 호랑이를 깨운다는 것은 무엇을 뜻하는가? 그것은 인간이 이성과 의식, 진리에의 의지에도 불구하고 "탐욕적이고, 만족할 줄 모르고, 구역질 나고, 무자비하고, 살인적인 것 위에 머물고 있다는 것"[56)]의 인식을 의미한다. 현대성을 철저하게 비판하는 철학자는 자신의 인식에 고통을 당할 수밖에 없는 것이다. '인식의 열정'은 곧 진리의 고통만을 산출하는 것이다.[57)] 니체는 이렇게 현대의 지식욕이 인간을 파멸의 길로 몰아넣을 수 있다는 비극적 인식에서 출발한다. 인간이 단순히 인식의 동물에 지나지 않는다면 인간의 파멸은 확실할 뿐만 아니라 불가피한 것이다. "인간이 오직 인식하는 동물에 지나지 않는다면, 이것은 인간의 운명일지도 모

---

54) Friedrich Nietzsche, Ueber das Pathos der Wahrheit, KSA 1, 760쪽. 니체전집 3, 304쪽.

55) Friedrich Nietzsche, 같은 책, 같은 곳.

56) Friedrich Nietzsche, 같은 책, 같은 곳.

57) 파토스Pathos에 해당하는 독일어 Leidenschaft는 '열정'과 '고통'이라는 이중적 의미를 갖고 있다. 몬티나리Mazzino Montinari는 "인식의 열정"이 니체의 철학적 사유를 규정하는 핵심 동기라고 말한다. M. Montinari, "Nietzsches Philosophie als 'Leidenschaft der Erkenntnis'", *Nietzsche lesen*(Berlin · New York : de Gruyter, 1980), 64쪽 이하를 볼 것.

른다. 진리는 인간을 절망케 하고, 파멸의 길로 몰아넣을 것이다. 비진리로 영원히 저주를 받았다는 사실이 바로 진리이다."[58] 그러나 인간에게는 이러한 비극적 인식을 문화로 승화시킬 수 있는 환상에의 의지가 있다. 진리에의 믿음은 오직 환상에 대한 믿음과 결합할 때에만 문화의 힘을 가질 수 있는 것이다.

그렇다면 환상은 근본적으로 두 가지 종류이다. 하나는 인간의 비극성을 인식하지 못하도록 만드는 환상이며, 다른 하나는 인간의 비극성을 철저히 인식하고 이를 문화로 승화시킬 수 있는 환상이다. 니체에 의하면 현대 문화는 바로 전자의 환상만을 유포시킨다. 예컨대 그리스 문화가 노예 제도에 기반을 두고 있다면, 현대 문화는 '인간의 존엄'과 '노동의 존엄' 같은 개념을 토대로 하고 있다는 것이다. 그러나 현대 사회가 실제로는 "대체로 노예적으로 행동하면서도 '노예'라는 낱말을 두려워하고 피하는 세계"[59]라고 니체는 가차 없이 비난한다. 종교가 민중의 아편인 것과 마찬가지로 이러한 개념들은 인간 실존의 비극성을 은폐하는 위로의 수단에 지나지 않는다는 것이다. 니체는 그리스 비극 시대에 위대한 개인들이 창조적 문화 활동을 수행하기 위해서는 노예 제도가 필요했다는 인식을 통해, "문화의 본질에는 노예 제도가 속해 있다"[60]는 과격한 명제를 제기한다. 물론 이 명제는 노동에 대한 그리스인들의 다른 평가와 밀접하게 결합되어 있다. 그리스인들은 노동이 치욕이라는 생각을 천명한다.

우리는 여기서 이 명제의 과격함에 기만당할 필요가 없다. 이 명제를 통해 니체는 단지 '현대 문화는 과연 노동을 해방시킴으로써 인간의 존엄을 실현했는가?'라는 질문을 하고 있는 것이다. 우리는 이 질문을 이렇게

---

58) 앞의 책, 같은 곳.
59) Friedrich Nietzsche, Der griechische Staat, KSA 1, 764쪽. 니체전집 3, 309쪽.
60) Friedrich Nietzsche, 같은 책, 767쪽. 니체전집 3, 313쪽.

달리 표현할 수도 있다. 현대 문화는 노동 자체를 목적으로서 절대화함으로써 보다 가치 있는 노동이 다른 목적에 기여할 가능성을 박탈한 것은 아닌가? 니체가 문화를 위해서는 노예 제도가 필수적이라고 주장하는 것은 사실 문화에 있어 노동의 수단적 성격을 강조하기 위해서이다. 그렇기 때문에 니체는 "인간들의 고통은 소수의 올림포스적 인간들이 예술 세계를 생산할 수 있도록 하기 위하여 더욱 증대되어야 한다"[61]고 역설적으로 주장한다. 이런 맥락에서 니체는 노예를 "문화의 눈먼 두더지"[62]라고 명명한다. 마르크스의 프롤레타리아가 기존의 사회 체제를 위해 혹사당하지만 동시에 혁명의 땅굴을 파는 두더지이듯이, 니체의 노예는 생존을 위해 맹목적으로 노동하지만 동시에 문화의 토대를 구축하는 두더지인 것이다.

노동과 노예는 오직 문화의 수단으로서만 정당화될 수 있을 뿐, 그 자체는 아무런 가치를 지니지 않는다고 니체는 단언한다. "모든 인간은 그의 전체 활동을 포함하여, 그가 의식적이든 무의식적이든, 수호신Genius의 도구인 한에서만 존엄을 갖는다." 인간은 불멸의 가치를 창조하는 데 기여하지 못한다면 아무런 가치를 갖지 못한다는 것이다. 이러한 사실에서 니체는 하나의 윤리적 결론을 도출한다. "'인간 자체', 즉 절대적 인간은 결코 존엄도 권리도 의무도 소유하지 않는다. 무의식적 목적에 종사하는, 완전히 결정된 존재로서만 인간은 자신의 실존을 용서할 수 있다."[63] 니체에 의하면 인간에게 인간으로서 주어지는 권리와 존엄은 존재하지 않는다. 인간은 오직 새로운 가치를 창조하는 문화적 존재로서만 정당화될 수 있는 것이다.

셋째, 예술로서의 철학만이 인간의 삶을 정당화한다. 만약 노동 자체를

---

61) Friedrich Nietzsche, 같은 책, 같은 곳.
62) Friedrich Nietzsche, 같은 책, 770쪽. 니체전집 3, 315쪽.
63) Friedrich Nietzsche, 같은 책, 776쪽. 니체전집 3, 323쪽.

목적으로 절대화함으로써 오히려 인간을 끊임없이 노동에 예속시키는 것이 현대 사회의 비극성이라고 한다면, 현대의 문화적 불모성은 무한히 계속되는 현대 사회의 과정적 성격에 근거한다. 지식을 위해 지식이 추구되고 또 노동을 위해 노동이 이루어진다면, 지식과 노동의 목적과 가치에 관한 물음이 배제되는 것은 지극히 당연하다. 그렇다면 우리는 이 무한하고 무의미한 과정을 억제하고 새로운 가치를 창조할 수 있는가? 형이상학이 더 이상 이를 억제할 수 있는 윤리적 척도를 제공하지 못한다면, 우리는 이 윤리적 척도를 어디서 획득할 수 있는가? 이 물음에 답하기 위하여 니체는 철학이 본래 갖고 있는 예술가적 성격으로 시선을 돌린다. 니체는 "형이상학적인 것은 오직 의인화 현상일 뿐이라는 사실"[64]을 인식할 때 비로소 우리는 실존의 형상을 완성할 수 있다고 주장한다. 다시 말해 형이상학은 인간과 관련 없는 본질과 근원을 탐구하는 것이 아니라 세계를 인간 실존의 관점에서, 엄밀하게 말하면 비극적 실존의 관점에서 파악하는 것이라는 것이다. 윤리적 척도를 제공할 수 있는 문화의 힘으로서 철학을 복원하려면, 우리는 우선 형이상학의 예술적 성격을 파악할 필요가 있다.

니체는 그리스 비극 시대의 철학, 즉 소크라테스 이전의 철학이 철학을 예술로서 정당화한다고 주장한다. 니체에게 그리스 비극 시대는 단지 완성된 예술 세계만을 의미하지 않는다. 설령 예술이 그리스 비극 시대에 정점을 이루었다고 하더라도, 이 예술은 결코 철학을 배척하지 않는다.

위대한 예술 세계 속에서 ─그들은 어떻게 철학을 했던가! 완성된 삶에 이른다면, 철학함은 끝난단 말인가? 아니다. 이제야 비로소 진정한 철학함이 시작된다. 실존에 대한 철학의 판단이 더 많은 것을 말해준다. 왜냐하면 실존은 상

---

64) Friedrich Nietzsche, KSA 7, 19(35), 428쪽. 니체전집 5, 22쪽.

대적인 완성과 모든 예술적 베일과 환상을 목전에 두고 있기 때문이다.[65]

삶을 위해 예술이 필요하다는 비극적 인식을 할 때 비로소 진정한 철학이 시작된다는 것이다. 탈레스에서 소크라테스에 이르는 비극 시대의 철학자들은 이런 의미에서 제때에 철학을 시작한 "전형적 철학적 지성들"[66]이었다고 니체는 말한다. 니체는 결코 소크라테스 이전의 철학을 헤겔의 철학사적 의미에서의 정신의 미숙한 배아기로 보지 않는다. 소크라테스 이전의 철학자들은 철학 자체를 정당화했다는 점에서 다른 어느 시대의 철학자들보다 우월성을 갖는다고 니체는 단언한다. "이들은 모두 같은 대리석에서 조각된 것처럼 동일한 성격을 가지고 있다. 그들의 사유와 그들의 성격 사이에는 엄밀한 필연성이 지배하고 있다……그들은 모두 그 당시 오직 인식을 위하여 살았던 유일한 사람들로서 위대한 고독 속에 은둔하고 있다. 그들 모두는 고대 현인들의 덕성의 힘을 소유하고 있는데, 이 힘을 통하여 자신의 고유한 형식을 발견하고 또 이 형식을 여러 가지 방식으로 변형시켜 아주 섬세하고 위대하게 만들어가는 데 있어 그들은 후세의 사람들을 능가한다."[67] 비극 시대의 철학자들이 "삶의 형식"으로서 철학을 했다는 사실은 그들을 다른 시대의 철학자들과 분명하게 갈라놓는다. 철학은 그들에게 일차적으로 "삶의 방식과 인간사를 바라보는 방식"이다.[68]

그런데 비극 시대의 철학자들은 특히 두 가지 관점에서 현대 사회에 대해 의미를 갖는다. 우선, 그리스인들은 "삶에 대한 배려를 통해, 즉 이상

---

65) Friedrich Nietzsche, KSA 7, 19(5), 418쪽. 니체전집 5, 10쪽.
66) Friedrich Nietzsche, PHG 1, KSA 1, 807쪽. 니체전집 3, 358쪽.
67) Friedrich Nietzsche, 같은 책, 같은 곳.
68) Friedrich Nietzsche, PHG, KSA 1, 801쪽. 니체전집 3, 351쪽.

적인 삶의 욕구를 통해 본래 제어할 수 없는 자신들의 지식 충동을 절제하였다".[69] 우리가 오늘날 철학을 필요로 한다면, 그것은 과학과 기술의 무한한 욕구를 통제할 수 있는 윤리적 척도를 마련하기 위해서이다. 그렇다면 비극 시대의 현인들은 어떻게 자신의 지식 충동을 억제할 수 있었는가? 그것은 그들이 지식을 위한 지식을 추구하기보다는 삶을 위한 지식을 추구했기 때문이다. 다른 한편으로, 그리스인들은 "문화인으로서 그리고 문화의 목표를 가지고 철학하였다".[70] 여기서 우리는 삶의 관점에서 철학할 때 비로소 철학은 문화의 원동력이 될 수 있음을 알 수 있다. 그렇기 때문에 비극 시대의 철학자들은 니체에게 삶의 예술가, 정치적 입법자, 이론적 탐구의 선구자, 문화적 수호신 등의 모습으로 나타난다. 그들은 사유하고 살아가는 데 있어 순수한 철학적 전형들을 서술한다. 그들은 자신들이 배우고 가르치는 것을 스스로 체험하고 살았다. 그들에게 삶은 열정적 인식의 수단이나 다름없었다. 이런 관점에서 보면 플라톤은 철학사상 "최초의 잡종 철학자"[71]이다. 플라톤은 피타고라스의 입법자적인 특징, 군왕처럼 고립되어 지극히 자족적인 헤라클레이토스적인 특징, 영혼을 탐구하는 변증론자 소크라테스의 특징을 혼합하여 보여주는 것이다.

니체는 근본적으로 세 가지 순수 철학적 유형만을 인정한다. 피타고라스, 헤라클레이토스, 그리고 소크라테스. 종교 개혁자로서의 피타고라스는 그 자신 철학자가 아니었음에도 불구하고 철학적 삶의 형식을 발견한다. 현인 헤라클레이토스는 자긍심 강하고 고독한 진리의 탐구자로서의 철학자의 순수한 전형이다. 끝으로, 소크라테스는 영원히 그리고 어느 곳에서나 진리를 탐구하는 현인으로서의 전형적인 철학적 지성을 표현한다.

69) Friedrich Nietzsche, PHG 1, KSA 1, 807쪽. 니체전집 3, 357쪽.
70) Friedrich Nietzsche, 같은 책, 같은 곳.
71) Friedrich Nietzsche, PHG 2, KSA 1, 810쪽. 니체전집 3, 361쪽.

이들은 모두 자신의 삶에 특정한 형식을 부여함으로써 동시에 문화의 가치를 창조했다. 그렇기 때문에 이들은 각각 동일성에 관한 위대한 사상을 발전시켰다. "피타고라스는 수많은 인류의 동일성에 관한 믿음, 다시 말해 모든 시대에 걸친 모든 영혼적 존재들의 동일성에 관한 믿음. 소크라테스는 모든 곳 그리고 모든 시대에 타당한 논리적 사유의 힘과 통일성에 관한 믿음. 끝으로, 헤라클레이토스는 자연 과정의 통일성과 영원한 합법칙성에 관한 믿음을 발견하였다."[72] 니체는 여기서 영혼의 동일성, 논리적 사유의 통일성, 자연 과정의 통일성이 모두 삶과 문화에 의미와 가치를 부여하기 위하여 만들어진 허구와 믿음이라는 사실에 주목한다.

철학자는 무엇이 필요한지를 인식하고, 예술가는 그것을 창조한다.[73] 이런 관점에서 비극 시대의 현인들은 모두 '예술가로서의 철학자들'이다. 그렇기 때문에 니체는 비극 시대의 철학자들을 철학사적 관점에서 파악하기보다는 그들의 비극적 인식이 무엇이며 또 이를 극복하기 위해 그들이 창조한 문화적 가치는 무엇인가에 관심을 기울인다.[74] 예컨대 탈레스는 "만물의 근원은 물이다"라는 명제를 통해 모든 사물의 전일성을 정당화한다. 우리는 이 명제에서 철학이 경험의 울타리를 뛰어넘어 자신의 목표에 어떻게 도달하는지를 배울 수 있다고 니체는 말한다. 이 명제는 경험과 논리적 사유의 산물이 아니라 환상의 산물이다. 니체는 "철학적 사유의 발걸음을 받쳐주는 것은 하나의 낯설고 비논리적인 힘, 즉 환상이라고"[75]

---

72) Friedrich Nietzsche, "Die vorplatonischen Philosophen", Nietzsche's Werke und Briefe. Gesamtausgabe in Großoktav, Werke Bd. 19 : Philologica 3, O. Crusius · W. Nestle (Hrsg.)(Leipzig, 1913), 172쪽.

73) Friedrich Nietzsche, KSA 7, 19(23), 423쪽. 니체전집 5, 17쪽.

74) 소크라테스 이전 철학에 대한 니체의 평가가 철학사적으로 가지는 의미에 관해서는 V. Tejera, *Nietzsche and Greek Thought*(Dordrecht : Martinus Nijihoff, 1987)와 Keith M. May, *Nietzsche on the Struggle between Knowledge and Wisdom*(London : St. Martin's Press, 1993)을 볼 것.

단언한다. 환상이 인간의 삶에 하나의 토대를 마련해주면, 오성은 비로소 이를 논리적으로 정당화한다는 것이다.

니체의 관점에서 보면 환상은 논리적 사유에 선행하는 것이다. 우리가 전일성에 관한 탈레스의 명제를 형이상학적이라고 규정한다면, 이 명제를 산출한 환상은 두말할 나위도 없이 형이상학적 환상이다. 이것은 또한 니체가 《비극의 탄생》에서 인간의 본래 형이상학적 활동이라고 부르는 예술이기도 하다. 탈레스의 다른 자식들, 즉 아낙시만드로스, 헤라클레이토스, 파르메니데스, 아낙사고라스도 각각 자신의 비극적 인식을 자신의 고유한 환상으로 극복한다. 실존을 정당화하기 위하여 아낙시만드로스는 아페이론apeiron을, 생성과 모순을 정당화하기 위하여 헤라클레이토스는 유희를, 존재의 동일성을 정당화하기 위하여 파르메니데스는 진정한 존재자를, 다원성을 토대로 하는 질서를 정당화하기 위하여 아낙사고라스는 누스Nous를 만들어낸다.

그렇다면 우리 시대에 필요한 것은 무엇인가? 우리는 어떻게 과학과 기술이라는 거인족들에 의해 찢긴 현대인을 구원할 수 있는가? 만약 "철학이 한때 확고한 토대로 여겨졌던 한 가능성에서 다른 가능성으로 건너뛰는 것"[76]이라고 한다면, 학문과 형이상학의 토대가 무너진 지금 우리에게 주어진 새로운 문화의 가능성은 무엇인가? 이러한 물음과 함께 동시에 비극적 사유의 싹은 튼다. 니체는 현대에 요청되는 비극적 사유를 덩굴 식물의 비유를 통해 설명한다. 덩굴 식물은 빛을 받기 위하여 나무를 휘감으면서 하늘을 향해 올라가지만 살기 위해서는 땅에 뿌리를 내려야 한다는 것이다. "인식을 원하는 충동은 인간이 살고 있는 토대를 다시 떠나 항상

---

75) Friedrich Nietzsche, PHG 3, KSA 1, 814쪽. 니체전집 3, 367쪽.
76) Friedrich Nietzsche, 같은 책, 같은 곳.

불확실성 속으로 과감하게 나가야만 하며, 삶을 원하는 충동은 언제나 다시금 자신이 일어설 수 있는 어느 정도 확실한 장소를 더듬어야 한다."[77]

우리가 서 있을 수 있는 새로운 삶의 토대를 구축하는 것은 형이상학적 예술임에 틀림없다. 그리스 비극 시대의 철학자들은 이와 같은 예술과 인식의 모순적 일치를 삶의 관점에서 정당화했던 것이다. 니체는 이와 같은 비유를 통해 철학적 삶의 형식을 "복원하고 재창조하고, 또 여러 음(音)을 가진 그리스적 본성이 다시 울려 퍼지도록"[78] 한다. 왜냐하면 현대 문화의 모순이 비극적이면 비극적일수록, 문화적 수호신으로 군림했던 비극 시대의 철학은 그만큼 더욱 요청되기 때문이다. 과학과 기술에 의해 위협받고 있는 현대적 실존을 구원하려는 사람은 사유보다는 환상에 초점을 맞추어야 한다. "우리는 사유를 할 때 자신이 찾는 것을 이미 환상을 통해 가지고 있어야만 한다."[79] 문화의 심미화를 통한 철학의 문화에 여전히 의심을 품고 있는 사람들에게 니체는 이렇게 말한다.

예술은 세계의 내면에 얼마나 깊이 다가갈 수 있는가? 그리고 '예술가'와 떨어져서도 예술가적 힘이 존재하는가? 이 물음은, 사람들이 알고 있는 것처럼, 나의 출발점이다. 그리고 나는 두 번째 질문에 대해서는 그렇다고 대답했다. 첫 번째 질문에 대해서는 '세계 자체는 예술과 다를 바 없다'라고 대답했다.[80]

---

77) Friedrich Nietzsche, KSA 8, 6(48), 116쪽. 니체전집 6, 245쪽.
78) Friedrich Nietzsche, PHG, KSA 1, 802쪽. 니체전집 3, 352쪽.
79) Friedrich Nietzsche, KSA 7, 19(78), 445쪽. 니체전집 5, 42쪽.
80) Friedrich Nietzsche, KSA 12, 2(119), 121쪽. 니체전집 19, 149쪽.

제2장

은유의 발견

진리의 허구성과
허구의 진실성

그렇다면 진리는 무엇인가? 유동적인 한 무리의 비유, 환유, 의인관들이다……진리는 환상들이다. 진리는 마멸되어 감각적 힘을 잃어버린 비유라는 사실을 우리가 망각해버린 그런 환상이다.

—프리드리히 니체,《비도덕적 의미에서의 진리와 거짓에 관하여》(1873)

근원에 대한 통찰과 함께 근원의 무의미성이 증대된다. 이에 반해 가장 가까이 있는 것들, 즉 우리 주위의 것들과 우리 내부의 것들은 옛날 사람들이 꿈에도 상상하지 못했던 색채와 아름다움, 그리고 수수께끼와 의미의 풍요로움을 점차 드러내기 시작한다.

—프리드리히 니체,《아침놀》(1881)

철학의 숨겨진 역사, 철학이라는 위대한 이름의 심리가 내게 분명해졌다. ─ 어떤 정신이 얼마나 많은 진리를 견뎌내는가? 얼마나 많은 진리를 감행하는가? 이것이 나에게는 점점 진정한 가치 기준이 되었다.

—프리드리히 니체,《이 사람을 보라》(1888)

1. 니체의 도전과 포스트모더니즘

"수많은 눈들이 있다. 스핑크스 역시 여러 눈을 가지고 있다. 따라서 수많은 '진리들'이 존재한다. 따라서 그 어떤 진리도 존재하지 않는다."[1] 니체는 "유혹자"라는 제목을 달고 있는 1885년의 잠언에서 그가 예언하고 있는 20세기와 21세기의 허무주의의 상태를 이렇게 서술하고 있다. 니체가 허무주의의 도래를 예언한 지 이미 한 세기가 지나간 현 시점에서 허무주의는 이미 현대 사회의 모든 영역에서 표출되고 있다고 해도 지나친 말이 아니다. 그 역사적 필연성을 꿰뚫어 보았던 니체의 철학적 통찰력 없이도 당연한 것으로 여겨지는 허무주의는 오늘날 '일상적 현상'이 되어버렸다.

니체 철학이 다시금 재조명되고 있는 것은 바로 그의 예언이 현실이 되어버렸다는 인식에 기인한다. 포스트모더니즘과 관련된 글을 읽으면 니체의 이름이 규칙적으로 반복되는 것을 어렵지 않게 발견할 수 있다. 흔히

---

1) Friedrich Nietzsche, KSA 11, 34(230), 498쪽. 니체전집 18, 289쪽.

우리가 '포스트모더니즘'이라는 꼬리표를 붙이는 프랑스 사상가들, 예를 들면 바르트, 바타유, 블랑쇼, 들뢰즈, 데리다, 푸코 등은 모두 글 읽고 글 쓰는 방식에 있어 니체에게 의존하고 있다.[2] 한마디로 말해서 니체는 (하버마스가 정확하게 지적하고 있듯이) "포스트모더니즘으로의 전환점"을 이루고 있다.[3] 그렇다면 니체는 어떤 점에서 포스트모더니즘의 선구자인가? 그리고 세기 전환기에 표출되고 있는 새로운 정신적 불투명성을 극복하는 데 니체의 도전은 어떤 의미가 있는가? 니체는 허무주의의 도래를 예언하는 데 그치지 않고 허무주의를 극복할 수 있는 대안을 제시했는가? 이 물음은 또한 포스트모더니즘이 세기 전환기의 문화 현상을 서술할 뿐만 아니라 새로운 정신적 태도를 지칭하는가 하는 물음과 직결되어 있다.

여기서 우리는 니체의 허무주의가 진리의 해체, 절대적 가치의 탈가치화라는 부정적 현상만이 아니라 진리의 다원성까지도 철저하게 수용하여 새로운 가치를 창조하는 예술적 태도를 의미한다는 사실에서 출발하고자 한다. 허무주의는 인간의 삶과 행위에 대해 절대적 타당성을 가졌던 진리의 해체를 의미한다. 우리는 흔히 분열과 소외를 현대화 과정의 부정적 결과로 평가하지만, 조금만 신중히 생각하면 현대화를 야기하고 촉진한 것은 바로 분화였음을 알 수 있다. 마찬가지로 부정적으로 파악되고 있는 진리의 다원성은 세계를 특정한 관점에서 인식하려는 학문적 태도의 절대화에 기인한다. 세계를 이해하기 위해서는 특정한 관점을 취할 수밖에 없지

---

2) 이에 관해서는 W. Hamacher (Hrsg.), *Nietzsche aus Frankreich*(Frankfurt am Main · Berlin, 1986)를 참조할 것.

3) Jürgen Habermas, *Der philosophische Diskurs der Moderne*, 104쪽. 하버마스는 1968년 니체의 인식론적 글들을 편집하면서 "이제는 더 이상 니체에게 감염되지 않겠다"고 단언했으나, 1985년 《새로운 불투명성》에서 이 말을 번복하면서 자신이 착각했다고 인정했다. 이에 관해서는 Jürgen Habermas, *Die Neue Unübersichtlichkeit. Kleine Politische Schriften V*(Frankfurt am Main : Suhkamp, 1985), 60쪽을 참조할 것.

만, 그렇다고 해서 세계 이해의 수단에 불과한 이 관점이 세계 자체로 절대화되어서는 안 된다.

　허무주의는 '전체가 진리다' 라는 전통적 세계 이해에 대해 '부분이 진리다' 라는 명제를 대립시킨다. 모든 대립적 명제는 그 선명성만큼이나 오해의 가능성이 있다. 부분의 자율성과 다원성을 강조하는 니체는 결코 전체를 부정하고 부분을 절대화하지 않는다. 니체의 관심은 오히려 전체와 부분의 관계를 부분의 관점에서 (그것도 예술의 시각에서) 재정립하려는 것이다. 따라서 친화 관계에 있는 것이 분명한 허무주의와 포스트모더니즘의 문제는 어떻게 하면 다원성에서 출발하여 전체와 통일성을 확보할 수 있는가 하는 것이다. 다시 말해 전체를 실체화하지 않고도 통일성을 사유할 수 있는가 하는 물음은 포스트모던적 사유의 화두를 이룬다.

　니체의 허무주의에 관한 평가는 두 갈래로 나누어진다. 이성 중심적 계몽주의의 입장을 취하는 하버마스는 니체가 미래 지향적 철학을 발전시키지 못하고 오히려 전현대적 전통으로 회귀하고 있다고 주장하는 반면, 포스트모더니즘 철학자들은 니체의 사상에서 허무주의를 극복할 수 있는 단초를 읽어낸다. 그러나 니체를 상반된 관점에서 평가하는 하버마스나 리오타르 모두 니체의 사상이 예술에 대한 재해석을 시도하고 있다는 점에는 합의한다. 하버마스는 현대적 계몽 정신과 이성 비판이 추구했던 해방적 내용이 니체에 의해 처음으로 포기된다고 평가한다. 니체는 "주체 중심적 이성을 이성과는 전혀 다른 '이성의 타자' 와 대립시킨다"[4]는 것이다. 니체가 이성에 대한 반대 힘으로서 제시하는 것은 인식과 도덕, 유용성과 목적 활동의 모든 제한과 명법에서 해방된 탈중심적 주체성이다. 그런데 니체가 목적 합리성에 대립시키는 "이성의 타자"는 오직 예술을 통

---

4) Jürgen Habermas, *Der philosophische Diskurs der Moderne*, 117쪽.

해 타당성을 획득하며, 이 타자의 모습은 서양의 태곳적 근원으로 되돌아갈 때 드러날 수 있다. 결국 니체는 역사적 이성의 사다리를 이용하여 근원으로 되돌아가지만, 이성의 타자라는 신화에 도달하면 이 이성의 사다리를 던져버린다고 하버마스는 비판한다.

하버마스의 철학적 반대자인 장 프랑수아 리오타르는 니체가 진단하고 있는 진리-다원주의를 적극 수용한다. '전체에서 다원주의로' 라는 포스트모더니즘의 표어가 말해주듯이 전체의 해체는 탈현대적 다원주의의 전제조건이다. 그러나 진정한 포스트모더니즘은 이와 같은 붕괴와 해체 현상에 대한 진단에 그치지 않고, 해체 자체가 허무주의를 극복할 기회를 함축하고 있다는 통찰로 발전된다. 진리의 다원성은 위기의 표출일 뿐만 아니라 동시에 새로운 사유의 토대라는 리오타르의 통찰은 니체의 능동적 허무주의를 그대로 표현하고 있다고 해도 과언이 아니다. 니체에게 허무주의가 삶의 양식이듯이 리오타르에게도 포스트모더니즘은 다원주의를 토대로 하는 "정신적 태도"[5]이다. 탈현대적 삶을 규정하는 특징 중의 하나는 "상실된 이야기에 대한 동경마저 사라져버렸다"[6]는 것이다. 이렇게 니체와 포스트모더니즘은 모두 전체의 해체를 직시하는 데 그치지 않고 상실된 전체에 대한 노스탤지어도 극복해야 한다고 주장한다.

포스트모더니즘의 문제는 다원성이다. 니체를 비판하는 하버마스 역시 현대의 특성이 다원성이라는 점을 인정하지만, 다원성으로 말미암은 상대주의를 극복할 길을 합의에 이르는 합리적 담론에서 찾는다. 이성의 문제점을 이성적으로 해결하려는 하버마스와는 달리 니체와 포스트모더니즘은 다원주의를 해결할 수 있는 길은 예술뿐이라고 확신한다.[7] 왜냐하면

5) J.-F. Lyotard, *Philosophie und Malerei im Zeitalter ihres Experimentierens*(Berlin : Merve, 1986), 97쪽.
6) J.-F. Lyotard, *La Condition postmoderne : Rapport sur le savoir* (Paris : Editions de Minuit, 1979), 68쪽.

예술은 절대적 진리가 탈가치화되어 다양한 형태의 진리로 해체된 허무주의 시대에 살아갈 수 있는 삶의 양식이기 때문이다. 그렇다면 니체가 예술을 새로운 삶의 형식의 패러다임으로 설정하는 이유는 무엇인가? 허무주의 시대에 문제가 되는 것은 인간과 세계의 관계, 즉 인간이 의미의 문제를 대하는 태도가 변화했다는 사실이다. 삶의 의미가 더 이상 전체로부터 주어지지 않는다고 해서 의미의 문제가 완전히 없어진 것은 아니다. 니체에 의하면 의미는 주어져서 단지 발견만 하면 되는 성질의 것이 아니다. 끊임없이 반전을 거듭하는 생성의 관점에서 보면 의미는 유한한 인간에 의해 창조되는 것이다. 생성 과정에 내맡겨져 있는 자신의 유한한 삶에 의미를 부여하는 행위는 예술이나 다름없다고 니체는 단언한다. 이렇게 니체는 전통적으로 통용되어왔던 학문과 예술, 진리와 허구의 관계를 전도시켜 예술이 학문에 선행하는 것으로 자리매김시킨다.

그렇다면 허무주의의 맥락에서 예술의 가치를 복권시키는 니체의 철학은 우리에게 어떤 의미를 가지는가? 니체가 형이상학적으로 평가 절상하는 예술은 전통적 예술과 어떤 점에서 구별되는가? 과연 예술은 다원주의 시대를 살아갈 수 있는 삶의 방식으로 정착될 수 있는가? 우리는 진리와 허구라는 두 개념을 가지고 이 물음에 접근하고자 한다. 《비극의 탄생》이 출간된 지 12년 후에 덧붙인 머리말에서 니체는 "학문을 예술가의 시각에서 고찰하고, 예술을 삶의 시각에서 고찰하는 것"[8]이 자신의 기획이라고

---

7) 이런 맥락에서 리오타르는 '유희'의 개념을 탈현대적 삶의 양식으로 부상시키고 있다. 이에 관해서는 J.-F. Lyotard, "Das postmoderne Wissen", *Theatro Machinarum*, Heft 3 · 4(1982), 127~150쪽 중 특히 131쪽을 참조할 것. "서로 얽혀 있는 다양하고 번역 불가능한 언어 유희들의 자율성과 특수성을 인정하고 그것들을 다른 것으로 환원하지 않는 것이 정의이다. 그럼에도 불구하고 일반적일 수 있는 한 가지 규칙이 있는데, 그것은 '유희하게 내버려두자, 그리고 조용히 유희하자'이다."

8) Friedrich Nietzsche, GT, KSA 1, 14쪽. 니체전집 2, 16쪽.

밝히고 있다. 이 명제에서 우리는 예술이 학문과 삶, 학문적 진리와 삶의 의미 사이에 위치하고 있음을 알 수 있다.

니체가 해명하고자 하는 학문-예술-삶, 진리-허구-의미의 관계는 근본적으로 학문과 예술에 관한 전통적 견해를 거부한다. 학문은 진리를 추구하고, 예술은 허구를 표현한다는 것은 익히 알려진 사실이다. 니체는 학문과 예술이 모두 삶의 표현이라고 이해할 뿐만 아니라 양자가 동일한 근원을 가지고 있다고 주장하며, 학문과 예술의 동근원성을 가장 극명하게 보여주는 것은 '언어'라고 말한다. 니체 자신이 언어의 시인, 언어의 철학자로 불리는 것처럼 니체는 언어를 집중적으로 조명한다. 니체는 우선 개념 언어를 계보학적으로 해체해 은유 언어로 환원시킴으로써 언어가 인식과 진리보다는 창조와 허구에 기반을 두고 있음을 밝힌다. 니체의 철학은 실제로 '은유 언어'의 발견으로 시작된다고 해도 과언이 아니다. 이 점은 《비극의 탄생》과 거의 같은 시기에 쓰인 《비도덕적 의미에서의 진리와 거짓에 관하여》라는 논문이 언어의 문제를 집중적으로 조명하고 있다는 사실에서도 잘 드러난다. 언어에 관한 니체의 견해는 학문과 예술의 관계를 규정하는 데 핵심적일 뿐만 아니라 동시에 삶의 의미에 관한 탈현대적 해석을 함축하고 있다.[9]

니체는 허무주의의 관점에서 언어의 본질을 성찰함으로써 학문과 예술, 진리와 허구의 관계를 재규정하고 있다. 앞의 강령적 명제가 말해주고 있듯이, 그는 첫째로 학문을 예술가의 관점에서 재조명하고, 둘째로 예술의 본질을 삶의 시각에서 해명하는 방식으로 이 문제에 접근한다. 이 순서에 따라 우리는 우선 예술의 관점에서 학문과 진리의 허구성을 밝히고자

---

9) 이에 관해서는 Henk Manschot, "Nietzsche und die Postmoderne in der Philosophie", Dietmar Kamper (Hrsg.), *Die unvollendete Vernunft : Moderne versus Postmoderne*(Frankfurt am Main : Suhrkamp, 1987), 478~496쪽을 참조할 것.

한다. 이 단계에서 학문과 예술은 대립적인 관계에 있지 않다는 것이 드러나고, 한 걸음 더 나아가 학문은 근본적으로 학문의 영역을 넘어서는 예술에 의존한다는 것이 폭로될 것이다. 예술을 삶의 관점에서 규정하는 두 번째 단계에서 우리는 삶 자체가 예술이라는 점을 니체의 탈현대적 언어 이해를 통해 분석할 것이다.

이 단계에서 거론되는 예술은 물론 진리를 추구하는 학문과 대립적으로 인식되는 예술이 아니다. 진리를 추구하는 학문과 대립되는 예술(예술 1)이 아름다움을 표현하고자 한다면, 삶 자체로서 파악되는 예술은 학문과 의미 창조라는 형이상학적 의미의 예술(예술 2)이다. 니체는 이 형이상학적 예술이 비로소 미의 예술(예술 1)과 진리의 학문이라는 이원론을 가능하게 만든다고 말한다. 끝으로, 니체의 탈현대적 언어 이해가 포스트모던 삶에 대해 가질 수 있는 의미를 개진하고자 한다. 니체에 의하면 허무주의적 삶의 가치를 잴 수 있는 잣대는 "정신이 얼마나 많은 진리를 견뎌내고, 또 얼마나 많은 진리를 감행하는가?"[10] 하는 물음이다. 만약 진리의 다원성이 피할 수 없는 현실이라면, 우리는 다른 형태의 삶 읽기와 글쓰기 방식이 필요하다. 니체의 언어 이해와 예술 이해에 함축되어 있는 탈현대적 글쓰기의 가능성을 개진함으로써 허무주의 극복의 실마리를 마련하고자 한다.

2. '진리의 허구성'과 해석의 의미

문학과 학문은 모두 세계를 이해하는 수단으로 '언어'를 사용한다. 문

---

10) Friedrich Nietzsche, EH, Vorwort 3, KSA 6, 259쪽. 니체전집 15, 325쪽.

학이 상징적 언어를 통해 세계를 드러내려고 한다면, 학문은 개념적 언어로써 세계를 판단한다. 어떤 대상을 보고 '이것은 뱀이다'라고 말한다면, 뱀이라는 낱말과 이 낱말이 지시하는 대상이 일치해야 이 명제는 참된 말이 된다. 이렇게 학문은 특정한 대상을 지시하는 개념을 사용하여 세계를 판단한다. 그렇지만 우리가 '그의 마음은 뱀이다'라고 말할 때, 어느 누구도 이 말이 대상으로 하는 사람이 뱀이라고 판단하지 않는다. 이 경우 뱀이라는 낱말은 특정한 대상을 지시하기보다는 오히려 그 사람 전체를 상징적으로 묘사한다. 그렇다면 뱀이라는 낱말이 어떤 경우는 대상을 지시하는 개념이 되고, 또 어떤 경우는 사람의 전체를 드러내는 상징이 되는 까닭은 무엇인가? 이와 같은 차이는 단지 언어의 사용에만 있는 것인가?

니체는 이 물음에 답하기 위해서는 근본적으로 학문과 예술을 모두 인간의 세계 이해 방식으로 파악해야 한다고 주장한다. 학문이 세계에 대처하는 인간의 특정한 방식이라면, 예술 역시 인간이 세계와 만나는 특정한 방식이라는 것이다. 만약 학문과 예술을 인간의 자기 이해와 세계 이해의 방식으로 파악하면, 학문과 예술의 대립 모델은 상당 부분 약화된다. 적어도 학문과 예술 사이에 본질적 차이가 있다는 견해가 상대화됨은 두말할 나위도 없다. 니체는 학문과 예술이 비록 방법적 수단과 서술 형식의 선택에 있어 차이가 있을지라도 근본적으로는 '동일한 토대' 위에 서 있다는 점을 강조한다.[11]

그렇다면 니체가 학문과 예술의 공통적 근원이라고 파악하고 있는 것은 무엇인가? 《비극의 탄생》에 덧붙인 자기비판의 시도에서 니체는 이 물

---

11) 이에 관해서는 Brigite Scheer, "Die Bedeutung der Sprache im Verhältnis von Kunst und Wissenschaft bei Nietzsche", M. Djuric · J. Simon (Hrsg.), *Kunst und Wissenschaft bei Nietzsche*(Würzburg : Königshausen und Neumann, 1986), 101~111쪽 중 특히 101쪽을 참조할 것.

음에 대한 단서를 제시하고 있다. 니체는 우선 학문과 예술을 "삶의 증후"로 파악한다. 여기서 우리는 생리학적 용어인 "증후Symptom"에 주목하고자 한다. 증후는 한편으로 병이 난 상처 때문에 나타나는 현상이나 상태를 가리키며, 다른 한편으로는 어떤 사건이 일어날 조짐을 의미한다. 이와 같은 양면성에 착안하여, 니체는 증후라는 낱말을 세계 내에 처해 있는 인간의 실존적 상태와 세계에 대처하는 인간의 이해 방식이라는 두 가지 의미로 사용한다. 이렇게 인간이 세계를 이해하는 방식에는 세계에 처해 있는 인간의 상태가 암묵적으로 전제되고 있다. 전통 철학에서 세계 이해의 방식은 로고스로, 그리고 세계에 처해 있는 인간의 상태는 파토스로 규정되어 왔다는 점을 상기하면, 니체는 로고스보다 파토스에 우선성을 부여하고 있는 것이다. 인간은 로고스를 가지고 세계를 인식하고 통제하기 이전에 이미 자신의 신체로 말미암아 세계의 영향을 받고 있다. 이런 의미에서 니체는 인간은 신체나 다름없다고 단언한다.

신체는 인간과 세계가 만나는 통로이다. 세계는 신체에 수많은 자극을 주고, 인간은 이러한 자극을 이성적으로 조직함으로써 세계에 대처한다. 만약 인간이 끊임없이 밀려오는 세계의 자극에 그냥 내맡겨져 있다면, 인간은 실존할 수 없을 것이다. 인간은 범람하는 자극의 홍수에 익사하지 않기 위하여 자신이 서 있을 수 있는 토대를 구축한다. 그러나 세계 자체가 영원한 생성의 과정이라고 한다면, 생성 속에 세워진 토대는 실제로 '존재'하고 있는 것이 아니라 인간의 자기 보존 욕구에 의해 창조된 '상징'이라는 결론이 자연스럽게 도출된다. 도덕, 학문, 예술 등은 모두 인간이 자신의 결핍성을 극복하고 자신의 존재를 보존하기 위하여 만들어놓은 허구라고 니체는 말한다. 이런 맥락에서 보면 학문과 예술의 이원론마저도, 다시 말해 진리와 허구의 분리마저도 인간의 필요에 의해 만들어진 허구에 불과하다. 그러므로 학문과 예술의 본질을 제대로 파악하기 위해서는 양자가 분리되기 이전의 삶으로 되돌아가야 한다고 니체는 주장한다.[12] 니체에 의하면 진리와 허구, 참과 거짓이 구분되기 이전의 원초적 삶은 "본질적으로 비도덕적이다"[13]. 다시 말해 삶의 본질은 선악의 피안에서 찾아야 하며, 진리와 허위가 구분되기 이전의 상태로서 파악해야 한다는 것이다.

니체는 원초적 삶의 관점에서 진리의 허구성을 폭로하기 위하여 대체로 세 단계의 전략을 구사한다. 니체는 우선 삶의 원초적 방식이 "권력에의 의지"이며, 이 의지가 형이상학적 전제 조건인 "진리에의 의지"보다 우선함을 밝힌다. 두 번째로 니체는 전통적 진리 이론인 대응성을 해체함으로써, 인식 주체와 인식 대상이 실제로 존재하고 있다고 생각하는 실체론적 견해를 부정한다. 끝으로 니체는 세계에 내재된 의미를 전제했던 '해석Interpretation'을 인간에 의한 의미 창조의 영역으로 확대함으로써 인간의 실존 방식 자체가 해석임을 해명한다. 그렇다면 니체가 세계의 본질로 파악하고 있는 "권력에의 의지"는 어떤 성격을 가지고 있는가? 니체가 말하는 권력은 인간관계에만 국한되지 않고 인간과 세계의 관계에서도 형이상학적으로 파악된다. 따라서 권력은 한편으로 세계에 대한 인간의 지배 가능성을 의미하며, 다른 한편으로는 자신의 삶에 의미를 부여할 수 있는 토대를 뜻한다. 만약 인식이 인간에 의한 세계 지배의 수단이라고 한다면, 인식과 학문은 근본적으로 권력의 맥락에서 파악되어야 한다. 《비도덕적 의미에서의 진리와 거짓에 관하여》라는 글에서 니체는 우화의 형식을 빌려 인식의 도구적 성격을 폭로하고 있다. 그에 의하면 인간은 인식을 발명함으로써 비로소 세계의 중심에 위치하게 되었다. 신체로 보아 유약하기

---

12) 이런 맥락에서 니체는 "학문의 문제는 결코 학문의 영역에서 인식될 수 없다"고 단언한다. Friedrich Nietzsche, GT, Versuch einer Selbstkritik, KSA 1, 13쪽. 니체전집 2, 11쪽. 니체의 학문 비판에 관해서는 Günter Aber, "Wissenschaft und Kunst", M. Duric · J. Simon (Hrsg.), *Kunst und Wissenschaft bei Nietzsche*, 같은 책, 9~25쪽을 참조할 것.

13) Friedrich Nietzsche, GT, Versuch einer Selbstkritik 5, KSA 1, 19쪽. 니체전집 2, 18쪽.

그지없는 인간이 세계를 지배할 수 있는 것은 이성 때문이라는 점은 이미 잘 알려진 사실이다. 그러나 엄밀하게 고찰하면, 이러한 이성과 인식도 사실은 인간의 자기 보존을 위하여 만들어진 허구에 불과하다.

니체는 이렇게 기존의 전제 조건을 전도시킨다. 세계가 본래 규칙적이기 때문에 우리가 자연 법칙을 인식하는 것이 아니라, 우리가 규칙성 없이는 실존할 수 없기 때문에 우리가 세계에 법칙을 부여한다는 것이다. 설사 세계에 법칙이 내재한다고 할지라도, 인간은 유한한 까닭에 이 법칙을 전체적으로 파악할 수는 없다. 예를 들면 고통을 느끼는 인간의 감각에서 가장 극명하게 드러나듯이 인간은 자신의 상태를 다른 사람에게 완전히 전달할 수는 없다. 자신의 상태를 다른 사람에게 전달하기 위해서는 어느 정도 일반성을 가진 언어가 필요하다. 이렇게 인간은 자신의 실존을 보존하기 위하여 보편적 구속력을 가진 세계 이해를 발전시켜야 하며, 또 상호 이해를 가능케 하는 공동체적 언어를 개발해야 한다.

인간은 근본적으로 "오직 상대적 정당성 아래에서만, 특히 자신의 지각이 일정 정도 규칙성을 가질 때에만 번성하는 동물의 종"[14]이다. 자신의 삶과 행위에 정당성과 규칙성을 부여하는 것은 인간 실존의 보존을 위해 필수적이다. 그렇기 때문에 인간은 공동체적 경험과 행위에 의존할 수밖에 없으며, 이 상호 의존성은 언어를 통해 가장 극명하게 표출된다. 다시 말해 언어는 인간이 자기 보존을 위해 세계에 대처하는 특정한 방식의 결정체이다. 인간의 언어에 내재하고 있는 규칙성은 바로 인간이 세계를 이해하기 위해 스스로 부여한 규칙성이다. 그러므로 인간이 세계를 인식하고 파악하고자 하는 것은 이론적 관심에서 비롯된 것이 아니라 일차적으로 자기 보존의 유용성에서 비롯된 것이다. 만약 인간이 세계와 관계를 맺

---

14) Friedrich Nietzsche, KSA 13, 14(122), 302쪽. 니체전집 21, 121쪽.

는 것이 "세계를 지배하고 자신에게 예속시키기 위해서라면"[15], 인식과 학문은 근본적으로 "권력에의 의지"에 의해 규정된다.

그렇다면 본래 권력 의지의 산물인 이성과 인식이 선천적이라는 믿음이 정착된 이유는 무엇인가? 근본적으로 '생성'의 성격을 가지고 있는 삶의 과정에서 실존을 보존하기 위한 수단으로서 만들어진 인식과 존재는 시간이 경과함에 따라 원래의 허구적 성격을 상실하고, 본래부터 실재하고 있는 것으로 파악된다. 본래는 생성이 우선이고 존재가 부차적으로 만들어졌다면, 이 관계가 전도되어 존재가 우선하고 생성은 파생적인 것으로 굳어졌다고 니체는 말한다. 인간에 의해 만들어진 이성은 결국 인간의 세계 이해 방식에 규칙성을 부여하고, 이러한 규칙에 따라, 인간은 세계의 본질을 인식할 수 있을 뿐만 아니라 변화시킬 수도 있다는 식으로, 이론적 인간의 유형을 탄생시켰다는 것이다.

이론적 인간의 보편화와 더불어 주체와 객체, 존재와 인식의 이원론이 절대적 타당성을 가지고 자리 잡게 된다. 다시 말해 인간은 실존의 보존을 위해 이성과 인식이라는 허구를 만들었는데, 결국 인식에 기만당하여 존재와 진리가 실제로 존재한다고 믿게 된 셈이다. 이런 관점에서 니체는 전통 형이상학의 진리론을 정면으로 부정한다. 주지하다시피 전통 철학은 진리를 "지성과 사태의 일치adaequatio intellectus et rei"[16]로 파악한다. 니체는 이 명제에서 지성과 사태의 본질이 이미 자명한 사실로서 전제되고 있음에 주목한다. 과연 우리는 지성이 무엇인지를 확실히 알고, 또 지성이 지향하는 사태와 존재의 본질을 이미 알고 있는 것인가? 니체는 지성과 존재에 관해서는 어떤 확실성도 있을 수 없다고 단언한다. 우리에게 알려

---

15) Friedrich Nietzsche, 같은 책, 같은 곳.
16) 이에 관해서는 Martin Heidegger, *Sein und Zeit*, §44(Tübingen : Niemeyer, 1979), 214쪽을 참조할 것.

진 것은 오직 특정한 형태로 이루어진 지성과 사태의 관계일 뿐이다. 전통적 진리론에 대한 니체의 입장을 정확히 파악하기 위하여 그의 말을 주의 깊게 들어볼 필요가 있다.

> 대응적 표현 방식을 요구하는 것은 무의미하다. 표현 수단인 언어는 본질상 단지 관계만을 표현하도록 되어 있다. '진리' 개념은 불합리하다. 참과 거짓의 모든 영역은 오직 두 존재 사이의 관계와 연관되어 있지, '그 자체An sich'와 는 아무런 연관이 없다. 그 자체는 무의미하다. '인식 그 자체'가 있을 수 없는 것과 마찬가지로 '본질 그 자체'도 없다. 관계들이 비로소 본질을 구성하는 것이다.[17]

이 인용문에서 우리는 포스트모더니즘과 직접 관련된 몇 가지 관점을 추출할 수 있다. 첫째, 일치로서의 진리는 언어와 관계가 있다. 둘째, 언어는 주체와 객체, 참과 거짓이 판단되기 이전의 관계를 표현한다. 셋째, 존재를 비로소 구성하는 관계의 설정은 일종의 허구적 해석 과정이다. 다시 말해 주체와 객체가 미리 존재하고 다음에 진리로 판단될 수 있는 주-객 관계가 형성되는 것이 아니라, 인간의 상상력에 의해 세계 관계가 형성되고 난 다음에 비로소 주체와 객체가 만들어진다는 것이다. 그렇기 때문에 니체는 주체와 객체의 관계를 인식론적 관점으로 보기보다는 오히려 심미적 관계로 파악한다.

> 올바른 지각이라는 것—이것은 아마 주체 내에서 객체의 올바른 표현을 의

---

17) Friedrich Nietzsche, KSA 13, 14(122), 303쪽. 니체전집 21, 122쪽. 니체는 여기서 진리 대응설을 정면으로 비판한다.

미할 것이다 ─ 이 내게는 모순으로 가득 찬 난센스처럼 보인다. 왜냐하면 주체와 객체같이 절대적으로 상이한 영역들 사이에는 어떤 인과율, 올바름, 표현도 있지 않으며, 기껏해야 심미적 태도만 있을 뿐이기 때문이다.[18]

인식 주체와 객체를 특정한 방식으로 규정하는 관계의 창조적 설정은 학문적 인식을 넘어서는 예술(예술 2)의 영역에 속한다.

이론적 인간 유형과 전통적 진리론을 비판하는 마지막 단계에서 니체는 전통 철학에서 열등한 것으로 배제된 기만, 허위, 허구, 상상 등의 낱말에 긍정적 의미를 부여한다. "진리는 추악하다. 우리는 진리로 인해 멸망하지 않도록 예술을 가지고 있다."[19] "진리는 일종의 오류이다."[20] "살기 위해서는 거짓이 필연적이다."[21] "허위는 권력이다."[22] 오해되기 쉬운 이와 같은 명제들을 제대로 파악하기 위해서는 니체가 사유의 방식으로 수사학적 언어를 사용하고 있음을 항상 유의할 필요가 있다. 그렇다면 니체가 허구와 상상의 의미를 재평가함으로써 궁극적으로 의도하는 것은 무엇인가? 신성한 것은 진리가 아니라 바로 허위라고 니체가 단언할 수 있는 철학적 배경은 무엇인가?

앞에서 살펴본 바와 같이 니체는 예술(예술 1)과 학문이 구분되기 이전의 삶을 예술의 관점에서 고찰한다. 인간이 세계와 관계 맺을 수 있는 전제 조건을 설정하는 것은 근본적으로 예술(예술 2)의 작업이라는 것이다.

---

18) Friedrich Nietzsche, WL, KSA 1, 884쪽. 니체전집 3, 454쪽.

19) Friedrich Nietzsche, KSA 13, 16(40), 500쪽. 니체전집 21, 362쪽.

20) Friedrich Nietzsche, KSA 11, 34(253), 506쪽. 니체전집 18, 299쪽.

21) Friedrich Nietzsche, KSA 13, 11(415), 193쪽. 니체전집 20, 522쪽.

22) Friedrich Nietzsche, KSA 13, 11(415), 194쪽. 니체전집 20, 523쪽. 니체에게 있어 진리와 거짓, 예술과 권력이 구조적으로 연관되어 있다는 점에 관해서는 M. Bindschedler, *Nietzsche und die poetische Lüge*(Berlin : Verl. für Recht und Gesellschaft, 1966)를 참조할 것.

예를 들면 세계의 본질과 인간의 본성은 영원히 변하지 않으며 독립적으로 존재한다는 믿음은 인간의 삶에 의미를 부여할 수 있는 허구라고 할 수 있다. 인간은 죽을 수밖에 없다는 유한성의 관점에서 '무의미한' 존재이다. 그러나 인간은 자신의 유한성을 극복하기 위하여 영원히 변하지 않는 삶의 토대를 건립하고자 한다. 이렇게 영원한 생성의 흐름 속에서 몰락하지 않고 자신의 삶에 의미를 부여하는 허구의 창조는 아름다움을 실현하는 통상적 예술과는 다른 형이상학적 예술이다. 그런데 니체는 이와 같은 '가상에의 의지'를 인간에게 필연적으로 속해 있는 본성으로 파악한다. 왜냐하면 끊임없는 세계의 위협에 직면하는 유한한 인간이 세계에 대처할 수 있는 유일한 능력은 허구를 만들어낼 수 있는 상상력이기 때문이다.

니체에 의하면 무의미한 인간 존재의 의미 창조 역시 해석의 한 양식이다. 모든 유기체가 살아가기 위해 주위의 환경을 자기 것으로 만드는 과정을 관찰하면, 모든 생명은 지속적 '해석'의 과정이라는 것이다. 그렇다면 생명의 활동이 하필이면 왜 해석인가? 해석은 통상 문헌학적 관점에서 텍스트 속에 침전된 의미를 끄집어내는 인식 행위를 지칭한다. 그러나 니체는 해석의 행위를 이와 같은 의미 추출의 활동에만 국한하지 않고, 의미 투입의 근원적 행위에까지 확대한다. 영원한 진리를 담고 있는 근원 텍스트가 존재하지 않는다면, 텍스트는 의미를 창조하는 창조적 예술가의 활동에 의해 짜이는 것이다. 이렇게 해석은 의미를 '끄집어내는aus-legen' 인식 활동과 의미를 '투입하는hinein-legen' 허구 창조의 양면성을 가지고 있다. 세계의 법칙을 인식하고자 하는 학문과 세계의 본질을 아름다움으로 형상화하고자 하는 예술(예술 1)이 모두 의미를 끄집어내는 파생적 해석에 속한다면, 인간의 삶에 의미를 부여하는 형이상학적–예술적 근거 설정(예술 2)은 근원적 해석에 속한다. 그러므로 "'사유되기' 이전에는 이미 무엇인가가 '허구적으로 만들어져 있어야' 한다."[23) 무한한 흐름의 과정에서 생성과 반대되는 존재의 세계가 설정되고 난 다음에야 우리는 무엇인가를 인식할 수 있다. 결국 우리는 상상을 통해 만들어놓은 것만을 인식할 수 있을 뿐이다. 이런 관점에서 보면 해석을 통해 의미를 부여하는 예술 행위는 인식과 전혀 다른 차원의 것임이 분명하다.

3. 언어의 이중성─의식의 언어와 신체의 언어

인간이 세계를 이해하는 방식은 언어를 통해 표현된다. 니체가 말하는, 의미를 읽어내는 방식으로서의 해석과 의미를 창조적으로 쓰는 방식으로서의 해석은 모두 언어를 수단으로 하여 이루어진다. 그렇다면 우리는 어렵지 않게, 인간의 가장 원초적인 세계 이해의 방식도 언어 속에 농축되어 있으며, 또 이러한 방식이 망각된 원인도 언어 속에 내재해 있다고 추론할 수 있다. 앞에서 우리는 언어의 발생이 인간의 권력 의지와 밀접하게 연관되어 있음을 암시한 바 있다. 언어는 한편으로 세계에 대한 인간의 권력 의지의 산물이며, 동시에 인간 상호간의 관계를 규정하는 의사소통 수단이기도 하다. 니체는 이와 같은 언어의 이중성을 파악하기 위하여 언어의 발생 과정을 재구성한다. 이 과정에서 니체는 "지성이 자신의 주된 힘을 위장을 통해 전개한다"[24]는 사실을 밝힘으로써 언어 역시 자신의 본질을 왜곡하는 속성이 있음을 폭로한다. 니체는 한편으로 개념의 생성 과정을 역으로 추적하여 비유가 언어의 본질이라는 사실을 밝히고, 다른 한편으로는 언어의 힘을 사회적 맥락에서 분석한다.

---

23) Friedrich Nietzsche, KSA 12, 10(159), 550쪽 : "Bevor 'gedacht' wird, muß schon 'gedichtet' worden sein". 니체전집 20, 256쪽.
24) Friedrich Nietzsche, WL, KSA 1, 876쪽. 니체전집 3, 444쪽.

언어는 근본적으로 비유로부터 발생한다. 니체의 이 주장은 그렇게 자명한 것이 아니다. 비유는 통상 표현하려는 대상을 다른 대상에 빗대어 나타내는 수사학적 표현 방법의 한 가지로서 인식된다. 예를 들면 '그녀는 뱀과 같다'고 말할 경우 뱀이라는 낱말이 표현 대상을 직접적으로 지시하지는 않는다. 이렇게 원관념은 숨기고 보조 관념만 드러내어 표현하려는 대상을 설명하거나 그 특징을 묘사하는 방법을 우리는 은유라고 부른다. 전통적으로 비유와 은유는 본래 표현하려는 대상을 개념을 통해 규정하는 데 한계가 있을 때 사용하는 보조 수단이었지만, 인간의 언어가 대상을 직접적으로 표현할 수 있다는 믿음이 문제시되지는 않았다. 다시 말해 개념이 선행하고, 비유와 은유는 대상을 지시하는 언어의 본래 기능에서 파생된 것으로 인식되었다.

그러나 니체는 이와 같은 전통적 견해를 뒤집어, 비유가 본래 우선하며 개념은 비유에서 파생된 것이라고 주장한다. 이를 보여주기 위하여 니체는 뱀이라는 낱말을 예로 든다. 언어의 지시 기능의 관점에서 뱀은 파충강 뱀목의 동물을 통틀어 이르는 말로 사전적으로 정의된다. 과연 이러한 사전적 설명으로 뱀의 뜻을 이해했다고 할 수 있을까? 뱀의 뜻을 알기 위하여 또 다른 낱말의 뜻을 알아야 한다면, 결국 표현하려는 대상을 다른 대상으로 환원하는 비유와 다를 게 무엇인가? 뱀이라는 낱말을 통해 머릿속에 떠오르는 영상을 이해할 때 우리는 이 낱말의 뜻을 이해하게 된다. 이런 맥락에서 니체는 뱀이라는 기호가 "구불구불 휘감아 도는 모양"에 대한 표현에 지나지 않는다고 말한다.[25] 특정한 대상이 우리의 영혼 속에 각인한 이 영상에 대해 뱀이라는 기호를 사용하는 것은 순전히 자의적이다. 언어 자체가 근본적으로 비유이기 때문에 우리는 언어를 비유적으로 사용

---

25) Friedrich Nietzsche, 같은 책, 878쪽. 니체전집 3, 447쪽.

할 수 있는 것이다. 예를 들면 '길이 뱀처럼 산을 휘감아 돈다' 또는 '사람들이 창구 앞에 뱀처럼 늘어서 있다' 라는 표현은 근본적으로 뱀이라는 낱말이 본래 가지고 있는 비유의 힘에 근거하고 있다.

비유와 은유는 인간이 세계를 파악하는 가장 원초적인 방식이다. 니체는 "비유를 형성하고자 하는 충동은 그것을 배제하면 인간 자체를 배제하게 되기 때문에 한순간도 배제할 수 없는 인간의 기초적 충동"[26]이라고 말한다. 세계가 우리에게 수많은 자극을 준다면, 우리 인간은 이 자극들을 상징으로 옮겨놓는다. 이렇게 외부의 자극을 상징화하는 능력을 상상력이라고 한다면, 언어는 "인간의 환상이라는 근원적 능력"[27]으로부터 발생한다는 니체의 통찰은 정확한 것이다. 만약 세계에는 해석될 수 있는 원형이 존재하지 않으며 또 존재한다고 할지라도 인간이 그것에 접근할 수 없다면, 인간의 감각 기관에 의해 번역된 자극들은 근본적으로 '기호 언어' 의 성격을 띠고 있다. 다시 말해 모든 언어는 특정한 표현 대상을 지시하고 대변하는 기호로서 기능한다. 여기서 문제는 지시 대상이 근본적으로 끊임없는 생성의 과정에 내맡겨져 있으며 무한한 다양성을 가지고 있기 때문에 특정한 형태로 고정될 수 없다는 점에 있다. 즉 언어가 지시하는 대상은 근본적으로 알 수 없는 "수수께끼 같은 X"[28]의 성격을 가지고 있다. 기호는 결국 '어떤 것을 대변하는 어떤 것' 이다. 예를 들면 운동이라는 개념은 운동의 본질을 완전히 파악시켜주지는 못하지만 인간이 이해할 수 있도록 "원천적 과정을 시각과 촉각의 기호 언어로 번역한 것"[29]에 불과하다고 니체는 말한다. 다양한 언어가 세계에 존재하는 것은 언어가 근본

26) Friedrich Nietzsche, WL 2, KSA 1, 887쪽. 니체전집 3, 457쪽.
27) Friedrich Nietzsche, 같은 책, 883쪽. 니체전집 3, 453쪽.
28) Friedrich Nietzsche, 같은 책, 879쪽. 니체전집 3, 448쪽.
29) Friedrich Nietzsche, KSA 13, 14(122), 302쪽. 니체전집 21, 121쪽.

적으로 세계를 포착할 수 없기 때문이다.

그렇다면 개념은 왜 특정한 대상을 지시한다는 편견이 지배하게 되었는가? 뱀이라는 낱말에서 보았듯이, 모든 언어는 비유와 은유로 환원된다. 니체는 외부의 신경 자극pathemata이 영혼에 각인한 영상symbola을 제1비유라고 명명하고, 이 영상이 음성적 청각 영상phone으로 번역된 것을 제2비유라고 부른다.[30] 여기서 우리는 낱말을 듣고 이해하는 과정은 거꾸로 진행됨을 알 수 있다. 니체는 특히 우리에게 마지막으로 주어진 것은 신경 자극뿐이라는 사실을 강조한다. 즉 어떤 언어도 사물의 본질을 서술할 수 없다는 것이다.

그렇다면 왜 개념은 특정한 대상의 본질을 표현한다고 인식되는 것인가? 니체는 언어가 인간의 근원적 체험을 기억하는 것을 포기할 때 일반적 개념으로 변한다고 말한다. 즉 언어가 표현 대상의 개별적 특성을 고려하지 않고 수많은 대상들에 대한 일반적 기호로서 기능할 때 개념이 된다는 것이다. 은유와 상징은 여전히 개별적 성격을 가지고 있는 반면, 개념은 근본적으로 "동일하지 않은 것을 동일화함으로써"[31] 생겨난다. 예를 들면 나뭇잎이라는 개념의 경우 세계에 실제로 존립하는 것은 수많은 나뭇잎들이다.

그럼에도 불구하고 우리는 다양한 나뭇잎들이 나뭇잎이라는 개념으로 환원될 수 있다고 믿는다. 이는 나뭇잎이라는 이데아가 존재하고 수많은 구체적 나뭇잎들은 이데아의 모사에 지나지 않는다는 플라톤의 주장과 같은 것이다. 개별적이고 현실적인 것을 간과함으로써, 즉 다양한 사물들의 차이를 제거함으로써 개별이 형성된다면, 개념은 결국 실제로 존재하는

---

30) 이 점에서 니체는 아리스토텔레스의 언어 철학을 그대로 수용하고 있다. 이에 관해서는 Aristoteles, *Peri hermenieias*, Ⅳ, 16 b를 참조할 것.
31) Friedrich Nietzsche, WL 1, KSA 1, 880쪽. 니체전집 3, 448쪽.

것을 존재하지 않는 것으로 파악하는 기만과 허위의 결과이다. 이런 관점에서 진리들은 '본래 그것이 환상이었다는 사실이 망각된 환상들'에 지나지 않으며, '닳아 없어져 감각적 힘을 상실해버린 은유들'에 불과하다.

> 그렇다면 진리는 무엇인가? 유동적인 한 무리의 비유, 환유, 의인관들이다. 간단히 말해서 시적, 수사학적으로 고양되고 전용되고 장식되어 이를 오랫동안 사용한 민족에게는 확고하고 교의적이고 구속력이 있는 것으로 여겨지는 인간적 관계들의 총계이다. 진리는 환상들이다. 진리는 마멸되어 감각적 힘을 잃어버린 비유라는 사실을 우리가 망각해버린 그런 환상이며, 그림이 사라질 정도로 표면이 닳아버려 더 이상 동전이기보다는 그저 쇠붙이로만 여겨지는 그런 동전이다.[32]

물론 언어의 은유적 성격을 망각하고자 하는 욕구는 인간에게 필연적이다. 왜냐하면 모든 직관적 은유는 똑같은 것이 없을 정도로 개별적이기 때문에 의사 전달과 사회적 유대를 위해서는 일반적 법칙이 필요하기 때문이다. 개념의 거대한 건축물은 인간의 삶에 규칙성, 안정성을 부여하기 때문에 인간은 본래 자신의 창조적 성격을 망각하려는 경향이 있다.

이런 맥락에서 니체는 언어의 힘을 사회학적 관점에서 고찰한다. 언어는 자연 상태에서 문화 상태로 이행해가는 과정에서 발생한다. 자신에게 미친 세계의 자극을 다른 사람에게 전달하기 위해서 일반적 언어는 필연적이다. 거꾸로 보면 사회적 필요에 의해 생성된 일반 언어는 다양한 개인들의 욕구, 의견, 사상을 하나로 통일할 수 있는 능력이 있다. 따라서 모든 사람의 합의를 전제로 하는 일반 언어는 만인에 대한 만인의 투쟁 상태를

---

32) Friedrich Nietzsche, 같은 책, 881쪽. 니체전집 3, 450쪽.

종결하는 평화 계약의 성격을 지니고 있다. 그런데 인간은 언어에 함축되어 있는 권력 의지를 '진리에의 의지'로 위장하려는 경향이 있다. 즉 모든 사람들이 합의할 수 있는 것이 진리라고 한다면, 이 진리는 모든 사람에게 절대적 구속력을 가질 수밖에 없다. 여기서 우리는 사회가 형성되는 과정에서 '무엇이 진리인가'가 동시에 결정되고 있음을 알 수 있다. 다시 말해 사회 계약과 더불어 '모든 사람에게 똑같이 타당하고 구속력이 있는 사물의 명칭이 발명된다'는 것이다. 역사 과정을 되돌아보면, 우리는 특정한 대상에 대해 시대적으로 항상 다르게 말해왔음을 확인할 수 있다. 이렇게 "언어를 만드는 입법은 동시에 진리의 첫 번째 법칙을 제정한다. 이때부터 진리와 허위의 대립이 처음으로 생겨난다".[33]

이 인용문에서 니체는 사물에 대한 개념적 명명과 사회 질서의 정립이 동근원적임을 지적하고 있다. 인간 사회는 질서를 확립하고 규칙을 정립하는 진리를 요구한다는 것이다. 다른 말로 표현하면, 권위의 상징으로서의 '진리'를 허구적으로 만드는 것은 바로 사회적 질서이다. 진리와 허위, 참과 거짓 사이의 경계를 긋는 것은 다름 아닌 권력이라는 니체의 통찰은 이미 푸코의 권력 이론을 선취하고 있다. 누군가 진리와 허위를 구분하기 위해서는 그가 이미 진리의 영역에 있어야 하며, 그는 이 경계선이 허구의 결과라는 점을 은폐할 수밖에 없다고 푸코는 말한다.[34] 여기서 우리가 주목해야 할 점은 사회적 질서의 건립과 동시에 개념이 비유를 지배하기 시작했다는 사실이다. 사회의 형성과 진리에의 예속은 분리될 수 없을 정도로 서로 결합되어 있는 동일한 사건의 양면을 형성한다. 일반적 개념의 생성 과정에서와 마찬가지로 사회적 맥락에서도 진리는 질서, 규칙, 법칙으

---

33) Friedrich Nietzsche, 같은 책, 877쪽. 니체전집 3, 446쪽.
34) 이에 관해서는 M. Foucault, *Die Ordnung des Diskurses*(Frankfurt am Main · Berlin · Wien : Suhrkamp, 1977), 15쪽을 참조할 것.

로서 서술된다.

다시 말해 진리의 언어는 사회적인 것을 개별적인 것, 유일한 것보다 더욱 높은 것으로 평가하는 것이다. 니체의 이러한 주장을 거꾸로 고찰하면, 인간이 사회적인 존재인 한 일반적 언어는 필수적이라는 사실을 추론해낼 수 있다. 사회는 추상적 도식화와 개념적 언어를 구체적이고 은유적인 언어보다 더욱 가치 있는 것으로 평가하기 때문에 언어의 본래적 원천은 망각될 수밖에 없다. 인간은 자신이 "예술가적으로 창조하는 주체라는 사실"[35]을 망각함으로써만 안정과 질서 속에서 살 수 있다. 그러나 본래 허구적으로 설정된 안정의 토대, 즉 진리가 경직되고 고정되면 근본적으로 생성의 과정을 왜곡하기 때문에 오히려 삶에 해가 된다. 결국 언어는 삶의 의미를 부여할 수 있는 새로운 허구와 이상을 만들어내고, 이 이상은 삶의 규칙을 부여하는 진리를 창조한다. 이 진리가 새로운 삶의 조건에 부합하지 않으면, 인간은 새로운 가치를 창조하기 위하여 언어가 가지고 있는 비유적 능력을 다시 기억하는 과정을 되풀이한다.

그러므로 전통적 진리가 삶에 유해하다는 것이 보편화된 허무주의 시대에 요청되는 것은 예술가적 주체로서의 인간을 회복하는 일이다. 니체가 언어를 개념적 언어와 시적인 언어, 의식의 언어와 신체의 언어로 구분하면서, 이 모든 언어의 양식들이 본래 비유로부터 발생했다는 점을 강조하는 것도 바로 이 때문이다. 학문과 예술, 개념과 비유, 담론과 직관은 모두 "삶을 지배하고자 하는 욕망"의 결과라고 니체는 말한다. 인간은 과학적 인식을 통해 획득하는 규칙성으로 외면적 위협에 대처하기도 하며 또 예술을 통해 허상과 아름다움으로 가장된 삶만을 실제적인 것으로 파악함으로써 세계와 관계를 맺기도 한다.

---

35) Friedrich Nietzsche, 같은 책, 883쪽. 니체전집 3, 453쪽.

그러나 허무주의 시대에는 과학적 인간과 예술적 인간, 담론과 직관이 아무런 관계 없이 따로 존재한다.[36] 따라서 니체의 궁극적 관심은 무한한 삶의 흐름으로부터 도피하는 개념적 언어를 은유적 언어로 환원시킴으로써 경직된 삶의 토대를 창조적으로 변형시키는 데 있다. 왜냐하면 한때 삶에 유용했던 인식의 틀이 이제는 삶을 위협하는 지경에 이르렀기 때문이다. 유한한 인간에 의해 설정된 허구와 이상은 유한할 수밖에 없는데도, 인간은 자신이 창조한 이상을 절대화함으로써 결국 이상의 노예가 되었다고 할 수 있다. 냉전 시대에 겪었던 이데올로기의 폐해는 이런 사실을 여실히 말해주고 있다. 결국 모든 문제는 인간의 '유한성'을 망각한 데서 기인한다.[37]

인간의 유한성을 가장 잘 드러내는 것은 두말할 나위도 없이 우리의 신체이다. 언어가 신체에 전달된 외부의 자극으로부터 발생했다는 사실에서 출발하여 니체는 정신과 신체의 관계를 전도시킴으로써 허무주의를 극복할 수 있는 새로운 이성을 발견하고자 한다. 주지하다시피 데카르트는 존재를 정신과 신체로 구분하면서 상상력과 오류의 가능성을 신체와 연관된 인식 능력에 부여한다. 인간의 신체와 연관된 지성은 상당한 노력이 따르고 시간이 걸려야만 진정한 인식에 도달할 수 있다는 사실은 데카르트에게 오류와 편견의 제일원인이다. 그렇지만 데카르트는 자신의 의도가 전통 형이상학자들과 같이 사물을 설명하는 것이 아니라 "새로운 세계를 자의적으로 발명하려는 데"[38] 있다고 말한다. 데카르트 역시 오로지 그와 같은 허구

---

36) 이에 관해서는 앞의 책, 889쪽을 참조할 것. 니체전집 3, 460쪽.

37) 니체는 허무주의 시대에 필요한 것은 다름 아니라 "현세적 위로의 예술"이라고 강조한다. 이에 관해서는 Friedrich Nietzsche, GT, Versuch einer Selbstkritik 6, KSA 1, 22쪽을 참조할 것. 니체전집 2, 22쪽.

38) R. Descartes, *Le Monde ou Traité de la Lumiére 6, AT, XI 36.* 니체의 데카르트 비판에 관해서는 T. Borsche, "Intuition und Imagination : Der erkenntnistheoretische Prspektivenwechsel von

를 통해서만 신체적 본성에 대한 진정한 인식을 획득할 수 있다고 말한다.

여기서 우리가 주목하고자 하는 것은 상상력이 인간의 신체와 관련된 해석 능력이라는 점이다. 아리스토텔레스가 "신체적 인식 능력"[39]으로 규정한 상상력phantasia은 감각과 오성 사이를 매개하며, 기억과 밀접한 관계를 맺고 있다. 수동적 표상 능력으로서의 상상력은 오성과 감각에 의해 각각 상징과 기호를 공급받으며, 능동적 표상 능력으로서의 상상력은 직접적으로 지각된 것을 그것이 부재할 때에도 표상하고 또 이 표상들을 새롭게 구성한다.

인간의 유한성을 철저하게 사유하고자 하는 니체에게 본질적인 것은 바로 인간의 신체이며, 신체와 연관된 인식 능력과 언어이다. 니체에게 신체는 세계와 관계를 맺는 통로이다. 그렇기 때문에 니체는 정신과 신체의 관계를 전도시켜 신체에 우선성을 부여한다. 《차라투스트라는 이렇게 말했다》에서 니체는 신체를 "커다란 이성"으로 규정하고, 신체의 도구에 불과한 의식은 "작은 이성"에 불과하다고 말한다.[40] 커다란 이성은 세계와 새로운 관계를 맺을 수 있는 허구를 창조할 수 있는 상상력이며, 반면에 작은 이성은 허구적으로 만들어진 전제 조건 내에서 법칙과 안정을 정립하는 오성이다. 이런 맥락에서 보면 은유적 언어는 살아 있는 신체의 언어이며, 개념적 언어는 모든 것을 지배의 대상으로서 고정시키는 의식의 언어라고 할 수 있다. 니체는 바로 의식의 언어가 신체의 언어를 지배함으로써 새로운 의미를 창조할 수 있는 상상력을 말살했기 때문에 허무주의가 도래했다고 진단한다.

Descartes zu Nietzsche", M. Djuric · J. Simon (Hrsg.), *Kunst und Wissenschaft bei Nietzsche*(köni-gshausen · Neumann, 1986), 26~44쪽을 참조할 것.

39) Aristoteles, *De anima*, III 3, 428 a 1~4.

40) Friedrich Nietzsche, Za, KSA 4, 39쪽. 니체전집 13, 51쪽.

4. 허구의 진실성—철학에서 수사학으로

언어의 이중성에 대한 니체의 통찰은 '언어가 세계를 모사하는 것이 아니라 해석한다'는 인식에 근거하고 있다. 언어를 통해 모사되고 서술되고 판단되어야 할 물자체, 세계 자체, 존재 자체는 존재하지 않는다는 것이다. 오히려 언어는 세계를 특정한 관점에서 해석하는 까닭에 니체는 허무주의 시대에 요청되는 것은 진리가 아니라 "진실성(Redlichkeit, Wahrhaftigkeit)"[41]이라고 말한다. 말머리에서 언급했듯이 니체는 허무주의 시대의 특징을 진리의 다원성으로 파악하고 있다. "다양한 진리들이 존재한다, 고로 어떤 진리도 존재하지 않는다"라는 명제에서 니체가 강조하고자 하는 것은 모든 것을 포괄하는 절대적 진리가 존재하지 않는다는 사실이다. 그러나 니체가 절대적 진리를 부정한다고 해서 진리의 유용성을 부정하는 것은 결코 아니다. 니체는 진리를 주장함에 있어 그것이 허구와 상상력에 근거한 창조적 예술 행위의 결과라는 점을 인식해야 한다고 지적할 뿐이다. 이런 관점에서 진실성은 허구가 진리를 만들어낸다는 사실을 철저하게 인식하면서도 진리를 추구하는 태도, 즉 절대적 진리가 존재하지 않으면서도 진리를 추구할 수 있는 태도를 의미한다.

우리는 진리를 진실성으로 대체하는 니체의 관점에서 탈현대적 글 읽기와 글쓰기의 방식을 발전시킬 수 있다. 학문과 예술, 진리와 허구를 전통적으로 지배하고 있는 위계질서를 전도시킨 니체의 철학은 '다른' 세계 이해를 전제하고 있다. 니체가 비록 진리에서 허구로 패러다임의 전환을 꾀하고 있지만, 그는 자신의 이론 역시 '하나의' 관점에 불과하다는 상대

---

41) 이에 관해서는 Jean-Luc Nancy, "Unsre Redlichkeit! Über Wahrheit im moralischen Sinne bei Nietzsche", W. Hamacher (Hrsg.), *Nietzsche aus Frankreich*(Frankfurt am Main · Berlin, 1986), 169~192쪽을 참조할 것.

주의의 입장을 철저하게 고수하고 있다. 니체는 자신의 철학이 "진실성에서 나오는 도덕의 자기 극복"[42]을 추구한다고 고백한다. 즉 형이상학 자체를 부정하는 것이 아니라 진실성의 관점에서 재구성하고자 하는 것이다.

우리는 여기서 관점의 변화를 통해 도덕과 진리의 의미가 변화하고, 궁극적으로는 '의미의 문제' 자체가 변화하고 있음을 알 수 있다. 진리가 절대적 타당성을 가지고 있는 실체와의 일치를 의미하지 않는 것과 마찬가지로, 도덕은 결코 인간 본성으로부터 도출된 정언 명법을 뜻하지 않는다. 진리와 도덕은 오히려 삶에 의미를 부여하기 위하여 허구적으로 만들어진 "가상적 관점focus imaginarius"[43]을 말한다. 만약 일반적 진리가 존재한다면, 우리는 일반적 규칙을 구체적 삶에 적용하기만 하면 될 것이다. 그러나 모든 삶에 타당한 일반적 진리가 존재하지 않는다면, 우리는 삶에 유용한 의미를 실험적으로 창조해야만 한다. 진리는 본래 다원적 속성을 가지고 있기 때문에 이렇게 산출된 다양한 진리들은 어떤 것도 결코 절대화될 수 없다. 그러므로 다양한 진리들에 대해 유일하게 구속력 있는 공통 지평은 자신의 진리가 허구의 결과라는 사실을 인정하는 '정직'과 '진실성' 뿐이다. 허무주의 시대의 "마지막 덕성"[44]으로 제시되고 있는 진실성은 우리로 하여금 진리는 일종의 오류와 허구라는 사실을 직시하게 하며, 어떤 형태의 도피도 허용하지 않는다. 그렇다면 우리에게 주어지는 마지막 가

---

42) Friedrich Nietzsche, EH, Warum ich ein Schicksal bin 3, KSA 6, 367쪽. 니체전집 15, 459쪽.
43) I. Kant, *Kritik der reinen Vernunft*, B 672(Hamburg : Meiner, 1956), 606쪽. 칸트는 이곳에서 일반적인 것으로부터 구체적인 것을 추론해내는 이성의 필연적apodiktisch 사용과 구체적인 것으로부터 일반적인 것을 설정하는 이성의 가언적hypothetisch 사용을 구분하고 있다. 니체의 관점주의는 예술의 관점에서 이성의 가언적 사용을 규정하고 높이 평가하고 있다고 할 수 있다.
44) Friedrich Nietzsche, KSA 12, 1(145), 44쪽. 니체전집 19, 52쪽 : "이 마지막 덕성, 즉 우리의 덕성은 정직이다."

능성은 결국 허구와 허위를 의식적으로 사용하는 길뿐이다. 다시 말해 오늘날 우리에게 요청되는 것은 다양하게 존립하는 도덕과 진리들에 현혹되지 않고 삶을 촉진시키는 유용한 환상들을 찾는 자유로운 사유이다. 우리는 스스로를 의미 창조의 예술가로 이해할 때에만 '인간은 오직 허구만을 만들어낸다'는 허무주의적 인식을 견뎌낼 수 있다. 그렇지만 니체가 말하는 허구는 진리 또는 현실과 대립되지 않고, 삶에 의미를 부여한다는 점에서, 그 자체로 바로 현실과 진리로서 나타난다.

　그렇다면 니체가 모든 도덕주의자들에게 요청하는 진실성은 탈현대적 삶에 대해 어떤 의미를 가지고 있는가? 여기서 우리는 니체가 진리와 진실성을 언어의 이중성과 연관시켜 파악하고 있음을 주목할 필요가 있다. 언어는 단순히 세계를 인식하는 수단만인 것이 아니라 그 자체로 세계이다. 따라서 언어는 세계 이해에 있어 한편으로는 포괄적이지만 다른 한편으로는 불충분하다. 우리가 언어 밖에서는 아무것도 이해할 수 없다는 점에서 언어는 한편으로는 포괄적이지만, 다른 한편으로는 소리와 문자로서의 물질적 성격으로 말미암아 항상 제한되어 있다. 따라서 모든 문제는 궁극적으로 자신의 물질성 때문에 제한적일 수밖에 없는 언어를 가지고 어떻게 세계를 일반적으로 표현할 수 있는가 하는 물음으로 모인다. 이 문제는 결국 자신의 관점에 묶일 수밖에 없는 다양한 개인들이 어떻게 하면 공동체적 지평을 획득할 수 있는가 하는 도덕적 물음과도 직결되어 있다. 탈현대적 사회에서 나타나고 있는 도덕적 위기가 다양한 것을 종합적으로 사유할 수 없는 이성의 무능력 때문에 발생했다면, 우리에게 필요한 것은 바로 다원성을 인정하면서도 이를 종합적으로 통찰할 수 있는 공동체적 지평이다.

　그렇다면 다원성을 토대로 하는 포스트모던 사회에서 공동체적 지평은 어떻게 형성될 수 있는가? 언어가 일반적인 것을 지향하지만 그것이 구체적으로 사용되는 순간에만 나와 다른 사람에게 실제적 의미를 갖게 된다는 니체의 통찰은 탈현대적 합의의 가능성을 함축하고 있다. 니체는 절대적 진리에 의한 합의의 가능성을 부정하지만 언어 자체가 의사소통의 필요성에 의해 발생했다는 점을 인정한다. 비록 담론을 통해 합의에 도달할 수는 없지만, 언어가 비유를 통해 본래 전달하려는 세계 이해는 약한 합의의 토대를 함축하고 있다는 것이다. 그런데 언어 자체가 본질을 표현하지 않기 때문에 공동체적 세계 이해는 결국 기호들의 상호 작용과 유통 과정을 통해서만 드러난다. 따라서 감각적 기호들의 풍요로움은 새로운 의미를 창조할 수 있는 기회이기도 하다. 물론 니체의 이러한 관점은 경직된 개념에서 언어를 해방시켜 언어에 비유의 힘을 다시 부여하면 언어는 스스로 새로운 지평을 만들어갈 것이라는 믿음을 전제한다.

니체는 언어의 본질인 비유를 실현할 수 있는 글 읽기, 글쓰기의 전술로 수사학과 아포리즘을 제안한다. 주지하다시피 수사학은 오랫동안 진리의 관점에서 매도되어왔다. 진리를 추구하는 철학과는 달리 수사학은 언어를 오직 권력을 쟁취하기 위한 표면적 수단으로 인식해왔다. 예컨대 플라톤은 수사학을 쾌락과 오락을 산출하는 예술로 파악함으로써 수사학을 철학의 하위 분야로 설정한다. 그러나 언어는 근본적으로 표면적 물질성을 떠나서는 생각할 수 없는 것이다. 이런 맥락에서 니체는 수사학과 철학의 관계를 전도시킨다. 특정한 효과를 얻기 위하여 언어를 '의식적'으로 사용하는 것이 수사학이라는 전통적 견해에 반대하여, 니체는 언어의 생성 과정에는 '무의식적 예술'의 수단이 작용하고 있다고 강조한다. 다시말해 언어 속에는 세계를 지배하려는 인간의 권력 의지가 표현되고 있다는 것이다. 언어가 권력 의지의 표현이라면, 강렬한 인상을 주는 권력의 요소를 뽑아내는 수사학은 다름 아닌 언어의 본질이라고 니체는 강조한다. 진정한 의미의 수사학은 삶의 의미를 확보하려는 인간의 무의식적 예술을 언어 속에서 발견하고 고정시키는 해석학적 작업이다.

이렇게 언어는 인간과 세계의 상호 작용이 끊임없이 이루어지는 장소이다. 따라서 세계에 대한 인간의 원초적 이해를 포착하려면 언어의 수사학적 의미를 제대로 파악해야 한다. 다양한 형태의 언어 양식들은 동시에 언어 자체에 작용하고 있는 예술의 양식이다. 다시 말해 은유, 환유, 대유는 언어를 가지고 유희할 수 있는 장식의 수단이 아니라 언어의 근본적 존재 방식이라고 할 수 있다. 허상이 진리와 대립되지 않듯이 수사학적 은유는 단순한 형식이 아니다. 니체는 형식을 단순히 표면적인 것으로만 이해하지 않는다. 형식은 내용을 규정하고, 내용은 오직 형식을 통해서만 표현되고 전달된다. 이런 맥락에서 보면 형식과 내용의 상호 작용을 전제로 하는 아포리즘은 탈현대적 글쓰기를 선취했다고 할 수 있다. 니체는 아포리즘을 "다른 모든 사람이 한 권의 책에서 말하는 것을 열 문장으로 말하는 것"[45]이라고 정의한다. 대상을 지시하고 진리를 표현하는 것이 언어라는 전통 철학은 근본적으로 생성 과정에 있는 세계에 대해 아무런 말도 하지 못한다는 것이다. 따라서 대상 지시적 성격을 가지고 있는 언어를 가지고 대상으로 고정될 수 없는 삶을 말하는 것이 바로 아포리즘이다. 따라서 니체는 "기호의 숫자와 규모에 있어서는 최소이지만 기호의 에너지에 있어서 최대를 추구하는"[46] 글쓰기 방식을 추구한다.

그런데 아포리즘의 탈현대적 글쓰기는 두 가지 측면에서 진실성과 밀접하게 관련되어 있다. 아포리즘은 한편으로 진리의 근원이 허구라는 허무주의적 인식에 근거한다. 니체는 다양한 진리들이 존재한다는 사실을 새로운 가치 창조의 단초로 삼는다. 니체는 근원의 무의미성을 간파하고

---

45) Friedrich Nietzsche, GD 51, KSA 6, 153쪽. 니체전집 15, 194쪽.

45) Friedrich Nietzsche, GD 51, KSA 6, 153쪽. 니체전집 15, 194쪽.
46) Friedrich Nietzsche, GD, Was ich den Alten verdanke, KSA 6, 155쪽. 니체전집 15, 196쪽.

나면 우리가 살고 있는 이 세계의 풍요가 드러날 것이라고 말하면서, 근원에서 배제된 주변적인 것에 주목할 것을 제안한다.

이에 반해 우리의 경우에는 근원에 다가갈수록 그만큼 우리의 관심이 더 감소하게 된다는 것, 나아가 우리가 근원으로 거슬러 올라가 사물들 그 자체에 다가갈수록 우리가 사물들에 투입했던 모든 가치 평가와 '관심들'이 그 의미를 상실하기 시작한다는 것이다. 근원에 대한 통찰과 함께 근원의 무의미성이 증대된다. 이에 반해 가장 가까이 있는 것들, 즉 우리 주위의 것들과 우리 내부의 것들은 옛날 사람들이 꿈에도 상상하지 못했던 색채와 아름다움, 그리고 수수께끼와 의미의 풍요로움을 점차 드러내기 시작한다.[47]

탈현대적 글쓰기는 이렇게 주변의 것, 무의미하다고 여겨진 것의 의미를 드러냄으로써 삶의 새로운 중심을 창조해가는 해석의 작업이다. 다른 한편으로 진실성은 우리가 자신이 설정한 허구의 허구성을 인식하도록 강요한다. 이런 맥락에서 니체는 "그대의 사상에 반대될 수 있는 그 어떤 생각이든 억누르지 말고 그대 자신에게 침묵하지 말라"[48]라고 제안한다. 결국 다원주의 시대에 살고 있는 우리는 자신의 삶에 의미를 부여하기 위해 설정한 허구를 진리로서 고정시키거나 절대화해서는 안 된다는 것이다.

여기에서 우리는 니체가 전통적 도덕을 파괴하면서 더욱 커다란 자기 극복의 도덕을 요구하고, 전통적 진리를 부정하면서 더욱 힘든 진실성을 요구하고 있음을 알 수 있다. 과연 우리가 이러한 삶의 방식을 일구어나갈 수 있는지는 이차적인 문제이다. 그러나 한 가지 분명한 사실은 오늘날 우

---

47) Friedrich Nietzsche, M, I 44, KSA 3, 51~52쪽. 니체전집 10, 60쪽. 강조는 니체 자신에 의한 것임.
48) Friedrich Nietzsche, M, IV 370, KSA 3, 244쪽. 니체전집 10, 311쪽.

리가 살고 있는 사회는 근본적으로 다원주의적 사회라는 것이다. 만약 우리가 다원주의와 상대주의의 문제를 이미 해체되어버린 전체성과 통일성을 복원함으로써 해결할 수 없다면, 우리는 다원주의 시대의 삶에 부합하는 다른 형태의 이상과 허구를 필요로 한다. 인간이 유한하면서 동시에 자신의 초월성을 추구하는 이중적 존재이고 또 인간의 언어가 전체를 표현하면서 동시에 특정한 대상을 지시하는 양면성을 가지고 있다면, 새로운 허구와 이상은 이러한 이중성을 철저하게 고려해야 할 것이다. 허구와 이상이 결국 세계를 창조하는 인간의 문제라고 한다면, '예술과 예술가'의 문제는 탈현대적 인간에게 던져진 "새로운 물음표"[49]이다.

---

49) Friedrich Nietzsche, KSA 13, 11(328), 140쪽. 니체전집 20, 457쪽.

제3장

——

초인

——

인간의 극복인가 아니면
새로운 인간 유형의 사육인가

한 세기 앞을 미리 내다보고서, 이천 년간의 반자연과 인간 모독에 대한 내 암살 행위가 성공했다고 전제하자. 인류를 더 높이 사육시킨다는 모든 과제 중에서 가장 위대한 과제를 떠맡은 삶의 저 새로운 당파는 퇴화하여 기생하는 모든 자들을 모두 무참히 파괴해버리고, 지상에서의 삶의 충만을 다시 가능하게 할 것이다.

―프리드리히 니체, 《이 사람을 보라》(1888)

인간이 인간을 무해성의 방향으로 사육한다면, 그것은 실제로 위험하지 않을 수도 있다. 모든 휴머니즘 문화에 대한 니체의 의혹은 인류의 길들이기 비밀을 들춰내라고 강력하게 요구한다. 그는 이제까지 사육을 독점했던 사람들의―스스로를 인간의 친구로 소개했던 성직자와 교사들의―이름과 기능을 분명히 말하고자 하며, 다양한 사육자들과 다양한 사육 프로그램들 사이에 이루어지는 세계사적으로 새로운 종류의 투쟁을 공개하고자 한다.

―페터 슬로터다이크, 《인간농장을 위한 규칙》(1999)

너희는 너희가 말한 모든 것의 무게로 신을 죽였을 수도 있다. 그렇지만 너희는 너희가 말한 모든 것으로부터 신보다 더 오래 사는 인간을 만들었다고 생각하지 않는가.

―미셸 푸코, 《지식의 고고학》(1969)

나는 너희에게 초인을 가르친다. 인간은 극복되어야 할 그 무엇이다. 너희는 너희 자신을 극복하기 위해 무엇을 했는가?

―프리드리히 니체, 《차라투스트라는 이렇게 말했다》(1883)

1. 인간 사육 시대의 문제로서의 인간

"오늘날 우리로 하여금 '인간'을 혐오하게 하는 것은 무엇인가?—우리 가 인간에게 고통을 당하고 있기 때문이다. 그것은 의심의 여지가 없다."[1] 니체가 어떤 의혹도 용납하지 않겠다는 듯이 간단하게 매듭짓고 있는 이 말보다 우리 시대의 특성을 더 극명하게 드러내는 말은 없는 것처럼 보인 다. 우리가 지치고 병들었을 때, 우리가 스스로 할 수 있는 것을 박탈당했 다고 무력감을 느끼는 순간, 우리가 자신이 무엇을 할 수 있는지를 모를 때, 우리는 자신에게 고통을 당한다. 우리가 고통을 당한다는 것은 궁극적 으로 무엇을 하고 싶은지 또 무엇을 할 수 있는지를 모르는 무지와 무능력 의 징후이다. 그렇지만 니체는 이런 병적 상태를 개인적으로 체득했을 뿐 만 아니라 시대적 특성으로 파악한다. 이는 우리에게 언어적 혼란과 당혹 감을 불러일으킨다. 우리 시대는 신으로 향했던 초월적 시선을 우리 자신

---

1) Friedrich Nietzsche, GM, I 11, KSA 5, 277쪽. 니체전집 14, 375쪽. 강조는 니체 자신에 의한 것임.

에게로 돌려 인간이 할 수 있는 것을 확인하고 실행하는 휴머니즘의 시대이기 때문이다. 자신의 인식을 통해 세계를 변화시킬 수 있다는 인간에 대한 믿음이 휴머니즘이라고 한다면, 우리가 인간에게 고통을 당한다는 니체의 말은 도대체 무엇을 의미하는가?

오늘날 휴머니즘은 대체로 두 가지 방향으로 진행되고 있다. 하나는 과학과 기술의 발전으로 자연과 세계를 지배하고 통제함으로써 인간 또는 인공 세계를 확대하는 것이고, 다른 하나는 모든 사람에게 품위 있는 인간적 삶을 평등하게 제공하는 민주주의의 실현이다. 우리의 삶의 터전인 이지구와 세계를 인간 손에 의해 "만들어질 수 있는" 대상으로 변화시키는 기술 권력은 이제 인간의 본성 자체에까지 확대되고 있다.[2] 그뿐만 아니라 우리는 전통 사회에서는 특정한 계층에게만 유보되었던 권리와 정의를 보편화함으로써 모든 사람에게 가능한 인간 존엄을 실현하고 있다. 우리가 이제까지 고통을 당했다면, 그것은 전통적으로 자연의 악인 빈곤과 인간의 악인 불의 두 가지였다. 이 두 가지가 통제될 수 있고 개선될 수 있는데 우리가 인간에게서 고통을 당한다는 것이 도대체 무슨 말인가?

니체가 인간에 대한 고통을 말할 때 자유를 위한 안전의 의미를 환기시킨 여러 재앙과 파국의 문명사적 상황을 예견한 것도 아니고,[3] "글로벌 리스크를 통해 세계적으로 일깨워진 '존재에 대한 염려'"[4]를 염두에 둔 것도 아님은 분명하다. 인간이 자신의 세계를 건립할 수 있는 토대가 사라졌기 때문에 고통을 당하는 것이 아니기 때문이다. 니체는 오히려 모든 확고

---

2) 이에 관해서는 한스 요나스, 《책임의 원칙 : 기술 시대의 생태학적 윤리》, 5쪽을 참조할 것.
3) Wolfgang Sofsky, *Das Prinzip Sicherheit*(Frankfurt am Main : Fischer, 2005), 17쪽 : "재앙들은 인간이 건립한 세계의 토대들이 얼마나 불안전한가를 보여준다. 안전은 종적 존재로서의 인류의 근본 문제이다."
4) Ulrich Beck, *Weltrisikogesellschaft. : Auf der Suche nach der verlorenen Sicherheit*, 17쪽.

부동한 토대가 사라진 허무주의 시대에 새롭게 시작할 수 있는 새로운 유형의 인간이 보이지 않기 때문에 고통을 당하고 있는 것이다. 우리에게 아무런 토대와 근거가 없다면, 우리는 어디에서 새롭게 시작할 능력을 얻을 수 있는 것인가? 우리에게 남겨진 이 지구와 대지는 우리가 새로운 유형의 인간과 새로운 삶의 형식을 발전시킬 실마리를 제공하는가? 니체가 고통을 당하는 것은 바로 삶을 새롭게 시작할 수 있는 창조력과 조형력의 박탈 때문이다.

그렇기 때문에 니체는 특성 없는 현대의 대중들을 "마지막 인간"[5]이라고 부르면서 경멸한다. 그에 의하면 "마지막 인간"은 투쟁보다는 이웃을 사랑하고, 강화보다는 자기 보존을 원하고, 모험보다는 안전한 노동을 원하고, 차별화보다는 평등을 추구하고, 위험보다는 쾌락을 추구하는 인간 유형이다. 그것은 쾌락과 행복의 보편화를 추구하는 자본주의적 현대인의 모습과 다를 바 없다. 니체는 초인과 대립 관계에 있는 마지막 인간을 서술하면서 두 가지 측면에 주목한다. 하나는 현대인이 전혀 위대함, 차이, 고귀함을 추구하지 않는다는 것이다. "지구는 작아졌으며, 모든 것을 작게 만드는 마지막 인간이 그 위에서 뛰어다닌다."[6] 다른 하나는 모든 것을 사소한 것으로 만드는 현대인은 결국 아무것도 탄생시킬 수 없다는 것이다. "슬픈 일이다! 머지않아 인간이 어떤 별도 더 이상 탄생시킬 수 없게 되는 시대가 온다. 슬픈 일이다. 머지않아 자기 자신을 더 이상 경멸할 줄 모르는, 그리하여 경멸스럽기 짝이 없는 인간의 시대가 온다."[7] 이 시대에 살아가는 사람들은 드디어 행복이라는 것을 발명했다고 확신하면서 동의를

---

5) Friedrich Nietzsche, Za, Vorrede 5, KSA 4, 19~20쪽. 니체전집 13, 2325쪽. 니체의 "마지막 인간"은 종종 "최후의 인간"(정동호) 또는 "종말인"(백승영)으로 번역되기도 한다. 이에 관해서는 백승영, 《니체, 디오니소스적 긍정의 철학》(책세상, 2005), 248쪽 이하를 볼 것.
6) Friedrich Nietzsche, 같은 책, 같은 곳.
7) Friedrich Nietzsche, Za, Vorrede 5, KSA 4, 19쪽. 니체전집 13, 23쪽.

구하듯 '눈을 깜박거리는' 평준화된 대중들임에 틀림없다. 자신이 하는 것에 만족하여 다른 어느 것도 새롭게 시도하려 하지 않는 사람들이 하는 행위가 '눈을 깜박거리는 것'이라면, 니체는 이 비유를 통해 현대인의 특성을 정확하게 포착하고 있다고 해도 과언이 아니다.

니체에게 평등과 공정의 원리를 바탕으로 하는 정치적 민주주의는 "마지막 인간"들의 문제이다. 우리는 여기서 니체의 사상이 정치적 관점에서 민주주의의 기본 합의와는 정면으로 배치된다는 사실을 숨겨서는 안 된다. 자유, 평등, 복지, 약자에 대한 보호와 사회적 정의를 기반으로 하고 또 추구하는 현대의 민주 국가는 니체의 관점에서 보면 보다 높은 유형의 인간, 즉 초인의 발전을 저해할 뿐이다. 왜냐하면 민주주의는 근본적으로 "모든 것을 평등하게 만들고 평등하게 세우는 덕들"[8]에 기초하고 있기 때문이다.[9] 반면, 니체의 초인은 자신의 별을 탄생시키고 새로운 가치를 창조할 수 있는 힘과 권력을 가진 인간 유형이다. 니체는 이러한 새로운 인간 유형을 추구하기 위하여 민주주의를 공격하고, 물질적 행복에 길들어 아무것도 시도하지 않는 마지막 인간을 경멸하는 것이다.

물론, 니체는 허무주의가 서양 형이상학의 필연적 귀결인 것처럼 민주주의 운동 역시 피할 수 없다는 것을 잘 알고 있다. "유럽의 민주화 경향은 저지할 수 없다. 그것에 저항하는 사람도 민주주의 사상이 처음으로 모든 사람에게 제공했던 바로 그 수단을 사용하고 있으며 그 수단을 스스로 더 다루기 쉽고 효과적인 것으로 만든다."[10] 우리가 민주주의의 용어를 사용해서는 결코 민주주의를 비판할 수 없다는 것이다. 니체가 여기서 민

---

8) Friedrich Nietzsche, KSA 11, 37(14), 589쪽. 니체전집 18, 409쪽.

9) 이에 관해서는 Jin-Woo Lee, *Politische Philosophie des Nihilismus*(Berlin · New York : de Gruyter, 1992), 64~79쪽을 참조할 것.

10) Friedrich Nietzsche, MA II, Der Wanderer und sein Schatten 275, KSA 3, 671쪽. 니체전집 8, 387쪽.

주주의의 인간 유형을 표적으로 삼는 까닭이 여기에 있다. 민주주의는 인간을 작게 만들고 퇴락시켜, 종국에는 그에게서 인간의 본성인 조형력과 창조력을 박탈하는 경향이 있다는 것이다.

인간의 전체적인 퇴화는, 오늘날 사회주의적인 바보나 멍청이들에게 '미래의 인간', 즉 그들의 이상으로 보이는 수준으로까지 내려간다. 인간이 이렇게 완전한 무리 동물로 (또는 그들이 말하는 것처럼 '자유 사회'의 인간으로) 퇴화하고 왜소화된다는 것, 이렇게 인간이 평등한 권리와 요구를 주장하는 왜소한 동물로 동물화된다는 것은 가능하다. 이것은 의심의 여지가 없는 일이다![11]

니체는 평등화에 만족한 민주주의적 인간이 성장하지 않고 멈춰 있다고 확신한다. 실제로 우리는 민주주의가 인류가 발전시킨 최선의 제도는 아니지만 차선의 제도임에는 틀림없다고 말하면서 현상을 유지하려 하지 않는가? 그렇다면 우리는 어떻게 최선의 제도, 보다 높은 유형의 인간을 창조할 수 있는가? 니체는 이렇게 말한다. "이러한 가능성을 한번 끝까지 생각해본 사람은 다른 사람들보다는 하나의 구토를 더 알게 될 것이다. 그리고 아마 또 하나의 새로운 과제를 알 것이다."[12] 니체가 말하는 새로운 과제는 두말할 나위 없이 새로운 인간 유형인 초인의 탄생이다.

이러한 과제를 분명히 인식하기 위하여 필요한 것이 경멸과 구토이며, 병과 의심이다. 21세기에 우리가 인간에게 고통을 당한다면, 그것은 결코 (무시무시한 것을 만들어내는 인간의 무시무시함에 대한) "공포" 때문이 아니다. 우리는 '인간에 대해 더 이상 두려워할 것이 없다'는 사실에 고통

---

11) Friedrich Nietzsche, JGB, V 203, KSA 5, 128쪽. 니체전집 14, 165쪽.
12) Friedrich Nietzsche, 같은 책, 같은 곳.

을 당하며, "'길들여진 인간', 구제할 수 없이 평범하고 달갑지 않은 인간이 벌써 자신을 목표와 정점으로, 역사의 의미로, '보다 높은 인간'으로 느낄 줄 안다는 사실"[13]에 고통을 당하는 것이다. 스스로를 경멸할 줄 모르는 자는 결코 더 높이 발전할 수 없다. 자신에게 의심을 품지 못하는 자는 결코 새로운 가치를 시도하지 못한다. 병들어보지 못한 사람은 결코 진정한 건강의 의미를 찾지 못한다. "병드는 것과 의심을 품는 것이 죄를 짓는 것과 같을"[14] 정도로 현대인들은 의심할 줄도 모르고, 고통을 당하지도 않으며, 그저 행복을 찾았다고 눈만 깜박거리고 있는 것이다. 니체는 초인을 통해 우리 현대인에게 다시 경멸하고, 의심하고, 고통을 당하고, 그렇게 함으로써 새로운 가치를 창조하는 법을 가르치고자 한다.

2. '신의 죽음'과 허무주의 시대의 초인

인간의 행위에 의미를 부여하고 또 그렇게 함으로써 인간의 힘을 제재하고 통제할 수 있는 신이 사라진 사회에는 오직 사육과 길들이기만 남아 있다. 인류의 문명화 과정은 근본적으로 사육과 길들이기의 과정이다. 인간의 내면에 있는 야성을 가축처럼 순화시켜 도덕적으로 만드는 것을 문명화라고 하지 않는가. 인간은 스스로를 인식하고 변화시킬 수 있다는 휴머니즘의 믿음과 함께 신에게서 해방되었지만, 이 해방은 동시에 인간에게서 가장 창조적인 힘을 박탈한 것이다. 그렇다면 흔히 세속화로 서술되는 신의 죽음은 초인과 어떤 관계에 있는가? 신의 죽음이 허무주의의 필

---

13) Friedrich Nietzsche, GM, I 11, KSA 5, 277쪽. 니체전집 14, 375쪽.
14) Friedrich Nietzsche, Za, Vorrede 5, KSA 4, 20쪽. 니체전집 13, 24쪽.

연적 결과라면, 왜 세속화는 우리에게 새로운 창조의 가능성을 부여하지 않는 것인가? 니체의 초인 사상은 실제로 이 물음에 대한 대답이다. 그의 사상이 여전히 매력과 독창성을 발휘한다면, 그것은 니체가 허무주의라는 시대적 진단을 "초인(超人) Übermensch"[15] 사상과 결합시켰기 때문이다.

　신의 죽음이 없다면 초인도 존재하지 않는다. 초인은 신의 죽음 이후의 시대에 요구되는 인간 유형의 문제이기 때문이다. 니체는 차라투스트라의 입을 빌려 이렇게 말한다. "한때는 사람들이 먼 바다를 내다볼 때면, 신을 말했다. 그런데 나는 너희가 초인을 말하도록 가르쳤다."[16] "먼 바다"가 풍요와 무한한 창조의 가능성을 상징한다면, 우리는 풍요의 한가운데에서 이 충만함을 통해서만 먼 바다를 멋지게 내다볼 수 있다. 그렇다면 신은 우리의 창조적 의지의 산물인가? 니체의 차라투스트라는 우리에게 거듭해서 묻는다. '너희는 과연 신을 창조할 수 있는가?' '너희는 신을 사유할 수 있는가?' 만약 우리에게 삶과 창조의 의미를 부여했던 '하나의' 초월적 절대자가 사라졌다면, 인간의 자기 인식과 계몽을 통해 그 절대자가 의미와 타당성을 상실했다면, 그래서 신을 사유한다는 것이 진리에의 의지로 환원되어 "모든 것을 인간이 사유할 수 있는 것, 인간이 볼 수 있는 것, 인간이 느낄 수 있는 것으로 변화시키는 것"[17]이라면, 우리는 이제 어떻

---

15) 니체전집 편집위원회는 초인을 독일어 낱말을 그대로 음역하여 '위버멘쉬Übermensch'로 옮기기로 했다. 이는 초인이라고 번역할 경우 '절대적이고 초월적인 존재' 또는 '현실 지배의 야수적인 힘을 지닌 절대 권력의 인간'으로 오해될 우려가 있기 때문이다. 영미권에서도 초인을 이런 맥락에서 'superman' 보다는 'overman'으로 옮긴다. 그렇지만 이러한 중성적 번역 용어는 한편으로 니체 언어의 중층적 이중성을 왜곡할 뿐만 아니라 독일어 낱말 '위버멘쉬'에서 '위버über'가 함축하고 있는 '넘어가다' 또는 '올라가다'의 의미를 반영하지도 못한다. 이에 반해 한자 '초(超)'는 뜻을 나타내는 '走(달아나다)' 부(部)와 음(音)을 나타내는 '召(높이 올라가다)'로 이루어져 있어 초인으로 번역하는 것이 오히려 니체의 철학적 의도를 잘 반영한다. '위버멘쉬'의 번역에 관해서는 김정현,《니체, 생명과 치유의 철학》(책세상, 2006), 39쪽, 각주 28을 참조할 것. 김정현은 위버멘쉬를 '극복인'으로 번역하여 이미 특정한 해석의 방향을 암시한다.
16) Friedrich Nietzsche, Za II, KSA 4, 109쪽. 니체전집 13, 136쪽.

게 새로운 가치를 창조한단 말인가?

모든 것을 인간이 인식하고 만들 수 있는 것으로 변화시킨다는 것은 오늘날 우리가 온몸으로 경험하고 있는 기술 권력의 명법이다. 현대인은 모든 것을 제작할 수 있지만 어쩌면 아무것도 창조할 수 없다는 역설적 인식이 바로 니체의 시대 진단이다. 하나의 절대적 신이 죽음으로써 복수의 신들을 다시 부활시켰는지는 모르지만, 창조 의지가 박탈된 신은 진정한 신이 아니다. 그렇기 때문에 니체는 "만약 복수의 신들이 존재한다면, 나는 내가 신이 아니라는 사실을 어떻게 견뎌낼 수 있는가?"[18]라고 반문한다. 창조하는 자에게서 신념을 빼앗는 것은 독수리에게서 높이 날 수 있는 비상의 자유를 빼앗는 것과 같기 때문이다. 니체는 세속화된 현대인들에게서 "더 이상 원하지도 않고 더 이상 평가하지도 않고 더 이상 창조하지도 않는 피로"를 발견한다. 신이 죽은 세속화 시대에 문제 되는 것은 바로 "창조하고자 하는 의지"[19]이다.

신의 죽음을 이해하지 않고는 초인의 근본 사상을 올바로 파악할 수 없다. 무신론과 세속화로 표현되는 허무주의의 현상과 그 논리를 파악해야만, 우리는 니체의 초인 사상이 무엇을 향하고 있는지를 이해하게 된다. 니체는 《즐거운 학문》에서 광인으로 하여금 신의 죽음을 외치게 한다. "우리가 신을 죽였다. 너희와 내가! 우리는 신의 살해자다! 그런데 우리는 어떻게 신을 살해했는가? 어떻게 우리는 저 대양을 다 마셔버릴 수 있었는가? 전체 지평을 지워버릴 수 있도록 누가 우리에게 스펀지 지우개를 주었는가? 우리가 이 지구를 태양으로부터 분리시켰을 때, 우리는 도대체

---

17) Friedrich Nietzsche, Za II, KSA 4, 110쪽. 니체전집 13, 137쪽.
18) Friedrich Nietzsche, 같은 책, 같은 곳.
19) Friedrich Nietzsche, 같은 책, 같은 곳. "행복한 섬에서"라는 제목을 달고 있는 이곳에서 니체는 신의 죽음과 "창조 의지", "생식 욕구", "생성 욕구"를 연결시킨다.

무슨 일을 한 것인가? 지구는 이제 어디를 향해 움직이는가? 우리는 어디를 향해 움직이는가? 모든 태양으로부터 떠나는가? 우리는 계속해서 추락하지 않는가?……우리는 무한한 무(無) 속에서 길을 잃고 방황하지 않는가?"[20]

니체에 의하면 신의 죽음은 근본적으로 인간에 의한 살해이다. 신이 인간에 의해 창조된 최고의 가치라면, 신의 죽음은 동시에 창조력의 소멸을 의미한다. 생식과 생성을 상징하는 바다와 태양이 말라버렸다는 비유는 창조적 힘의 고갈을 상징적으로 잘 말해준다. 바다가 말라버리면 지평도 사라진다. 우리의 삶과 행위에 의미를 부여했던 지평이 사라지는 것이다. 이처럼 우주로부터, 자연으로부터, 우리의 가슴과 삶으로부터 신이 사라지면, 모든 개인들과 목표들을 하나로 묶을 수 있는 보편적 가치는 설 자리를 잃게 된다. 니체가 예리하게 진단하고 예견하는 허무주의가 보편적 가치들의 토대를 침식하기 때문이다. 신에 대한 믿음을 잃어버리면, 인간에 대한 믿음 역시 쉬워지지 않는다. 니체 철학의 예리함이 드러나는 곳이 바로 이 지점이다. 그곳은 신을 죽임으로써 역설적으로 인간마저 죽이는 계몽의 변증법이 드러나는 지점이기도 하다. 자유, 정의, 행복, 유대성과 같은 가치들이 서로 투쟁하는 복수의 신들처럼 여전히 존재하지만, 니체는 신들 역시 부패하고 있다고 진단한다.

니체는 신이 사라진 시대에 창조의 힘을 복원하기 위하여 《차라투스트라는 이렇게 말했다》에서 초인 사상을 중심에 세운다. 여기서 우리는 니체의 초인 사상과 관련된 일련의 오해를 미리 제거할 필요가 있다. 첫째 오해는 초인 사상과 이 사상을 창조한 니체의 관계에 대한 것이다. 우리는

---

20) Friedrich Nietzsche, FW, III 125, KSA 3, 480~481쪽. 니체전집 12, 200~201쪽. 강조는 저자에 의한 것임.

가차 없이 자신의 의지를 표현할 수 있는 초인과 평생 동안 엄마와 누이 동생에게 의존할 수밖에 없었던 니체를 대비시킬 수도 있다. 다시 말해 초인 사상의 근원을 심리학적으로 니체의 생애에서 찾을 수도 있다. 그렇지만 의미 상실과 개인 소멸의 허무주의 시대에 니체가 꿈꾸는 초인이 "고독과 좌절에 고통 당하는 자신의 실존을 '지구의 의미'로 고양시키는 자기도취적 이상"[21]이라는 평가는 니체 사상의 깊이와 근본 의도를 철저하게 간과한 것이다.

우리가 니체의 초인 사상을 개인적 삶과 동기로 환원하더라도 초인의 문제가 근본적으로는 주권적 삶의 자기 창조라는 사실이 희석되는 것은 아니다. 니체는 "성 야누아리우스Sanctus Januarius"라는 유혹적인 부제를 달고 있는《즐거운 학문》의 제4권에서 일종의 개인적 삶의 지표와 도덕을 밝힌다.[22] "아니다, 삶은 나를 실망시키지 않았다! 해가 거듭될수록 나는 오히려 나의 삶이 더욱 진실해지고, 더욱 원할 만한 가치가 있고, 더욱 비밀스러워진다는 것을 알게 된다. 위대한 해방자가 나를 압도한 그날부터 그렇다. 그것은 삶이—의무가 아니고 운명도 아니고 사기도 아니라—인식하는 자의 실험이 되어도 좋다는 사상이다."[23] 우리의 삶은 인식자의 실험일 수 있다는 즐거운 학문의 근본 명제는 우리가 우리의 삶과 "미래를 창조하는 시인"[24]이어야 한다는 사상을 함축한다.

둘째는 초인의 내용과 관련된 오해이다.《이 사람을 보라》에서 니체는

---

21) Wiebrecht Ries, *Nietzsches Werke : Die grossen Texte im Überblick*(Darmstadt : Wissenschaftliche Buchgesellschaft, 2008), 101쪽. 니체의 사상을 전통 철학의 맥락에서 '철학적'으로, 즉 '학문적'으로 이해하고자 하는 사람들은 대체로 차라투스트라의 '역설적 수사학'에 어려움을 겪는다.
22) "성 야누아리우스"와 니체의 관계에 관해서는 Rüdiger Safranski, *Nietzsche*(München · Wien : Hanser, 2000), 253쪽 이하를 볼 것.
23) Friedrich Nietzsche, FW, IV 324, KSA 3, 552쪽. 니체전집 12, 293~294쪽. 강조는 저자에 의한 것임.
24) Friedrich Nietzsche, MA II, KSA 2, 426쪽. 니체전집 8, 80쪽.

초인 사상에 관한 이중적 오해에 대해 반박한다. 하나는 이상주의적 오해이고, 다른 하나는 일종의 생물학적 오해이다. 한편으로 사람들은 초인을 '반은 성자이고 반은 천재인 좀 더 높은 인간의 이상주의적 유형'으로 오해한다는 것이다. 이에 대한 니체의 대답은 간단하다. 현대의 선한 인간과 대립하는 니체의 초인은 근본적으로 '도덕의 파괴자'로서 선하기보다는 강한 존재라는 것이다. 초인은 매 순간 자신의 권력 의지를 일관성 있게 실현하는 인간이다. 다른 하나는 초인을 진화의 과정을 통해 발전한 존재로 파악하는 생물학적 오해이다. 이에 대해 니체는 "어떤 멍청이 학자는 나를 다윈주의자가 아닌가 하고 의심하지만",[25] 이는 초인이 궁극적으로 창조 의지와 자유정신에 기반을 두고 있다는 사실을 간과한다는 것이다. 초인은 자유로운 창조의 주체이고 동시에 산물이다. 우리는 끊임없는 수양과 자기 극복을 통해 초인의 삶의 형식을 발전시킬 수도 있으며, 새로운 가치를 통해 사회를 변화시킴으로써 초인을 실현할 수도 있다. 초인은 근본적으로 자유의 문제이다.

그러므로 초인은 다시 허무주의 시대에 인간의 문제로 귀결된다. 신의 죽음은 어떤 의미에서 새로운 창조의 복음이 될 수 있는가? 신이 죽은 시대에 우리는 어떻게 새로운 신을 창조할 수 있는가? 초인 사상을 가르치는 니체의 차라투스트라는 '신이 없는 사람'이다. 신을 믿지 않기에 지상의 모든 것을 인정하는 차라투스트라는 "생명의 대변자 고통의 대변자"[26]이다. 우리의 삶을 철저하게 긍정하려면, 우리가 살고 있는 이 현실, 이 지구, 이 순간도 그 자체로서 정당화되어야 한다. 니체는 여기서 초인 사상과 영원회귀 사상을 결합시킨다. 니체의 차라투스트라는 생의 대변자로서

---

25) Friedrich Nietzsche, EH, KSA 6, 300쪽. 니체전집 15, 378쪽.
26) Friedrich Nietzsche, Za III, KSA 4, 271쪽. 니체전집 13, 352쪽.

동시에 "영원회귀를 가르치는 스승"[27]인 것이다. 영원회귀 사상은 이제 우리의 삶에 의미와 방향을 제시하는 '가장 커다란 중점'이 된다.

네가 지금 살고 있고 살았던 이 삶을 너는 다시 한번 그리고 무한히 반복해서 살아야만 할 것이다. 그리고 거기에는 어떤 새로운 것도 없을 것이며, 모든 고통과 쾌락, 모든 사상과 한심, 너의 삶이 갖고 있는 말할 수 없이 작고 커다란 모든 것이 네게 다시 와야만 한다.[28]

니체의 영원회귀는 우리가 이 질곡의 삶에서 벗어날 수 없다는 저주가 아니다. 그것은 우리의 삶이 이루어지는 지금과 여기, 모든 순간에 영원의 의미를 부여하는 절대 긍정의 철학이다. 삶의 모든 순간은 이제 베냐민이 말하는 것처럼 언제든지 영원이 들어올 수 있는 문이 된 것이다.

신의 죽음으로 표현되는 세속화가 우리에게서 초월의 모든 가능성을 박탈했다면, 니체는 인간의 창조 의지를 부활시키기 위해 더욱더 철저하게 내면화를 추구한다. 삶의 내면성이 신의 초월성을 대체한다. 니체는 이 점을 강조하기 위해 "지구" 또는 "대지"라는 비유적 표현을 사용한다.

초인은 지구의 의미이다. 너희들의 의지로 하여금 말하도록 하라. 초인이 이 대지의 의미가 되어야 한다고! 나의 형제들이여 내가 간청하노니, 지구에 **충실하라**bleibt der Erde treu, 그리고 하늘나라에 대한 희망을 설교하는 자들을 믿지 말라![29]

---

27) Friedrich Nietzsche, Za III, KSA 4, 275쪽. 니체전집 13, 358쪽.
28) Friedrich Nietzsche, FW, IV 341, KSA 3, 570쪽. 니체전집 12, 315쪽.
29) Friedrich Nietzsche, Za, Vorrede 3, KSA 4, 14~15쪽. 니체전집 13, 17쪽. 강조는 저자에 의한 것임.

여기서 우리는 지구와 대지의 의미를 성급하게 생태학적으로 예단해서는 안 된다. 지구는 우리의 유한한 삶이 이루어지는 곳으로서 인간 조건을 상징적으로 대변할 뿐이다. 우리에게 잔인하고, 공격적이고, 부도덕하게 보이는 모든 힘과 현상들을 포함한 삶의 터전과 조건, 그것이 바로 지구이다. 니체는 이 삶의 힘을 신과 같은 초월적 개념에 기대지 않고 그 내면으로부터 이해하고자 한다. 만약 이 삶의 가장 내면적인 힘이 "권력에의 의지"라고 한다면, 권력 의지는 초인을 산출할 수밖에 없다는 것이다. 따라서 초인은 권력 의지의 산물이고 동시에 주체이다.

니체는 신의 죽음으로 표현된 허무주의를 극단적으로 실행하여 존재와 가상, 정신과 몸, 이성과 욕망, 신과 지구의 가치를 철저하게 전도시킨다. 의지, 원인, 주체, 신과 같은 허구적 가상을 만들어내는 정신과 의식은 이제 '작은 이성'이라고 폭로되며, 몸은 "커다란 이성"으로 탈바꿈한다. "몸은 하나의 커다란 이성이며, 하나의 의미를 가진 다양성이고, 전쟁과 평화이며, 가축 무리이자 목자이다."[30] 개별적인 생명체에게 몸인 것이 인류에게는 지구이다. "한때는 영혼이 신체를 경멸하여 깔보았고, 이러한 경멸이 가장 가치 있는 것으로 받아들여졌다. 영혼은 몸이 메말라 있기를, 추하며 허기져 있기를 바랐다. 이렇게 함으로써 그는 몸과 이 지구로부터 벗어날 수 있다고 생각했던 것이다."[31] 그렇지만 우리의 몸과 이 지구는 우리가 알 수 없을 정도로 복잡하고 신비한 것이다. 몸은 우리의 이성이 하나의 관점으로 인식하기에는 너무 다양하며, 우리의 욕망과 욕구가 혼돈을 암시하는 것과는 다르게 통일적이다. 니체가 몸을 실마리로 생명의

30) Friedrich Nietzsche, Za I, KSA 4, 39쪽. 니체전집 13, 51쪽. 니체의 몸의 이성에 관해서는 이진우, 《이성은 죽었는가―포스트모더니즘의 철학》(문예출판사, 1998), 145~180쪽, "제4장 니체 : '의식'의 이성과 '몸'의 이성"과 김정현, 《니체의 몸 철학》(지성의 샘, 1995)을 참조할 것.
31) Friedrich Nietzsche, Za, Vorrede 3, KSA 4, 15쪽. 니체전집 13, 17쪽.

창조적 의지를 되찾으려는 이유가 여기에 있다.

예전에는 초월성으로 가치를 창조했다면, 철저하게 세속화된 현대 사회에서 우리는 내면성에 의지해야 한다. 이런 점에서 니체는 관점과 시선을 하늘로부터 지상의 인간으로 돌렸던 계몽주의를 극단적으로 실행한다. 니체는 "초월의 힘을 내면성을 위해 보존하고자" 한다.[32] 세속화로 인해 이 세계가 탈마법화되었다면, 니체는 초인과 영원회귀 사상을 통해 지금 그리고 여기의 이승을 신성화하고자 한다. 물론 니체에 의한 이승의 신성화는 이 세상에 신비롭고 신성한 힘과 의미를 부여함으로써가 아니라 오히려 우리의 몸과 이 지구의 무시무시한 내면을 있는 그대로 폭로함으로써 이루어진다. 우리 자신의 내면을 철저하게 들여다보면, 즉 내면의 힘이 권력에의 의지라는 사실을 인식하게 되면, 우리는 비로소 새로운 별을 잉태할 수 있는 초인으로 탄생할 수 있다는 것이다. 그렇기 때문에 니체는 기존의 인간관을 해체함으로써 인간에 대한 새로운 관점을 얻고자 한다.

3. 인간의 자기 실험과 인간 본성의 자연화

니체는 신의 죽음에까지 이르게 한 것이 바로 서양 형이상학의 기본 논리인 진리에의 의지라고 폭로한다. 진리에의 의지는 실제로는 모든 차이와 다양성을 평준화하는 동일성과 평등성에 대한 의지이다. 니체에 의하면 전통 형이상학은 독립적이고 변화하지 않는 실체를 허구적으로 만들어내고는 그것을 세계 속으로 투입했다. 형이상학적 욕구에 의해 만들어진

---

32) R. Safranski, "Über Nietzsche. Einleitung", Friedrich Nietzsche, *Nietzsche*, ausgew. und vorgestellt von R. Safranski(München : Diederichs, 1997), 15~51 쪽 중 28쪽.

진리의 세계는 가치 있는 세계로 인식되고, 반면에 현실 세계는 항상 가상의 세계로 평가 절하되었었다. 그러나 니체가 폭로한 것처럼 진리의 세계가 존재하지 않는다면, 형이상학적 세계의 가치들은 타당성을 잃게 된다.

이러한 허무주의는 인간의 창조적 본성과 관련해 더욱 위험한 결과를 초래한다. 이제까지의 형이상학이 목적과 의도 없는 세계를 생각할 수 없었던 것처럼, 권력에의 의지라고 폭로된 진리에의 의지는 결국 무엇인가를 지향하는 의지로 밝혀지기 때문이다. 인간은 오로지 의지를 통해서만 하나의 목표를 가진다. 의지는 항상 무엇인가를 지향하는 목적 의지이다. "'원한다'는 존재하지 않으며, 단지 '무엇을 원한다'만이 존재한다."[33] 여기서 '무엇을'의 자리에 '무(無)'를 세우면 의지의 도착 현상이 일어난다. 니체가 허무주의라는 개념을 통해 밝히고자 한 것이 바로 이러한 도착이다.

허무주의적 가치 전도는 결국 삶의 창조성과 역동성을 파괴한다. 의지의 도착은 근본적으로 '공허의 공포horror vacui'에 의해 촉발된다. 항상 하나의 목표를 필요로 하지만 무엇을 추구해야 할지를 모르는 공허의 공포로 말미암아 그릇된 대상을 선택하는 것이 바로 의지의 도착이다. 인간은 자신의 약함과 무능력을 숨기고 의지가 없는 것처럼 보이지 않기 위하여 마지막 힘을 가동한다. "이 의지는 아무것도 의욕하지 않기보다는 오히려 허무를 의욕한다."[34] 이러한 허무에의 의지에서 인간은 자신의 실존에 본질적인 모든 것을 부정한다. 인간은 결국 자신의 실존에 의미와 목표를 부여하는 것을 제거함으로써 실존 자체를 부정하는 것이다. 허무주의는 결국 "삶에 대립하는 삶"[35]만을 가능하게 할 뿐이다.

---

33) Friedrich Nietzsche, KSA 13, 11(114), 54쪽. 니체전집 20, 350쪽.
34) Friedrich Nietzsche, GM, III 1, KSA 5, 339쪽. 니체전집 14, 451쪽 : "Und eher will er noch das *Nichts* wollen, als *nicht* wollen." 강조는 니체 자신에 의한 것임.

그러나 니체의 허무주의는 이중적이다. 그것은 완전한 퇴락과 몰락의 위험이지만 동시에 새로운 가치 창조의 기회이기도 하다. 니체에게서 파괴와 해체는 항상 폭로와 해방의 이중적 성격을 갖는다. 드러낸다는 것은 동시에 열어놓는다는 것을 의미하지 않는가. 니체의 허무주의는 인간으로 하여금 바깥에 세워놓은 형이상학적 허구의 세계 대신에 자신의 내면의 세계를 들여다보게 한다. 처음에는 권력에의 의지로 드러나는 내면의 세계에 대해 두려워할 수도 있지만, 우리 자신과 이 세계를 있는 그대로 긍정하면 우리는 공허의 공포에서 벗어나 새로운 생산적 가치를 창조할 수도 있는 것이다.

니체는 신이 없는 인간이 처한 현실을 이렇게 서술한다. "세계가 모든 점에서 신의 뜻대로 돌아가지 않으며, 인간의 척도에 따라서도 이성적으로, 자비롭게 또는 정의롭게 이루어지지 않는다는 통찰로 우리는 완숙해지고, 냉철해지고 또 강건해졌다. 우리는 우리가 살고 있는 세계가 신적이지 않으며, 비도덕적이고, '비인간적'이라는 사실을 알고 있다—우리는 세계를 너무 오랫동안 잘못 그리고 기만적으로 해석했다, 그렇지만 우리의 숭배의 소망과 의지, 즉 욕구에 따라 그렇게 했다. 왜냐하면 인간은 '숭배하는 동물'이기 때문이다! 그러나 인간은 또한 의심 많은 동물이기도 하다. 세계에는 우리가 믿었던 그런 가치가 없다는 사실은 대략 우리의 의심이 마침내 획득한 가장 확고한 것이다."[36]

허무주의 시대의 인간은 스스로가 세계를 부정하고 있다는 사실을 잘 알고 있다. 신의 죽음 이후의 세계가 더 인간적으로 되지 않았다는 사실도 잘 알고 있다. 우리는 끔찍한 허무주의적 대립에 직면하고 있다. 우리가

35) Friedrich Nietzsche, GM, III 13, KSA 5, 365쪽. 니체전집 14, 483쪽.
36) Friedrich Nietzsche, FW, V 346, KSA 3, 580쪽. 니체전집 12, 327쪽.

이제까지 가치 있다고 숭배했던 세계와 '우리 자신인 다른 세계'가 대립하고 있는 것이다. 니체에 의하면 미래의 인간은 이것이냐 아니면 저것이냐의 끔찍한 선택의 기로에 서 있을 수도 있다. "너희의 숭배를 폐지하거나 아니면 너희 자신을 폐지하라! 후자는 허무주의일 것이다. 그런데 전자 역시 허무주의가 아닌가? 이것이 우리의 물음표이다."[37] 물론 니체는 허무주의의 논리를 극단까지 몰고 가서 인간이 만들어놓은 숭배를 해체시킨다. 그렇게 함으로써 니체는 인간이 "자기 자신의 세계"를 직시하기를 바란다. 이제까지의 인간에 관한 모든 인식이 허구로 밝혀졌다면, "우리는 우리 자신을 실험해도 되기 때문이다".[38]

허무주의에 대한 니체의 계보학적 해체는 숨겨진 인간의 모습을 성찰할 수 있는 기회를 제공한다. 이제까지 우리가 믿어온 세계가 진리가 아니라면, 우리는 이제 우리의 존재 자체를 직시해야 한다. 현재의 인간을 극복하고 보다 높은 유형의 인간으로 발전해야 하는 사람에게 "이 과제를 지닌 자기 자신을 파악하는 것보다 더 큰 위험은 없을 것"이라고 니체는 말한다. 인간 저편의 세계를 허구적으로 꿈꾸기보다는 바로 우리가 알지 못하는 인간 자신을 직시해야 하기 때문이다. 그러므로 니체의 물음은 간단하다. "우리는 어떻게 존재하는 대로의 우리가 되는가Wie man wird, was man ist?" 니체의 삶의 철학을 함축적으로 표현하고 있는 이 문장은 그 명료성에도 불구하고 그렇게 간단하지 않다. 언뜻 이 문장은 '존재(ist → Sein)'와 '생성(wird → Werden)'을 대립시키고 있는 것처럼 보인다. 형이상학적 관점에서는 이 문장이 우리에게 선천적으로 주어진 '존재'를 어떻게 '이룰' 수 있는가 하는 문제로 읽히기 때문이다. 그러나 니체에게 존

37) Friedrich Nietzsche, 같은 책, 581쪽.
38) Friedrich Nietzsche, M, V 501, KSA 3, 294쪽. 니체전집 10, 376쪽.

재는 근본적으로 다양한 힘들이 투쟁 관계에 있는 생성이다. 니체는 《즐거운 학문》에서 이 점을 분명히 밝힌다. "우리는 어떻게 우리 자신인 존재가 되고자 하는가—새로운 자, 유일한 자, 비교할 수 없는 자, 스스로 법칙을 세우는 자, 스스로를 창조하는 자가 되고자 하는가!"[39] 이런 관점에서 니체의 실존적 물음은 '우리는 어떻게 창조적 생성으로 존재할 수 있는가?'로 요약된다. 그렇지만 "존재하는 대로의 사람이 된다는 것은 자기가 본래 무엇인지에 대해 가장 희미하게라도 예감하지 못한다는 것을 전제하기"[40] 때문에 우리에게 어렵고 위험한 과제이다.

니체의 허무주의가 무엇보다 인간이 어떤 존재가 아닌지를 명확하게 폭로했다면, 우리는 이제 인간이 어떤 존재인지를 인식해야 한다. 형이상학적 허구로 도피하지 않고 우리 인간을 있는 그대로 인식하고 인정해야 한다는 것이다. 그래서 니체의 차라투스트라는 배후의 세계로 도피하지 말고 우리의 몸과 지구를 철저하게 인정하라고 요구한다. "나의 자아는 내게 새로운 의지를 가르쳤다. 나는 지금 그것을 사람들에게 가르치고 있으니, 더 이상 머리를 천상적인 사물의 모래에 파묻지 말고 자유롭게 당당히 들라는 것이 그것이다. 이 지구에 의미를 부여하는 지상의 머리를 말이다."[41]

그러면 우리는 어떻게 우리 자신을, 우리의 몸과 이 지구를 있는 그대로 인식하고 인정할 수 있는가? 니체는 이러한 작업을 인간의 자연화로 규정한다.

자연적 인간homo natura이라는 무서운 근본 텍스트는 다시 인식되어야만

39) Friedrich Nietzsche, FW, IV 335, KSA 3, 563쪽. 니체전집 12, 307쪽.
40) Friedrich Nietzsche, EH, Warum ich so klug bin 9, KSA 6, 293쪽. 니체전집 15, 369쪽.
41) Friedrich Nietzsche, Za I, KSA 4, 36~37쪽. 니체전집 13, 48쪽.

한다. 즉 인간을 자연 속으로 되돌려 번역하는 것. 지금까지 자연적 인간이라는 저 영원한 근본 텍스트 위에 서툴게 써넣고 그려놓은 공허하고 몽상적인 많은 해석과 부차적인 의미를 극복하는 것. 오늘날 인간이 이미 학문의 훈련으로 엄격하게 단련되어 두려움을 모르는 오이디푸스의 눈과 막힌 오디세우스의 귀를 가지고 오랫동안 '너는 그 이상의 것이다! 너는 더 높은 존재다! 너는 다른 혈통을 지녔다!'고 인간에게 피리로 속삭였던 낡은 형이상학적 새잡이의 유혹의 방식에 귀를 막고 다른 자연 앞에 서 있는 것처럼, 후에는 인간으로 하여금 인간 앞에 서 있게 만드는 것─이것은 생소하고 미친 과제일 수 있지만, 그러나 이는 하나의 과제인 것이다.[42]

허무주의 시대에 문제가 되고 있는 것은 인간의 본성이다. 그렇다면 니체는 자신의 의도와는 다르게 인간을 규정하고자 했던 형이상학적 유혹에 빠진 것인가? 니체가 다원주의를 반박하는 것이 사실이라면, 인간을 자연 속으로 되돌려 번역한다는 것은 무엇을 의미하는가? 이 물음에 답하려면 우선 이 문장의 내용을 구조적으로 파악할 필요가 있다. (1) 자연적 인간은 근본 텍스트이다. (2) 이 근본 텍스트는 형이상학적 첨가물이 떨어져 나갔다는 점에서 자연적이다. (3) 자연적 텍스트는 우리가 읽고 해석해야 하는 영원한 텍스트이다. (4) 텍스트를 읽는다는 것은 인간을 인간 앞에 세우는 것이다. (5) 인간을 자신과 대면시킨다는 것은 다른 본성을 안다는 것이다. (6) 텍스트의 해석은 인간이기 위해 필요한 과제이다.

그러므로 인간에 대한 전통적 정의인 '호모 사피엔스 homo sapiens'는 하나의 실체도 아니고 명확하게 규정된 종(種)도 아니다. 만약 인간이 영

---

42) Friedrich Nietzsche, JGB, VII 230, KSA 5, 169쪽. 니체전집 14, 220쪽. 강조는 니체 자신에 의한 것임.

원히 다르게 해석되어야 하는 텍스트라면, '너 자신을 알라Nosce te ipsum' 는 근본적으로 '너 자신을 읽어라Read thy self'를 뜻한다. 인간은 어쩌면 인간으로 존재하기 위해서는 스스로를 비인간으로 인식해야 한다. 인간은 스스로를 인식할 수 있다는 사실 이외에는 어떤 고유한 특성도 지니고 있지 않기 때문에 "인간은 인간으로 존재하기 위해 스스로를 인간적으로 인식해야만 하는 동물"[43]에 지나지 않는다. 인간의 자기 인식은 자신의 다른 본성을 알게 된다는 점에서 항상 인간의 자기 실험이다.

니체는 인간을 자연 속으로 옮겨놓고 읽음으로써 인간이 스스로 창조하는 자라는 점을 밝히고자 한다. '인간의 자연화'는 결코 선험적으로 주어진 자연으로 돌아가라는 낭만주의적 발상이 아니다.[44] 인간의 자연화는 인간을 자연으로서 실험하는 것이다. 인간의 자기 실험은 이제까지 전통 형이상학에 의해 억압되고 왜곡되었던 인간의 동물적 특성에 주목한다. 충동, 의지, 감정, 몸은 인간의 다른 본성으로 새롭게 읽힌다. 우리의 내면적 삶은 의식되지 않은, 따라서 무의식적인 충동들의 투쟁이다. 니체는 우리의 언어와 그 밑바탕에 있는 편견들이 내적인 과정과 충동들을 탐구할 때 장애가 된다고 생각한다. 우리는 우리에게 표현할 언어가 결여되면 어떤 현상을 더 이상 정확히 관찰하지 않는 경향이 있다는 것이다. 충동은 바로 우리의 언어가 감내하기 힘든 극단적 상태들이다. "분노, 증오, 사랑, 동정, 욕망, 인식, 기쁨, 고통—이들은 모두 극단적 상태를 가리키는 명칭들이다."[45]

니체는 우리가 의식할 수 있는 상태들을 모두 극단적 상태로 파악한다.

---

43) Giorgio Agamben, *Das Offene : Der Mensch und das Tier*(Frankfurt am Main : Suhrkamp, 2003), 36쪽 이하를 볼 것.
44) Friedrich Nietzsche, KSA 12, 10(53), 482쪽. 니체전집 20, 174~175쪽.
45) Friedrich Nietzsche, M, II 115, KSA 3, 107쪽. 니체전집 10, 131쪽.

그것은 어떤 의미에서는 우리가 우리의 자아에 귀속시킬 수 있는 마지막 경계의 상태이기 때문이다. 사람들은 내가 분노하고, 내가 증오하고, 내가 욕망한다고 말한다. 그렇지만 "행위는 우리에게 나타난 그대로의 것이 결코 아니기"[46] 때문에 "우리 모두는 우리가 의식할 수 있고 말로 표현할 수 있는 상태들만으로 나타나는 모습이 아니다".[47] 여기서 이러한 충동들에 대한 도덕적 판단이 이러한 행위를 이해하는 데 전혀 도움이 되지 않는 다는 사실이 분명해진다. 도덕적 판단들은 여전히 허구적 자아의 개념에 매달리고 있기 때문에 본질적으로 의식되기 이전의 영역에 도달할 수 없다.

니체는 "자제와 절제, 그리고 그것들의 궁극적 동기"라는 제목을 달고 있는 《아침놀》의 잠언에서 충동들의 내면적 삶을 서술한다. 니체는 격렬한 충동들을 투쟁과 극복의 대상으로 전제하는 전통적 방법들을 소개한 다음, 우리가 어떤 방법으로 충동과 싸우든 간에 이 싸움을 결정짓는 것은 자아도 아니고 지성도 아니라고 단언한다.

'우리가' 어떤 충동의 격렬함에 대해 한탄하고 있다고 생각하지만, 다른 충동에 대해 한탄하고 있는 것은 근본적으로 어떤 충동이다. 즉 우리가 어떤 충동의 격렬함 때문에 고통 받고 있다는 사실을 인지하는 것은 이 충동과 똑같이 격렬하거나 훨씬 더 격렬한 다른 충동이 존재한다는 사실을 전제하고, 우리의 지성이 어느 쪽이든 편을 들어야만 하는 투쟁이 임박해 있다는 사실을 전제한다.[48]

충동과 마찬가지로 '의지 행위' 역시 하나의 원인과 주체로 환원될 수

---

46) Friedrich Nietzsche, M, II 116, KSA 3, 109쪽. 니체전집 10, 133쪽.
47) Friedrich Nietzsche, M, II 115, KSA 3, 107쪽. 니체전집 10, 131쪽.
48) Friedrich Nietzsche, M, II 109, KSA 3, 98~99쪽. 니체전집 10, 121쪽.

없는 복잡한 정념의 현상이다. 의지의 성격에 관해서는 권력에의 의지를 다루는 다음 장에서 상세하게 서술되기 때문에 여기서는 니체의 비판적 관점만을 부각하고자 한다. 《즐거운 학문》의 한 잠언에서 니체는 행위와 작용의 원인으로서의 의지에 대한 믿음은 "매우 오래된 신화"[49]에 불과하다고 폭로하면서, 존재하는 모든 것은 의지뿐이라는 쇼펜하우어의 가설은 이 신화를 왕좌에 올려놓았다고 말한다. 그에 의하면 생각 없는 모든 사람은 의지만이 유일하게 작용한다고 생각하지만, 이렇게 원인과 효과를 전제하게 만드는 것은 '의지의 감정'일 뿐이다. 예컨대 무엇인가를 때리는 행위를 수행할 때 우리는 때리기를 원했기 때문에 때렸다고 생각하지만, 실제로는 이 행위를 수반한 쾌락과 불쾌의 감정이 의지를 전제하게 만들었다는 것이다.

니체는 의지가 발생하려면 쾌락과 불쾌에 대한 개념이 필요하다고 전제하면서, 어떤 격렬한 자극이 쾌락 또는 불쾌로 느껴지는 것은 이미 무의식적으로 작용하는 권력 의지의 해석 때문이라고 말한다. 우리가 하나의 원인과 실체로서 확인할 수 있는 "사실은 존재하지 않으며 오직 해석만이 존재한다".[50] 그렇다면 누가 세계를 해석하는가? 하나의 의지가 존재하지 않는다면, "세계를 해석하는 것은 바로 우리의 욕구들이다. 즉 우리의 충동과 그것의 찬성과 반대이다. 모든 충동은 일종의 지배욕이며, 모든 충동은 자신의 관점을 가진다. 모든 충동은 이 관점을 그 밖의 다른 충동들에게 규범으로 강요하려 한다".[51] 이 충동의 근본 원리가 훗날 권력에의 의지로 표현되는 것은 놀랄 일이 아니다.

니체는 기존의 인간학적 명제들을 해체함으로써 한편으로는 몸과 지구

---

49) Friedrich Nietzsche, FW, III 127, KSA 3, 483쪽.
50) Friedrich Nietzsche, KSA 12, 7(60), 315쪽. 니체전집 19, 383쪽.
51) Friedrich Nietzsche, 같은 책, 같은 곳.

로 표현되는 삶의 깊은 심층을 커다란 이성으로서 전면에 내세우고, 다른 한편으로는 주체, 자아, 의지, 영혼과 같은 통일성을 생성과 투쟁의 과정에 있는 심층적 사건의 다원성으로 대체한다. 니체가 두려움을 모르는 오이디푸스의 눈으로 간파하고자 했던 인간의 본성은 바로 이 다원적 투쟁의 현상이다. 이 현상은 어느 하나의 확고부동한 토대로 환원될 수 없기 때문에 니체는 이를 종종 "사건Geschehen"이라고 명명한다. 우리의 내면에 있는 다양한 힘과 충동들의 대립은 모든 사건의 전제 조건이다. 모든 사건과 체험을 자신의 관점에서 평가하는 충동은 근본적으로 권력에의 의지이다. 따라서 인간은 "'권력에의 의지들'의 다양성"[52]이다.

권력 의지는 그 용어가 암시하는 것처럼 외부 세계의 현상만이 아니라 내면 세계의 현상도 서술한다. "나는 내부 세계에서도 현상성을 견지한다. 즉 우리에게 의식되는 모든 것은 철두철미하게 먼저 조정되고 단순화되고 도식화되며 해석된다. 내적 지각의 실제 진행 과정, 사상과 감정과 욕구들 사이의 인과 결합은 주체와 객체 사이의 인과 결합과 마찬가지로 우리에게는 완전히 은폐되어 있으며, 아마도 순전한 상상일 것이다."[53] 우리가 외부 세계와 마찬가지로 내부 세계도 동일한 공식과 방법으로 파악하고 규명할 수 있다면, 우리는 새로운 인간 해석과 실험을 위해 우리의 내면으로부터 무엇을 얻었는가? 인간이 더 이상 분할되지 않는 독립 불변의 '개인individuum'이 아니라 근본적으로 '분열적인 자기dividuum'라는 사실이 우리를 떨게 만든 것인가?[54] 니체가 내면의 논리로 발견한 권력에의 의지는 어떻게 보다 높은 유형의 새로운 인간을 창조할 수 있는 것인가?

---

52) Friedrich Nietzsche, KSA 12, 1(58), 25쪽. 니체전집 19, 28쪽.
53) Friedrich Nietzsche, KSA 13, 11(113), 53쪽. 니체전집 20, 350쪽.
54) 이에 관해서는 Friedrich Nietzsche, MA I, 57, KSA 2, 76쪽. 니체전집 7, 57쪽.

4. 자기 극복과 보다 높은 유형의 인간

니체가 완전히 은폐되어 있다고 본 자연의 내면적 삶은 적자생존의 살인적 투쟁이기보다는 다양한 힘들의 유희이다. 이런 관점에서 보면 인간을 자연 속으로 옮겨 번역한다는 것은 개체로서의 모든 인간은 내면의 다양한 힘들의 표현이라는 사실을 인정하는 것이다. 스스로를 다양한 힘들의 표현으로 파악하면, 우리는 비로소 인간이 끊임없이 극복되어야 하는 존재라는 사실을 통찰하게 된다. 다양성은 자기 극복의 전제 조건이며, 자기 극복은 거꾸로 다양성의 표현이다. 니체의 초인 사상은 바로 이 두 축을 기반으로 하여 세워진 사상이다.

물론 니체의 초인 사상과 권력 의지 이론은 언뜻 두 가지 방식으로 읽힐 수 있는 것처럼 보인다. 하나는 허무주의 시대, 즉 절대적 가치를 상징하는 신이 죽은 시대의 인간의 자기 발견과 자기 창조라는 실존적 독해 방식이고, 다른 하나는 세계사적인 맥락에서 지구 지배를 추구하는 인류의 "큰 정치"라는 독해 방식이다. "작은 정치의 시대는 지나갔다. 틀림없이 다음 세기는 지구 지배를 위한 싸움을 하게 될 것이고—어쩔 수 없이 큰 정치를 하게 될 것이다."[55]

정당, 이해 단체, 국가 상호간의 투쟁과 타협으로 표현되는 옛 사회의 권력 구조들이 무의미해지면, 인권과 인간 존엄 같은 가치로 권력을 통제하고자 하는 작은 정치는 사라질 것이라는 것이다. 니체는 "지상에서 한 번도 벌어지지 않았던 전대미문의 전쟁"을 말하면서 "나와 함께 지상에 비로소 큰 정치가 펼쳐지게 된다"[56]고 예견한다. 니체가 말하는 큰 정치

---

55) Friedrich Nietzsche, JGB, VI 208, KSA 5, 140쪽. 니체전집 14, 183쪽.
56) Friedrich Nietzsche, EH, KSA 6, 366쪽. 니체전집 15, 457쪽.

는 결코, 제국주의와 전체주의처럼 국가에 국한되었던 투쟁의 장이 지구 전체로 확장되는 것을 의미하지 않는다. 그것은 "지구"로 표현된 삶의 내면적 논리를 파악함으로써 새롭게 부상한 새로운 인간 유형의 창조와 관련된 것이다.

니체는 큰 정치를 "가치의 전도"와 연결 지으면서 이렇게 말한다. "모든 가치의 전도. 이것이 인류 최고의 자기 성찰에 대한 나의 정식이다."[57] 가치 전도는 이제까지 인간의 창조성을 억압했던 도덕적 편견들에 대한 극단적 비판이며, 이는 궁극적으로 "진실성에서 나오는 도덕의 자기 극복"[58]이다. 니체가 "큰 정치"로 서술하고 있는 것도 사실은 인류의 도덕적 자기 극복이라고 한다면, 초인 사상과 권력에의 의지는 궁극적으로 자기 극복의 문제로 압축된다. 니체는 개체로서의 인간의 자기 극복과 동시에 인류의 자기 극복을 말하고 있는 것이다.

인류의 자기 극복은 보다 높은 유형의 인간 창조를 통해서 실현된다. 현대 사회가 여전히 진보와 발전을 말하지만, 물질적 진보가 반드시 가치의 진보와 일치하지는 않는다는 것이다. 니체는 현대의 유럽인이 어떤 면에서는 르네상스 유럽인보다 훨씬 밑에 있다고 평가한다. 그렇지만 인류의 역사는 지상의 서로 다른 여러 곳에서 그리고 서로 다른 여러 문화에서 보다 높은 유형의 인간을 발전시켰다는 것이다. 니체는 여기서 "보다 높은 유형이 인류 전체와의 관계에서는 일종의 초인"[59]이라고 분명히 말한다. '인류의 초인' 이란 도대체 무엇을 말하는가? 니체는 현재 문제가 되는 것은 인간의 차별적 특성을 구별하는 것이 아니라 새로운 유형의 인간 창조라고 말한다. "내가 제기하는 문제는 어떤 유형의 인간을 조금 더 가

57) Friedrich Nietzsche, EH, KSA 6, 365쪽. 니체전집 15, 457쪽.
58) Friedrich Nietzsche, EH, KSA 6, 367쪽. 니체전집 15, 459쪽.
59) Friedrich Nietzsche, AC, 4, KSA 6, 171쪽. 니체전집 15, 217쪽.

치 있고, 조금 더 살 만한 가치를 지니며, 미래를 조금 더 확신하는 자로서 사육해야 하는지, 원해야 하는지이다."[60] 니체는 이렇게 인류의 자기 극복을 사육이라는 공격적인 언어로 표현함으로써 스스로 오해의 여지를 제공한다. 이 점은 다음의 인용문에서 더욱 극명하게 드러난다.

> 한 세기 앞을 미리 내다보고서, 이천 년간의 반자연과 인간 모독에 대한 내 암살 행위가 성공했다고 전제하자. 인류를 더 높이 사육시킨다는 모든 과제 중에서 가장 위대한 과제를 떠맡은 삶의 저 새로운 당파는 퇴화하여 기생하는 모든 자들을 모두 무참히 파괴해버리고, 지상에서의 삶의 충만을 다시 가능하게 할 것이다.[61]

니체는 형이상학에 의해 왜곡된 인간관에 대한 자신의 비판을 암살 행위로 서술하고, "인류를 더 높이 사육하는 과제"는 생산성을 상실한 모든 존재들의 파괴를 전제한다고 말한다. 이러한 적나라한 수사학은 초인 및 새로운 인간 유형과 자기 극복의 내면적 상관관계를 간과하게 만든다. 니체가 다른 곳에서 분명하게 밝히고 있는 것처럼 초인의 과제는 자기 극복이다. "나의 인간애는 인간이 어떻게 존재하는지 함께 공감하는 데 있지 않고, 인간을 공감한다는 사실을 참아내는 데 있다. 나의 인간애는 끊임없는 자기 극복이다."[62]

인간의 자기 극복이 니체의 문제라면, 우리는 이렇게 물어야 한다. 자기 극복을 통해 실현하고자 하는 인간애는 도대체 무엇인가? 이러한 인간애가 실현된 사회는 어떤 모습으로 나타날 수 있는가? 니체가 발전시키고

---

60) Friedrich Nietzsche, AC, 3, KSA 6, 170쪽. 니체전집 15, 217쪽.
61) Friedrich Nietzsche, EH, KAS 6, 313쪽. 니체전집 15, 394쪽.
62) Friedrich Nietzsche, EH, KSA 6, 276쪽. 니체전집 15, 346쪽. 강조는 저자에 의한 것임.

자 하는 '보다 높은 유형'이 다른 존재들보다 보다 높은 것은 무엇 때문인가? 이 물음들이 니체를 통해 니체를 극복하고자 하는 우리의 문제이다. 한 가지 분명한 것은 니체가 높은 유형의 특성을 절대적 존재와 척도로써 정당화하지 않는다는 점이다. 니체의 관점에서 보다 높은 유형의 인간은 형이상학적 허구와 개념들에 의지하지 않고 자유롭게 가치를 설정할 수 있는 창조력 때문에 높다는 평가를 받는다.

그렇다면 보다 높은 유형의 자기 극복은 어떻게 이루어지는가? 앞서 인용한 인간 사육의 명제는 이 물음에 대한 답을 암시한다. 새로운 유형의 인간 창조를 통해 지상에서의 삶이 충만해지면, '디오니소스적 상태'가 다시 성장할 것이라는 것이다. 니체는 세계에 대한 디오니소스적 긍정을 자기 극복의 유일한 전제 조건으로 설정한다. 디오니소스적 긍정은 결국 인간의 내면에 있는 창조와 자유의 본능을 분명하게 드러낸다는 것이다. 디오니소스적 긍정으로서의 자기 극복은 대체로 다음의 네 가지 특성이 있다.

첫째, 디오니소스적 긍정은 이제까지 부정된 실존의 모든 측면을 필요한 것으로 이해할 뿐만 아니라 소망할 정도로 가치 있는 것으로 파악한다. 그것은 앞서 분석한 것처럼 본능, 욕구, 정념, 충동, 감정, 몸일 수 있다. 니체는 "긍정으로 향하는 나의 새로운 길"이라는 제목의 1887년 가을의 유고에서, 바로 이들이 삶의 의지가 더욱 분명하게 표현되는 "더욱 강력하고, 더욱 생식력이 있고, 더 진정한 실존의 측면들"[63]이라고 말한다.

둘째, 자기 극복은 지배와 복종의 관계에 대한 긍정을 전제한다. 니체는 《차라투스트라는 이렇게 말했다》에서 '자기 극복에 대하여' 말하면서 권력에의 의지를 언급한다. "생명체를 발견하는 곳에서 나는 권력에의 의

---

63) Friedrich Nietzsche, KSA 12, 10(3), 455쪽. 니체전집 20, 143쪽.

지도 함께 발견했다. 심지어 누군가를 모시는 종의 의지에서조차 나는 주인이 되고자 하는 의지를 발견할 수 있었다."[64] 모든 생명체가 끊임없이 스스로를 극복해야 하는 존재인 것은 지배와 복종의 복합체이기 때문이다. 명령과 복종, 지배와 순종은 삶의 이중적 측면이다. 니체는 명령과 복종의 관계를 세 측면에서 서술한다. (1) 모든 생명체는 복종하는 자이며, (2) 스스로에게 복종할 수 없는 자에게 명령이 주어지며, (3) 복종보다 명령이 어렵다. 명령을 할 때 모든 생명체는 자신을 걸기 때문에 모든 명령에는 "일종의 시도와 모험이 나타난다".[65] 여기서 문제 되는 것은 우리가 우리 자신의 실존 전체를 걸 수 있는 가치와 명령이 무엇인가 하는 것이다. 그렇기 때문에 명령과 복종의 관계에서 우리의 주목을 끄는 것은 두 번째 명제이다. '자신에게 스스로 복종할 수 없는 자에게 명령이 주어진다.' 자신에게 스스로 복종할 수 있다는 것은 이미 스스로 법칙을 만들고 가치를 세우고 명령할 수 있다는 것을 전제하기 때문이다.

셋째, 보다 높은 유형의 인간은 자기 자신과 모든 세계를 신성하게 만드는 덕성을 갖고 있다. 니체에게 자기 자신을 긍정한다는 것은 동시에 고귀한 것과 비열한 것을 포함한 모든 세계를 긍정한다는 것을 의미한다. 그러므로 니체가 미래의 인간 유형으로 제시하는 초인은 긍정의 덕성들을 갖고 있어야 한다. 니체는 "긍정하는 감정들(아펙트들)"이라는 제목을 달고 있는 1888년 봄의 유고에서 이러한 덕성들을 열거한다. "긍지, 기쁨, 건강, 성적 사랑, 적대와 투쟁, 경외, 아름다운 몸짓, 태도 및 대상들, 강한 의지, 높은 정신성의 훈육, 권력에의 의지, 지구와 생명에 대한 감사." 물론 이러한 덕성들을 과도하게 평가할 필요는 없겠지만, 우리는 이러한 덕

---

64) Friedrich Nietzsche, Za II, KSA 4, 148쪽. 니체전집 13, 189쪽.
65) Friedrich Nietzsche, 같은 책, 같은 곳.

성들이 긍정에서 비롯한다는 점만은 주지할 필요가 있다. 니체는 스스로 풍요로워 나누어 주고 싶어 하는 자만이 "삶을 선사하고 금빛으로 미화하여 영원하게 만들고 신격화한다"고 말하면서, 앞서 열거한 것들이 바로 "모든 것을 승인하고, 모든 것에 긍정의 말을 하고 긍정의 행위를 하는 신성화하는 덕성들"[66]이라고 매듭짓는다.

　니체는 신성화하는 덕성을 도입함으로써 자기 극복을 예술과 연관시킨다. 왜냐하면 "예술은 본질적으로 삶에 대한 긍정이고 축복이며 삶을 신격화하는 것이기"[67] 때문이다. 니체에 의하면 예술에서 본질적인 것은 풍요로움에서 나오는 실존의 완성이다. 우리는 여기서 니체의 초인과 높은 유형의 인간이 순전한 폭력의 인간이 아님을 명확하게 알 수 있다. "위대한 희생이나 위대한 사랑을 만들어내는 것은 인격의 풍부, 내면의 충만, 흘러넘침과 나누어 줌, 본능적 건강과 자기 긍정이다."[68] 니체는 여기서 멋진 비유를 제시한다. "자신의 피부 안에서 확고하고 용감하지 못한 사람은" 아무것도 내줄 수 없다는 것이다. 니체가 말하는 인격의 풍부는 이처럼 내면에서의 자기 지배와 자기 극복을 전제로 한다.

　넷째, 자기 극복은 근본적으로 창조의 자유를 추구한다. 현대인은 자유를 추구하고, 국가는 자유를 보장하고 실현하는 장치로 작동한다. 한나 아렌트가 간단하게 정의 내리고 있는 것처럼 정치의 의미는 자유이다. 니체는 여기서 인류가 발전시킨 국가와 민주주의가 실제로는 폭력으로 시작되었다는 사실에 주목한다. 국가가 제도화된 폭력의 장치로서 여전히 폭력의 가능성을 함축하고 있다면, 우리에게 문제 되는 것은 폭력의 형태이지

---

66) Friedrich Nietzsche, KSA 13, 14(11), 223쪽. 니체전집 21, 22쪽.

67) Friedrich Nietzsche, KSA 13, 14(47), 241쪽. 니체전집 21, 45쪽. 삶과 예술의 관계에 관해서는 Alexander Nehamas, *Nietzsche : Life as Literature*(Cambridge, Mass. : Harvard University Press, 1985)를 참조할 것.

68) Friedrich Nietzsche, KSA 12, 10(128), 530쪽. 니체전집 20, 232쪽.

폭력의 제거가 아니다. 니체는 이곳에서도 여전히 "금발의 맹수 무리, 정복자 종족, 지배자 종족"을 말하지만 실제로는 폭력의 형식에 주목한다. "명령할 수 있는 자, 본성적으로 주인인 자, 일과 몸짓에서 폭력적으로 등장하는 자—이런 사람에게 계약을 한다는 것이 무슨 의미가 있단 말인가?"[69] 니체는 계약을 통해 자유를 보장하려는 계약론을 단숨에 부정한다. 계약은 결코 새로운 형식을 창조하지 못하기 때문이다. 초인과 보다 높은 유형의 인간들이 하는 일은 이에 반해 "본능적으로 형식을 창조하는 일이며, 형식을 새겨 넣는 일"이다. 그렇기 때문에 그들은 "의도하지 않았지만 가장 무의식적인 예술가들"이다. 그들이 나타나는 곳에는 어떤 새로운 것이 있으며, 살아 숨 쉬는 지배 조직이 있다. 진정한 의미에서의 모든 사회 조직자들은 폭력 예술가들이다. 이처럼 새로운 형식을 창조함으로써 살아 있는 조직을 만들고자 하는 의지를 니체는 "자유의 본능"[70]이라고 부른다.

행복을 발명했다고 생각하며 눈을 깜박거리는 마지막 인간이 보편화된 우리 시대에 과연 이러한 자유의 본능이 있는가? 우리는 인간과 자연의 관계, 인간 상호간의 관계를 새롭게 창조하려 하기보다는 기존의 관계를 차선의 제도로 유지하려 하지 않는가? 우리는 기술 권력에서 나타나는 우리 자신의 무시무시함을 예감하면서도 인간과 자연의 새로운 관계를 감히 시도하지 못하지 않는가? 우리가 너무나 쉽게 입에 올리는 '인간 존엄'이 신이 없는 시대에 우리가 의지할 수 있는 유일한 가치라고 할지라도, 우리가 인간 존엄을 실현할 수 있는 새로운 가치를 갖지 못한 것은 아닌가? 우리는 인류 문명을 통해 인간애를 실현할 수 있는 잠재력은 발전시켰으면서도 이 잠재력을 실현하는 데 소홀한 것은 아닌가? 우리가 이러한 질문

69) Friedrich Nietzsche, GM, II 17, KSA 5, 324쪽. 니체전집 14, 434쪽.
70) Friedrich Nietzsche, GM, II 17, KSA 5, 325쪽. 니체전집 14, 434쪽.

을 진지하게 받아들여 의미 있다고 생각한다면, 자기 긍정과 자기 극복을 전파하는 차라투스트라의 초인은 여전히 매력적인 사상이다. 니체는 문명을 통해 축적된 인간성의 잠재력을 실현시킬 수 있는 새로운 유형의 삶을 꿈꾸고 있기 때문이다.

크게 보자면, 지금의 인류는 거대한 양의 인류애(인간성)를 성취했다. 이것이 일반적으로 느껴지지 않는다는 것 자체가 그것에 대한 증거다. 우리는 작은 곤경들에 그토록 민감해져서 우리가 달성한 것을 부당하게 간과하고 있다.[71]

우리 모두가 인류의 초인, 즉 보다 높은 유형의 인간을 꿈꾸지는 않는다고 하더라도, 자신의 실존에 의미를 부여할 수 있는 삶의 형식은 여전히 필수적이다. 죽은 신의 사회의 현대인은 자신의 삶을 위해서도 초인의 실존 예술을 필요로 한다. 이런 점에서 니체는 21세기 현대인의 운명이다.

인간들은 왜 존재하는가? '인간'이 왜 존재하는지는 우리의 관심사가 아니다. 그러나 너는 무엇을 위해 거기에 존재하는가, 이것을 네게 물으라. 그리고 네가 그 물음에 대답할 수 없다면, 너는 스스로 목표들, 높고 고귀한 목표들을 설정하고, 그것으로 몰락하라! 나는 위대하고 불가능한 것으로 몰락하는 것보다 더 나은 삶의 목적을 알지 못한다. animae magnae prodigus.[72]

---

71) Friedrich Nietzsche, KSA 13, 15(63), 449쪽. 니체전집 21, 298~299쪽.
72) Friedrich Nietzsche, KSA 7, 29(54), 651쪽. 니체전집 5, 312쪽. 라틴어 문장의 뜻은 '위대한 영혼은 아낌없이 후하다'이다. 니체는 호라티우스의 이 시구를 《반시대적 고찰 II : 삶에 대한 역사의 공과》에서 처음 사용한다. "너 스스로 하나의 목표, 하나의 목적, '그것 때문에', 높고 고귀한 '그것 때문에'를 설정함으로써 너의 현존재의 의미를 차후에 정당화하려고 하라. 단지 그로 인해서만 몰락하라—위대하고 불가능한 것으로. 위대한 영혼을 아끼지 않고 몰락하는 것보다 더 나은 삶의 목적을 알지 못한다." Friedrich Nietzsche, HL 9, KSA 1, 319쪽. 니체전집 2, 371쪽.

제4장

———

권력 의지

———

악인가 아니면
삶의 근본 원리인가

생명 그 자체는 본질적으로 낯선 것과 좀 더 약한 것을 자신의 것으로 만드는 것이며, 침해하고 제압하고 억압하는 것이며 냉혹한 것이고, 자기 자신의 형식을 강요하며 동화시키는 것이며, 가장 부드럽게 말한다 해도 적어도 착취이다.

— 프리드리히 니체,《선악의 저편》(1886)

권력에의 의지는 오직 저항에 당면해서만 자신을 표현한다. 이 의지는 자신에게 저항하는 어떤 것을 찾는다……자기 것으로 만들고 동화시키는 것은 무엇보다 제압된 것이 공격자의 권력으로 완전히 넘어가서 공격자를 증대시킬 때까지 제압하기 원하는 것이며, 형식을 강요하는 것이며, 변형시키는 것이다.

— 프리드리히 니체,《유고》(1887년 가을)

1. 권력의 마력과 인간의 이중성

니체의 마력은 '권력'이다. 그의 글을 읽는 사람들을 당장에 사로잡을 수 있는 마력도 권력이라는 문제에서 나오고, 그의 위험한 사상을 정치적으로 이용하려는 유혹 역시 권력에서 기인한다. 하이데거가 말한 것처럼 니체라는 이름이 그가 철저하게 사유한 사태를 대변한다면, 니체는 바로 권력을 상징한다. 우리가 한 세기가 지난 지금도 니체에게 매력을 느끼는 것은 우리가 감히 입에 올리지 못하는 권력의 문제를 그가 적나라하게 파헤쳤기 때문이 아닐까?

니체가 권력을 계보학적으로 해체시킨다면, 권력은 니체의 사상을 굴절시킨다. 여기서 그동안 지겨울 정도로 많이 논의된 니체와 나치의 관계를 반복할 필요는 없을 것이다. 한 가지 분명한 것은 니체와 나치의 관계도 권력의 문제를 맴돌고 있다는 점이다. 니체는 분명 그릇된 허위의 확실성을 망치로 부숴버리고 새로운 가치를 창조하려 한 환상가, 미래의 철학자였다. 이렇게 분쇄된 확실성들에는 두말할 나위 없이 민족주의, 반유태주의, 국가주의 등이 속한다. 그럼에도 나치주의자들은 니체가 분쇄한 개넘과 용어의 조각들을 주워 맞춰 이데올로기적으로 이용하는 데 주저하지 않았다. 금발의 야수, 타락, 사육, 주인 인간, 권력에의 의지처럼 니체 사상의 맥락으로부터 분리된 적나라한 용어들은 인류 역사상 유례가 없는 전체주의 정권의 어휘로 변질된다.

'권력'이 인간의 동물적이고 야수적인 성격이라면, 권력을 제어하는 '권리'는 약자로서의 인간이 갖는 도덕적 장치인가? 니체는 권리를 계보학적으로 분석함으로써 그 밑바탕에 권력이 자리 잡고 있음을 폭로한다. 그렇지만 권력이 인간의 본성으로 속살을 드러내는 바로 그곳에서 우리는 움칠하고 물러서지 않는가? "어느 시대든 사람들은 인간을 '개선하고자' 했다. 이것은 무엇보다 도덕으로 불렸다. 그러나 같은 단어 아래 매우 상이한 경향이 숨어 있다. 야수 인간을 길들이는 것뿐만 아니라 특정한 종 인간의 사육도 '개선'이라 불리었다. 이런 동물학적 용어들이 비로소 실상을 표현해준다."[1] 그런데 니체에게서 우리를 역겹게 만드는 것은 바로 이러한 동물학적 용어들이다. 인간이 동물임에도 불구하고 동물적 성격을 부정하고자 하는 것은 인간이 권력을 추구하면서도 권력을 증오하는 것과 다를 바 없다.

니체는 권력을 둘러싸고 있는 도덕의 장막을 걷어내고 그 근저에 있는 다른 경향을 폭로하고자 한다. "모든 고귀한 종족의 근저에서 맹수, 즉 먹이와 승리를 갈구하며 방황하는 화려한 금발의 야수를 인지하지 못해서는 안 된다. 이러한 숨겨진 근저는 때때로 발산되어야 한다. 짐승은 다시 풀려나 황야로 돌아가야만 한다."[2] 나치주의자들은 이 금발의 야수Blonde Bestie가 다시 부흥해야 할 게르만족이라고 왜곡했지만, 니체가 본래 표현

1) Friedrich Nietzsche, GD, Die Verbesserer der Menschheit 2, KSA 6, 99쪽. 니체전집 15, 126쪽. 강조는 니체 자신에 의한 것임.
2) Friedrich Nietzsche, GM, I 11, KSA 5, 275쪽. 니체전집 14, 373쪽.

하고자 한 것은 로마, 아랍, 일본의 귀족들, 그리고 호메로스의 영웅과 스칸디나비아의 바이킹처럼 고귀한 인간의 표본이었을 뿐이다. 그뿐만 아니라 니체가 본래 의도한 것은 도덕적 어휘 밑에 "숨겨진 근저"를 발굴하는 것이었다.

니체를 둘러싼 수많은 편견과 이데올로기를 깨고 본연의 니체 사상으로 돌아가는 것이 이렇게 어려운데, 인류가 발전시킨 도덕적 어휘의 표면을 깨고 숨겨진 근저를 찾는 것이 얼마나 어려웠을지는 충분히 상상된다. 니체는 이러한 도덕의 표면을 깨기 위해 공격적인 어휘와 수사학이 필요했을지도 모른다. 물론 니체는 실질적인 삶의 충동과 삶의 관계를 은폐하기보다는 발굴하려면 '공격적 어휘' 뿐만 아니라 "공격적 행위"[3]가 필요하다고 생각한다.

니체가 자신의 사상을 표현하기 위해 사용했던 공격적 어휘들이 이제는 오히려 그것을 은폐하고 왜곡하고 굴절시키고 있다. 니체의 사상을 '올바로' 이해하고자 하는 사람들이 인용하는 어휘와 텍스트는 동시에 그의 사상을 이데올로기적으로 '오용하는' 사람들의 출처이기도 하다. 쿠르트 투콜스키Kurt Tucholsky는 이와 같은 모순적 해석의 가능성에 대해 1932년 매우 적합한 표현을 발견한다. "네가 필요한 것을 내게 말하면, 그에 맞는 니체 인용문을 주겠다."[4] 니체 사상의 모순적 성격은 근본적으로 공격적 어휘를 마다하지 않는 그의 수사학에서 기인한다. 어쩌면 그의 사상을 둘러싼 철학적 스캔들은 그가 자신의 독창적인 사상을 폭력적인 언어로 표현한 데서 비롯되었는지도 모른다.[5]

---

3) Friedrich Nietzsche, DS 7, KSA 1, 194쪽.

4) Beat Maenauer, "Der Wille zur Perversion : Nietzsche im Dienst der Nationalsozialisten", *du*, Heft Nr. 6, JUni(1998), 62~63쪽에서 재인용.

5) 니체의 용어를 공격적으로 인용하여 인간 복제 기술과 관련된 "사육 정치Züchtungspolitik"의 철학적 문제점을 분석한 슬로터다이크가 물의를 일으킨 것도 근본적으로 수사학의 문제이다. 누

니체가 사용하는 철학적 용어의 모순적 성격에도 불구하고 그의 사상에는 초기부터 죽을 때까지 일관성 있게 관통하는 실마리가 있다. 그것은 우리가 보려 하지 않는 "숨겨진 근저"의 발굴과 폭로이다. 우리가 가장 듣기 싫어하면서도 가장 원하는 것이 권력이라면, 니체가 말하는 숨겨진 근저는 권력과 관계가 있음에 틀림없다. 그렇다면 우리는 어떻게 그의 사상이 갖고 있는 직접성과 공격성을 훼손하지 않으면서도 그의 사상의 본질을 파악할 수 있는가? 우리는 이 물음을 이렇게 뒤집어 표현할 수도 있다. 우리는 그의 사상을 왜곡하지 않으면서도 니체의 공격적 용어가 갖고 있는 비판적 성격과 예리함을 유지할 수 있는가? 니체가 사유하고자 하는 사태가 바로 권력이라면, 권력이라는 용어가 갖고 있는 공격성과 폭력성에 고개를 돌릴 필요가 없다. 우리가 니체의 핵심 개념인 "빌레 추어 마흐트Der Wille zur Macht"를 '힘에의 의지'로 번역하지 않고 '권력에의 의지'로 옮기는 까닭이 여기에 있다.[6] 우리가 이중적 성격을 갖고 있는 권력을 중성적인 '힘'으로 옮겨 해석한다면, 그것은 니체를 철학적으로 복원하기 위하여 그의 사상을 탈(脫)정치화하는 것과 다를 바 없다.[7]

니체는 세계를 표면이 아닌 그 내부로부터 이해하고, 삶의 근저에 있는 충동을 파악하고자 한다. 그것도 세계를 하나의 형이상학적 원리로 환원

가 인간과 관련하여 "사육", "가축", "동물원", "인간 농장", "사육 정치"라는 말을 들으려 하겠는가? 이에 관해서는 Peter Sloterdijk, *Regeln für den Menschenpark*(Frankfurt am Main : Suhrkamp, 1999)를 참조할 것. 한국어판 : 페터 슬로터다이크, 《인간농장을 위한 규칙》, 이진우 · 박미애 옮김(한길사, 2004).

6) 독일어 고증판 니체전집을 한국어로 완역한 한국어판 니체전집의 편집위원회는 이 용어를 '힘에의 의지'로 옮기기로 원칙을 정했다. 편집위원으로 참여한 저자 역시 니체전집에서는 이 원칙을 따랐지만 '힘에의 의지'보다는 '권력에의 의지'가 니체 사상의 동기와 방향에 더 부합한다고 생각한다. 이에 관해서는 이진우, 〈미래의 철학, 모험의 사유〉, 《니체전집 19 : 유고(1985년 가을~1887년 가을)》(책세상, 2005), 417~427쪽, 특히 426쪽 이하를 참조할 것.

7) 이에 관해서는 Jin-Woo Lee, *Politische Philosophie des Nihilismus : Nietzsches Neubestimmung des Verhältnisses von Politik und Metaphysik*(Berlin · New York : de Gruyter, 1992), §2를 참조할 것.

하지 않고 그 근본과 본성을 파악하고자 한다면 우선 현상을 현상으로서 인식할 필요가 있는 것이다. 권력에의 의지를 하나의 형이상학적 원리 또는 근본 개념으로 설정하는 것은 너무 쉬운 일이다. 정신보다는 물질, 의식보다는 무의식, 그리고 영혼보다는 몸처럼 전통 형이상학에 의해 억압되었던 것들에 우선성을 부여하는 것도 냉소적 현대인들에게는 이제 진부한 것처럼 보인다. 우리는 이러한 전복과 뒤집기가 인간이라는 문제를 파악하는 데 어떤 새로운 지평을 가져오는가에 주목해야 한다. 니체는 권력을 철학적 사유의 중심으로 끌어들임으로써 권력에 대한 기존 관념을 변화시키고 동시에 새로운 세계의 이해를 도모한다. 따라서 니체의 독창성과 혁명성은 어쩌면 기존의 형이상학적 인식을 뒤집기 위하여 사람들이 가장 회피하고 두려워하는 현상으로부터 출발한 데 있을 것이다.

권력에의 의지는 바로 인간의 문제와 세계의 본성을 이해하려는 철학적 동기와 관심에서 만들어진 용어이다. 인간의 문제는 인간 존재가 이중적이라는 데 있다. 첫째는 생물학적 이중성이다. 아감벤Giorgio Agamben이 말하는 것처럼 "인간이 인간이기 위해서는 스스로를 인간적으로 규정해야만 하는 동물"[8]일지라도 인간이 동물이라는 사실을 부인할 수는 없다. 인간은 동물적이고 동시에 초(超)동물적이다. 니체는 1887년의 유고에서 이렇게 간단하게 정리한다. "인간은 동물도 아닌 괴물이며 초-동물이다. 높은 인간은 비-인간이며 초-인간이다. 이렇게 서로 속한다. 인간이 넓고 높게 성장할수록 그는 또한 깊고 무섭게 성장한다. 다른 쪽 없이 어느 한쪽만을 원해서는 안 된다."[9]

이제까지 전통 철학이 인간의 동물적 성격을 배제하고 인간의 종차적

---

8) Giorgio Agamben, *Das Offene : Der Mensch und das Tier*, 36쪽.
9) Friedrich Nietzsche, KSA 12, 9(154), 426쪽. 니체전집 22, 110쪽.

특성에만 몰두했다면, 니체는 바로 인간의 동물적 성격에 초점을 맞춘다. 둘째, 인간의 이중성은 실존적 이중성이다. 차라투스트라의 유명한 말은 이러한 이중성을 잘 말해준다. "인간은 동물과 초인을 잇는 밧줄, 심연 위에 걸쳐 있는 하나의 밧줄이다. 저편으로 건너가는 것도 위험하고, 건너는 과정도 위험하고, 뒤돌아보는 것도 위험하고, 벌벌 떨며 서 있는 것도 위험하다. 인간에게 위대한 것, 그것은 인간이 목적이 아니라 하나의 교량이라는 사실이다. 인간에게서 사랑받을 수 있는 것, 그것은 바로 그가 하나의 넘어가는 과정이요 내려가는 몰락이라는 점이다."[10] 니체가 파헤치고자 하는 삶의 "숨겨진 근저"는 바로 속과 깊이가 보이지 않는 '심연'이다. 속이 보이지 않는 것은 동물과 초인 중 어느 하나로 고정될 수 없기 때문이다. 예컨대 '인간은 동물적이다'라거나 '인간에게는 동물을 초월하는 신성이 있다'라는 명제는 우리가 확인할 수 있는 근거가 될 수 있지만, 동물이면서 동시에 초인이라는 이중성의 명제는 근본적으로 확정될 수 없다. 인간의 이중성은 이처럼 이러한 이중성을 인정하며 다른 단계로 넘어갈 것인지 아니면 특정한 인간관을 통해 몰락할 것인지의 실존적 결단을 요구한다.

끝으로, 인간의 이중성은 외면적이기보다는 내재적이고, 실체적이기보다는 과정적이다. 이러한 성격은 니체가 즐겨 사용하는 "동시에Zugleich"라는 용어에서 잘 드러난다. 이러한 이중성은 모순과 대립, 우연과 투쟁을 전제한다는 점에서 다분히 정치적이다. 니체는 근본적으로 '인간의 온갖 성장과 함께 그의 이면도 성장해야만 한다'는 통찰에서 출발한다. 인간의 삶과 실존은 근본적으로 모순적이고 대립적이기 때문에 "최고의 인간은 —만약 이러한 개념이 허용된다고 전제하면—실존의 모순적 성격을 가장

---

10) Friedrich Nietzsche, Za, KSA 4, 13~14쪽. 니체전집 13, 19~20쪽.

강렬하게 표현하는 인간"[11])일 것이라고 니체는 말한다.

이러한 모순적 성격이 가장 잘 드러나는 삶의 현상이 바로 권력이다. 인간이 초인으로 승화할 수 있는 것도 권력 때문이고, 인간을 괴물과 같은 존재로 전락시킬 수 있는 것도 역시 권력이다. 이렇게 말하면 우리는 권력을 소유하거나 상실할 수 있는 하나의 외면적 실체로 파악하는 오류를 범한다. '권력을 얻는다', '권력을 잃는다', '권력은 부패한다'. 주체와 대상을 전제하게 만드는 이러한 표현들은 우리가 사용하는 언어의 문법에서 기인하는 기만일 뿐이다. 니체에 의하면 언어의 근본 전제들을 의식하게 되면 우리는 '투박한 페티시'에 정통하게 된다. 세계를 이해하기 위해 고안된 주체, 실체, 원인, 사물, 영혼, 신과 같은 것들은 우리가 숭배하는 물신fétiche들이다. 따라서 이들은 "이성의 편견"[12])이고 "공허한 허구"[13])일 뿐이라고 니체는 질타한다.

그렇다면 권력은 어떤 주물인가? 권력은 우리의 본성임에도 불구하고 우리가 피할 수도 없고 그렇다고 적극적으로 욕망할 수도 없는 대상으로 만들어진 것은 아닌가? 권력은 제압, 억압, 강탈, 훼손, 착취, 통제, 명령, 지배와 분리될 수 없기 때문에 악(惡)으로 낙인 찍힌 것은 아닌가? 그럼에

---

11) Friedrich Nietzsche, KSA 12, 10(111), 519쪽. 니체전집 20, 219쪽. 니체 철학에 나타난 모순과 대립의 문제에 관해서는 Wolfgang Müller-Lauter, "Das Problem des Gegensatzes in der Philosophie Nietzsches", *Über Werden und Wille zur Macht. Nietzsche-Interpretationen I*(Berlin · New York : de Gruyter, 1999), 1~24쪽을 참조할 것. 강조는 니체 자신에 의한 것임.

12) Friedrich Nietzsche, GD, Die "Vernunft" in der Philosophie 5, KSA 6, 77쪽. 니체전집 15, 100쪽. 물신(物神) 또는 주물(呪物)을 뜻하는 불어 낱말 '페티시fétiche'는 본래 라틴어 'facticius(인공적)'와 'facere(만들다)'에서 유래했다. 주물은 인간의 손에 의해 만들어졌지만 특별한 능력과 특성을 갖고 있다고 믿어지는 숭배의 대상이다. 인간의 문명을 주물 또는 이미지의 관점에서 파악할 수 있다는 입장에 관해서는 Bruno Latour, *Iconoclash : Gibt es eine Welt jenseits des Bilderkrieges*(Berlin : Merve, 2002), 특히 31쪽 이하를 볼 것.

13) Friedrich Nietzsche, GD, Die "Vernunft" in der Philosophie 2, KSA 6, 75쪽. 니체전집 15, 98쪽.

도 우리가 여전히 권력을 추구하고 숭배한다면, 권력은 우리의 악령인가? 니체는 권력에 대한 통상적인 편견, 즉 "권력의 본성은 악하다"[14]는 편견과 관련해 인간 자체가 권력이라고 주장한다. 우리는 《아침놀》의 잠언에서 권력에 관한 가장 결정적인 단서를 발견한다.

권력의 데몬. ―필요도 아니고 욕망도 아니고 권력에 대한 사랑이야말로 인간의 악령이다. 인간에게 모든 것, 즉 건강, 음식, 주택, 오락을 줘보라. 그들은 여전히 불행하고 불만스러울 것이다. 악령이 기다리면서 채워지기를 원하고 있기 때문이다.[15]

니체는 인간을 움직이는 가장 무서운 힘이 권력이라는 사실을 직시함으로써 인간 자체가 바로 권력이라는 인식에 도달한다. 이러한 관점은 니체 권력 이론의 씨앗이 담긴 1872년의 미발표 유고 《그리스 국가》에서 그의 주저로 구상되었던 "권력에의 의지" 이론까지 관통한다. 비유적으로 표현하면, 니체는 우리가 회피하면서도 동시에 추구하는 사회적 권력의 이중성을 인간 내면으로 옮겨놓음으로써 인간 자신이 이중적이라는 사실을 인식한 다음, 이러한 삶의 이중적 충동이 결국에는 모든 생명에 내재한

---

14) J. Burckhardt, *Weltgeschichtliche Betrachtungen*(Stuttgart, 1969), 36쪽. 이에 관해서는 Friedrich Nietzsche, Der griechische Staat, KSA 1, 770쪽을 참조할 것. 니체전집 3, 316쪽.

15) Friedrich Nietzsche, M, IV 262, KSA 3, 209쪽. 니체전집 10, 264쪽. 데몬(demon, Dämon)은 본래 고대 그리스 신화에서 유래한 용어로서 인간과 신 사이의, 초자연적인 힘을 가진 중간적 존재daimon를 의미한다. 이는 인간을 유혹하고 지배하는 악마로 파악된 유대교적-기독교적 개념과는 근본적으로 구별된다. 기독교적 전통에서 데몬은 대체로 '타락한 천사'로 이해된다. 니체는 이 용어를 그리스적 맥락에서 사용하고 있기 때문에 여기서 데몬은 '중간자적 존재'와 '무서운 힘'이라는 이중적 의미를 지닌다. 즉, 여기서는 인간이 일반적으로 두려워하는 대상이 '악(惡)'으로 여겨질 뿐만 아니라 권력이 대체로 악으로 인식되고 있다는 점에서 데몬을 '악령'이라고 번역했지만, 이는 기독교적 악마와는 상관이 없다.

다는 인식에 도달하게 된 것이다. 우리가 '힘' 대신에 '권력'을 말하는 것은 이러한 이중성을 올바로 인식할 때 비로소 니체 사상을 제대로 파악할 수 있기 때문이다. 그뿐만 아니라 니체 사상의 올바른 인식은 동시에 권력 문제를 이해하는 창조적 단초를 제공할 것이다.

우리의 질문은 간단하다. 우리가 니체를 좇아 권력의 현실을 무조건적으로 긍정한다면, 우리는 도대체 어떤 기준을 갖고 부도덕해 보이는 권력에 저항할 수 있는가? 간단히 말해, 니체의 권력 이론은 비판과 저항의 가능성을 제공하는가? 니체는 "권력에의 의지"를 집중적으로 사유했던 1882년 겨울에 이렇게 기록한다. "삶에의 의지라고? 나는 그 자리에서 항상 권력에의 의지만을 발견한다."[16] 권력에의 의지는 삶의 유일한 충동으로 인식되고 있는 것이다. 이러한 표현은 1883년 발표된 《차라투스트라는 이렇게 말했다》에서 조금 변형되어 반복된다. "생명체를 발견하는 곳에서 나는 권력에의 의지도 함께 발견했다. 심지어 쓰이는 자의 의지에서조차 나는 주인이 되고자 하는 의지를 발견했다."[17] 이러한 직관적 통찰은 언뜻 권력을 이해하고 파악하는 데 별로 도움을 주지 않는 것처럼 보인다. 우리의 삶, 모든 생명체, 그리고 세계가 권력에의 의지일 뿐 그 밖의 아무 것도 아니라면, 우리는 어떻게 우리의 삶을 창조적으로 만들어갈 수 있는가? 이 물음에 답하기 위해 우리는 아래에서 권력에의 의지에 관한 명제에 함축되어 있는 '권력 다원주의'를 먼저 살펴보고, 이어서 권력의 이중적 역학을 분석한 뒤, 끝으로 니체의 권력 이론이 지닌 비판적 함의를 조명하고자 한다.

16) Friedrich Nietzsche, KSA 10, 5(1), 187쪽. 니체전집 16, 145쪽.
17) Friedrich Nietzsche, Za II, KSA 4, 147~148쪽. 니체전집 13, 189쪽.

2. 권력의 무형성과 '권력 다원주의'

니체는 권력에의 의지로 철학에 새로운 지평을 열어놓았다. 우리는 권력이 무엇인지를, 그리고 권력이 무엇을 할 수 있는지를 아직 모른다. 우리는 인권을 말하고, 인간의 존엄과 노동의 존엄을 이야기하지만, 우리가 회피하면서 동시에 추구하는 권력이 무엇이고 무엇을 할 수 있는지를 모른다. 우리가 지금 무엇을 해야 하는지 니체에게는 분명하다. 《그리스 국가》에서 니체는 이렇게 말한다. "신세대인들인 우리는 그리스인들보다 두 개념을 더 가지고 있다. 이 개념들은 말하자면 완전히 노예로서 행동하면서도 '노예'라는 낱말을 두려워하고 회피하는 세계의 위로 수단으로 주어진다."[18] 이 문장에서 노예는 어렵지 않게 권력으로 대체될 수 있다. 우리는 권력을 추구하면서도 권력을 두려워하고 회피하지 않는가? 니체는 한 걸음 더 나아가서 "문화의 본질에는 노예 제도가 속해 있다는 사실을 잔인하게 들릴 수 있는 진리"[19]로서 제시한다. 니체는 모든 사람들이 듣기 싫어하는 낱말을 정면으로 던짐으로써 문제의 핵심을 포착한다.

그렇다면 권력은 도대체 무엇인가? 권력은 우리가 회피하는 것과 모순적으로 결합되어 있는 것은 아닌가? 니체는 권력의 본질을 대립의 관점에서 파악한다. 니체의 대립은 물론 형이상학적 모순의 대립이 아니다. 형이상학적 관점에서 보면 권리와 권력은 결코 양립할 수 없다. 그것은 존재와 무, 진리와 허위, 진실과 기만이 양립할 수 없는 것과 같은 이치이다. 니체는 '형이상학자들의 근본 믿음은 가치들의 대립에 관한 믿음'이라고 단언

---

18) Friedrich Nietzsche, Der griechische Staat, KSA 1, 764쪽. 니체전집 3, 309쪽. 프리드리히 니체, 《비극적 사유의 탄생》, 이진우 옮김 (문예출판사, 1997), 61쪽.
19) Friedrich Nietzsche, Der griechische Staat, KSA 1, 767쪽. 니체전집 3, 313쪽. 프리드리히 니체, 《비극적 사유의 탄생》, 65쪽.

하면서 대립을 계보학적으로 파악할 것을 제안한다. "어떤 것이 어떻게 그와 반대되는 것에서 생겨날 수 있을 것인가? 예를 들어 진리가 오류에서 생겨날 수 있는가? 아니면 진리에의 의지가 기만에의 의지에서 생겨날 수 있는가?"[20] 이 물음에 대한 니체의 대답은 의심의 여지가 없는 긍정이다.

이러한 두 대립된 사태와 개념을 생성의 관점에서 분석하고 해명하는 계보학은 우리에게 도덕의 저편에서 권력을 고찰할 수 있는 가능성을 제공한다. 홉스가 예리하게 지적한 것처럼 권력이 진리를 만드는 것인가? 아니면, 권력의 무한한 충동과 욕망을 통제할 수 있다고 여겨지는 진리는 다른 근원을 갖고 있는 것인가? 인간의 본질적 이중성을 진지하게 받아들인다면, 우리는 대립으로 파악된 것들이 서로 결합되어 있음을 인식할 필요가 있다.

참된 것, 진실한 것, 헌신적인 것에 귀속될 수 있는 모든 가치에도 불구하고, 모든 생명을 위한 더 높고 근본적인 가치는 가상에, 기만에의 의지에, 이기심에, 욕망에 있다고 생각하는 것은 가능할 것이다. 그뿐만 아니라 저 훌륭하고 존중할 만한 사물의 가치를 만드는 것이 바로 겉보기에 대립되는 저 나쁜 사물과 위험할 정도로 친화적이고, 결합되어 있으며, 단단히 연계되어 있고, 어쩌면 본질적으로 동일한 것일 수 있다는 것도 가능할 것이다. 아마도 그럴 것이다![21]

여기에서 진리에의 의지가 결국은 가상에의 의지이며, 가상에의 의지

20) Friedrich Nietzsche, GM, I 2, KSA 5, 16쪽. 니체전집 14, 16쪽.
21) Friedrich Nietzsche, GM, I 2, KSA 5, 17쪽. 니체전집 14, 17쪽.

는 궁극적으로 권력에의 의지라는 니체의 폭로 과정을 다시 반복할 필요
는 없다. 중요한 것은 우리가 대립적으로 파악하는 사태들이 "위험할 정
도로 친화적"일 뿐만 아니라 "본질적으로 동일한 것"일 수 있다는 사실이
다. 여기서 니체가 사용하는 "아마도"의 가정 형식은 오히려 직관의 확실
성을 표현한다. 니체가 말하는 "어떻게 이해해도 위험한 '아마'의 철학
자"는 기존의 관념을 뒤집어 생각하는 공격성과 능동성을 갖춰야 한다.

  사람들은 권리와 권력을 대립적인 것으로 생각하는데, 권리는 권력의
표현일 수 있지 않은가? 사람들은 명령과 지배를 부정적으로 평가하지만,
이들을 배제하고는 법과 질서를 생각할 수 없지 않은가? 우리가 이 물음
에 대해 니체처럼 "아마도 그럴 것이다"라고 대답할 때 비로소 문제에 접
근할 수 있는 새로운 시각이 열리게 된다. 형이상학적 이원론에서 벗어나
면 우리는 비로소 대립과 모순을 다른 각도에서 파악할 수 있게 된다. 니
체는 실제로 권력과 권리를 대립으로 파악하지 않는다. "폭력은 최초의
권리를 제공한다. 그 토대에 있어 월권, 찬탈, 폭력이 아닌 권리는 존재하
지 않는다."[22] 폭력적이지 않은 권력은 존재하지 않는다는 사실을 인정할
때 우리는 비로소 권리의 형식으로 실행되는 권력의 폭력적 성격을 추정
할 수 있는 것이다.

  니체가 권력을 대립적으로 파악하지 않는다는 것은 권력을 단순한 "외
면적" 현상으로 보지 않는다는 것을 의미한다. 권력은 삶의 내면적 충동
과 권리이다. 권력을 경험하면 이러한 인식은 자명해진다. 권력은 어떻게
생성되고 증대되는가? 우리의 움직이는 권력 충동은 어디에서 오는가?
이러한 질문은 이미 권력이 살아 있는 생명체라는 직관적 인식을 함축하

---

22) Friedrich Nietzsche, Der griechische Staat, KSA 1, 768쪽. 니체전집 3, 316쪽. 프리드리히 니
체, 《비극적 사유의 탄생》, 68쪽.

고 있다. 니체의 "권력에의 의지" 이론은 이러한 직관을 다양한 방식으로 표현한다. 여기서 우리가 주의해야 할 것은 니체가 권력에의 의지를 표현할 때 "본성", "내면적 본질"과 같은 형이상학적 용어를 사용할지라도 권력에의 의지를 결코 형이상학적 원리로 이해해서는 안 된다는 점이다.

니체는 우리의 삶을 그 내면으로부터 파악하고자 한다. 니체는 이 내면의 삶이 권력에의 의지로 표현될 수 있다고 생각한다. 니체는 때때로 권력에의 의지를 단순 명사로 사용함으로써 그것이 마치 하나의 형이상학적 원리인 것과 같은 오해를 불러일으킨다. 이 오해는 대체로 세 가지 측면을 갖고 있다. 첫째, 권력에의 의지는 세계 전체를 서술한다. 권력에의 의지는 종종 "존재의 가장 내면적인 본성"[23], "세계의 본질"[24]로 표현된다. 권력에의 의지를 형이상학적으로 오해할 수 있는 가장 대표적인 표현은 다음과 같다.

> 이 세계는 권력에의 의지다—그리고 그 외에 아무것도 아니다! 그리고 그대들 자신 역시 권력에의 의지다—그리고 그 외에 아무것도 아니다.[25]

여기서는 다양성을 갖고 있는 삶, 세계 전체가 "권력에의 의지"로 표현되고 있다. 삶을 관찰하고 세계를 고찰할 때마다 우리가 도달하는 삶과 세계의 유일한 질적 특성이 바로 권력에의 의지라는 것이다. "권력에의 의지는 비록 양적으로 다양한 것들에 공통적인 질적 특성이기는 하지만, 이러한 공통점이 하나의 정당화 원리의 단순성으로 환원되어서는 안 된

---

23) Friedrich Nietzsche, KSA 13, 14(80), 260쪽. 니체전집 21, 69쪽.
24) Friedrich Nietzsche, JGB, V 186, KSA 5, 107쪽. 니체전집 14, 139쪽.
25) Friedrich Nietzsche, KSA 11, 38(12), 611쪽. 니체전집 18, 436쪽. 강조는 니체 자신에 의한 것임.

다."[26] 이러한 사실은 '세계는 권력에의 의지 외의 아무것도 아니다'라는 명제가 들어 있는 잠언의 시작에서 잘 드러난다.

그대들은 또한 내게 '세계'가 무엇인지를 알고 있는가? 내가 그대들에게 이 세계를 내 거울에 비추어 보여주어야만 하는가? 이 세계, 그것은 시작도 끝도 없는 거대한 힘이며, 커지지도 작아지지도 않으며, 소모되지 않고 오직 변화하지만 전체로서는 그 크기가 변하지 않는 하나의 청동처럼 확고한 힘의 크기이다……힘들의 놀이로서 힘의 파동의 놀이로서 하나이자 동시에 '다수'이다.[27]

이처럼 권력에의 의지는 다양한 힘들이 대립과 투쟁을 통해 상호 연관 관계를 맺는 과정과 원리를 서술한다. 권력에의 의지가 "하나이자 동시에 다수"라는 명제는 그것이 하나의 형이상학적 원리로 환원될 수 없음을 분명히 말해준다.

둘째, 권력에의 의지는 운동과 징후의 다양한 형태를 표현한다. 니체는 1880년대의 유고 곳곳에서 권력에의 의지라는 제목으로 책을 쓰겠다는 생각을 표출한다. "권력에의 의지, 형태론"이라는 제목의 1888년의 한 유고는 권력에의 의지가 발견되는 다양한 형태를 서술하고 있다. "자연, 생명, 사회, 진리에의 의지, 종교, 예술, 도덕, 인류로서의 권력에의 의지"[28] 이 영역들은 결코 세계의 근저에 실체로서 자리 잡고 있는 권력에의 의지가 표현되는 형태들이 아니다. 예를 들면 하나의 실체인 권력에의 의지가 때로는 "생명"을 산출하고, 때로는 "사회"를 조직하고, 또 때로는 "예술"

---

26) 이에 관해서는 Wolfgang Müller-Lauter, *Nietzsche : Seine Philosophie der Gegensätze und die Gegensätze seiner Philosophie*, 30쪽을 참조할 것.

27) Friedrich Nietzsche, KSA 11, 38(12), 610쪽. 니체전집 18, 435쪽. 강조는 저자에 의한 것임.

28) Friedrich Nietzsche, KSA 13, 14(72), 254쪽. 니체전집 21, 62쪽.

로서 표현되는 것이 아니다. 니체가 열거한 형태들은 그 본질상 권력에의 의지로 해석될 수 있을 뿐이다. 이처럼 다양한 영역에서 권력에의 의지를 폭로하고 가시화하는 것이 바로 니체가 의도한 형태론의 목적이다.[29] 어쩌면 우리는 이러한 형태들을 권력에의 의지의 징후들로 파악할 수 있을지도 모른다. "운동들은 징후들이다. 사상들 역시 마찬가지로 징후들이다. 욕구들이 양자의 배후에 있다는 것이 우리에겐 명백하다. 그리고 근본 욕구는 권력에의 의지이다."[30]

셋째, 권력에의 의지는 개별적인 생명체와 행위의 주체와 연관되어 있다. 우리는 권력에의 의지를 단지 힘들의 상호 작용만으로 파악할 수는 없다. 니체는 물론 권력이 특정한 주체의 속성이 아니라는 점을 강조한다. 그렇지만 우리는 과연 행위의 주체, 권력을 행사하는 실체를 전제하지 않고 권력의 작용을 사유하고 해석할 수 있는가? 권력에의 의지가 단순한 힘의 유희와 다를 바 없다면, 우리는 힘의 상호 작용 속에 예속되어 있는 개별적 주체의 행위 가능성을 어떻게 해명할 수 있는가? 그렇기 때문에 니체는 권력에의 의지를 개별적 행위자, 생명체, 존재자와 연관시켜 단수로 언급한다.

모든 '목적들', '목표들', '의미들'이 단지 하나의 의지의 표현 방식이고 변형들이다. 이 하나의 의지는 모든 사건에 내재하고 있는 권력에의 의지이다. 복수의 목적, 목표, 의미를 갖기를 원한다는 것은 대체로 강해지고자 원하는 것, 성장하고자 원하는 것, 그리고 그에 필요한 수단을 원하는 것과 같은 것이다.[31]

---

29) 이에 관해서는 Wolfgang Müller-Lauter, "Nietzsches Lehre vom Willen zur Macht", *Über Werden und Wille zur Macht. Nietzsche-Interpretationen I*(Berlin · New York : de Gruyter, 1999), 45쪽 이하를 볼 것.
30) Friedrich Nietzsche, KSA 12, 1(59), 25쪽. 니체전집 19, 29쪽.

니체는 여기서 권력에의 의지를 일종의 일자(一者)로 표현함으로써 혼란을 일으키는 것처럼 보인다. 권력에의 의지는 정말 강해지고, 성장하고, 권력 증대를 원하는 일종의 형이상학적 실체 같은 것인가? 이 물음에 대한 답은 단연코 '아니오'이다. 니체는 오히려 그가 계보학적으로 해체한 목적, 목표, 의미들이 권력의 작용에 필수적이라는 점을 강조한 것이다. 이러한 사실은 이 명제 직전의 문장에서 분명하게 드러난다.

> 행위자를 행위에서 뽑아내어 행위를 공허하게 만든 후, 행위자를 다시 행위 안으로 넣는 것, 무엇인가를 행함이라든가, '목표'나 '의도'나 '목적'을 행위에서 인위적으로 뽑아내어 그 행위를 공허하게 만들어버린 후, 이것들을 행위 안으로 다시 되돌리는 것.[32]

잘 알려진 것처럼 니체는 주체, 실체, 원인과 같은 형이상학적 개념들이 문법에서 기인하는 공허한 허구라고 주장한다. 이런 관점에서 행위를 비운다. 행위를 공허하게 만든다는 것은 '행위의 주체 없이 행위 자체를 파악할 수 있는 가능성'을 탐색하는 계보학적 해체라고 할 수 있다. 그것은 권력의 주체 없이 권력을 이해하고자 하는 것과 다를 바 없다. 그렇다면 이렇게 권력을 권력 자체로서 파악하고 난 다음에 행위자를 다시 행위 안으로 투입한다는 것은 무엇을 의미하는가? 주체 없는 행위, 권력자 없는 권력에 관한 통찰은 (우리가 스스로를 여전히 개별적 행위자로 이해한다고 할지라도) 우리의 행위에 새로운 지평과 방향을 제공해주지 않는가?

---

31) Friedrich Nietzsche, KSA 13, 11(96), 44쪽. 니체전집 20, 340쪽.
32) Friedrich Nietzsche, 같은 책, 같은 곳.

니체는 우리가 아무리 개별적으로 행위를 할지라도 "실제로는 항상 권력 의지의 명령을 따른다"고 말한다. 니체는 형이상학적 오해의 가능성을 염려한 듯 금방 "우리가 바로 이 명령 자체라고" 덧붙인다. 우리가 권력에의 의지를 따르고 동시에 권력에의 의지 자체이기 때문에 "모든 행위와 의지 작용 안에 있는 가장 일반적이고도 가장 심층적인 본능은 가장 알려지지 않고 가장 깊숙이 감추어진 채로 있다".[33] 여기서 우리는 권력에 관한 니체의 가장 독창적인 인식을 만나게 된다. 권력은 한편으로는 특정한 원리로 환원될 수 없기 때문에 '다원적'이고, 다른 한편으로는 끊임없는 투쟁과 대립을 통해 변형하기 때문에 '무형적'이다. 개별적 행위자, 권력의 주체로서의 우리를 둘러싸고 있는 외부의 권력 관계도 다원적으로 구성되어 있지만, 니체에 의하면 권력 주체로 세계에 나서는 우리 자신의 내면 역시 다원적이라는 것이다.

3. 권력 의지의 역동성과 '권력의 현상학'

니체가 권력에의 의지에 부여한 근원성과 사실성은 결코 권력 및 권력 의지의 다원성과 모순되지 않는다. 니체가 권력에의 의지를 앞서 언급한 것처럼 '존재의 가장 내면적인 본성'과 '세계의 본질'로 파악한다고 해서 권력과 관련한 복수적 다원성의 구성적 의미가 축소되는 것은 아니다. 니체가 평생 동안 철학적으로 파악하려고 했던 것은 어쩌면 볼프강 뮐러 라우터Wolfgang Müller-Lauter가 정확하게 지적한 것처럼 "실존의 모순적 성격이 우리에게 마지막으로 주어진 사실성"[34]이라는 사실을 인식하는 것이

---

33) Friedrich Nietzsche, 같은 책, 같은 곳.

었을지도 모른다. 이 모순을 어느 한 형이상학적 개념과 원리로 환원하려 한다면, 이 모순은 그 자체로 결코 이해될 수 없을 것이다. 니체 철학이 고유한 일관성을 갖고 있을 뿐만 아니라 그가 사용하는 개념들 역시 "체계적 엄밀성"[35]을 지니고 있지만, 우리가 니체 철학을 성급하게 하나의 철학적 체계로 정리하는 대신 그가 분석한 권력 현상에 주목하고자 하는 까닭이 여기에 있다.

권력은 우리가 일상적으로 경험하는 하나의 현상이다. 권력은 둘 이상의 힘들이 협동, 대립, 갈등의 상호 작용을 할 때 '일어나는' 현상이다. 권력은 우리의 밖에 존재하고 있어 소유하기만 하면 되는 객관적 대상이 아니라 발생하고, 형성되고, 변화하는 사건인 것이다. 권력은 존재하지 않고, 발생하고 일어난다. 이런 의미에서의 권력 현상이 바로 니체가 "권력에의 의지"로 서술하고자 하는 주요 문제이다. 권력은 어떻게 발생하는가? 권력 현상에서 출발하여 권력 의지의 역학을 파악하고자 한다면, 우리는 권력에의 의지를 성급하게 "생기존재론"[36]과 같은 하나의 이론으로 결정화해서는 안 된다. 우리가 사용하고자 하는 권력현상학 역시 결코 (헤겔의 정신현상학과 후설의 현상학과 같은) 전통 형이상학처럼 근저에서 독립적으로 존재하는 정신과 실체를 전제하지 않는다. 권력현상학은

---

34) Wolfgang Müller-Lauter, *Nietzsche : Seine Philosophie der Gegensätze und die Gegensätze seiner Philosophie*, 16쪽.

35) Gilles Deleuze, *Nietzsche und die Philosophie*(Frankfurt am Main : Syndikat, 1985), 59쪽. 볼프강 뮐러 라우터Wolfgang Müller-Lauter는 니체가 "권력에의 의지"라는 제목으로 책을 쓰려는 의도를 접었다고 해서 이 용어와 결합된 세계관의 근본 성격이 사라진 것은 아니라는 점을 강조한다. Wolfgang Müller-Lauter, *Über Werden und Wille zur Macht. Nietzsche-Interpretationen I*, VIII쪽.

36) 백승영은 니체의 권력에의 의지를 "생기존재론"으로 설명한다. 하이데거의 후기 철학을 연상시키는 이 용어는 니체가 존재보다는 '삶'과 '생성'에 초점을 맞추고 있다는 사실을 왜곡할 뿐만 아니라 전통 형이상학의 용어를 사용함으로써 니체 사상의 전복적 성격을 축소시킬 우려가 있다. 백승영, 《니체, 디오니소스적 긍정의 철학》(책세상, 2005), "제3장 : 생기존재론"을 볼 것.

권력이라는 현상, 권력에의 의지가 나타나는 현상에 방법론적 우선성을 부여한다는 것을 의미할 뿐이다.

그렇다면 권력은 어떻게 일어나는 것인가? 권력이라는 사회적 현상은 간단히 영향, 지배, 폭력의 형태로 발생한다. 권력에 관해 여전히 가장 간단명료한 정의를 내리고 있다고 평가받고 있는 막스 베버는 권력의 현상을 이렇게 설명한다. "권력은 하나의 사회적 관계 안에서 자신의 의지를 저항에도 불구하고 관철시킬 수 있는 모든 기회를 의미한다. 이 기회가 어디에 있든지."[37] 권력은 근본적으로 '관계', '의지', '저항'과 연관이 있는 하나의 사건이다. 기회가 왔다가 가는 것처럼, 권력은 끊임없이 일어나는 현상이다. 여기서 우리는 막스 베버가 강조하는 기회의 비도덕성에 주목할 필요가 있다. 그것은 폭력적일 수도 있고, 이성적일 수도 있다. 또한 기회를 포착하는 우리의 태도는 능동적일 수도 있고, 수동적일 수도 있다. 기회가 어디에 근거하든 권력 의지는 스스로를 표출할 수 있는 기회를 노리고 있는 것이다. 바로 여기에서 권력의 내면적 성격이 분명하게 드러난다.

첫째, 권력은 내면의 힘이다. 니체는 권력을 바깥에서 바라보는 대신 안으로부터 파악하고자 한다. 권력에의 의지는 두말할 나위 없이 의지 행위의 현상이다. 그렇다면 우리에게 나타나는 의지의 현상은 어떻게 일어나는가? 우리가 무엇을 갖고 싶을 때, 무엇인가를 성취하고자 할 때, 우리는 특정한 의지를 갖고 있다고 이야기된다. 니체에게 의지 자체 또는 의지로서의 의지는 공허한 추상과 허구에 지나지 않는다. 의지는 항상 무엇인가를 구체적으로 원하기 때문이다. 우리의 의지는 무엇을 원하는가? 여기에서 니체의 결정적인 대답이 주어진다. 의지는 근본적으로 권력을 원한다.

---

37) Max Weber, *Wirtschaft und Gesellschaft*(Tübingen : Mohr, 1972), 28쪽.

따라서 모든 의지는 권력에의 의지이다. 이런 사실을 인식하기 위해서는 우선 권력을 내면적인 힘으로 파악할 필요가 있다고 니체는 강조한다. 권력에의 의지를 설명한 가장 중요한 텍스트 중의 하나는 권력에의 의지를 이렇게 서술한다.

> 우리의 물리학자들이 신이나 세계를 창조했던 '힘Kraft'이라는 당당한 개념은 여전히 보완될 필요가 있다. 힘의 개념에는 하나의 내면적 세계가 부여되어야 한다. 나는 이 내면적 세계를 '권력에의 의지'로 부른다. 그것을 권력Macht을 나타내고자 하는 지칠 줄 모르는 욕망, 권력의 실행과 행사, 또는 창조적 충동 등으로 부른다.[38]

니체는 물리학자들이 계량적, 기계론적으로 파악하는 힘에 권력에의 의지를 부여한다. 우리가 주목할 필요가 있는 것은 니체가 힘의 개념을 보완할 필요가 있다고 강조한 부분이다. 힘이 다른 힘과의 관계에서만 인식될 수 있다는 점에서 힘을 단순한 작용 또는 효과로 이해하면 권력 문제를 올바로 파악할 수 없다는 것이다. 그렇기 때문에 니체는 "모든 운동, 모든 '현상', 모든 '법칙'을 어떤 내면적 사건의 징후로만 파악해야 한다"[39]고 말한다. 이 내면적 사건은 두말할 나위 없이 하나의 의지 작용이다.

둘째, 권력은 양적으로 힘의 상호 관계이다. 우리는 상호 관계에 있는 힘들을 측정하지 않고는 결코 권력을 말할 수 없다. 어떤 사람이 얼마만큼의 힘을 갖고 있어서 그보다 힘을 적게 갖고 있는 다른 사람에게 영향을 미치는가? 우리가 측량할 수 있는 힘은 서로 비교할 수 있을 정도로 동질적인

---

38) Friedrich Nietzsche, KSA 11, 36(31), 563쪽. 니체전집 18, 375쪽.
39) Friedrich Nietzsche, 같은 책, 같은 곳.

것인가? 어떤 사람이 어떤 측면에서 힘이 없다고 해서 반드시 모든 면에서 힘이 없는 것인가? 이런 질문들은 힘의 측정이 다루기 매우 어려운 문제임을 알려준다. 왜냐하면 힘의 측정은 어쩔 수 없이 "질적 해석의 예술"[40]을 요구하기 때문이다.

그럼에도 불구하고 권력을 측정하려면 우리는 어쩔 수 없이 권력을 잴 수 있는 하나의 '단위'를 필요로 한다. 행위에서 행위 주체를 제거하여 이 개념을 비운 다음 다시 해체된 주체 개념을 집어넣은 것처럼, 니체는 존재론적 단위의 개념을 해체한 다음 다시 단위를 도입한다. "계산할 수 있으려면 우리는 단위(단일성, Einheiten)들을 필요로 한다. 그렇다고 그런 단일성이 존재한다고 가정할 수는 없는 일이다. 우리는 단위 개념을 우리의 가장 오래된 신앙 품목인 '나'의 개념으로부터 빌려 왔다. 우리 자신을 단위로 간주하지 않았다면, 우리는 '사물'이라는 개념을 형성하지 못했을 것이다."[41] 이런 의미에서 니체는 권력의 단위를 말한다. 우리 모두는 하나의 권력 단위로서 다른 권력 단위와 관계를 맺고 있다는 것이다.

니체는 "권력에의 의지. 철학"이라는 제목을 달고 있는 1888년 봄의 한 유고에서 권력의 양적 성격을 분명히 서술한다. 이 유고의 부제 "권력 양자(量子). 기계론 비판"은 권력을 하나의 단위로 파악하면서도 기계론적 설명을 넘어설 수 있는 가능성을 이미 암시하고 있다.

이런 첨가물들을 제거해보자. 그러면 어떤 사물들도 남지 않게 된다. 오히려 다른 모든 역동적 양자들과 긴장 관계에 있는 역동적 양자들만이 남는다. 이 양자들의 본성은 다른 모든 양자들과의 관계에 있으며, 다른 모든 양자들에 대

---

40) Gilles Deleuze, *Nietzsche und die Philosophie*, 49쪽.
41) Friedrich Nietzsche, KSA 13, 14(79), 258쪽. 니체전집 21, 67~68쪽.

한 '작용'에 근거한다―권력에의 의지는 존재도 아니고 생성도 아니다. 그것은 오히려 파토스Pathos로서, 생성과 작용이 비로소 그것으로부터 생겨나는 가장 기초적인 사실이다.[42]

우리가 세계를 이해하려면 어쩔 수 없이 단일성을 갖고 있는 단위를 허구적으로 만들 수밖에 없다. 주체, 원자, 수 개념들은 모두 세계의 기계론을 견지하기 위해 만들어진 허구들이다. 우리는 감각을 통해 세계를 운동으로 파악하고 또 심리적 의식을 통해 원자와 같은 단위를 전제하지만, 이들은 모두 감각 기관의 편견이자 심리적 편견에 지나지 않는다는 것이다. 니체는 우리가 이렇게 허구적으로 만들어낸 첨가물들을 제거하면 결국 역동적인 "권력 양자Machtquantum"에 도달하게 된다고 말한다.

니체는 어쩔 수 없이 "권력 양자"라는 용어를 도입하지만 이는 권력이 관계의 관점에서 이해될 수밖에 없다는 점을 강조할 뿐이지 결코 권력에 존재론적 실체를 부여하는 것이 아니다. 라이프니츠의 모나드 이론은 모든 힘의 중심이 자신으로부터 나머지 전체 세계를 구성한다는 관점주의의 입장을 취함으로써 일정 부분 니체의 권력 이론과 유사하지만, 니체의 권력 양자는 결코 라이프니츠의 모나드가 아니다. 왜냐하면 니체의 권력 양자는 지속적이지도 않고, 창문이 없는 것도 아니며, 하나의 목적을 내면에 함축하고 있는 것도 아니기 때문이다.[43] 권력 양자의 다원성은 결코 원자처럼 양적으로 환원될 수 없는 최종 단위의 복수성이나 분할될 수 없는 모나드의 복수성으로 이해되어서는 안 된다. 우리가 도달할 수 없는 마지막 단위가 존재하지 않는다면, 권력은 역동적으로 상호 작용하는 힘들의 '관

---

42) Friedrich Nietzsche, 같은 책, 259쪽. 니체전집 21, 69쪽.
43) 이에 관해서는 Wolfgang Müller-Lauter, *Nietzsche : Seine Philosophie der Gegensätze und die Gegensätze seiner Philosophie*, 32쪽을 참조할 것.

계'이다.

셋째, 권력은 권력 증대를 추구하는 권력 감정이다. 권력이 힘과 힘 사이에서 생겨나는 관계라고 한다면, 권력에의 의지는 힘을 통해 그때그때마다 표현되어야 한다. 그렇다면 권력에의 의지가 스스로를 표현한다는 것은 무엇을 의미하는가? 이 질문은 권력의 생성과 표현의 문제로 이어진다. 권력의 생성과 표현은 한편으로 권력 양자의 다원주의에 의존하지만, 다른 한편으로는 권력을 표현하는 내면의 힘, 내면의 충동을 전제한다. 무엇이 권력을 표현하는가? 이 물음에 대한 전통적이고 관습적인 대답은 '의지'이다. 그러나 니체의 권력 의지는 ("권력에의 의지Wille **zur** Macht"라는 이 용어의 문법적 구조가 말해주는 것처럼) 항상 구체적인 대상을 추구한다. 니체의 권력 의지는 목적 지향적이다. 그러나 이 목적은 선험적으로 주어진 내재적 목적entelechiea도 아니고 초월적 목적도 아니다. 권력 의지의 목적은 '더 많은 권력'일 뿐이다. 그렇기 때문에 권력은 권력을 추구한다는 의미에서 권력에의 의지다.

니체는 권력 의지가 단순한 의지 자체로 오해되어서는 안 된다고 끊임없이 지적한다. 그는 스스로 질문한다. "권력에의 의지는 일종의 의지인가 아니면 의지 개념과 동일한 것인가? 그것은 욕구한다는 것과 다름없는 것인가? 아니면 명령한다는 것인가?"[44] 니체는 쇼펜하우어와 같은 전통 철학자들 역시 의지에서 "내용과 '어디로'라는 방향성을 빼버림으로써 의지의 성격을 제거"[45]했다고 말한다. 우리가 권력을 단순한 욕구와 욕망으로 환원하면, 우리는 이러한 욕구의 주체를 전제하는 오류를 범하게 된다. 우리는 물론 의지에 방향성을 부여하여 '삶에의 의지'라고 말할 수도 있

---

44) Friedrich Nietzsche, KSA 13, 14(121), 301쪽. 니체전집 21, 120쪽.
45) Friedrich Nietzsche, 같은 책, 같은 곳.

다. 그렇지만 이 경우에도 또다시 '산다는 것은 무엇을 의미하는가?'의 물음에 부딪히게 된다. 그렇기 때문에 니체는 삶을 그 내면의 본성으로부터 파악할 수 있는 관점을 선택하여 "권력에의 의지"로 명명한 것이다.

여기서 우리는 권력과 관련된 니체의 독창적 관점을 만나게 된다. 다른 힘들과의 다원적 관계에서 발생하는 권력은 동시에 권력 감정을 산출한다. 더욱 간단하게 표현하면, 권력은 권력 감정이다. 권력 감정이 없는 권력은 근본적으로 권력이 아니다. 여기서 니체는 그리스어 파토스pathos에서 유래한 '아펙트(Affekt, affectus)'라는 용어를 사용한다. 감정, 정념, 정서, 영향, 감동으로 옮길 수 있는 독일어 용어 '아펙트'는 도대체 무엇을 의미하는가? 니체가 "권력에의 의지는 원시적인 아펙트-형식이며 다른 모든 아펙트들은 단지 그것(권력에의 의지)의 다양한 형태들"에 불과하다고 말할 때, 권력에의 의지는 어떤 점에서 '원시적'인가? 많은 사람들은 행복을 추구해야 한다고 말하지만, 니체에 의하면 모든 생명체는 "권력을 추구하고, 더 많은 권력을 추구한다".[46] 권력을 나누려는 자를 본 적이 있는가? 권력 증대는 권력의 내면적 속성이다.

니체는 《선악의 저편》에서 권력 의지의 이러한 역동적 구조를 "비(非)철학적으로"[47] 상세하게 설명한다. (1) 모든 의지 작용에는 다양한 감정이 있다. 그것은 대체로 어떤 상태로부터 '벗어나서' 다른 어떤 상태로 '향하는' 운동을 수반하는 감정이다. 권력은 근본적으로 운동이다. 그것도 더 많은 권력을 향한 운동이다. 그렇기 때문에 니체는 권력이 가져다주는 쾌락은 근본적으로 "성취된 권력의 감정에 대한 징후"[48]에 불과하다고 말한

---

46) Friedrich Nietzsche, KSA 13, 14(121), 300쪽. 니체전집 21, 119쪽.
47) Friedrich Nietzsche, JGB, I 19, KSA 5, 32쪽. 니체전집 14, 37쪽. 여기서 "비철학적"이라는 말은 철학적 개념으로 인한 편견 없이 권력의 현상을 있는 그대로 서술한다는 것을 의미한다.
48) Friedrich Nietzsche, KSA 13, 14(121), 300쪽. 니체전집 21, 119쪽.

다. 이처럼 수동적인 감정은 의지의 요소이다. (2) 사유 행위 역시 일종의 의지 행위이며, 모든 의지의 행위 속에는 하나의 명령하는 사상이 있다. 권력을 추구하려면, 우리는 우리가 원하는 것을 정확하게 인식하고 분석해야 한다. 우리는 때에 따라 어떤 것이 진실한 것이고, 좋은 것이고, 아름다운 것인가를 판단해야 할 뿐만 아니라 어떤 수단이 더 효과적인지를 계산해야 한다. 그러나 이러한 인식도 결국은 권력 의지의 도구라는 것이다. (3) "권력 의지는 감정과 사고의 복합체일 뿐만 아니라 무엇보다 하나의 감정(아펙트)이다, 그것도 명령의 아펙트이다."[49]

권력에의 의지는 무엇을 명령하는가? 니체가 말하는 아펙트는 도대체 무엇인가? 니체는 1887년 겨울의 유고에서 이 문장을 반복한다.

> '원한다'는 '욕구한다', 추구한다, 요구한다가 아니다. 의지는 명령의 아펙트에 의해 이들과 구별된다. '원한다wollen'는 존재하지 않으며, 단지 무엇을–원한다Etwas-wollen만 존재한다……무엇인가가 명령된다는 것은 원한다는 의지 작용에 속한다.[50]

권력 의지의 관점에서 파악하면, 자유 의지 역시 명령에 순종해야만 하는 자에 대한 우월의 감정이다. 이처럼 니체는 권력을 명령과 복종의 관계에서 일어나는 감정으로 파악한다. 여기서 우리는 권력 의지의 역동적 현상학과 권력 다원주의의 상관관계를 어렵지 않게 파악할 수 있다. 니체는 "권력 양자의 본성이 다른 모든 권력 양자들에 힘을 행사하는 데 있다"[51]

49) Friedrich Nietzsche, JGB, I 19, KSA 5, 32쪽. 니체전집 14, 37쪽.
50) Friedrich Nietzsche, KSA 13, 11(114), 54쪽. 니체전집 20, 351~352쪽. 강조는 니체 자신에 의한 것임.
51) Friedrich Nietzsche, KSA 13, 14(81), 261쪽. 니체전집 21, 71쪽.

고 말함으로써 권력이 권력 양자의 다원성과 명령의 능동성을 전제하고 있음을 분명히 한다.

그렇다면 권력 의지가 스스로를 표현하는 기회는 언제이고, 또 어떻게 표현하는가? 권력 의지의 생성과 표현의 전제 조건인 힘들의 다원적 상호 관계는 높고 낮은 다른 힘들로부터 영향을 받음으로써 규정된다. 아펙트 affectus로서의 권력은 영향을 주고afficere "동시에" 영향을 받는 것이다. 권력에의 의지가 본질적으로 파토스라는 의미가 여기에 있다. 이런 관점에서 권력에의 의지는 (들뢰즈가 정확하게 지적한 것처럼) "영향을 받을 수 있는 능력"[52]이다. 이 경우에도 권력 의지는 수동성을 의미하기보다는 감수성이라는 능동적 성격을 함축한다.

넷째, 권력은 항상 저항의 가능성을 갖고 있는 지배 형식으로 표현된다. 권력 의지는 하나의 내면적 힘으로서 다른 힘들과의 관계를 규정하지만, 동시에 이 관계에 의해 항상 규정된다. 그렇다면 이러한 힘의 상호 관계를 통해 궁극적으로 도달하고자 하는 것은 무엇인가? 권력 의지가 추구하는 권력의 증대는 어떤 형태로 표현되는가? 여기서 우리는 니체의 권력 이론을 특징짓는 두 인용문을 자세하게 살펴보고자 한다. 글머리에서 이미 인용한 다음의 유고 텍스트는 권력이 항상 타자와 저항을 요구한다는 것을 분명하게 지적하고 있으며, 다른 인용문에서는 권력 의지가 자신의 역동성에도 불구하고 항상 일종의 지배 질서를 추구한다는 점이 극명하게 드러난다.

권력에의 의지는 오직 저항에 당면해서만 자신을 표현한다. 이 의지는 자신에게 저항하는 어떤 것을 찾는다……자기 것으로 만들고 동화시키는 것은 무

---

52) Gilles Deleuze, *Nietzsche und die Philosophie*, 69쪽.

엇보다 제압된 것이 공격자의 권력으로 완전히 넘어가서 공격자를 증대시킬 때까지 제압하기 원하는 것이며, 형식을 강요하는 것이며, 변형시키는 것이 다.[53]

권력에의 의지가 표현되려면 반드시 저항이 있어야 한다. 권력 의지는 자신에게 영향을 미치고, 문제가 되고, 자신에게 다가와 동화될 수 있는 것을 느끼고, 인식하고, 확인할 수 있을 때 비로소 표현될 수 있다. 우리가 외부의 자극에 수동적, 반동적으로 대응할 때에도 권력 의지는 여전히 작용한다. 왜냐하면 권력 양자는 외부적으로는 단일한 개체로 보일지라도 내면적으로는 여전히 다원적이기 때문이다. 다시 말해 외부적으로는 통일성으로 보이는 것도 실제로는 다양한 힘들의 조직과 유희이다.

모든 동일성은 오직 조직과 합동으로서만 동일성이다. 이는 인간의 공동체가 동일성인 것과 다를 바 없다. 그러므로 그것은 원자론적 무정부 상태의 반대로서 하나의 지배-구조이다. 이 지배 구조는 하나로 존재하는 것이 아니라 하나를 의미한다.[54]

세계가 일자이면서 다수라면, 권력에의 의지 역시 일자이면서 다수이다. 권력이 다양한 힘들의 역동적 상호 작용을 전제한다고 해서, 권력 의지가 무정부주의적인 것은 결코 아니다. 모든 권력은 항상 지배 구조를 추구한다. 막스 베버가 정의한 것처럼 지배 관계는 "누구라고 말할 수 있는 특정한 사람들로 하여금 특정한 내용의 명령에 복종하게 할 수 있는 기

---

53) Friedrich Nietzsche, KSA 12, 9(151), 108쪽.
54) Friedrich Nietzsche, KSA 12, 2(87), 104쪽. 니체전집 19, 130쪽.

회"[55])를 의미한다. 지배 관계는 일정 기간 제도화된 명령과 복종의 관계이다. 달리 표현하자면 지배는 "제도화된 권력"[56])이다.

우리의 공동체가 일정 기간 특정한 법질서, 즉 지배 관계로 통일성을 유지하지 않는다면, 우리는 무정부 상태에 빠지게 될 것이다. 마찬가지로 모든 생명체가 내면에 있는 다양한 힘들, 다양한 아펙트들을 일정 기간 어느 정도의 지배 관계로 통일시키지 않는다면, 우리의 삶 역시 무정부적 혼돈 상태일 것이다. 그렇지만 권력에의 의지는 항상 우리의 삶, 공동체, 세계가 하나를 '의미할' 수 있도록 특정한 지배 관계를 추구한다. 모든 문제는 궁극적으로 어떤 사상이, 어떤 의지가, 어떤 이념이 명령하는가에 달려 있는 것이다. 이를 위해 우리는 권력의 특성을 파악할 필요가 있는 것이다. (1) 내면의 힘으로서의 권력, (2) 양적으로 특정할 수 있는 힘들의 다원적 상호 관계, (3) 영향을 받고 동시에 영향을 주는 감정으로서의 권력, (4) 통일성의 의미를 부여할 수 있는 지배 관계로서의 권력. 이러한 권력의 현상들이 우리가 부인할 수 없는 하나의 사실이라면, 우리는 이 권력을 어떻게 해석하고 비판할 수 있는가?

4. 권력의 계보학적 비판 이론

니체는 우리로 하여금 권력이라는 삶의 적나라한 현실과 맞닥뜨리게 한다. 우리가 실제로는 추구하면서도 입에 올리기 꺼리는 '영원한 문제'로서의 권력, 그것이 바로 니체가 거칠고 공격적인 언어로 파헤치고자 한

---

55) Max Weber, *Wirtschaft und Gesellschaft*, 28쪽.
56) Heinrich Popitz, *Phänomene der Macht*(Tübingen : Mohr, 1986), 37쪽.

것이다. 니체는 "권력에의 의지가 우리가 심층으로 내려가 도달할 수 있는 마지막 사실"[57]이라고 단언한다. 권력은 우리가 부인하거나 회피할 수 없는 우리의 운명이다.

그렇다면 권력을 악으로 규정하려는 우리의 경향은 도대체 어디에서 기인하는 것인가? '권력'은 권력 의지의 가장 순수하고 직접적인 표현 형식인 '폭력'과 구별되지 않으며, 권력 의지의 제도화된 형태인 '지배'와도 구분되지 않는다. 니체는 우리의 자유와 권리를 보장하기 위해 만들어진 제도적 장치인 "국가도 조직된 폭력성"[58]이라고 폭로한다. 이런 관점에서 폭력적이지 않은 삶은 존재하지 않는다. "생명 그 자체는 본질적으로 낯선 것과 좀 더 약한 것을 자신의 것으로 만드는 것이며, 침해하고 제압하고 억압하는 것이며 냉혹한 것이고, 자기 자신의 형식을 강요하며 동화시키는 것이며, 가장 부드럽게 말한다 해도 적어도 착취이다."[59] 우리는 침해, 폭력, 착취를 서로 억제하고 자신의 의지를 다른 사람의 의지와 동일시하는 민주 사회를 만들려고 하지만, 민주주의가 '사회의 근본 원리'로 설정하는 평등화는 근본적으로 "삶을 부정하는 의지이고 해체와 타락의 원리"[60]라는 것이다.

니체는 우리가 이러한 사회적 현상의 근거를 극단적으로, 즉 철저하게 생각하면 결국 권력에의 의지를 인정할 수밖에 없다고 말한다. 그렇다면 침해, 폭력, 착취, 지배로 표출되는 권력에의 의지를 세계의 마지막 사실로 인정한다면, 우리가 권력을 해석하고 조정하고 통제할 수 있는 방법은 없는 것인가? 권력 의지는 항상 동일한 형태로 표출되는 것인가? 니체가

57) Friedrich Nietzsche, KSA 11, 40(61), 661쪽. 니체전집 18, 504쪽.
58) Friedrich Nietzsche, KSA 13, 11(252), 97쪽. 니체전집 20, 404쪽.
59) Friedrich Nietzsche, JGB, IX 259, KSA 5, 207쪽. 니체전집 14, 273쪽.
60) Friedrich Nietzsche, 같은 책, 같은 곳.

《도덕의 계보》에서 해체하고 비판하는 "도덕", "양심", "금욕주의"는 정말 약자들이 갖고 있는 권력 의지의 표현에 불과한 것인가?

니체 스스로 말하고 있는 것처럼 "모든 철학은 또한 하나의 철학을 숨기고 있으며, 모든 낱말도 또한 하나의 가면이다".[61] 니체의 권력 이론은 권력의 현상을 극단적으로 서술하면서 동시에 권력을 생산적으로 비판하고 조형하고 창조할 수 있는 가능성을 암시한다. 권력을 (권력 양자의 개념이 연상시키는 것처럼) 단지 양적으로만 파악한다면, 우리는 어쩔 수 없이 힘들의 상호 작용에 수동적으로 예속될 수밖에 없다. 그러므로 권력의 비판 가능성은 권력의 양과 질을 구별할 수 있는가 하는 문제로 집중된다. 양자로서의 권력은 어느 단계에서 질로 변화하는가? 양적 관계인 권력을 질적 관계로 전환시키는 것은 도대체 무엇인가?

니체는 이 물음에 대한 답을 또한 권력에의 의지에서 찾는다. 권력에의 의지는 근본적으로 능동적인 해석과 가치 평가를 통해 서열의 질서를 만들려는 "거리의 파토스"[62]이다. 전통적으로 질적인 구별을 가장 극명하게 나타내는 선과 악은 근본적으로 권력의 양적 차이로 설명될 수 있다는 것이다. 만약 모든 질을 양으로 환원하는 것이 웃기는 일이라면, 어떤 양의 차이가 질적 차이로 이해될 수 있는가 하는 물음이 제기된다. 양과는 근본적으로 구별되는 양적 차이는 도대체 무엇인가?

우리는 여기서 니체가 선악의 도덕적 개념을 권력으로 환원시킴으로써 계보학적으로 비판하는 과정을 눈여겨볼 필요가 있다. 니체에 의하면 선은 결코 선한 행위와 품성을 보여주었다고 생각되는 사람들에게서 유래하

---

61) Friedrich Nietzsche, JGB, IX 289, KSA 5, 234쪽. 니체전집 14, 307쪽.
62) Friedrich Nietzsche, GM, I 2, KSA 5, 259쪽. 니체전집 14, 353쪽. "거리의 파토스"에 해당하는 독일어 용어는 "파토스 데어 디스탄츠Pathos der Distanz"이다. 여기서 '거리Distanz'는 '차이 Differenz'를 의미한다.

지 않는다. 다시 말해 선은 선의 특성에 기반을 두고 있는 것이 아니라 '선한 사람들' 자체에 근원을 두고 있다는 것이다. 그런데 니체가 말하는 '선한 사람들'은 "저급한 모든 사람, 저급한 뜻을 지니고 있는 사람, 비속한 사람, 천민적인 사람들에 대비해서 자기 자신과 자신의 행위를 선하다고 느끼고 평가하는 고귀한 사람, 강한 사람, 높은 지위의 사람, 높은 뜻을 지닌 사람들"[63]이다. 강한 사람이 가치를 평가하고 창조하고 설정함으로써 명령하는 주인의 도덕을 갖고 있다면, 약한 사람은 복종할 뿐만 아니라 행위를 행위자로부터 분리시킴으로써 자신의 가치를 반동적으로 만드는 '무리 본능'을 지닌다. 선악의 질적 구별은 결국 강한 자와 약한 자의 구별로 환원되며, 강약의 양적 차이는 결국 능동성과 반동성이라는 질적 차이를 구성한다.

니체에게서 양적 차이가 단순하게 양으로 환원될 수 없는 질을 구성한다는 인식을 가장 극명하게 보여준 사람은 두말할 나위 없이 들뢰즈이다.[64] 그에 의하면 힘들은 양을 나타내지만, 동시에 양의 차이에 부합하는 질적 특성을 갖고 있다. 능동과 반동은 힘들의 질을 구성하고 결정한다. 니체는 능동과 반동의 구별이 힘을 측정할 수 있는 결정적인 척도라고 말한다.

> 우리는 하나의 척도를 가져야 한다. 나는 위대한 양식을 구별한다. 나는 능동과 반동을 구별한다. 나는 힘이 남아돌아 허비하는 자들과 고통을 당하면서 열정적인 자들을 구별한다.[65]

《도덕의 계보》에서 이루어지고 있는 전통 도덕의 계보학적 해체는 근본

---

63) Friedrich Nietzsche, GM I, 2, 같은 책, 같은 곳.
64) Gilles Deleuze, *Nietzsche und die Philosophie*, 제2장을 참조할 것.
65) Friedrich Nietzsche, KSA 12, 10(111), 520쪽. 니체전집 20, 220쪽.

적으로 "능동"과 "반동"이라는 개념적 도구로 실행된다. 능동성은 근본적으로 강한 자의 권력 의지로서 "제압과 지배이며, 모든 제압과 지배는 다시금 새로운 해석"[66]을 의미한다. 이에 반해 '반동성'은 모든 차이를 지워버려 동일하게 만들려는 약자의 "이차적 능동성"[67]에 지나지 않는다. 능동적 힘은 권력의 차이를 통해 창조하고, 반동적 힘은 권력의 평등화를 통해 파괴한다. 능동적이라는 것은 우리 자신을 권력에의 의지로 인식하고 내면에 있는 힘이 발휘될 수 있도록 권력을 긍정하는 것을 의미한다. 반면, 반동적이라는 것은 자신이 할 수 있는 것으로부터 분리된 힘의 상태를 의미한다. 그렇기 때문에 반동적 힘은 우리의 삶을 새롭게 해석할 수 없는 무능력, 새로운 가치를 설정할 수 없는 무능력을 의미한다.

이런 관점에서 들뢰즈는 능동적 힘을 다음과 같이 정리한다. "(1) 지배하고 복종시키는 조형적 힘, (2) 자신이 할 수 있는 끝까지 가는 힘, (3) 자신의 차이를 인정하고 또 이러한 차이로부터 쾌락과 긍정의 대상을 만드는 힘"[68] 여기에 우리는 반동적 힘을 대립시킬 수 있다. 반동적 힘은 (1) 순종하고 복종하는 파괴적 힘, (2) 자신이 할 수 있는 것으로부터 분리된 힘, (3) 자신의 차이를 부정하고 평등화하려는 힘이다. 여기에서 우리는 열등한 자가 단순히 힘이 '덜' 있는 자가 아니라 특정한 종류의 질적 차이를 보이는 자임을 쉽게 간파할 수 있다.

권력에 대한 니체의 계보학적 분석은 권력을 생산적으로 비판할 수 있는 독창적 관점을 제공한다. 권력에의 의지의 계보학적 요소는 이중적이다. 권력은 차이를 만들어낸다는 점에서 차별적이고, 동시에 새로운 관계를 구성한다는 점에서 생성적이다. 권력의 차이가 없으면 생성도 없다. 이

---

66) Friedrich Nietzsche, GM, II 12, KSA 5, 314쪽. 니체전집 14, 421쪽.
67) Friedrich Nietzsche, GM, II 12, KSA 5, 316쪽. 니체전집 14, 423쪽.
68) Gilles Deleuze, *Nietzsche und die Philosophie*, 68쪽 이하.

러한 관점을 우리가 살고 있는 사회에 적용하면 문제는 조금 더 분명하게 드러난다. 기존의 규범, 사회 질서, 지배 관계에 저항할 수 있는 권력의 차이가 없다면, 새로운 사회를 꿈꾸는 것조차 불가능할 것이다. 모든 것을 평등화하여 단순한 힘의 균형 관계를 만드는 것이 민주 사회의 목적이라면, 평등화의 권력 장치인 관료제로부터 나오는 폭력은 어떻게 대처할 것인가? 모든 개인이 자신의 삶을 스스로 통제하고 창조하기보다는 사회의 흐름에 자동적으로 내맡겨 적응하고 순응한다면, 우리는 과연 진정한 자유를 실현할 수 있겠는가? 간단히 말해 권력 없이 자유가 가능한가?

니체는 권력과 자유를 연관시킬 뿐만 아니라 자유를 권력의 표현으로 파악한다. 자유와 권력은 결코 대립되는 것이 아니다. 자신을 지배할 수 있는 자만이 세계를 지배할 수 있는 것처럼 자유를 추구하는 의지, 즉 "의지를 실현하는 인간은 복종하는 자신의 내면에 있는 그 무엇에 명령한다".[69] 명령할 수 있다는 것은 가치를 갖고 있다는 것을 의미하고, 가치를 창조할 수 있다는 것은 해석할 수 있다는 것을 의미한다. 우리가 살고 있는 사회에 대해 '다르게' 생각하고, '새롭게' 해석할 수 없다면, 우리는 결국 기존 질서에 묶여 살아가게 될 것이다. 이처럼 권력은 항상 해석의 가능성을 전제한다.

세계의 가치는 우리의 해석에 있다는 점(—어쩌면 어디에선가는 단순히 인간적인 것과는 다른 해석들이 가능하다는 점—), 종래의 해석들은 우리가 권력을 증대하기 위해 생명, 즉 권력에의 의지를 보존할 수 있도록 해주는 관점주의적 평가들이라는 점, 모든 인간의 향상은 편협한 해석들의 극복을 수반한다는 점, 모든 도달한 강화와 권력 확장은 새로운 관점들을 열어놓고 또 새로운 지평들

---

69) Friedrich Nietzsche, JGB, I 19, KSA 5, 32쪽. 니체전집 14, 38쪽.

을 믿게 한다는 점—이것이 나의 저서들을 관통한다.[70]

　여기서 니체는 권력 비판과 관련된 두 가지 중요한 관점을 제공한다. 첫째, 권력 증대는 근본적으로 새로운 관점들의 획득이다. 둘째, 해석의 확대는 인간의 향상과 개선을 가져온다. 니체는 이를 더욱 간단하게 표현한다. "해석의 다양성, 그것은 힘의 표시이다."[71] 이 명제의 시대적 타당성은 분명하다. 자본주의는 과연 인간의 자유를 실현할 수 있는 유일한 체제인가? 진보의 이데올로기는 인간과 자연의 관계를 구성할 수 있는 유일한 방법인가? 민주주의는 지배자와 피지배자, 국가와 국민의 관계를 소통시킬 수 있는 최선의 제도인가? 이러한 물음들은 모두 권력에 대한 비판적 관점을 요구한다. 니체의 권력 이론은 이에 대해 이렇게 접근할 것을 제안한다. (1) 현재의 권력 관계는 해석의 다양성을 제공하는가(다원주의)? (2) 현재의 사회는 모든 개인들이 개성과 차이를 실현할 수 있도록 허용하는가(자유주의)? (3) 기존 권력은 개인이 자신의 힘을 끝까지 발휘할 수 있는 기회를 제공하는가(평등주의)? (4) 현대 사회는 미래를 조형하고 창조할 수 있는 힘을 함께 발전시키는가(지속 가능성)? 이 물음이 우리가 당면한 문제라면, 우리는 우선 권력에의 의지를 인정해야 한다. 니체는 어쩌면 권력이 우리의 운명이라는 사실을 인식시키기 위해 그토록 공격적이고 위험한 용어를 사용했는지도 모른다. 니체를 두려워하는 사람들은 인간에 대한 전통적 정의로 돌아갈 수도 있다. 인간은 스스로를 인식할 수 있기 때문에 위대하다면, 우리는 여전히 인간의 내면에 있는 이면을 보아야 하지 않겠는가? 우리의 이중적 양면성을 인정할 때, 우리는 비로

---

70) Friedrich Nietzsche, KSA 12, 2(108), 141쪽. 니체전집 19, 141쪽.
71) Friedrich Nietzsche, KSA 12, 2(117), 120쪽. 니체전집 19, 148쪽.

소 우리의 삶을 창조적으로 만들어갈 수 있다. "인간에게 있는 위대함에 대한 나의 정식은 운명애amor fati다. 앞으로도 뒤로도 영원토록 그 이외의 다른 것은 갖기를 원하지 않는다는 것. 필연적인 것을 단순히 감당하기만 하는 것이 아니고, 은폐는 더더욱 하지 않으며, 오히려 그것을 사랑하는 것이다."[72] 우리는 이제 우리의 운명인 권력의 혐오자이기보다는 친구가 되어야 한다.

---

72) Friedrich Nietzsche, EH, Warum ich so klug bin 10, KSA 6, 297쪽. 니체전집 15, 373~374쪽.

제5장

계보학의 역설

근원의 망각인가
아니면 역사의 기억인가

이성. ―어떻게 이성이 이 세상에 태어났는가? 상당히 유치하게, 비이성적인 방식으로, 우연을 통해 탄생했다. 우리는 이 우연을 하나의 수수께끼처럼 추측해야 할 것이다.

―프리드리히 니체, 《아침놀》(1881)

인간은 본질적으로 광기에 걸려 있다. 그러므로 미치지 않았다는 것은 아마도 다른 형식으로 미쳤음을 의미할 것이다.

―미셸 푸코, 《광기의 역사》(1972)

역사적인 것에 대처할 수 있는 약은 비역사적인 것과 초역사적인 것이다…… '비역사적인 것'이란 잊을 수 있고 제한된 지평 안에 스스로를 가둘 수 있는 예술과 힘을 말한다. '초역사적'이라는 말로 나는 시선을 생성으로부터 예술과 종교, 즉 실존에 영원성과 동일성을 부여하는 것으로 돌릴 수 있는 힘들을 부른다.

―프리드리히 니체, 《삶에 대한 역사의 공과》(1874)

1. 역사주의의 도전—진리가 해체된 이후에도 사유는 가능한가

포스트모더니즘이라는 상징적 기호를 달고 있는 현대적 사유의 정체를 탐지하려는 모든 시도는 어김없이 '니체'라는 이름에 부딪히게 된다. 포스트모더니즘이 어떤 이념을 중심으로 하는 사상 체계로서보다는 동시대의 밑바탕에 관류하는 사상적 조류의 징후로 읽힐 때도 니체의 이름은 그 소용돌이의 중심에 떠오르고, 포스트모더니즘이 미래 질서의 원리를 지금 그리고 여기서 미리 읽어내고자 하는 실험적 사유의 시도로 파악될 때에도 우리는 니체의 그림자에서 벗어날 수 없다. "니체는 포스트모더니즘으로의 전환점이다."[1] 하버마스가 포스트모더니즘에 대한 비판적 해석을 집대성한 자신의 저서 《현대성의 철학적 담론》에서 간단히 내뱉는 이 말은 현대 철학의 지형도를 정확하게 말해준다. 그렇다. 니체는 온갖 형태의 포스트모던 사유를 자아내는 물레이다. 그렇다면 니체는 철학적으로 완전히 복권된 것일까? 하버마스는 니체의 인식론적 글들을 1960년대에 편집

---

1) 위르겐 하버마스, 《현대성의 철학적 담론》, 111쪽.

해 출판하면서 "이제는 더 이상 니체에 의한 사상적 감염은 있을 수 없다"[2]고 단언했는데, 현대의 사상적 흐름을 주도하고 있는 니체 사상의 의미와 중요성을 인정하고 있는 하버마스의 이 고백이 어쩐지 석연치 않은 까닭은 무엇일까? 그것은 어쩌면 니체의 '비합리적' 영향력은 인정하지만 니체의 고유한 철학적 방법론은 애써 외면하려는 합리주의의 전형적 입장이 그의 고백에 스며들어 있기 때문일 것이다. 하버마스는 니체가 포스트모더니즘의 조류와 함께 부활했지만 잠언의 형태로 서술된 그의 사상은 여전히 철학적 사유의 방법론과는 거리가 멀다는 편견에 갇혀 있는 것이다.

그러나 오늘날 우리가 직면하고 있는 (핵전쟁, 환경오염, 생태계의 파괴, 생명 복제 등과 같은) 문명의 광기들이 소위 이성의 산물이라는 점을 생각한다면, 우리는 이성의 비합리적 근원을 지적하는 니체를 비합리적이라고만 매도할 수는 없을 것이다. 전통적 합리주의자들이 이성의 틀 안에서 이성의 한계를 극복하고자 한다면, 니체는 이성이 비이성적이라고 배제한 비이성적 타자의 관점에서 이성을 비판하고자 하는 것이다. 이성은 다른 형태의 광기에 지나지 않는다고 질타하는 푸코는 바로 이 지점에서 니체와 만난다. 전통 형이상학에 대해 반역적인 두 사람의 사유의 밑바탕에는 이성이 우연을 통해 비이성적으로 탄생했다는 확신이 깔려 있는 것이다.

니체는 형이상학적 이성을 철저하게 해체하면서도 섣불리 대안을 제시하지 않는다. 그는 한편으로 "자신의 신적인 계통을 가리킴으로써 인간이 숭고하다는 감정에 도달했던" 옛 사람들의 길이 "지금은 금단의 길이 되었다"고 단언할 뿐만 아니라 "인류가 지금 걸어가고 있는 다른 길 역시"

---

2) 이에 관해서는 위르겐 하버마스, 《새로운 불투명성》, 이진우 · 박미애 옮김(문예출판사, 1995), 68쪽을 참조할 것.

결국에는 우리를 무(無)로 인도할 것이라고 허무주의적으로 예견한다. "이 길 끝에는 마지막 인간의 납골 묘지가 있을 것"이며 또 "인류가 얼마나 높이 발전하든, 아마 최후에는 인류가 처음보다 더 깊은 곳에 서 있을 것"[3] 이라는 예감은 서양 이성과 전통 형이상학에 대한 니체의 비판을 끈질기게 따라다니고 있다. 니체가 계보학적 이성 비판이라는 독창적인 철학적 방법론을 발전시켰음에도 불구하고 비합리주의의 사상가라는 꼬리표를 달고 다니는 것은 바로 그의 철저한 허무 의식 때문이다. 이런 관점에서 보면 합리주의자들이 니체에게 달아준 비합리주의라는 꼬리표는 어쩌면 진리와 이성의 철저한 해체를 통해 드러나는 허무주의적 인간 조건을 감내할 수 없는 합리주의의 무능력의 표현일지도 모를 일이다.

니체의 사유는 형이상학적 이성에 대한 철저한 비판과 다른 이성의 모색으로 특징지어진다. 니체의 영향을 깊이 받은 포스트모더니즘 역시 대체로 두 갈래로 구별된다. 니체-하이데거-데리다로 이어지는 한 계열은 철학 자체를 포기하지 않으면서도 형이상학적 사유의 뿌리를 파헤치는 형이상학 비판의 가능성을 탐색하고, 니체-바타유-푸코로 연결되는 다른 계열은 철학의 방법론적 성격을 철저하게 발전시킴으로써 주체 중심적 이성을 비판할 수 있는 새로운 패러다임을 모색한다. 우리는 현대 철학의 이 두 갈래를 니체 철학의 두 가지 모습으로 파악할 수 있다. 그러나 니체 철학의 이 두 가지 성격은 그동안 간과되어왔다. 니체 철학의 부활에도 불구하고 니체라는 '이름'은 여전히 신화의 베일에 가려져 있는 것이다. 어떤 사람들은 니체를 전통 형이상학을 극단적으로 해체한 철학자로 인식하고 있으며, 또 어떤 사람들은 서양 이성을 비판한다는 명목 아래 이성 자체를 포기한다고 니체를 비난하고 있다. 간단히 말해서 어떤 철학적 사유의 체

---

3) Friedrich Nietzsche, M, I 49, KSA 3, 54쪽. 니체전집 10, 63쪽.

계도 인정하지 않는 니체의 철학 역시 하나의 체계로 정리되고 요약될 수 없다는 것이다.[4]

우리는 니체의 철학이 그것의 내부적 모순과 다양성에도 불구하고 통일적 사유의 양식으로 이해될 수 있다고 생각한다. 그 핵심에는 진리가 권력 의지의 산물이라고 폭로하는 계보학이 있다. 여기서 우리는 니체의 극단적 허무주의가 비합리적이라는 오해를 제거하기 위해서는 니체의 사유가 (그것이 아무리 급진적이라 하더라도) 함축하고 있는 '방법론'을 체계화할 필요가 있다는 전제에서 출발하고자 한다. 니체의 방법론은 통상 계보(학)Genealogie라는 낱말로 요약된다. 그러나 우리가 계보학의 '학(學)'이라는 말을 괄호 안에 묶어야 하듯이 계보는 일반적으로 철학적 사유의 방법론으로 이해되지 않고 있다.[5] 계보(系譜)는 사람의 혈연관계 및 학문, 사상 등의 계통 순서의 내용을 나타낸 기록을 의미하며, 계보학은 계보를 사료로서 사용하는 방법을 과학적으로 연구하는 학문으로서 역사학의 보조 학문으로 이해되고 있다. 이처럼 계보학은 철학과는 전혀 무관한 역사 기술의 방법론인 것이다. 그러나 니체는, 《도덕의 계보Genealogie der Moral》라는 저서의 제목이 말해주고 있듯이, 계보학을 전통 형이상학을 그 내면으로부터 비판하고 동시에 새로운 이성을 탐색할 수 있는 실험적 사유의 방법론으로 발전시키고 있다.[6] 니체에 의하면 계보학은 서양 형이상학의 발

---

4) 니체의 철학적 사유와 체계의 문제에 관해서는 Wolfgang Müller-Lauter, *Nietzsche : Seine Philosophie der Gegensätze und die Gegensätze seiner Philosophie*, 1~3쪽을 참조할 것.

5) O. Marquard, "Genealogie", Joachim Ritter (Hrsg.), *Historisches Wörterbuch der Philosophie*, Bd. 3(Basel · Stuttgart, 1974), 267쪽을 참조할 것. 이 책을 제외하면 대부분의 철학 사전들은 계보학을 철학적 사유의 방법론으로 다루고 있지 않다.

6) 계보학Genealogie은 본래 탄생을 뜻하는 희랍어 '게네아genea'와 이론과 학설을 의미하는 '로고스logos'의 합성어이다. 이러한 어원적 뿌리가 말해주듯이 계보학은 선험적으로 주어졌다고 여겨진 이성의 우연적 탄생 조건들을 비판적으로 재구성함으로써 동시에 새로운 이성의 탄생 가능성들을 탐색한다는 이중적 의미를 가지고 있다고 볼 수 있다.

전 과정을 내면적 논리에 따라 분석하고 서술할 수 있는 유일한 방법론인 것이다.

  니체의 계보학은 한편으로는 서양 형이상학에 내재하고 있는 '진리에의 의지'가 어떻게 허무주의를 산출했는가를 비판적으로 재구성하고, 다른 한편으로는 이성과 진리가 탄생하는 우연적 조건을 분석함으로써 진리에의 의지가 "권력에의 의지"임을 폭로한다. 니체 계보학의 가장 중요한 핵심은 그것이 서양 형이상학과 철학사의 기본 전제 조건인 (이성, 의식, 실체, 주체, 자아, 물자체와 같은) 온갖 형태의 토대를 철저하게 부정하고 해체한다는 사실이다. 니체의 계보학적 방법론은 반(反)토대주의에서 출발한다. "근원에 대한 통찰과 함께 근원의 무의미성이 증대한다. 이에 반해 가장 가까이 있는 것들, 우리의 주위와 내면에 있는 것들은 예전 사람들이 꿈에도 상상하지 못했던 색채와 아름다움, 그리고 수수께끼의 의미의 풍요로움을 점차 드러내기 시작한다."[7] 여기서 우리는 근원의 무의미성에 대한 인식과 통찰이 다양성의 인정으로 이어지고 있음을 간파할 수 있다.

  니체는 행위의 주체, 역사의 근원, 인식의 대상, 진리의 토대가 우리 언어 구조에 의해 생겨난 환상에 지나지 않는다고 폭로한다. 니체는 언어의 주체-객체 구조를 문제시함으로써 우리 행위의 토대로 파악되었던 의식을 제거하고, 세계 내에서 일어나고 있는 생성의 사건을 이해하기 위하여 행위자-행위 모델을 해체한다. 니체는 인간을 분산시킴으로써 우리가 접하게 되는 실체들, 가치들, 사건들의 근원에 있다고 파악되었던 통일성을 분쇄한다. 이것은 오히려 근원 자체에서 실체적 통일성보다는 사건의 다양성이 표출되는 것을 허용한다. 니체는 우리가 경험하는 실체들, 가치들, 사건들의 실존 조건을 제공하는 복합적 힘의 관계들, 즉 다양성을 탐색함

---

7) Friedrich Nietzsche, M, I 44, KSA 3, 52쪽. 니체전집 10, 60쪽.

으로써 전통적 이성을 비판한다. 이처럼 니체의 계보학은 근원에서의 다양성을 추적하는 철학적 사유의 방법론으로 도입되고 있다.

그러므로 니체의 방법론은 한편으로는 전통 형이상학이 허무주의에 이르게 된 이유를 철저하게 진단하고 분석하는 '비판의 방법'이며, 다른 한편으로는 진리가 철저하게 해체되고 난 이후에 비로소 가능한 '철학적 사유의 방법'이다. 계보학이 철학적 방법론으로 전개되고 있는 《도덕의 계보》역시 엄밀한 의미에서는 도덕보다는 "사유 자체"를 다루고 있는 것이다.[8] 그것은 진리와 토대가 철저하게 붕괴되고 난 이후에 가능한 탈(脫)형이상학적 사유이다. 그런데 형이상학에서의 탈피는 이미 18세기 말 역사의식이 등장했을 때부터 예견된 것이었다. 처음에 역사는, 헤겔의 변증법이 서술하는 것처럼, 인간의 모든 양태를 포괄하는 원리와 법칙에 따라 진행되는 것으로 파악되었다. 그것은 정태적인 존재와 토대, 원리와 이성이 단지 시간 속에 역사적으로 표현된 것에 불과했기 때문에 여전히 하나뿐인 역사The history의 통일성이 중요했다. 그러나 역사는 결국 끊임없는 비판 의식의 결과로서 복수의 역사들histories로 해체된다. 존재에서 생성으로, 일반적 표본에서 특수적 개성으로, 전형적인 것에서 유일한 것으로, 반복되는 순환에서 알려지지 않은 미래로, 연속성에서 단절과 변동으로, 동일성에서 차이로의 전환이 이루어지고 난 다음, 역사는 전혀 다른 의미와 중요성을 획득하게 된 것이다. 바로 이 지점, 이 순간에 니체와 푸코의 방법론이 등장한다. 변증법이 이성을 역사적으로 사유했다면, 니체와 푸코의 계보학은 비로소 이성을 역사 속에서 사유하고 있는 것이다.

물론 두 사람의 초점이 같지는 않다. 니체가 전통 형이상학의 해체에 초점을 맞춘다면, 푸코는 우리의 삶을 구성하는 제도와 권력 체계의 생성

---

8) Werner Stegmaier, *Nietzsches 'Genealogie der Moral'* (Darmstadt : Wiss. Buchges., 1994), 1쪽.

의 구체적이고 실천적인 역사적 전제 조건들에 주목한다. 니체가 창조적 삶의 고양을 위한 능동적 망각을 주장한다면, 푸코는 오히려 주도적 이성들에 의해 배제된 타자에 대한 실증적-능동적 기억을 추구한다. 그렇지만 종종 니체보다 '더 훌륭한 계보학자'로 평가받고 있는 푸코가 철학적 사유의 방법과 성격에 있어서 니체의 계보에 속한다는 것은 의심의 여지가 없다.[9] 계보학은 실제로 프랑스 후기구조주의자 중에서도 특히 푸코에 의해 적극적으로 수용되고 있다. 푸코는 주지하다시피 "광기의 역사", "감옥의 역사", "성의 역사"를 서술한 자신의 저서에서 광기, 감옥, 성과 같이 이제까지 도외시된 주제들을 집중적으로 분석하고 있다. 푸코는 서양 이성과 형이상학에 의해 배제되어온 문제와 영역들——이들은 이성으로 환원될 수 없다는 점에서 '타자'라고 명명된다——로부터 출발한다는 점에서 니체의 사유와 맥을 같이하고 있다. 이처럼 니체와 푸코의 계보학은 우리가 표면적으로 인식하고 있는 철학사의 이면에 숨겨져 있는 '다른 역사'를 파헤치는 방법을 제시하고 있는 것이다. 이런 맥락에서 우리는 니체와 푸코의 계보학을 역사와 타자의 관점에서 분석함으로써 진리와 토대가 철저하게 해체된 21세기에도 인간 실존의 의미를 해명할 수 있는 새로운 철학적 사유의 방법론을 모색하고자 한다.

2. 니체의 계보학——형이상학의 해체와 역사의 의미

서양 형이상학의 역사 이해를 근본적으로 규정한다고 할 수 있는 변증

---

9) 이에 관해서는 Michael Mahon, *Foucault's Nietzschean Genealogy : Truth, Power, and the Subject* (Albany : SUNY Press, 1992), 3쪽 이하를 참조할 것.

법이 역사 속에서 이성을 발견한다면, 계보학은 바로 이러한 이성의 역사를 비판적으로 해체하고 재구성한다는 점에서 이성을 역사화하고 있다. 서양의 전통 형이상학에서 역사는 도대체 어떤 의미를 지니고 있는가? 그것은 '근원'이면서 동시에 '목표'이다. 변증법은 모든 존재와 사유의 토대가 되는 이성이 근원으로서 주어져 있다는 전제에서 출발하여 이러한 근원이 실현되는 과정을 역사라고 파악한다. 역사의 근원이 발전의 모든 가능성을 함축하고 있는 온전한 상태라고 한다면, 역사는 이러한 가능성들이 완전히 실현되는 목표를 지향한다. 근원과 목표는 역사를 매개로 본질적으로 결합되어 있기 때문에 서로 대체될 수 있다고 할 수 있다.[10] 역사의 근원과 목표를 이런 관점에서 보면 현재는 우연과 사건으로 점철된 구체적 현실 속에서 이성과 진리를 실현하는 필연적 과정에 불과한 것이다.

여기서 니체는 현재와 현재의 삶이 역사 과정의 양극이라고 할 수 있는 근원과 목표에 의해 경시되고 있다는 점에 주목한다. 역사의 근원과 목표만을 절대화한다면, 우리가 구체적으로 살고 있는 현재는 단지 수단적 의미만을 획득할 뿐이다. 만약 미래의 질서가 과거의 근원 속에 이미 결정되어 있는 것이라면, 우리가 현재의 조건들로부터 미래를 창조할 수 있는 가능성은 전혀 없는 것이다. 그렇기 때문에 전통 형이상학에 뿌리를 두고 있는 변증법적 역사관은 "우연을 제거하는 것 이외에는 다른 어떤 의도도 가지지 않는다".[11] 엄밀한 의미에서 전통 형이상학은 역사 속에서 이성을 발견하고자 하는 것이 아니라 오히려 거꾸로 이성 속에서 역사를 고찰하고자 하는 것이다.

---

10) 이에 관해서는 K. Löwith, "Weltgeschichte und Heilsgeschehen", *Sämtliche Schriften*, Bd. 2(Stuttgart : Metzler, 1983), 15쪽을 참조할 것.

11) G. W. F. Hegel, *Die Vernunft in der Geschichte*, G. Lasson (Hrsg.)(Hamburg : Meiner, 1955), 29쪽. 이에 관해서는 Odo Marquard, *Apologie des Zufälligen*(Stuttgart : Reclam, 1986), 117~139쪽을 참조할 것.

전통 계보학이 과거의 근원을 신성화하고 절대화함으로써 현재의 의미를 정당화한다면, 니체의 계보학은 현재의 문화적 힘을 통해 근원을 재해석함으로써 과거의 근원 역시 우연의——권력 의지의 유희의——산물임을 밝히고자 한다. 니체에 의하면 지나간 "과거는 현재가 가진 최고의 힘에 의해서만 해석될 수 있는 것"[12]이다. 우리는 여기서 역사적 고찰의 중심이 근원에서 현재로 옮겨 가고 있음을 알 수 있다. 이러한 전환과 함께 형이상학적 변증법이 배제하고자 했던 우연이 새로운 의미를 획득한다. 우연은 이제 경시되거나 제거될 것이 아니라 새로운 미래의 질서와 가치를 창조하기 위하여 적극적으로 해석되어야 할 대상이 된 것이다. 이런 관점에서 니체의 계보학은 우연에 필연의 의미를 부여하고자 한다고 할 수 있다.

그런데 근원보다는 현재, 필연보다는 우연에 더 커다란 의미를 부여하는 니체의 계보학은 역사 속에서 이성을 발견하고자 하는 과다한 역사의식이 필연적으로 허무주의를 산출했을 뿐만 아니라 문화적 조형의 힘까지 파괴했다는 인식에서 출발한다. 과거에 관한 지나친 지식은 오히려 실천의 힘과 가능성을 약화시킨다는 것이다. 그렇기 때문에 니체는 괴테의 입을 빌려 "나의 활동을 증대시키거나 직접 활기를 불어넣지도 않으면서 나를 단지 가르치려고만 드는 모든 것을 증오한다"[13]고 고백한다. 여기서 니체는 변증법에 의해 형성된 역사의식의 비만증을 신랄하게 비판하고 있는 것이다. 과잉 영양 상태에 빠졌다고 할 수 있는 역사의식이 오히려 역사의 진정한 의미를 파괴할 수 있다는 니체의 의식은 오해의 여지 없이 분명하다. 비대해진 "미덕의 과잉은—우리 시대의 역사 감각이 내게는 그렇

---

12) Friedrich Nietzsche, HL, KSA 1, 293쪽. 니체전집 2, 342쪽.
13) Friedrich Nietzsche, HL, KSA 1, 245쪽. 니체전집 2, 287쪽.

게 보인다—비대한 악덕의 과잉 못지않게 한 민족을 파멸시킬 수 있다".[14] 존재보다는 생성, 필연보다는 우연, 근원보다는 현재의 순간을 더욱 높이 평가한다는 점에서 니체는 그 어떤 철학자보다 철저한 역사의식을 가지고 있다고 할 수 있다. 그런데 비대한 역사의식이 삶의 본질을 왜곡하고 생명의 역동성을 파괴한다는 것은 무엇을 의미하는 것일까? 니체에게 역사는 사실이기 이전에 사건이며, 그것도 근본적으로 권력 의지인 삶의 사건이다. 그렇기 때문에 사건으로서의 역사를 단순한 사실로서의 역사로 고정시킨다면, 우리는 역사를 창조하기는커녕 역사가 가지고 있는 역동성을 이해조차 할 수 없다는 것이다. 사건으로서의 역사는 우리의 삶에 기여할 수도 있고 우리의 삶을 파괴할 수도 있다는 점에서 근본적으로 이중적이다. 이런 맥락에서 우리는 역사의식의 비만증에 관한 니체의 진단을 다음과 같은 명제로 요약할 수 있다. "우리의 덕성을 키우면 우리는 동시에 우리의 악덕도 키운다."[15]

역사의식은 두말할 나위도 없이 삶에 기여할 수 있는 덕성이다. 그러나 비대한 역사의식은 삶의 창조성과 역동성을 파괴한다는 점에서 악덕이다. 이러한 관점에서 전통적 형이상학에서 이성의 토대로 설정되었던 근원 역시 이중적 의미를 지닐 수 있다. 다시 말해 우리가 이성적이라고 생각하는 역사의 근원 역시 비이성적일 수 있는 것이다. 만약 우리가 근원이라고 부르는 역사의 시초가 사실은 우연적 사건들에 의미를 부여하려는 권력 의지의 산물이라고 한다면, 만약 우리가 역사의 근원을 이성과 진리의 토대

---

14) Friedrich Nietzsche, HL, KSA 1, 246쪽. 니체전집 2, 288쪽 이하.

15) 이에, 관해서는 Alexander Nehamas, "The Genealogy of Genealogy : Interpretation in Nietzsche's Second Untimely Meditation and in On the Genealogy of Morals", Richard Schacht (ed.), *Nietzsche, Genealogy, Morality : Essays on Nietzsche's "Genealogy of Morals"* (Berkeley · Los Angeles · London : University of California Press, 1994), 269~283쪽을 참조할 것.

로 생각하는 것은 사실 이러한 유래를 망각했기 때문이라고 한다면, 우리는 어쩌면 이러한 근원의 우연성을 비판적으로 재구성함으로써 현재 우리의 실존을 둘러싸고 있는 우연적 조건들로부터 새로운 가치를 창조할 수도 있을 것이다.

그렇기 때문에 니체는 시초와 근원에 관한 물음은 전혀 중요하지 않다고 단언한다. 왜냐하면 "시원에는 어디에나 거친 것, 조야한 것, 공허한 것, 추한 것이 들어 있기"[16] 때문이다. 이러한 의식은 《도덕의 계보》에서 한층 더 강화된다. "모든 좋은 것들은 전에는 나쁜 것들이었다. 모든 원천적인 죄는 원천적인 덕으로 변모해왔다."[17] 니체는 이렇게 덕과 악덕의 동시성을 강조함으로써 우리가 이성, 근원, 진리라고 부르는 것들이 모두 보다 더 근원적인 힘, 즉 삶 자체라고 할 수 있는 권력 의지의 산물이라는 점을 밝히고 있는 것이다. 니체의 계보학은 이처럼 근원 자체보다는 근원의 생성에 관심을 갖는다. "이성. — 어떻게 이성이 이 세상에 태어났는가? 상당히 유치하게, 비이성적인 방식으로, 우연을 통해 탄생하였다. 우리는 이 우연을 하나의 수수께끼처럼 추측해야 할 것이다."[18]

니체는 이제까지 역사를 초월하여 독립적으로, 실체적으로 존재한다고 믿었던 모든 것들을 역사적 관점에서 바라본다. "역사가 삶에 봉사하는 만큼 우리도 역사에 봉사할 것"[19]이라는 니체의 말은 이를 상징적으로 표현한다. 그렇다면 우리는 어떻게 비대한 역사의식에 매몰되어 우리의 창조력을 해치지 않으면서 역사에 종사할 수 있는 것인가? 바로 이 지점에서 계보학의 계보학이라고 할 수 있는 니체의 고유한 역사의식이 출현한

---

16) Friedrich Nietzsche, PHG, KSA 1, 806쪽. 니체전집 3, 357쪽.
17) Friedrich Nietzsche, GM, III 9, KSA 5, 358쪽. 니체전집 14, 475쪽.
18) Friedrich Nietzsche, M, II 123, KSA 3, 116쪽. 니체전집 10, 141쪽.
19) Friedrich Nietzsche, HL, KSA 1, 245쪽. 니체전집 2, 287쪽.

다. 이러한 의식은 바로 무역사적이고 초역사적인 것이라는 개념과 밀접하게 결합되어 있다.

> 과거의 것이 현재의 것의 무덤을 파지 않으려면, 과거의 것이 잊혀야 할 정도와 한계를 결정하기 위해서 우리는 한 인간, 한 민족, 한 문화의 조형력(造形力)이 얼마나 큰지를 정확하게 알아야 한다. 조형력이란 스스로 고유한 방식으로 성장하고, 과거의 것과 낯선 것을 변형시켜 자기 것으로 만들며, 상처를 치유하고, 상실한 것을 대체하고, 부서진 것을 스스로 복제할 수 있는 힘을 말한다.[20]

니체는 새로운 지평을 창조하려면 과거에 매달리지 말고 역사적 근원을 능동적으로 망각해야 한다고 주장한다. '역사적인 것'은 두말할 나위도 없이 과거의 사건을 사실로서 '기억하는 것'이다. 이에 반해 '무역사적인 것'은 동물들이 그런 것처럼 순간적이고 본능적인 활동을 위해 과거를 '망각하는 것'이다. 여기서 니체는 "무역사적인 것"이 역사적인 것과 마찬가지로 "한 개인, 한 민족, 그리고 한 문화의 건강을 위해 똑같이 필수적이라고" 주장할 뿐만 아니라 그것은 우리의 생명력을 쇠퇴시키는 역사의식의 비대증에 대한 "해독제"[21]일 수 있다고 말한다.

무역사적인 것이 망각할 수 있고 또 자신을 제한된 지평 안에 가두어놓는 힘과 예술이라면, 초역사적인 것은 생성으로부터 시선을 돌려 실존에 영원과 불멸의 성격을 부여하는 것을 일컫는다. 만약 "모든 생명체가 오

---

20) Friedrich Nietzsche, HL, KSA 1, 251쪽. 니체전집 2, 293쪽. 니체는 여기서 새로운 가치와 질서를 창조하는 '조형의 힘'을 강조하고 있다. 다시 말해 문화적 창조의 힘은 망각과 밀접하게 결합되어 있는 것이다.
21) Friedrich Nietzsche, HL, KSA 1, 252쪽과 330쪽. 니체전집 2, 294쪽과 384쪽.

직 하나의 지평 안에서만 건강하고 강하고 생산적일 수 있다면",[22] 우리는 새로운 지평의 창조를 위해 허무주의를 산출한 서양 형이상학의 역사를 능동적으로 망각해야 한다는 것이다. 니체는 이렇게 능동적 망각을 강조함으로써 근원과 목표의 필연적 연관성을 전제하는 변증법을 정면으로 부정하고 있는 것이다.

니체에 의하면 역사의 의미는 오직 삶의 지평 안에서만 결정된다. 니체가 《삶에 대한 역사의 공과》에서 발전시키고 있는 계보학적 역사의식은 이처럼 역사를 삶의 관점에서 파악하고 있는 것이다. 계보학적 역사의식과 함께 역사의 의미는 근본적으로 변화한다. 첫째, 계보학은 역사를 근원의 관점에서 파악하는 것이 아니라 현재의 관점에서 해석한다. 둘째, 계보학은 근원의 무의미성을 해명함으로써 필연보다는 우연에 더 많은 의미를 부여한다. 셋째, 계보학은 우리의 삶에 기여할 수 있는 지평을 창조하기 위하여 과거에 매달리지 않고 잊을 수 있는 능동적 망각을 전제한다. 우리는 이러한 무역사적 역사의식을 계보학적 방법론의 계보로 파악할 수도 있을 것이다. 그것은 새로운 지평과 질서를 창조하기 위한 계보이다. 그렇기 때문에 우연의 산물인 과거에는 수많은 (어쩌면 잊히고 억압된) 가능성들이 들어 있다. 이런 맥락에서 니체는 "과거가 말한다면 그것은 항상 신탁으로서만 말할 것이라고" 말하면서, "미래의 건축가로서 현재를 알 때에만, 우리는 그것을 이해하게 될 것"이라고[23] 단언한다. 계보학은 바로 창조의 관점에서 과거의 비밀들을 해명하는 철학적 방법론인 것이다.

---

22) Friedrich Nietzsche, HL, KSA 1, 251쪽. 니체전집 2, 294쪽.
23) Friedrich Nietzsche, HL, KSA 1, 294쪽. 니체전집 2, 343쪽.

3. 푸코의 계보학—타자의 의미와 권력 주체의 형성

니체가 서양 이성 비판의 맥락에서 계보학이라는 용어를 도입했다면, 계보학을 비판적 방법으로 발전시킨 것은 푸코이다. 푸코는 실제로 프랑스 구조주의보다 니체에게 훨씬 더 많은 영향을 받았다고 할 수 있다. 푸코는 서양 이성이 추구해온 진리의 역사를 비판적으로 재구성함으로써 주체를 이러한 진리의 억압과 전제에서 해방시키고자 한다는 점에서, 진리와 자유의 문제를 구별하고자 했던 니체의 철학 정신을 계승하고 있다.[24] 그러나 우리 논의의 맥락에서 더욱 중요한 것은 푸코가 니체와 마찬가지로 '현재의 역사'를 기술하고자 한다는 사실이다. 푸코는《감시와 처벌》에서 이렇게 말한다. "나는 감옥의 역사를, 그것도 감옥이라는 닫힌 건축물 안에 모여 있는 온갖 정치적 포위를 포함한 감옥의 역사를 서술하고 싶다. 왜 그런가? 여기서 시대들은 시대착오적으로 혼합되는 것은 아닌가? 그런데, 나는 과거의 역사를 현재의 용어로 서술할 생각은 없다. 그렇지만 현재의 역사를 서술하는 것은 나의 의도이다."[25] 푸코는 니체와 마찬가지로 결코 과거의 시대, 개인, 제도 등을 실증주의적으로 서술하려고 하지 않으며 과거 사건의 의미를 포착하려고 하지 않는다. 그는 오히려 현재의 주체를 구성하는 사회적 규칙을 발견하기 위하여 과거의 우연적 사건들을 비판적으로 재구성하려 하는 것이다.

---

24) 이에 관해서는 John Rajchman, *Michel Foucault : The Freedom of Philosophy*(New York : Columbia University Press, 1985), 121쪽을 참조할 것.

25) Michel Foucault, *Surveiller et Punir. Naissance de la prison*(Paris, 1975). 독일어판 : *Überwachen und Strafen : Die Geburt des Gefängnisses*(Frankfurt am Main : Suhrkamp, 1981), 23쪽. 이에 관해서는 J. G. 메르키오르,《푸코》, 이종인 옮김(시공사, 1999), 22쪽과 Hubert L. Dreyfus · Paul Rabinow, *Michel Foucault : Beyond Structuralism and Hermeneutics*(Brighton, Sussex : The Harvester Press, 1982), 118쪽을 참조할 것.

그의 역사적 관심의 중심에 서 있는 것은 현재이지 결코 과거가 아니다. 이러한 맥락에서 보면 푸코의 계보학은 현재의 우리를 구성하는 사회적 실천, 제도 및 권력 관계를 역사적으로 추적하는 비판적 방법이라고 할 수 있다. 푸코는 칸트의 계몽주의를 재해석하면서 자신의 관심과 질문을 이렇게 요약한다. "지금 현재 무엇이 일어나고 있는가? 우리에게 어떤 일이 발생하고 있는가? 우리가 살고 있는 이 세계, 이 시대, 바로 이 순간은 무엇인가?"[26] 니체와 마찬가지로 푸코도 새로운 형식의 주체성을 창조하기 위해서는 우선 현재의 주체성을 구성하고 있는 사회적 규칙을 탐구할 필요가 있는 것이다.

푸코는 현대의 주체가 단순히 데카르트적 자아의 확고부동한 토대를 발견했기 때문에 형성된 것이 아니라고 확신한다. 현대의 주체는 자신을 지식의 대상으로 설정하고 또 자신의 주체성을 확립하기 위하여 상당히 많은 대가를 치렀다는 것이다. 만약 그렇다면, 현대의 주체성이 형성되는 바로 그 역사적 시점에는 주체성의 관점에서 타자로 규정하고, 배제하고, 억압하는 사회적 규칙들이 존립하고 있는 것이다. 푸코는 근대의 주체성을 형성하기 위하여 권력과 지식, 개인과 사회가 교차하는 이 지점을 계보학적으로 재구성하고자 하는 것이다. 그렇기 때문에 푸코는 자신의 작업들을 돌이켜보면서 "우리의 문화 속에서 인간을 주체로 만드는 상이한 양식들의 역사를 만들어내는 것이 나의 목적이었다"[27]고 술회한다.

그렇다면 푸코는 현대의 주체를 구성한 사회적 규칙을 서술하는 역사적 방법으로서 계보학을 발전시킨다. 물론 푸코는 계보학이라는 용어를

---

26) Michel Foucault, "The Subject and Power", Hubert L. Dreyfus · Paul Rabinow, *Michel Foucault : Beyond Structuralism and Hermeneutics*(Brighton, Sussex : The Harvester Press, 1982), 208~226쪽 중 216쪽.

27) M. Foucault, "The Subject and Power", 208쪽.

본격적으로 사용하기 이전에 이미 고고학이라는 방법을 발전시킨 바 있다. 그러나 그의 최초의 역사 연구서인《광기의 역사》가 (스스로 고백하고 있듯이) "위대한 니체적 탐구의 햇빛 아래에서"[28] 태어났다는 점을 감안하면, 푸코의 방법론적 입장은 전체적으로 계보학적이라고 할 수 있다. 푸코는 니체와 마찬가지로 역사의 변증법을 변하지 않는 비극의 구조로 읽어내려고 하는 것이다.《지식의 고고학》에서 푸코는 자신의 계보학적 입장을 분명히 밝히고 있다.

> 그 전통적인 형태에 있어 역사란 기념비들monuments을 기억으로 전환시키고, 그것들을 문서들documents로 바꾸며, 이 흔적들로 하여금 말하게 하는 것이다. 이 흔적들은 종종 전혀 언어적인 종류의 것들이 아니거나 침묵 속에서 그들이 말하는 것과는 전혀 다른 것을 말하기도 한다. 우리 시대에 있어서의 역사란 문서를 기념비로 변환시키는 작업이며, 또 사람들에 의해 남겨진 기록들을 해독하는 곳에서, 헛되이 그들의 옛 모습을 알아보려고 하는 그곳에서, 한 무더기의 (분리하고, 분류하고, 적합하게 만들고, 서로 관계 짓고, 여러 집합들로 구성해야 할) 요소들을 펼치는 작업이다……우리는, 일종의 말놀이를 하자면, 역사가 오늘날 고고학을 지향한다고, 다시 말해서 기념비의 내재적 서술을 지향한다고 말할 수 있을 것이다.[29]

조금 길게 인용한 이 글은 계보학의 성격을 분명히 말해주고 있다. 푸코는 여기서 전통적 의미의 역사와 계보학으로서의 역사를 분명히 구별하

---

28) M. Foucault, *Histoire de la folie a l' âge classique*(Paris, 1978). 독일어판 : *Wahnsinn und Gesellschaft* (Frankfurt am Main : Suhrkamp, 1969), 11쪽.
29) M. Foucault, *L' archéologie du savoir*(Paris, 1969). 한국어판 : 미셸 푸코,《지식의 고고학》, 이정우 옮김(민음사, 1992), 26쪽 이하.

고 있다. 전통적인 역사는, '역사적인 것'이라는 니체의 개념이 암시하듯이, 사건을 기억할 수 있는 문서로 전환하는 서술이다. 니체적 의미에서의 기념비적 역사는 인간이 위대하다는 사실을 표본적으로 나타내는 위대한 순간의 서술이다.[30] 위대한 것은 영원해야 한다는 명제에서 출발하는 기념비적 역사는 항상 결단과 행동의 순간을 구성하는 우연적 조건들에 주목한다.

이에 반해 니체가 말하는 골동품적 역사는 역사적 사건을 기억할 수 있는 사실과 문서로 변화시킴으로써 보존을 추구한다. 이런 관점에서 전통적 의미의 역사는 모든 것을 문서화하고, 보존하고, 기억하려는 골동품적 역사를 뜻한다. 그렇기 때문에 푸코는 니체적 의미의 기념비적 역사를 오늘의 관점에서 되살리려 한다. 그는 전통적 역사들이 서술하는 과거의 흔적들이 사실은 사회적-정치적인 것이며 그것들이 의도하는 것과는 전혀 다른 것을 말할 수도 있다는 전제에서 출발하여 문서화되기 직전의 역사적 사건을 기술하고자 한다. 간단히 말해서, 계보학은 문서를 기념비로 전환하는 작업이다.

그러므로 계보학은 사상이나 학문의 역사에 속하는 것이 아니라 오히려 어떤 기반 위에서 지식과 이론이 가능했는가, 어떤 질서의 상상에서 지식이 구성되었는가, 어떤 역사적인 아프리오리를 기초로 하여 사상들이 나타나고 학문이 정립되었는가, 어떤 사회적 관계와 규칙을 토대로 합리성이 형성되었다가 곧 와해되고 소멸할 수 있는가를 재발견하는 역사적 탐구이다. 예컨대 푸코는 인문 과학이 본래부터 존립했다고 전제하고 그것이 역사적으로 어떻게 발전했는지를 탐구하는 것이 아니라 인문 과학이

---

30) 니체가 구분하고 있는 "기념비적 역사", "골동품적 역사", "비판적 역사"에 관해서는 HL, 258쪽과 특히 제2장을 참조할 것.

라는 담론 자체가 어떻게 형성되었는지를 추적하는 것이다. 따라서 그는 다양한 학문들의 경계를 넘어 주체, 정신 또는 시대의 자주적 통일체를 드러내는 유형의 합리성이 있다고 생각하지 않는다.

여기서 우리는 계보학의 두 가지 유형을 구별할 수 있다. 하나는 '말해진 것'에 초점을 맞추어서 담론의 등장을 일종의 사건으로 기술하는 고고학이고, 다른 하나는 '말해지지 않은 것'에 주목하여 이러한 담론의 생산, 통제, 유통을 규제하는 사회적 규칙을 기술하는 협의의 계보학이다.[31] 고고학은 특정한 담론이 생겨나서 실존하고 기능을 할 수 있도록 만드는 담론의 실천들을 탐구 대상으로 한다. 이와는 반대로 계보학은 이러한 담론적 실천들이 어떻게 비담론적 실천들, 즉 사회 제도적 실천들과 결합되어 있는가를 연구한다. 고고학이 진리의 축을 중심으로 역사를 분석한다면, 계보학은 권력의 축을 중심으로 역사를 비판적으로 재구성하는 것이다. 그렇기 때문에 고고학이 예컨대 인문 과학이라는 담론의 출현을 규제하는 무의식적 구성의 규칙들을 분석하는 반면, 계보학은 이러한 담론의 등장과 기능이 사회적 실천들 속에 구현되어 있는 권력의 특수한 전략 및 기술들과 불가피하게 결합되어 있다는 사실을 폭로한다. 간단히 말해서 푸코의 고고학이나 계보학은 모두 특정한 담론의 안(진리, 역사, 의미)을 구성하는 바깥의 우연적 사건들을 기술하는 것이다.

그렇다면 푸코는 왜 담론을 구성하는 우연적 사건들을 기술하는 역사 읽기가 탈중심적이라고 생각하는가? 푸코의 계보학적 역사관은 그의 짧

---

31) 이에 관해서는 M. Foucault, *Histoire de la Sexualité : L'usage des plaisirs*(Paris, 1984)을 참조할 것, 독일어판 : *Der Gebrauch der Lüste : Sexualität und Wahrheit 2*(Frankfurt am Main : Suhrkamp, 1989), 12쪽. 그는 성과 관련된 자신의 작업을 돌이켜 보면서 어떤 경험과 관련된 지식의 형성, 이를 규제하는 권력 체계, 그리고 개인들이 스스로를 이러한 성의 주체로 인정할 수 있는 형식들이 계보학적 서술의 틀을 구성한다고 밝히고 있다.

은 글《니체, 계보학, 역사》(1971)에서 가장 잘 나타난다. 푸코는 이 글에서 니체의 계보학에서 중심적 역할을 하고 있는 세 개념에 주목한다. '근원', '유래', '생성'이라는 이 세 낱말이 문서를 기념비로 전환시키는 계보학적 역사 기술에서 중요한 의미를 가지고 있다는 것은 두말할 나위도 없다. 그러나 푸코는 이 낱말들을 니체적으로 해석함으로써 타자의 역사 읽기의 토대를 마련한다.

(1) 근원 : 사물들이 시작되는 역사적 시초에서 우리가 발견하는 것은 훼손될 수 없는 근원의 동일성이 아니라 "타자의 불화"이다.[32] 우리는 흔히 하나의 근원으로부터 여러 현상들이 파생되었다고 생각한다. 이러한 생각의 밑바탕에는 이미 다원성이 생겨나기 이전의 하나의 동일성에 대한 전제가 자리 잡고 있는 것이다. 그러나 우리의 세계는 항상 다원적이다. 따라서 근원은 항상 시간과 세계 이전에 있고, 타락과 물질 이전에 존재하고 있는 것이다. 우리가 시간에 예속되어 있다면 시간 이전의 근원을 파악한다는 것은 불가능한 것이다. 그렇다면 근원은 도대체 무엇인가? 니체와 푸코는 근원은 역사적 과정에 단락을 짓고자 하는 인간의 허구와 발명이라고 단언한다. 다시 말해 근원의 진리는 오랜 역사를 통해 굳어졌기 때문에 더 이상 반박할 수 없는 오류에 불과하다는 것이다. 계보학은 이렇게 근원 또는 동일성으로 굳어지기 이전의 낯선 사물들과 타자의 관계를 탐구하는 것이다. 이러한 맥락에서 푸코는 근원에 대한 계보학적 서술을 "사건화"라고 규정한다.

(2) 유래 : 유래의 분석은 자아의 해체를 초래하고, 통일적이라고 여겨지는 자아의 공허한 종합의 장소들에서 수천의 잃어버린 사건들을 발견한

---

32) M. Foucault, "Nietzsche, die Genealogie, die Historie", Walter Seitter (Hrsg.), *Von der Subversion des Wissens*(Frankfurt am Main · Berlin · Wien : Ullstein, 1978), 83~109쪽 중 86쪽.

다. 만약 자아가 내면적으로 통일적인 실체라고 한다면, 푸코는 이러한 자아는 존재하지 않는다고 단언한다. 여기서 말하는 자아는 개별적 자아일 수도 있고 역사적 주체로서의 집단적 자아일 수도 있다. 아무튼 어떤 통일성을 결정하는 내면적 본성 같은 것은 없다는 것이다. 푸코는 오히려 자아를 통일적으로 만드는 우연적이고 외면적인 사건들에 주목한다. 따라서 유래는 ('그 병은 그 집안의 내력이다'라고 말하는 것처럼) 우리의 내면적 본성보다는 우리의 몸과 관계가 있다. 푸코는 우리의 몸──몸은 우리를 구성하는 물질적 관계 또는 물질성 자체를 상징한다──에 씌어 있는 다양한 관계들을 분석하고자 한다. "몸──그리고 몸을 건드리는 모든 것──은 유래의 장소이다. 몸에서 우리는 지난 사건들의 상흔을 발견한다. 이 몸에서는 욕망들, 무능력들, 오류들도 생겨난다……유래의 분석으로서 계보학이 있는 자리는 바로 몸과 역사가 서로 얽혀 있는 곳이다."[33]

(3) 생성은 항상 특정한 힘의 관계 안에서 실행된다. 생성이라는 것은 특정한 권력 관계가 다른 새로운 권력 관계로 변화하는 것을 의미한다.[34] 그것은 근본적으로 다양한 힘들이 무대에 등장하는 것을 뜻한다. 예컨대 가치의 구별은 인간에 대한 인간의 지배로부터 생겨났으며, 계급 지배를 통해 비로소 자유의 이념이 탄생했다는 것이다. "명령할 수 있는 자, 천성적으로 '지배자'인 자, 일에서나 몸짓에서 폭력적으로 나타나는 자―이러한 사람에게 계약을 한다는 것이 무슨 의미가 있단 말인가!……그들이 하는 일은 본능적으로 형식을 창조하는 일이며, 형식을 새겨 넣는 일이다. 그들은 존재하는 예술가 중 가장 본의 아니게 가장 무의식적인 예술가이다―그들이 나타나는 곳에는 어디든지 새로운 어떤 것, 즉 살아 있는 어

---

33) 같은 글, 91쪽.
34) 같은 글, 92쪽을 참조할 것.

떤 지배 조직이 성립된다."[35] 계보학은 이처럼 새로운 것을 능동적으로 창조하는 권력 관계에 대한 역사적 기술인 것이다.

여기서 우리는 니체와 푸코가 모두 서양 이성이 이성으로서 정당화되기 위하여 배제하고 억압했던 타자에 관심의 초점을 맞추고 있음을 주목할 필요가 있다. 근원의 관점에서 배제된 타자는 우연이며, 진리의 관점에서 배제된 타자는 예술적 허위이다. 이성은 이성이 광적으로 배제하는 타자의 관점에서 보면 다른 광기일 수도 있다. "인간은 본질적으로 광기에 걸려 있다. 그러므로 미치지 않았다는 것은 아마도 다른 형식으로 미쳤음을 의미할 것이다."[36] 역사의 연속성을 절대화하면 비연속적인 것은 배제될 수밖에 없으며 또 인간의 주관적 인식이 유일한 타당성의 기준으로 제시되면 인식될 수 없는 자연의 본성은 억압되고 망각될 수밖에 없는 것이다. 이처럼 니체와 푸코는 이성이 스스로를 정당화하기 위하여 배제했던 타자에 주목함으로써 이러한 구분이 최초로 이루어지는 역사적 분기점을 비판적으로 재구성하고자 하는 것이다. 주체와 객체, 인간과 자연, 이성과 감성, 남성과 여성을 근본적으로 구별하는 서양의 형이상학은 부분을 절대화함으로써 결국 모든 것이 타당하다는 허무주의를 야기했기 때문에 니체와 푸코는 서양 형이상학에서 배제되었던 타자의 역사를 비판적으로 읽어냄으로써 전체를 사유할 수 있는 새로운 방법을 모색하고 있는 것이다.

---

35) Friedrich Nietzsche, GM, II 17, KSA 5, 324쪽. 니체전집 14, 434쪽.
36) 미셸 푸코, 《광기의 역사》, 김부용 옮김(인간사랑, 1997), 7쪽.

4. 탈형이상학적 사유의 방법론—반시대적 비판과 바깥의 사유

니체가 서양 형이상학이 역사의 근원과 진리의 토대로 설정했던 이성이 실제로는 권력 의지의 산물이라는 사실을 폭로했다면, 푸코는 이러한 사실을 실증주의적 차원에서 정치하게 분석하고 있다. 니체가 일차적으로 역사의식의 비대화에 시달리고 있는 허무주의의 병을 진단하고 이를 극복할 수 있는 방법으로서 서양 형이상학의 해체를 제안하고 있다면, 푸코는 오히려 진리와 권력의 본질적 유착 관계를 분석함으로써 새로운 주체 형성의 가능성을 가늠하고 있다. 니체는 한편으로는 우리가 이제까지 절대적인 것으로 여겼던 형이상학적 토대들, 예를 들면 주체, 실체, 진리, 이성, 의식 등이 모두 권력 의지가 삶에 종사하기 위하여 창조적으로 설정한 허구에 불과하다고 폭로하면서도, 다른 한편으로는 이러한 권력 의지의 성격을 철저하게 인식하고 세계의 온갖 우연과 모순을 견뎌낼 수 있는 새로운 인간 유형 초인을 제시한다. 푸코 역시 광기의 역사, 인문 과학의 역사, 감옥의 역사, 성의 역사를 계보학적으로 재구성함으로써 현대인의 주체성이 타자를 배제하는 권력 관계의 산물이라는 것을 밝히면서도 동시에 자신의 계보학이 새로운 유형의 주체성을 형성할 수 있는 가능성을 탐색하는 방법론이라는 점을 숨기지 않는다. 이와 같이 니체와 푸코가 철저하게 해체하는 '진리' 와 이를 규제하는 '권력' 의 사이에는 '주체' 의 문제가 항상 자리 잡고 있다.[37]

그러나 탈형이상학적 사유는 결코 새로운 인간 유형을 본래부터 존립하는 근원으로부터도, 또 인류가 추구해야 할 규범적 목표로부터도 도출

---

37) 이에 관해서는 푸코의 니체적 계보학을 '진리', '권력', '주체' 의 세 가지 축으로 분석하고 있는 Michael Mahon, *Foucault's Nietzschean Genealogy : Truth, Power, and the Subject*를 참조할 것.

하지 않는다. 탈형이상학적 사유는 형이상학적 이성의 형성 과정을 철저하게 계보학적으로 재구성함으로써 (특정한 시대와 장소에 예속되어 있는) 인간의 삶에 의미를 부여할 수 있는 이성과 주체성을 창조하고자 한다는 점에서 철저하게 역사주의적이다. 물론 우리는 모든 정당성을 철저하게 부정하는 니체의 계보학적 방법론이 자신의 정당성은 어떻게 주장할 수 있는가 하는 상대주의적 회의와 비판을 제기할 수 있다.[38] 그러나 니체가 서양 형이상학의 도덕성을 비판한다면, 그것은 도덕의 규범적 성격 자체를 비판하는 것이 아니라 그것이 의존하고 있는 형이상학적 토대만을 겨냥하는 것이다. 마찬가지로 만약 푸코가 근대 서양의 주체성을 비판한다면, 그는 인간의 주체적 성격 자체를 부정하기보다는 타자를 배제함으로써 특정한 유형의 주체를 정당화하는 권력 관계를 염두에 두고 있는 것이다. 이런 관점에서 보면 니체와 푸코가 전개하고 있는 계보학은 형이상학이 끝난 시대에, 즉 주체, 진리, 의식과 같은 형이상학적 토대들이 이미 타당성을 상실한 시대에 삶과 주체의 가능성을 성찰하고자 하는 철학적 사유의 방법인 것이다.

이러한 사실은 푸코가 계보학의 특성을 서술하고 있는 인터뷰의 대담 내용에서 극명하게 드러난다. "계보학의 세 영역이 가능하다. 첫째는 우리가 스스로를 진리의 주체로 구성하는 수단인 진리와 관련 있는 우리 자신의 역사적 존재론이다. 둘째는 우리가 스스로를 타인들에게 영향을 행사하는 주체로 구성하는 통로인 권력의 장(場)과 관련 있는 우리 자신의 역사적 존재론이다. 셋째는 우리가 스스로를 도덕적 행위자로 구성하는 수단인 윤리와 관련 있는 우리 자신의 역사적 존재론이다."[39] 여기서 우

---

38) 이에 관해서는 Daniel W. Conway, "Genealogy and Critical Method", Richard Schacht (ed.), *Nietzsche, Genealogy, Morality. Essays on Nietzsche's "Genealogy of Morals"* (Berkeley · Los Angeles · London : University of California Press, 1994), 318~333쪽을 참조할 것.

리는 계보학이 "역사적 존재론"으로 서술되고 있다는 점에 유의할 필요가 있다. 계보학은 근본적으로 삶과 행위의 가능성을 파괴하는 허무주의의 조건에서 삶에 의미를 부여할 수 있는 새로운 지평을 열어놓고자 한다. 계보학이 개척하고자 하는 새로운 지평은 의심의 여지 없이 주체가 스스로를 주체로 인정할 수 있는 새로운 가치들을 포괄한다.

그러므로 계보학은 허무주의의 역사를 비판적으로 재구성함으로써 새로운 가치를 창조적으로 설정하는 철학적 사유의 방법론으로 이해되어야 한다. 이런 맥락에서 보면, 니체의 계보학이 형이상학적 가치가 주어진 것이라기보다는 가치 평가라는 실천적 활동에서 기인한다는 점을 해명한다면, 푸코의 계보학은 주체를 주체로서 구성하는 권력 관계를 예리하게 분석함으로써 새로운 가치 평가가 가능한 지평의 경계선을 그리고자 한다. 그렇기 때문에 니체의 계보학이 근본적으로 도덕적 맥락에서 이루어지고 있는 반면에 푸코의 계보학은 실증주의적으로 진행되고 있는 것이다. 물론 양자는 주체의 문제를 중심으로 밀접하게 결합되어 있다. 이런 맥락에서 계보학의 방법은 이제까지 무비판적으로 통용되어온 형이상학적 도덕의 근원을 역사적으로 해체하는 니체의 '반시대적 비판'과 이러한 도덕적 주체를 형성하는 구체적인 사회적 규칙들을 분석하는 '바깥의 사유'라는 두 측면으로 구분될 수 있다.

반시대적 비판은 근본적으로 미래의 가능성을 탐색하기 위하여 현재의 역사적 의미를 고찰하는 방법이다. 니체가 발전시키고자 하는 계보학으로서의 반시대적 비판은 대체로 세 가지 명제로 표현된다. (1) 가치 평가 없는 가치는 존재하지 않는다. 우리는 물론 선과 악, 이타주의와 이기주의,

---

39) M. Foucault, "On the Genealogy of Ethics : An Overview of Work in Progress", Michel Foucault, *Ethics : Subjectivity and Truth, Essential Works of Foucault 1954~1984*, Vol. I, Paul Rabinow (ed.)(New York : The New Press, 1997), 252~280쪽 중 262쪽.

진리와 허위 등의 구별이 역사적으로 어떻게 변형되어왔는가를 서술할 수 있다. 그러나 니체는 선/악의 구별을 미리 결정되어 있는 형이상학적 전제 조건으로 파악하지 않고 인간의 의지 활동과 연관시켜 생각한다. 니체에 의하면 특정한 관점에 의해 실행되는 가치 평가 없이는 어떠한 가치도 있을 수 없다. 가치는 가치 평가를 통해 비로소 존재한다. 가치 평가가 없다면, 실존의 열매는 빈 쭉정이일 것이다.

계보학의 유일한 전제 조건은 의지가 가치들의 유일한 뿌리(근원)라는 사실이다. 가치들의 근원은 결코 플라톤적 이데아나 사물의 본질이 아니고 바로 이 세계에서 스스로를 표현하는 의지인 것이다. 따라서 계보학은 의지의 행위 속에서 이상과 가치들의 근원을 발견하고자 하는 철학적 방법으로 이해될 수 있다. 니체가 가치를 가치 평가의 행위로 환원하는 것은 궁극적으로 주체를 창조자로서 복원하고자 하기 때문이다. "현재의 세계에서 가치를 지니는 것은 자연의 본성에 따라 그 자체로서 가치 있는 것이 아니며─자연은 언제나 몰가치적이다─, 사람들이 과거 언젠가 그것에 가치를 부여하고 선사했던 것이다. 그리고 가치를 부여하고 선사한 것은 바로 우리들인 것이다."[40]

진리는 주어진 것이 아니라 창조된 허구에 지나지 않는다는 맥락에서 니체는 철학자들의 핵심적인 편견인 '진리에의 의지'에 물음표를 붙인다. 진리에의 의지가 궁극적으로 원하는 것은 도대체 무엇인가? 이 의지는 삶에 기여하는가 아니면 삶을 부정하는가? 그것은 강한 능동적 의지인가 아니면 노예적인 수동적 의지인가? 이런 물음에서 출발하여 니체는 세계의 진리로서 제공되는 것이 실제로는 하나의 해석에 불과하다는 사실을 폭로한다. 자연 법칙은 인간의 해석과 관계없이 자연에 내재하는 법칙이 아니

---

40) Friedrich Nietzsche, FW, IV 301, KSA 3, 540쪽. 니체전집 12, 278쪽.

라 인간이 자연에 투사한 하나의 해석인 것이다. 문제는 이러한 해석이 인간의 삶에 기여하는가 하는 것이다. 니체의 계보학은 이렇게 현재 자명한 것으로 이해되는 가치와 이념들의 토대를 침식한다는 점에서 반시대적이다.

(2) 어떤 사태의 발생과 그 효용성은 별개의 것이다. "원래, 비이기적 행위란 그 행위가 표시되어, 즉 그 행위로 인해 이익을 얻는 사람의 입장에서 칭송되고 좋다고 불렸다. 그 후 사람들은 이 칭송의 기원을 망각하게 되었고 비이기적 행위가 습관적으로 항상 좋다고 칭송되었기에, 이 행위를 그대로 좋다고도 느꼈던 것이다. 마치 그 행위가 그 자체로 선한 것인 듯."[41] 만약 우리가 선은 선이고 악은 악이라고 생각한다면, 그것은 '형이상학적' 태도로서 지극히 '비역사적'이라고 니체는 비판한다. 그에 의하면 비이기적 행위가 오늘날 선으로 인식되는 것은 근원적 사건이 망각되었기 때문이다. 첫째, 비이기적 행위가 누구에 의해 행해져서 누구에게 좋은 것인가? 둘째, 선은 다른 사람이 행한 능동적 활동의 이익을 받는 사람의 수동적 관점에 의해 평가되고 있는 것은 아닌가? 셋째, 비이기적 행위는 결국 행위로부터 분리되어 그 자체로서 평가될 때 선으로 인식되는 것은 아닌가? 이런 질문에 비추어 볼 때, 행위로부터 분리된 비이기적 행위가 바로 모든 이원론의 뿌리인 것이다. 그것은 동시에 노예 도덕의 원인인 원한 관계를 설명해준다.

(3) 계보학은 도덕적 가치를 비판하는 것이 아니라 '도덕적 가치들의 가치'를 문제 삼는다. 만약 가치가 그 자체로서 타당한 것이 아니라 인간에 의한 해석에 불과하다면, 가치의 가치는 오로지 삶에 대한 기여에 의해서만 판단될 수 있다. 그렇기 때문에 니체는 "우리에게는 도덕적 가치들

---

41) Friedrich Nietzsche, GM, I 2, KSA 5, 258쪽 이하. 니체전집 14, 353쪽.

을 비판하는 것이 필요한데, 이러한 가치들의 가치가 우선 그 자체로 문제시되어야만 한다"[42]고 주장한다. 도덕적 가치들의 가치를 판단할 수 있는 기준은 그 자체로 역동적인 삶이다. 니체는 이렇게 삶의 관점에서 세계를 해석하고 가치를 창조할 수 있는 힘을 "권력에의 의지"로 규정한다. 이런 맥락에서 계보학 역시 궁극적으로는 삶에 기여해야 한다. 다시 말해 타자에 대한 계보학적 기술은 새로운 가치를 창조할 수 있는 토대를 마련해야 한다.

　이런 관점에서 '역사가 삶에 이바지하는 한에서만 우리는 역사에 종사하고자 한다'는 명제는 계보학의 목표와 방향을 설정한다. 니체는 역사적 사실을 지나치게 절대화하는 역사적 감각의 비대화는 결국 삶의 토대를 파괴한다고 경고한다. 그렇다면 역사적 사실을 지나치게 절대화한다는 것은 무엇을 의미하는가? 그것은 역사적 사실이란, 실제로는 무엇인가가 발생하는 하나의 사건이었는데도 불구하고 이러한 사건으로부터 분리됨으로써 하나의 단순한 사실로 박제화되는 것을 의미하지 않는가? 푸코가 니체의 계보학을 창조적으로 계승하는 것은 바로 이 지점이다. 역사를 사실로서가 아니라 사건으로서 파악하고자 하는 것이 계보학이기 때문이다.

　푸코는 니체가 발전시킨 도덕적 계보학을 실증주의적 비판의 방법론으로 전환한다. 우리는 여기서 주체를 구성하는 사회적 규칙을 서술하고자 하는 푸코의 계보학이 어떤 점에서 '바깥의 사유'로 서술될 수 있으며 또 어떻게 니체의 도덕적 계보학을 계승하고 있는가 하는 점만을 간단히 살펴보고자 한다. 만약 덕성의 함양이 동시에 악덕을 기른다면, 또 만약 주체를 구성하는 사회적 규칙들이 주체가 사라질 때에만 제 모습을 드러낸다면, 우리는 어떻게 주체의 이중성을 해명할 수 있는가? 푸코는 주체의

---

42) Friedrich Nietzsche, GM, Vorrede 6, KSA 5, 253쪽. 니체전집 14, 344쪽.

성격을 분명히 파악하기 위하여 우선 주체를 해체시키는 사유를 '바깥의 사유'라고 명명한다. "주체성의 한계를 바깥에서 드러나도록 하고, 주체성의 종말을 공포하고, 주체성의 분산이 불꽃을 튀기도록 하고, 그것의 궁극적 부재를 확인하기 위하여 이 사유는 우선 모든 주체성의 바깥에 있어야 한다."[43] 그렇다면 우리는 어떻게 우리의 주체성을 정확하게 인식하기 위하여 주체성의 바깥을 설정할 수 있단 말인가? 우리의 주체성을 구성하는 것이 역사와 문화라고 한다면, 우리가 어떻게 이 역사와 문화를 초월하는 바깥의 관점을 취할 수 있단 말인가? 이 물음에 대하여 푸코는 이러한 바깥의 사유 형식이 "서양 문화의 가장자리에서 이제까지는 단지 불분명하게 드러났을 뿐"[44]이라고 대답한다. 그러나 이 말은 계보학적 방법의 한 축을 이루는 바깥의 사유의 가능성을 암시한다. 만약 서양의 문화와 형이상학에서 주변부로 밀려난 타자의 경계선을 실증주의적으로 서술할 수 있다면, 우리는 형이상학적 토대가 붕괴된 시대에 주체 구성의 가능성을 탐색할 수 있는 새로운 사유 방식을 발전시킬 수 있다는 것이다.

그렇기 때문에 푸코의 사유는 처음부터 정상과 비정상, 이성과 광기, 인간과 자연의 경계를 규정하는 담론의 규칙들에 주목한다. 이러한 사유의 경향은 《광기의 역사》로부터 《지식의 고고학》을 거쳐 《담론의 질서》에 이르는 계보학의 발전 과정을 전체적으로 관류하고 있다. 예를 들면 푸코는 《광기의 역사》에서, 타자를 배제함으로써 스스로를 정당화하는 이성의 광기를 기술할 수 있는 방법으로 세 가지를 제시한다.[45] 첫째, 광기의 역사는 언어의 역사를 기술하는 것이 아니라 '침묵의 고고학'을 기술한다. 즉, 계보학은 특정한 시대와 문화에서 담론의 과정에 참여할 수 있는 타자

---

43) M. Foucault, "Das Denken des Außen", *Von der Subversion des Wissens*, 54~82쪽 중 57쪽.
44) 같은 책, 같은 곳.
45) M. Foucault, *Wahnsinn und Gesellschaft*, 8~11쪽을 참조할 것.

에게 발언의 기회와 목소리를 부여함으로써 기존의 권력을 비판하는 것이다. 둘째, 광기의 역사는 '경계들의 역사'를 기술한다. 어떤 문화와 이성은 항상 그것의 바깥에 있는 것을 규정함으로써 스스로를 확인한다. 그렇기 때문에 특정한 문화와 이성에 실증적 성격을 부여하는 경계선들은 동시에 이 문화와 이성에 의해 배제된 타자들에게도 물질적 실증성을 부여하는 것이다. 셋째, 서양 이성이 규정하는 서양은 이러한 경계 설정이 반복적으로 이루어지지 않으면 존립하지 않는다. 다시 말해 니체에게서 가치 평가 없이는 가치가 존립할 수 없는 것처럼, 경계의 구분이 반복적으로 이루어지지 않으면 주체의 구성은 불가능한 것이다.

푸코는 이러한 계보학적 방법론들을 《지식의 고고학》에서는 "희박성, 외재성, 축적"의 세 가지 측면으로 설명하고,[46] 《담론의 질서》에서는 "배제 메커니즘을 통한 외면적 담론의 통합", "담론의 희소화를 통한 내면적인 통제 절차", "주체에 대한 담론 참여의 규제"라는 세 원리로 설명한다.[47] 푸코의 방법론적 논의는 사회의 언어적 구조에 관심을 기울인다. 그러나 푸코는 언어 행위를 실행하는 자율적인 주체에서 출발하는 것이 아니라 오히려 주체가 언어에 의해 완전히 해체되는 과정을 주시한다. 다시 말해서 푸코는 언어 행위의 주체를 상정하지 않고도, 구체적인 현실 속에 주어진 언어의 사실성과 물질성이 계보학적 방법론의 토대임을 보여준다.

그렇기 때문에 푸코는 언어적 상징체계의 의미가 언어 행위의 주체로 환원됨으로써 해명될 수 있다는 하버마스의 패러다임을 정면으로 거부한다. 오히려 푸코는 하버마스가 언어 외적인 요소로 지칭하고 있는 사회적 담론을 분석함으로써 사회를 비판하는 방법론적 토대를 구축할 수 있다고

---

46) 미셸 푸코, 《지식의 고고학》, 171~182쪽을 참조할 것.
47) 미셸 푸코, 《담론의 질서》, 이정우 옮김(새길, 1993)을 참조할 것.

주장한다. 담론의 규칙들은 특정한 시대에 무엇이 어떠한 영역에서 말해질 수 있는지를 선험적으로 결정하며, 이러한 언어적 진술들은 특정한 구성 체계 속에서 체계적으로 구조화된다는 것이다. 따라서 푸코가 사용하는 담론적 구성체는 특정한 규칙들을 통해 통일되고 질서를 이루는 진술들의 집합으로 이해된다. 그러나 이러한 진술 체계는 그것이 사회적 담론을 넘어서는 형이상학적 토대로 환원될 수 없기 때문에 근본적으로 익명의 성격을 띠고 있다.

그렇다면 담론의 생산을 통제하고 선택하고 조직하고 재분배하는 과정의 규칙들은 어떠한 것인가? 푸코는 담론의 우연성과 물질성을 극복하기 위하여 언어유희는 불가피하게 경계 설정과 배제의 체계에 예속되어 있다고 주장한다. '나는 말한다' 라는 담론적 근본 명제는 삼중 구조로 구성되어 있다. 즉 언술 행위의 대상과 언술 행위가 이루어지는 사회적 맥락, 그리고 언술 행위의 주체이다. 언술 행위의 삼중 구조를 토대로 사회는 담론을 통제하는 세 가지 근본 양식을 발전시켰다는 것이다. 말할 수 있는 것과 말할 수 없는 것을 구별하여 말할 수 없는 것을 억압하는 배제의 장치가 첫째 양식이며, 말할 수 있는 것을 규정하는 담론에 연속성과 통일성을 부여하는 내면적 통제 장치로서의 담론의 희박화가 둘째 양식이며, 담론에 참여할 수 있는 자격 요건을 규정하는 외면적 통제 장치로서의 담론 주체의 희소화가 셋째 양식이다.

푸코는 담론 이론을 통해서, 특정한 사회에서 지배하고 있는 규범 체계를 계보학적으로 해체함으로써 언술 행위의 구체적인 주체를 익명화하고 또 사회적인 관계로부터 배제하는 권력의 지배 관계를 비판한다. 권력과 유기적으로 연관되어 있는 담론은 항상 담론이 지향하는 진리를 은폐하는 경향이 있다는 것이다. 권력이 실현되기 위해서는 이성의 형식이어야 하고, 이성은 권력을 통해서만 정당화될 수 있다는 관점에서 푸코는 현대 사회를 비판하는 것이다. 다양한 권력의 그물망 속에서 살아가고 있는 현대적 주체들은 자신들을 해체함으로써만, 즉 자신을 구성하는 권력 관계를 계보학적으로 폭로함으로써만 주체로 나타날 수 있는 것은 아닐까? 주체의 바깥에 머물면서 주체의 경계를 내면에서가 아니라 바깥에서 드러내고자 하는 니체와 푸코의 사유는 이러한 역설이 존재하는 한 여전히 타당한 것은 아닐까? 어쩌면 모든 도덕적 규범의 정당성을 철저하게 해체하는 니체의 반시대적 비판과 주체를 구성하는 규칙을 예리하게 밝혀냄으로써 오히려 능동적 주체 구성의 가능성을 부정하는 것처럼 보이는 푸코의 계보학은 허무주의를 극복하기보다는 오히려 더욱 심화할지도 모른다. 그러나 만약 우리가 "스스로를 정당화하고, 설명하고, 긍정하는 법을 알지 못하였기"[48] 때문에 허무주의가 발생했다는 사실을 우리가 알게 된다면, 즉 우리가 자신의 의미의 문제로 고통을 당하고 있다는 사실을 우리가 통찰한다면, 니체와 푸코의 계보학은 "인간이 아무것도 의욕하지 않는 것보다는 오히려 허무를 의욕하고자 하는"[49] 존재라는 사실을 해명함으로써 새로운 주체 구성의 가능성을 제시하는 사유일 수도 있을 것이다.

---

48) Friedrich Nietzsche, GM, III 28, KSA 5, 411쪽. 니체전집 14, 541쪽.
49) 같은 책, 412쪽.

제6장

———

생산적
권력으로서의 몸

———

욕망의 승화인가,
욕망의 지배인가

'몸'에 대한 믿음은 영혼에 대한 믿음보다 훨씬 더 근본적이다.
—프리드리히 니체, 《유고》(1885년 가을~1886년 가을)

자아는 자기 자신의 집주인이 아니다.
—지그문트 프로이트, 《정신분석 강의》(1917)

욕망은 아무것도 결여하고 있지 않다. 그것은 그 대상을 결여하고 있지 않
다. 욕망에 결여되어 있는 것은 오히려 주체이다. 혹은 욕망은 고정된 주체
를 결여하고 있다. 고정된 주체는 억압을 통해서만 있다.
—질 들뢰즈, 《앙티 오이디푸스》(1972)

1. 이성의 욕망과 욕망의 이성—욕망은 수동적이고 맹목적인가

"욕망은 모든 사람의 영혼에서 가장 커다란 부분을 이루고 있고, 그 본성에 따라 충족시키는 것이 가장 불가능한 것이다. 이 욕망이 이른바 육체적 쾌락으로 충만해짐으로써 커지고 강해진 나머지 자신의 일을 하는 대신 오히려 자신의 신분에 맞지 않게 다른 것들을 자신에게 예속시켜 지배하려 들지 않도록, 그렇게 함으로써 욕망이 이들 모두의 삶 전체를 혼란스럽게 만들지 않도록 영혼의 다른 부분들은 욕망을 감시하게 될 것이다."[1] 플라톤이 영혼을 세 부분으로 구별하면서 제시하고 있는 이 말은 욕망에 관한 서양의 관점을 분명하게 규정하고 있다. 이 인용문의 두 번째 부분은 서양의 형이상학적 전통을 관통하고 있는 플라톤 사상을 가장 극명하게 드러낸다. 그것은 두말할 나위도 없이 욕망이 이성에 의해 지배받아야 한

---

1) Platon, *Politeia/Der Staat*, 442a, Werke in acht Bänden, Griechisch und Deutsch, Vierter Band(Darmstadt : Wissenschaftliche Buchgesellschaft, 1971), 350~353쪽. 한국어판 : 플라톤, 《국가》, 박종현 역주(서광사, 1997), 305쪽. 박종현은 영혼의 한 부분인 epithymetikon을 "욕구적인 부분"으로 번역하고 있으나 여기서는 보다 일반적인 뜻에 맞게 '욕망'으로 옮겼다.

다는 믿음이다.

　여기서 우리는 욕망과 철학의 관계에 관해 한 가지 편견을 미리 제거할 필요가 있다. 플라톤은 그의 철학에서 결코 욕망을 제외하지 않으며 이성의 이름으로 모든 욕망을 비난하지도 않는다. 그는 오히려 여러 가지 형태로 나타나는 욕망의 작용과 효과, 그리고 욕망에 대처하는 영혼 내의 세력관계를 분석하고 있다. 플라톤이 수많은 대화편에서 끊임없이 욕망의 문제를 상기시키고 있다는 점을 감안하면, 철학은 욕망과의 대결을 통해 태어났다고 해도 과언이 아니다. "모든 심오한 정신은 하나의 가면을 필요로 한다"[2]는 니체의 말을 상기하면, 플라톤으로 대변되는 '이성의 철학'은 엄밀한 의미에서 그 밑바탕에 자리 잡고 있는 '욕망의 철학'을 은폐하는 가면일지도 모른다.

　그렇다면 욕망은 어떤 점에서 철학의 출발점을 이루고 있는 것인가? 이 질문과 관련하여 우리는 앞에서 인용한 문장의 첫 부분에 주목할 필요가 있다. 플라톤에 의하면 욕망은 각자의 영혼에서 '대부분'을 차지하며, 어떤 대상으로도 쉽게 충족시킬 수 없는 속성을 가지고 있다. 우리가 흔히 말하는 것처럼 욕망은 끝이 없기 때문에 끊임없이 새로운 대상을 좇는 욕망은 우리의 영혼을 혼란시켜 현실을 올바로 인식하지 못하게 한다는 것이다. 욕망은 한편으로는 우리로 하여금 쾌락을 추구하고 어떤 대상을 소유하고 싶게 하는 모든 움직임을 가리키지만, 다른 한편으로는 우리가 알 수도 없고 쉽게 통제할 수도 없는 '어두운 힘'이다. 이 어두운 힘의 '정체'는 무엇이며, 어떻게 '작용'하는가? 욕망의 추구가 우리의 삶에 미치는 '효과'는 과연 무엇인가?

---

2) Friedrich Nietzsche, JGB, KSA 5, II 40, 58쪽. 니체전집 14, 71쪽. JGB, IX 289, KSA 5, 234쪽. 니체전집 14, 307쪽: "모든 철학은 또한 하나의 철학을 숨기고 있다. 모든 생각도 하나의 은신처이고, 모든 말도 하나의 가면이다."

이 물음은 다양한 이성중심주의 철학의 발전에도 불구하고 아직 해명되지 않았으며, 그렇기 때문에 여전히 철학의 출발점을 이루고 있다. 그렇다면 욕망이 철학의 지속적 논의에도 불구하고 명쾌하게 해명되지 않은 까닭은 무엇인가? 플라톤에게서 유래하는 서양의 이성중심주의가 욕망을 '욕망 자체로서' 탐구하기보다는 오히려 이성이 통제해야 할 하나의 허구적 대상으로 구성한 것은 아닌가? 주지하다시피 플라톤은 욕망의 도전에 두 가지 방식으로 대처한다. 하나는 영혼과 육체의 이원론이고, 다른 하나는 결여로서의 욕망론이다.

플라톤은 우선 이성과 욕망을 각각 독립적인 힘으로 설정하지만, 끝을 모르는 인간의 탐욕에 목적과 질서를 부여하기 위하여 육체적 욕망과 영혼의 욕망을 구별한다. 그러나 육체적 욕망이 진리를 탐구하는 영혼의 욕망에 의해 통제되고 순화되려면, 욕망은 근본적으로 동일한 근원을 가지고 있어야 한다. 예컨대 플라톤은 사랑이 "아름다움 속에서 탄생한 것으로서 몸에 의하거나 영혼에 의한다"[3]고 말함으로써 이성이 결국은 육체적 욕망과 영혼의 욕망을 매개할 것이라는 점을 분명히 하고 있다. 플라톤의 욕망은 엄밀히 말해서 육체에서 나오는 것이 아니다. 근본적으로 영혼의 표현인 욕망이 육체에 의해 구속되어 있을 뿐이다. 이런 관점은 결국 욕망을 '결여'로 파악하는 욕망 이론으로 이어진다. 플라톤은 "무엇인가에 대한 욕망을 가진 자는 필연적으로 그것을 결여하고 있다"[4]고 말함으로써 욕망이 근본적으로 결여의 보충이라는 점을 분명히 하고 있다. 이런 관점에서 철학은 영혼을 유혹하는 육체적 욕망을 이성으로 극복하고 육체에 결여되어 있는 영혼으로 나아가는 움직임이라고 할 수 있다.

---

3) Platon, *Symposion*, 206b, Sämtliche Werke 2(Hamburg : Rowohlt, 1957), 235쪽.
4) Platon, *Symposion*, 200a~d, 230쪽.

서양 이성중심주의는 이처럼 욕망을 이성의 관점에서 규정함으로써 한 번도 욕망을 '욕망 자체로서' 고찰하지 못했던 것이다. 소위 "위대한 의심의 거장들"[5]이 등장하는 지점이 바로 이곳이다. 마르크스, 니체, 프로이트는 이제까지 이성에 의해 배제되었던 '권력', '몸', '욕망'을 철학적 사유의 중심에 올려놓음으로써 이성중심주의에 커다란 물음표를 붙인다. 한편으로는 니체에 앞서 마르크스가 사유의 중심을 의식에서 물질적 생산 관계로 옮겨놓음으로써 '권력'의 논리를 분석하고 다른 한편으로는 니체 이후에 프로이트가 의식에서 배제되었던 무의식을 해명함으로써 '욕망'의 논리를 분석한 것이 사실이지만, 이성중심주의의 철학적 패러다임을 근본적으로 전복시킴으로써 우리의 '몸'과 '욕망', 그리고 '삶'에 관해 전혀다른 사유의 가능성을 열어놓은 것은 두말할 나위 없이 니체이다.

니체는 의식 철학이 출발한 지점이자 지나친 이성중심주의로 인해 망각된 지점을 계보학적으로 폭로한다는 점에서 '혁명적'이라면, 다른 의심의 거장들이 각각 비판의 도구로 사용했던 권력과 욕망의 개념을 통합시켰다는 점에서 '독창적'이다. 주지하다시피 마르크스가 욕망을 권력의 산물로 보는 반면에 프로이트는 권력을 욕망의 대상으로 파악하기 때문에 이들에게서 두 개념이 연결될 때에 하나는 분명 다른 하나에 예속된다. 그러나 니체는 "권력에의 의지"라는 새로운 개념을 통해 권력과 욕망이 원천적으로 통합되어 있음을 분명하게 밝히고 있다. 니체의 권력 의지는 의지가 권력을 추구할 때에만 생명을 유지하고, 권력은 이러한 (권력) 의지를 통해서만 표현된다. 니체에 의하면 권력의 문제를 배제하고는 욕망의 구조를 파헤칠 수 없으며, 욕망을 고려하지 않고는 권력을 올바로 이해할 수 없다.[6]

---

5) Friedrich Nietzsche, FW, KSA 3, 350쪽. 니체전집 12, 28쪽.

이처럼 니체의 권력 의지는 플라톤이 제시한 에로스의 정반대 지점에 위치한다. 니체는 영혼의 대부분을 차지하고 있는 욕망의 현상을 있는 그 대로 관찰함으로써 삶에 대한 욕망의 기능을 해명하고자 한다. 프로이트 가 "법정에서 의식과 마찬가지로 무의식에게도 자기 자신을 위해 말할 기 회가 인정되어야 한다"[7]고 말한 것처럼, 니체는 이제까지 이성에 의해 은 폐되었던 몸과 욕망의 언어를 해석하고자 한다. 이제까지 이성과 의식에 서 배제되었던 영역을 탐구한다는 점에서 종종 "무의식의 심리학"[8]이라 고 서술되는 프로이트의 정신분석학은 근본적으로 철학적이다. 프로이트 는 니체를 직접 인용하지는 않지만 니체를 높이 평가하고 니체에게 많은 영향을 받은 것으로 알려져 있다.[9] 프로이트의 정신분석학이 니체의 저서 에서 발견되고 예견되고 있는 직관적 인식들을 과학적으로 전개하고 있다 는 점에서 니체는 정신분석학을 선취하고 있음에 틀림없다. 그것은 프로 이트가 다루고 있는 문제들이 정신분석학적 요소가 되기 이전에 이미 철 학적 요소들이었기 때문일 것이다.[10]

따라서 우리가 관심 갖는 것은 결코 니체와 프로이트, 철학과 정신분석 학의 관계가 아니고 이성에 의해 해석되기 이전의 욕망의 삶이다. 니체 역

---

6) 이에 관해서는 Alan D. Schrift, *Nietzsche's French Legacy : A Genealogy of Poststructuralism*(New York · London : Routledge, 1995), 68쪽을 참조할 것. 슈리프트Alan D. Schrift는 들뢰즈가 마르 크스와 프로이트보다 니체를 선호하는 까닭이 여기에 있다고 주장한다.

7) S. Blanton, *Tagebuch meiner Analyse bei Sigmund Freud*(Frankfurt u.a. : Ullstein, 1975), 32쪽.

8) S. Freud, *Neue Folge der Vorlesungen zur Einführung in die Psychoanalyse*, Gesammelte Werke, XV(Frankfurt am Main : Fischer, 1944), 170~171쪽. 프로이트는 여기서 정신분석학을 "심층 심 리학Tiefenpsychologie"이라고 명명하기도 한다.

9) 이에 관해서는 Kurt Rudolf Fischer, "Nietzsche, Freud und die Humanistische Psychologie", *Nietzsche-Studien*, Bd. 10 · 11(1981 · 1982)(Berlin · New York : de Gruyter, 1982), 482~499쪽 을 참조할 것.

10) O. Marquard, *Transzendentaler Idealismus. Romantische Naturphilosophie. Psychoanalyse*(Köln, 1987), 2쪽.

시 플라톤이 철학을 시작할 때 제기했던 것과 동일한 물음을 제기한다. 욕망의 정체와 작용은 무엇이며, 욕망이 우리의 삶에 미치는 효과는 무엇인가? 니체는 물론 플라톤의 대답을 뒤집음으로써 이 물음에 답하고자 한다. 욕망은 이성의 통제를 필요로 할 정도로 맹목적이고 수동적인가? 욕망이 결핍에서 유래하는 것이 아니라 그 자체로 생산적일 수는 없는 것인가? 욕망이 일종의 못을 가지고 영혼을 육체에 못 박는 것이 아니라 이성이 욕망을 왜곡하는 것은 아닌가? 우리는 이 물음에 답하기 위하여 (1) '몸'을 사유의 실마리로 삼는 니체의 '생리학'이 어떤 점에서 정신분석학적 전회를 이루었는지를 살펴보고, (2) 들뢰즈와 가타리가 니체의 "권력에의 의지"를 '욕망 기계'로 옮겨놓음으로써 예리하게 분석한 정신분석학의 한계를 비판적으로 재구성하고, (3) 니체에게서 시작되고 들뢰즈에 의해 이론적으로 전개된 새로운 욕망 이론이 삶에 어떤 의미를 가지고 있는지를 살펴봄으로써 (4) 욕망의 계보학을 서술하고자 한다.

2. 니체의 생리학과 정신분석학적 전회—힘으로서의 욕망

니체와 프로이트를 결합하는 것은 결코 그들의 철저한 회의주의만이 아니다. 프로이트가 스스로 고백하고 있듯이 니체의 직관적 인식과 정신분석학 사이에는 사유 동기의 친화력과 개념적 가족 유사성이 존재한다. 그렇다면 프로이트의 정신분석학은 어떤 점에서 니체의 철학에서 자극받은 것인가?[11] 이 물음에 답하려면 우선 정신분석학의 근본 성격을 철학의

---

11) 이에 관해서는 Michèle Bertrand, "Das philosophische Interesse an der Psychoanalyse", Helmuth Vetter · Ludwig Nagl (Hrsg.), *Die Philosophen und Freud : Eine offene Debatte*(Wien · München : Oldenbourg, 1988), 100~118쪽에서 101쪽 이하를 볼 것.

관점에서 규정할 필요가 있다. 정신분석학은 대체로 세 가지 특징을 가지고 있다. (1) 몸의 심리학적 주제화. 정신분석학은 우리의 몸이 근본적으로 의식보다 더 많은 것을 체험한다는 전제에서 출발하여 이 체험 내용의 심리적 효과를 분석한다. 예컨대 정신분석학적 치료가 출발점으로 삼는 '성적' 경험들은 우리의 '몸'에서 일어나는 '신체적 경험들'인 동시에 욕망을 매개하는 사회적 사건들이다. 따라서 신체적 · 사회적 통일성으로서의 성(性)은 정신분석학적 관심의 중심을 이룬다. (2) 내적 체험의 대상화. 전통 철학의 인식론이 이성과 외적 대상의 관계를 집중적으로 다루었다면, 정신분석학적 관심은 주로 '체험의 내적 영역'에 집중된다. 이러한 인식론적 방향 전환을 통해 정신분석학은 "쾌락 원칙"[12]을 내적 체험의 원리로 제시한다. 무한한 욕망과 탐욕이 유한한 실존을 통해 표현되는 존재가 바로 우리인 것이다. (3) 고통의 역사화. 프로이트가 몸 위에 쓰인 삶의 역사에 관심을 기울인다는 점에서 알 수 있는 것처럼 정신분석학은 기억의 흔적들에 토대를 두고 있다. 어떤 외적 사건이 설령 의식에 의해 망각되고 배제되었을지라도 몸에 쓰인 사건의 기억은 우리의 삶에 영향을 미친다는 프로이트의 외상(外傷), 즉 트라우마Trauma 이론은 역사적으로 형성된 우리의 삶이 고통을 통해 표현된다고 전제한다. 이런 관점에서 보면 '몸', '권력 의지', '징후'에 대한 니체의 철학은 정신분석학을 선취했음에 틀림없다.

만약 우리가 19세기에 일어난 철학적 패러다임의 변화를 '정신분석학적 전회'라고 일컬을 수 있다면, 이러한 방향 전환의 중심에는 '몸'에 대

---

12) Sigmund Freud, *Formulierungen über die zwei Prinzipien des psychischen Geschehens*, Gesammelte Werke, VIII, 229~238쪽. "현실 원칙Realitätsprinzip"은 직접적이지만 불안정한 쾌락을 포기하고 그 대신에 지연된 것이지만 안정된 쾌락을 선택한다는 점에서 결국 "쾌락 원칙Lustprinzip"의 변형이라고 할 수 있다.

한 새로운 관심이 자리 잡고 있다. 니체는 전통 형이상학을 비판하고 새로운 미래 철학의 토대를 구축하는 방법론적 기능을 몸에 부여한다. 방법론적 회의를 통해 근대 철학의 토대로 구축되었던 '주체Subjekt'는 데카르트보다 더 철저한 회의를 추구하는 니체에 의해 하나의 허구로 폭로되고 새로운 비판의 실마리로서 '몸Leib'이 제시된다. 니체에 의하면 주체는 삶에 기여하는 허구이기는 하지만 생명이 스스로를 보존하기 위하여 만들어낸 것이기 때문에 그 기원은 생명체에 있다. 니체는 인간의 주체뿐만 아니라 외부적 세계의 실체마저 근본적으로는 "모든 유기체의 근원적인 그리고 낡은 오류"[13]라고 단언한다. 이처럼 몸은 니체의 형이상학 비판의 도구일 뿐만 아니라 새로운 세계 해명의 통로이기도 하다. 니체는 자신의 철학을 "생리학Physiologie"[14]으로 이해하면서, "양심적으로 생리학을 연구하기 위해서는 감각 기관이 관념론적 철학이 의미하는 현상은 아니라는 사실을 명심해야만"[15] 한다고 말한다. 정신분석학은 몸을 실마리로 내면적 삶의 운동 구조를 분석하고 해명한다는 점에서 "생리 심리학Physio-Psychologie"[16]이라고 명명될 수도 있다.

그렇다면 니체는 왜 몸을 실마리로 하여 정신분석학적 전회를 시도한 것일까? "도덕과 생리학"이라는 제목을 달고 있는 잠언에서 니체는 우선 의식에 대한 몸의 우선성을 강조한다.

가장 놀랄 만한 것은 오히려 몸Leib이다. 어떻게 인간의 몸이 가능하게 되었

---

13) Friedrich Nietzsche, MA I, 18, KSA 2, 40쪽. 니체전집 7, 42쪽.

14) Friedrich Nietzsche, KSA 12, 2(76), 96쪽. 니체전집 19, 119쪽 : "권력의 생리학Phiologie der Macht". 이에 관해서는 M. Djuric, *Nietzsche und die Metaphysik*(Berlin · New York : de Gruyter, 1985), 64~77쪽을 볼 것.

15) Friedrich Nietzsche, JGB, I 15, KSA 5, 29쪽. 니체전집 14, 33쪽.

16) Friedrich Nietzsche, JGB, I 23, KSA 5, 38쪽. 니체전집 14, 44쪽.

는가, 즉 어떻게 그러한 엄청난 살아 있는 생명의 통합이, 각각 의존하고 예속하지만, 그러나 어떤 의미에서는 명령하고 자신의 의지에서 행동하며, 전체로서 살고 성장하고 어떤 시간 동안 존속할 수 있는지에 대해 사람들은 끝이 없을 정도로 경탄할 수 있다.─이러한 일이 의식을 통해 일어나지 않는다는 것은 명백하다! 이러한 '기적 가운데 기적'에 의식이란 단지 하나의 도구일 뿐이며 그 이상이 아니다.[17]

니체가 이렇게 인간의 몸을 경탄해 마지않는 까닭은 도대체 무엇인가? 니체는 전통 형이상학의 토대인 영혼과 신체의 이원론을 단순히 전복하고 있는 것인가? 어떤 사람은 니체가 영혼과 신체의 순서를 뒤바꾸어놓기는 했지만 그 역시 이원론에 빠졌다고 역으로 비판할 수도 있을 것이다. 그러나 니체는 영혼, 의식, 실체와 같이 정신적인 것조차 생리학의 관점에서 생명 현상으로 파악함으로써 이원론 자체를 극복하고자 한다.

이제까지 빛을 보지 못했던 새로운 영역이 이러한 전복으로 인해 사유의 대상으로 전환된다. 욕구, 정념, 탐욕, 본능, 충동으로 표출되는 다양한 욕망들이 이제까지 이성의 능력이 박탈되었을 뿐만 아니라 이성이 미치지 않는 '어두운' 힘으로 서술되어왔다는 사실을 상기하면, 니체의 생리학은 혁명적이라고 할 수 있다. 우리가 이성을 빛으로 이해한다면, 이원론적 이성에 의해 파악되지 않는 욕망이 어둠으로 묘사되는 것은 지극히 당연하다. 니체에 의하면 욕망의 "어두움은 의식을 중시하는 관점의 결과"이지 결코 "필연적으로 어두운 것에 내재하는 것은 아니다". 이런 관점에서 니체는 "불명료한 표상들을 명료한 표상들에 비해 열등한 종류의 표상들로 간주하는 것"이 "심리학자들의 주요 오류"[18]였다고 결론을 내린다.

---

17) Friedrich Nietzsche, KSA 11, 37(4), 576쪽. 니체전집 18, 393쪽. 강조는 니체에 의한 것임.
18) Friedrich Nietzsche, KSA 12, 5(55), 205쪽. 니체전집 19, 256쪽.

의식 철학은 어떤 현상이 의식에서 멀어지면 멀어질수록 그만큼 더 어두워진다고 전제한다. 만약 어떤 사태의 밝음과 어두움이 니체의 말처럼 의식의 관점에 지나지 않으며 의식이 근본적으로 생명 보존에 필요한 허구를 만들어낸다면, 의식에 의해 제대로 파악되지 않는 몸의 현상들은 그만큼 더 순수하고 명확한 것은 아닐까? 이런 맥락에서 니체는 "몸의 현상은 훨씬 더욱 풍부하고, 더욱 명료하고, 더욱 이해할 수 있기" 때문에 "방법론적으로 우선되어야 한다"고 말한다.[19] 니체는 이처럼 몸에서 출발하여 이제까지 당연하게 여겨졌던 것에 커다란 물음표를 붙임으로써 생명 현상을 전혀 다른 각도에서 고찰하고자 한다. 우리의 의식이 통일된 질서로 파악하는 것은 하나의 가상에 불과한 것은 아닌가? 하나의 통일성으로 우리의 의식에 들어오는 모든 것은 이미 엄청나게 복합적인 것은 아닌가? 이런 질문들은 우리의 신체적 생명 현상을 내면의 관점에서 고찰할 수 있는 공간을 확보함으로써 정신분석학적 전회를 선취한다. 물론, 니체는 이러한 정신분석학적 전회의 중심에 "권력에의 의지"를 놓는다. "세계를 그 내부로부터 보고, 세계를 그것이 지닌 '예지적 성격'으로 규정하고 서술하면, 세계는 '권력에의 의지Wille zur Macht'이고 그 밖의 아무것도 아니다."[20]

니체는 의식된 존재만을 진정한 존재로 파악하는 전통 형이상학에 대항하여 권력에의 의지를 전면에 내세운다. 권력에의 의지라는 개념이 근본적으로 불온하게 느껴지는 것은 그것이 이제까지 의식에 의해 억압되었던 것에 생명을 불어넣기 때문이다. 이성, 의지, 욕망의 삼각관계에서 플라톤의 의지가 욕망을 지배하기 위한 이성적 의지라면, 니체의 권력 의지

---

19) Friedrich Nietzsche, KSA 12, 5(56), 205~206쪽. 니체전집 19, 256~257쪽.
20) Friedrich Nietzsche, JGB, II 36, KSA 5, 55쪽. 니체전집 14, 67쪽.

는 근본적으로 욕망의 의지이다. 이런 점에서 니체의 권력 의지 개념은 욕망이 무엇이고, 어떻게 작용하고, 삶에 어떤 영향을 미치는지를 잘 말해준다. 첫째, 니체의 권력 의지 개념에 따르면 욕망이란 무엇인가? 니체에게 욕망은 삶의 운동을 가장 극명하게 말해주는 징후이다. 인간의 욕망만큼──그것이 성욕이든 소유욕이든 권력욕이든 간에──우리의 몸과 나아가 우리 자신이 살아 있다는 것을 말해주는 것이 어디 있겠는가? 니체는 한편으로는 존재와 생성을 이원론적으로 파악하는 전통 형이상학에 대항하여 "살아 있는 것das Lebende이 존재이다. 그 밖에는 어떤 존재도 없다"[21]라고 전제하며, 다른 한편으로는 이 생명을 권력 현상으로 파악하는 것이다.

의식에 의해 배제되었던 것이 의식에 그 모습을 드러내는 가장 원초적인 형태는 바로 욕망이다. 그렇다면 니체는 이러한 욕망들을 왜 권력 현상으로 파악하는 것인가? 만약 우리가 자기 보존의 욕망을 "모든 유기체적 존재의 주요 충동"으로 설정하는 데 동의한다면, 우리는 힘을 밖으로 표출하지 않고는 스스로를 보존할 수 없음을 쉽게 인정할 수 있다. 모든 생명체가 자신의 힘을 내보이고자 한다면, 보존은 엄밀한 의미에서 그것의 결과인 것이다.[22] 물론 이러한 욕망들이 모두 우리에게 의식되는 것은 아니다.

인간의 전체성은 한결같이 유기체의 특성들을 지니고 있는데, 이 특성들은 부분적으로는 의식되지 않은 채unbewußt로 남겨져 있고 부분적으로는 충동의 형태로 의식된다bewußt.[23]

---

21) Friedrich Nietzsche, KSA 12, 1(24), 16쪽. 니체전집 19, 17쪽.
22) 이에 관해서는 Friedrich Nietzsche, JGB, I 13, KSA 5, 27쪽. 니체전집 14, 31쪽을 볼 것.
23) Friedrich Nietzsche, KSA 11, 27(27), 282쪽. 니체전집 17, 377쪽. 이에 관해서는 J. Figl,

충동은 의식에 가려 어두운 부분으로 남겨져 있는 무의식이 의식화될 수 있는 유일한 통로이다. 그렇기 때문에 우리는 충동, 본능, 욕망을 올바로 파악하지 않고는 신체적 존재의 기본 특성을 올바로 이해할 수 없다.

그러면 우리는 이 충동을 어떻게 이해해야 하는가? 여기서 우리는 정신분석학의 핵심에 근접하게 된다. "모든 물질적인 것은 미지의 사건에 대한 일종의 운동 징후다. 의식되고 느껴진 모든 것은 다시금 알려지지 않은 것의 징후다."[24] 니체는 이러한 징후들의 배후에 욕망이 자리 잡고 있다는 사실을 입증할 수 있다고 말한다. 그것은 두말할 나위도 없이 권력에의 욕망이다. "인간이 가진 가장 무시무시하고 가장 근본적인 욕망은 권력에의 충동이다."[25] 이처럼 니체는 인간의 근원적 욕망이 다양한 형태로 특수하게 나타나지만 근본적으로는 "권력에의 의지"로 환원될 수 있다고 말한다. 권력에의 의지는 인간이 지닌 욕망들 중에서 가장 강한 욕망인 동시에 다양한 욕망들의 통일성인 것이다.

둘째, 니체의 권력 의지 개념에 따르면 욕망은 어떻게 작용하는가? 권력에의 의지는 욕망이 작용하는 방식을 의미한다. 플라톤이 이성의 관점에서 욕망을 서술한 것처럼, 욕망은 근본적으로 다원성을 특징으로 한다. 물론, 플라톤은 이러한 다원성 자체가 이성 없이도 통일성을 창출할 수 있음을 아직 보지 못했다. 그러나 니체에게 욕망은 지배의 대상으로서는 무한히 다양하지만, 권력 의지를 통해 이루어지는 지배 형식으로서는 통일적이다. 인간의 권력 의지는 다양한 욕망의 형태로 관철되지만, 이러한 욕

Interpretation als philosophisches Prinzip(Berlin · New York : de Gruyter, 1982), 135쪽을 참조할 것. 그에 의하면 니체가 권력 현상으로 파악하고 있는 생명 현상은 근본적으로 해석의 과정이다.

24) Friedrich Nietzsche, KSA 12, 1(59), 25쪽. 니체전집 19, 29쪽.

25) Friedrich Nietzsche, KSA 12, 1(33), 18쪽. 니체전집 19, 20쪽. 니체는 권력에의 충동이 종종 '자유'라고 불린다는 사실을 언급함으로써 권력에의 의지가 자기 보존에서 출발하여 자유에까지 구체화되고 있음을 암시하고 있다.

망의 근저에는 세계 해석의 욕구가 자리 잡고 있다.

우리의 욕구는 세계를 해석하는 것이다. 우리의 본능과 그것의 찬성하고 반대하는 것. 모든 본능은 일종의 지배욕이며, 모든 본능은 자신의 관점을 가지고 있다. 본능은 이 관점을 다른 본능들에 규범으로서 강요하려 한다.[26]

니체는 여기서 욕망에 관한 세 가지 편견을 수정할 것을 요구한다. 욕망이 단순한 정념이 아니라 해석이라는 것이 하나이며, 욕망들은 이성을 통해 비로소 통일되는 것이 아니라 욕망 그 자체가 지배를 통해 통일성을 추구한다는 것이 다른 하나이며, 마지막 하나는 욕망은 맹목적인 것이 아니라 자기 자신의 권력을 위해서도 반드시 다른 욕망을 전제로 한다는 것이다.

이런 맥락에서 니체는 욕망과 함께 투쟁, 지배, 위계질서 등의 개념을 생명 현상을 이해할 수 있는 도구로서 전면에 내세운다. 부분적으로는 욕망을 통해 우리에게 의식되지만 대부분은 우리에게 의식되지 않는 어두운 부분, 즉 무의식 자체가 권력에의 의지를 통해 이미 하나의 통일성을 추구하고 있다면, 이 무의식의 통일성은 의식적 통일성과는 어떻게 다른 것인가? 니체는 여기서 관점주의를 도입한다. 그에 의하면 우리가 가진 각각의 근본 충동들은 모든 사건과 체험에 대해 상이한 관점에서 평가를 내리기 때문에 각각의 충동은 다른 충동들과 관련하여 촉진되기도 하고 방해를 받기도 한다.

이 충동들을 모두 권력에의 의지로 이해한다면, 인간은 각각 다수의 표현 수단과 형식들을 갖추고 있는 "'권력에의 의지들'의 다양성"[27]인 것이

---

26) Friedrich Nietzsche, KSA 12, 7(60), 315쪽. 니체전집 19, 383쪽.

다. 다시 말해 의식되기 이전의 충동들의 통일성은 다원적 통일성으로서 지배의 통일성이고 투쟁의 통일성이다. 투쟁과 지배가 존재하지 않는다면, 생명 역시 존재할 수 없다. 이처럼 "유기체적 과정은 지속적인 해석을 전제하고"[28] 또 해석은 다른 것을 지배할 수 있는 수단이기 때문에 생명체는 자기 보존을 위해서도 끊임없이 타자를 찾아 나선다. "권력에의 의지는 오로지 저항을 통해서만 표현될 수 있다. 그것은 자신에게 저항하는 어떤 것을 찾아 나선다."[29] 여기서 우리는 욕망의 무한성이 권력에의 의지에서 기인함을 엿볼 수 있다.

셋째, 니체의 권력 의지 개념에 따르면 욕망은 인간의 삶에 어떤 영향을 미치는가? 이 물음과 관련하여 니체는 욕망과 쾌락의 관계에 관한 전통적 해석을 근본적으로 뒤집어놓는다. 플라톤은 욕망을 쾌락을 추구하는 운동으로 정의함으로써 쾌락을 욕망의 목적으로 설정한다. 우리는 우선 쾌락과 불쾌 자체가 권력 감정이라는 사실을 직시해야 한다. 니체에 의하면 "인간은 쾌락Lust을 추구하지도 않고, 불쾌Unlust를 회피하지도 않는다". 플라톤과는 정반대로 니체는 "쾌락과 불쾌는 단순한 결과, 단순한 수반 현상에 지나지 않는다"고 말하면서, "인간이 원하는 것, 살아 있는 유기체의 가장 미세한 부분들 각각이 원하는 것, 그것은 권력의 플러스이다"[30]라고 결론 내린다. 이런 관점에서 보면 쾌락이 권력 감정의 원인이 아니라 오히려 권력의 증대가 쾌락을 수반한다. 니체가 근본적으로 "힘의 축적에의 의지"[31]로 해석하고 있는 "권력에의 의지"는 모든 생명 현상

---

27) Friedrich Nietzsche, KSA 12, 1(58), 25쪽. 니체전집 19, 28쪽.
28) Friedrich Nietzsche, KSA 12, 2(148), 140쪽. 니체전집 19, 171쪽.
29) Friedrich Nietzsche, KSA 12, 9(151), 424쪽. 니체전집 20, 108쪽.
30) Friedrich Nietzsche, KSA 13, 14(174), 360쪽. 니체전집 21, 191쪽.
31) Friedrich Nietzsche, KSA 13, 14(81), 261쪽. 니체전집 21, 70쪽.

에——양육, 생식, 유전이든 아니면 사회, 국가, 관습이든——고유한 것이다. 모든 생명체에서 근원적인 현상이 권력 추구라고 한다면, 이러한 권력에의 의지는 쾌락과 동시에 불쾌를 산출할 수 있다. 쾌락과 불쾌는 행위의 원인이 아니라 행위의 결과인 것이다.

그렇다면 행위의 결과인 쾌락이 행위의 원인으로 탈바꿈한 까닭은 도대체 무엇인가? 여기서 니체는 내면적 삶에 관한 전통적 인과론을 뒤집음으로써 정신분석학적 인식의 토대를 구축한다. 니체에 의하면 권력에의 의지라는 사건이 쾌락보다 먼저 발생하지만 "원인이 그 효과보다 늦게 의식에 도달하기"[32) 때문에 내면적 경험의 시간적 순서가 전도된다. "'권력에의 의지'의 심리학. 쾌락과 불쾌"라는 인상적인 제목을 달고 있는 잠언에서 니체는 고통의 지각 현상을 분석함으로써 고통이 하나의 생리적 사실이 아니라 일종의 지성적 해석 과정임을 선명하게 서술하고 있다. 만약 권력에의 의지가 하나의 저항에 부딪혀 방해를 받는다면, 이러한 방해로 인한 권력의 부정적 불균형 상태는 고통의 감정을 산출한다는 것이다. 고통은 엄밀한 의미에서 어떤 사건이 발생한 이후에 이루어진 사후적 해석의 결과이다. 이런 관점에서 보면 "우리는 본래 고통의 원인으로 인해 고통을 당하는 것이 아니라, 그런 쇼크의 결과로 등장하는 오랫동안의 평형상태의 장애로 고통을 당한다".[33) 이것은 우리가 신체적 상처 때문에 겪는 고통보다 이 상처에 대한 사후적 해석으로 인해 겪는 고통이 훨씬 더클 수 있다는 점을 암시하고 있다. 다시 말해 우리의 몸보다 의식이, 권력에의 의지라는 삶의 현상보다 권력의 증대와 감소에 대한 해석이 우리의 삶에 더 커다란 병리적 영향을 줄 수 있다는 것이다. 정신분석학적 인식과

32) Friedrich Nietzsche, KSA 13, 15(90), 458쪽. 니체전집 21, 310쪽.
33) Friedrich Nietzsche, KSA 13, 14(173), 359쪽. 니체전집 21, 190쪽.

치료가 출발하는 지점이 바로 이곳이다. 프로이트는 '고통이 사후에 상처를 입은 장소에 투영된다'는 니체의 징후 이론을 수용함으로써 정신분석학의 핵심이라고 할 수 있는 트라우마, 즉 외상 이론을 발전시킨다.

3. 들뢰즈의 정신분석학 비판—생산으로서의 욕망

니체는 몸을 힘의 관점에서 재해석함으로써 분명 정신분석학적 전환의 계기와 발판을 마련했다. 프로이트는 의식과 무의식의 관계를 힘의 관계로 파악했을 뿐만 아니라 이러한 관계가 이성과 의식의 작용으로 인해 근본적으로 왜곡될 수 있음을 밝힘으로써 니체의 길을 따르고 있다. 특히, 니체의 징후 이론에서 유래했다고 볼 수 있는 프로이트의 트라우마 이론은 후기구조주의 철학자들에 의해 집중적으로 논의되고 있는 '차이'와 '사후성의 논리'를 선취한다는 점에서 후기구조주의의 철학적 기원과 성격을 노출하고 있다.[34] 그러나 프로이트는 니체와는 달리 전통 형이상학의 해석에 따라 욕망을 근본적으로 '결여'로 이해함으로써 욕망을 목적론적으로 해석하려고 한다. 그렇다면 무의식을 상징적 또는 언어적 구조로 파악하려는 정신분석학적 시도는 오히려 욕망을 결여에 대한 반응으로만 해석함으로써 욕망의 생산적 측면을 왜곡하는 것은 아닌가?

들뢰즈의 니체가 정신분석학을 비판하는 곳이 바로 이 지점이다. 만약 우리가 욕망을 욕망으로서 파악하지 않고 '주체'의 관점에서 파악하면, 우리는 욕망을 대리 보충의 수동적 과정으로 이해함으로써 욕망이 주체의

---

34) 이에 관해서는 서동욱, 《들뢰즈의 철학—사상과 그 원천》(민음사, 2002), 73~104쪽, "2. 차이와 논리 : 데리다의 '차연'과 들뢰즈의 '차이 자체', 프로이트의 사후성"을 참조할 것.

형성 과정에서 수행하는 긍정적 측면을 자칫 보지 못할 수도 있을 것이다. 만약 욕망이 승화를 목표로 하는 결여의 구조를 가지고 있다면, 이러한 욕망 이론은 근본적으로 플라톤의 형이상학적 틀을 벗어나지 못한다.[35) 프로이트는《새로운 정신분석학 강의》에서 "이드Es가 있던 곳에 자아Ich가 생성되어야 한다"[36)고 말함으로써 이러한 해석의 빌미를 스스로 제공하고 있다. 그러나 니체의 생리학에서 제시된 정신분석학적 전회는 '이드에서 자아로'의 길을 추적하기보다는 '자아에서 이드로'의 길을 택하고 있다. 이런 관점에서 보면 앞의 인용문에서 '이드'와 '자아'라는 명사보다는 생성이라는 동사에 초점을 맞춘 라캉의 해석이 니체에 더 근접한다고 할 수 있다.[37) 생성의 관점에서 보면 욕망은 여전히 어두운 힘과 다양한 충동들의 '활동' 장소이다. 우리가 그 목적을 알지 못하기 때문에 욕망이 어두운 힘으로 인식되기는 하지만, 욕망은 생명의 근원을 향한 운동임에 틀림없다.[38)

들뢰즈는 프로이트의 정신분석학을 니체의 관점에서 계보학적으로 재구성함으로써 바로 이 점을 직시한다. 만약 계보학이 "기원의 가치임과 동시에 가치들의 기원을 의미한다면"[39), 계보학은 욕망이 수동적이기는

---

35) 프로이트의 정신분석학을 헤겔적으로 해석하는 리쾨르P. Ricoeur의 입장이 여기에 속한다. 이에 관해서는 P. Ricoeur, *Die Interpretation : Ein Versuch über Freud*(Frankfurt am Main : Suhrkamp, 1974), 473쪽 이하를 볼 것.

36) S. Freud, *Neue Folge der Vorlesungen zur Einführung in die Psychoanalyse*, Gesammelte Werke XV(Frankfurt am Main : Suhrkamp, 1944), 86쪽. 서른한 번째 강의 마지막 부분에 나오는 이 유명한 문장은 다음과 같다. "Wo Es war, soll Ich werden". 이드Es와 자아Ich가 대문자로 강조됨으로써 이드의 목적이 자아임을 은연중에 암시하고 있다.

37) 이에 관해서는 J. Lacan, *Ecrits*(Paris : Seuil, 1966), 416쪽 이하를 볼 것. "Là où fut ça, il me faut advenir".

38) 전통 형이상학이 근원과 목적을 동일시했기 때문에 근원론archeology인 동시에 목적론teleology이었다면, 니체의 철학은 이런 점에서 '목적론이 배제된 근원론'이라고 할 수 있다.

39) Gilles Deleuze, *Nietzsche and Philosophy*, Hugh Tomlinson (trans.)(New York : Columbia

커녕 능동적이며 맹목적인 대신 생산적이라는 사실을 인식하게 될 것이라고 들뢰즈는 단언한다. 이처럼 들뢰즈의 철학은 근본적으로 니체적이다. 그것은 들뢰즈가 니체에게서 받은 영향이 공개적이고 전면적이기 때문만이 아니라 그의 철학 자체가 니체를 실험하는 것이기 때문이기도 하다.[40] 이 점은 《차이와 반복》(1968), 《앙티 오이디푸스》(1972), 《천의 고원》(1980)에서 전개되고 있는 들뢰즈의 독창적 사상이 《니체와 철학》(1962)에서 이미 완성된 형태로 발견되고 있다는 사실에서 잘 드러난다.[41] 들뢰즈의 철학은 한편으로 니체의 계보학을 통해 "자본주의와 정신분열증"의 비판적 분석을 시도하고 있다는 점에서 '욕망의 계보학'으로 명명될 수 있을 것이다.

그렇다면 들뢰즈가 현대 자본주의에 내재하고 있는 욕망의 구조를 분석하면서 니체에게 주목하고 있는 까닭은 무엇인가? 들뢰즈는 《니체와 철학》에서 우선 욕망을 권력 의지와 결합시킨다. "만약 우리가 사물을 소유하는 힘, 그것을 이용하는 힘, 그것을 독점하는 힘, 혹은 그 속에서 자신을 표현하는 힘이 무엇인지 알지 못한다면, 우리는 어떤 것의——심지어 인간적 현상, 생물학적 현상, 또는 물리적 현상의——의미도 결코 발견할 수 없을 것이다."[42] 여기서 '힘'은 아무런 문제 없이 '욕망'으로 대체될 수 있다. 들뢰즈는 실제로 니체의 권력 의지를 능동적 힘과 반동적 힘이라는 개념으로 해석함으로써 욕망이 생산적이라는 통찰에 이르게 된다. 이

University Press, 1986), 한국어판 : 질 들뢰즈, 《니체와 철학》, 이경신 옮김(민음사, 1988), 18쪽.
40) Gilles Deleuze · Claire Parnet, *Dialogues*, Hugh Tomlinson · Barbara Habberjam (trans.)(New York : Columbia University Press, 1987), 46~48쪽을 참조할 것. 전통 철학에 대한 들뢰즈의 태도는 "실험하라, 결코 해석하지 말라Experiment, never interpret"라는 문장으로 표현된다.
41) 이에 관해서는 서동욱, 《들뢰즈의 철학—사상과 그 원천》, 107쪽 이하를 참조할 것.
42) Gilles Deleuze, *Nietzsche and Philosophy*, 3쪽. 질 들뢰즈, 《니체와 철학》, 20쪽.

런 맥락에서《앙티 오이디푸스》의 첫 문장은 그의 욕망 이론을 대변한다. "'그것은' 어디서나 작동하고 있다. 때로는 멈춤 없이, 때로는 중단되면서 '그것은' 숨쉬고, '그것은' 뜨거워지고, '그것은' 먹는다."[43] 한마디로, 욕망은 삶의 생산 현상인 것이다.

들뢰즈가 정신분석학을 재구성하면서 니체에게 주목하는 또 다른 이유는 이원론을 극복하려는 데 있다. 능동action과 반동réaction, 편집증과 정신분열증, 수목성(樹木性)과 근경성(根莖性)Rhizome 등의 낯선 용어들처럼 들뢰즈가 사용하는 개념들은 이원적이다. 그는 언뜻 이원론적 개념들을 해결하기는커녕 오히려 확대하는 것처럼 보인다. 그러나 그는 니체처럼 전통 형이상학의 이원론에 도전하기 위하여 이원론을 허용한다. 이런 관점에서 보면 이원론은 우리가 세계를 이해하기 위하여 구성해야만 하는 고정적 틀이 아니라 '다원주의적 일원론'을 실현하기 위하여 통과해야만 하는 대상인 것이다.[44] 그러므로 우리는 이원론적 개념들 중의 어떤 것에도 특권을 부여해서는 안 되며, 이원론 자체를 절대적인 것으로 설정해서도 안 된다.

니체와 들뢰즈가 사용하는 이원론적 개념들은 대립적이기보다는 차이를 표시할 뿐이다. 니체는 모든 것이 권력에의 의지라고 말함으로써 우리의 관심을 실체 및 주체들로부터 실체 및 주체들 '사이의 관계'로 돌려놓는다. 그것은 근본적으로 힘들의 관계이다. "기원은 기원 속에서의 차이이고 기원 속에서의 차이는 서열, 다시 말하자면 지배하는 힘과 지배받는

43) Gilles Deleuze · Félix Guattari, *Anti-oedipus : Capitalism and Schizophrenia*(Minneapolis : University of Minnesota Press, 1983), 1쪽. 한국어판 : 쥘르 들뢰즈 · 펠릭스 가따리,《앙띠 오이디푸스—자본주의와 정신분열증》, 최명관 옮김(민음사, 1994), 15쪽. 여기서 '그것'에 해당하는 프랑스어 'ça' 또는 독일어 'Es'는 프로이트의 'id'를 가리킨다.
44) Gilles Deleuze · Félix Guattari, *A Thousand Plateaus*, Brian Massumi (trans.)(Minneapolis : University of Minnesota Press, 1987), 20~21쪽을 참조할 것.

힘의 관계이며 복종시키는 의지와 복종하는 의지의 관계이다."[45] 그렇다면 욕망은 바로 이러한 힘들 사이에서 일어나는 역동적 과정인 것이다.[46]

그렇다면 들뢰즈에 의하면 욕망은 무엇이고, 어떻게 작용하며, 인간의 삶에 어떤 영향을 미치는가? 들뢰즈는 "욕망하는 기계", "생산성", 그리고 "능동과 반동"이라는 낯설기 짝이 없는 개념들을 통해 이 물음에 각각 대답한다. 첫째, 들뢰즈에 의하면 욕망이란 무엇인가? 들뢰즈는 "욕망하는 기계machine désirante"를 목적도 없고 원인도 없는 욕망으로 규정한다. 그에 의하면 "욕망은 기계요, 기계들의 종합이요, 기계적 배열이다――즉, 욕망하는 기계들이다. 욕망은 생산의 질서에 속하며, 모든 생산은 욕망하는 것인 동시에 사회적이다."[47] 여기서 욕망을 기계로 규정하는 까닭을 우리가 이해한다면 들뢰즈의 욕망 이론을 정확하게 파악했다고 해도 과언이 아니다. 그렇다면 들뢰즈는 욕망을 기계로 해석함으로써 정신분석학의 어떤 문제점을 회피하고자 하는 것인가? 기계가 일차적으로 다양한 부품들의 기능적 조립이라는 점을 상기한다면, "욕망하는 기계"는 욕망의 의지와 대상의 기능적 조립이다. 기계를 구성하는 부품들이 없다면 기계가 아무런 기능을 할 수 없는 것처럼, "욕망하는 기계" 없이는 의지와 대상 자체는 아무런 의미를 가지지 못한다.

들뢰즈는 생성의 과정을 사유하기 위하여 기계와 욕망을 연결시킴으로써 전통적 유기체론과 기계론의 모델과 단절한다. 유기체론에서 인간, 자연 그리고 우주는 특정한 목적을 가진 유기체들의 상호 작용으로 사유된

---

45) 질 들뢰즈, 《니체와 철학》, 28쪽 이하.
46) 이런 맥락에서 슈리프트는 만약 니체에게 형이상학이 있다면, 그것은 "실체의 형이상학이 아니라 과정의 형이상학이고, 존재의 형이상학이 아니라 생성의 형이상학"일 것이라고 말한다. A. Schrift, *Nietzsche's French Legacy : A Genealogy of Poststructuralism*, 67쪽.
47) Gilles Deleuze · Félix Guattari, *Anti-oedipus : Capitalism and Schizophrenia*, 296쪽. 쥘르 들뢰즈 · 펠릭스 가따리, 《앙띠 오이디푸스―자본주의와 정신분열증》, 436쪽.

다. 전통적 유기체론은 이처럼 주어진 통일성에 바탕을 두고 있기 때문에 욕망은 어떤 통일적인 내면적 영역에 위치하고 있다고 전제되었다. 이런 맥락에서 욕망은 항상 의지, 자아, 무의식으로 주관화되거나 인격화된다. 들뢰즈가 욕망을 '기계'라는 낯선 용어와 결합하는 것은 이런 욕망의 주관화와 인격화를 미연에 방지하기 위해서이다.[48] 기계가 이미 외재성, 즉 외부와의 결합과 단절을 암시하는 한, 욕망을 조립의 한 부분으로 파악한다는 것은 욕망을 주체와 대상의 관계에서 주체의 편에 위치시키는 것에 반대한다는 것을 의미한다. 왜냐하면 욕망과 욕망의 대상은 항상 동시에 발생하기 때문이다. 예컨대 입은 음식과 연결될 때엔 '먹는 기계'가 되고, 들어주는 외부의 귀와 연결되면 '말하는 기계'가 되고, 다른 입과 결합되면 '섹스 기계'가 된다.[49] 이 과정에서 욕망이 외부의 다른 것과 접속할 때 비로소 작동할 뿐만 아니라 접속되는 항에 따라 다른 본성을 갖게 된다는 것은 분명하다. 그렇기 때문에 들뢰즈는 유기체적인 '기관'보다는 비유기체적인 '기계'가 욕망의 본성을 훨씬 더 적절하게 서술한다고 본 것이다.

다른 한편, 들뢰즈의 '기계machine'는 다른 기계와 연결될 때에만 작동한다는 점에서, 기계이지만 특정한 기능을 가진 '폐쇄적 기계mechanism'와는 구별된다. 그것은 외부의 무엇인가에 의해 만들어지지 않았을 뿐만 아니라 외부의 무엇을 위한 것도 아니라는 점에서 개방적이다. 시계와 같은 폐쇄적 기계는 효율적으로 기능하지만 결코 스스로를 변형시키거나 생산하지 않는다. 이에 반해 들뢰즈의 개방적 욕망 기계는 스스로를 변형하고, 자신이 할 수 있는 것을 극대화하기 위하여 다른 기계와 접속한다. 이

---

48) 이에 관해서는 Claire Colebrook, *Gilles Deleuze*(London · New York : Routledge, 2002), 55쪽을 참조할 것.
49) 이에 관해서는 이진경, 《노마디즘 I》(휴머니스트, 2002), 130쪽 이하를 볼 것.

처럼 들뢰즈는 내재적인 생산을 서술하기 위하여 "욕망하는 기계"라는 용어를 사용한다. 간단히 말해, 욕망하는 생산은 생산하는 일과 생산된 것을 구별할 수 없는 "생산의 생산"[50]이다.

둘째, 들뢰즈에 의하면 욕망은 어떻게 작용하는가? 들뢰즈는 욕망의 작용 방식을 서술하기 위하여 '생산'의 개념을 도입한다. 니체의 영향이 가장 극명하게 나타나는 곳이 바로 이 지점이다. 주지하다시피 니체는 의지를 주체와 연관 지어 이해하려는 경향을 의식하여 "권력에의 의지"가 특정한 주체와 실체로 환원될 수 없다고 거듭 강조한다. "어떤 의지도 존재하지 않는다. 끊임없이 자신의 권력을 증대시키거나 잃어버리는 의지의 점들이 있을 뿐이다."[51] 그러므로 들뢰즈가 권력에의 의지를 기계의 관점에서 재해석한 것은 니체의 의도에 정확하게 부합한다고 할 수 있다. 니체에 의하면 모든 욕망은 권력에의 의지이다. 그것은 어떤 외부의 목적을 추구하는 운동도 아니고 내부의 결여를 보충하려는 운동도 아니다. 권력 의지로서의 욕망은 세계에 의미를 부여하는 해석 행위인 동시에 목적을 설정하는 창조 행위이다.

들뢰즈는 욕망의 본성이 근본적으로 능동성이라는 니체의 통찰에서 출발하여 욕망을 결여와 부정의 관점에서 해석하는 전통적 입장에 정면으로 대립한다.[52] 들뢰즈의 욕망은 긍정적이고 생산적이기 때문에, 우리가 흔히 생각하는 것처럼 우리가 가지고 있지 않은 것, 즉 결여에서 시작하지 않는다. 신체들이 다른 신체들과 결합하고 욕망이 다른 욕망들과 접속할

---

50) Gilles Deleuze · Félix Guattari, *Anti-oedipus : Capitalism and Schizophrenia*, 6쪽. 쥘르 들뢰즈 · 펠릭스 가따리,《앙띠 오이디푸스—자본주의와 정신분열증》, 21쪽.

51) Friedrich Nietzsche, KSA 13, 11(73), 36쪽 이하. 니체전집 20, 330쪽.

52) 콜브룩C. Colebrook은 "들뢰즈의 전체 기획은 그 자체로 결여와 부정에 반대한다"고 말한다. C. Colebrook, *Gilles Deleuze*, 91쪽.

때 생명이 보존되고 증대되는 것처럼, 욕망은 접속과 연결에서 시작된다. 욕망이 생산적이고 능동적이라는 전제는 니체와 들뢰즈, 니체와 다른 후기구조주의 철학자들을 연결하는 공통점이다. 들뢰즈는 "성직자들을 제외한다면, 누가 욕망을 결여로 명명하겠는가? 니체는 그것을 '권력에의 의지'라고 명명하였다"라고 말하면서 욕망은 근본적으로 무엇인가가 결여된 것이라기보다는 무엇인가를 "주는 덕성"이라고 단언한다. 간단히 말해, "결여는 욕망의 긍정성과 관계가 있지, 욕망이 결여의 부정성과 관계가 있는 것이 아니다".[53]

셋째, 들뢰즈에 의하면 욕망은 인간의 삶에 어떤 영향을 미치는가? 삶과 생명에 미치는 욕망의 영향은 '능동' 또는 '반동'으로 서술된다. 들뢰즈는 욕망을 결여와 연결하는 것은 오랫동안 계속된 '원한ressentiment'의 역사 때문이라고 말하는 니체와 인식을 같이한다. 니체에 의하면 권력은 욕망의 억압이 아니라 욕망의 확대이다. 왜냐하면 "강해지고자 하는 욕망은 모든 힘의 중심에서 볼 때 유일한 현실일" 뿐만 아니라 "권력 감정은 무엇인가를 움직이는 권력 자체이기"[54] 때문이다. 니체에 의하면 모든 존재는 근본적으로 '힘의 양Kraft-Quanta'이고 그들의 본질은 다른 힘의 양에 권력을 행사하는 데 있기 때문에 이들의 관계에는 오직 힘의 차이만이 있을 뿐이다. 다시 말해 한편에는 우월하고 지배하는 힘들이 있고 다른 한편에는 열등하고 지배를 받는 힘들이 있다. 이런 관점에서 니체는 열등한 힘이 가치 전복을 통해 지배하게 되는 것을 원한과 도덕적 노예 반란으로 서술한다. "고귀한 모든 도덕이 자기 자신을 의기양양하게 긍정하는 것에서 생겨나는 것이라면, 노예 도덕은 처음부터 '밖에 있는 것', '다른 것', '자

---

53) Gilles Deleuze · Claire Parnet, *Dialogues*, 91쪽.
54) Friedrich Nietzsche, KSA 13, 14(81), 206쪽 이하. 니체전집 21, 70쪽.

기가 아닌 것'을 부정한다"[55]는 것이다.

그렇다면 열등한 힘들이 어떻게 승리하는가? 들뢰즈는 니체의 계보학에 의거하여 '능동'과 '반동'의 개념을 도입함으로써 이 물음에 답하고자한다. 들뢰즈에 의하면 "반동적réactif" 힘들은 "능동적actif" 힘을 그것이할 수 있는 것에서 분리시킴으로써"[56] 승리할 수 있다는 것이다. 능동적힘이 자신이 할 수 있는 것의 끝까지 갈 뿐만 아니라 자신의 차이를 긍정하는 힘이라면, 반동적 힘은 능동적 힘을 그것이 할 수 있는 것에서 분리시킬 뿐만 아니라 자신이 할 수 있는 것에서도 분리된 힘이다.[57] 들뢰즈와가타리는 계보학에서 유래한 능동과 반동의 개념을 가지고 프로이트의 오이디푸스를 정면으로 비판한다. 그들에 의하면 능동적으로 행위 할 수 없는 무능력은 이러한 무능력을 정당화할 수 있는 개념, 즉 주체의 개념을창안한다. 이러한 주체 개념을 만들어냄으로써 노예는 자신의 행위를——엄밀한 의미에서 '행위 하지 않을 자유'로 이해되는 '반동적' 행위를——지지할 수 있는 토대를 구축한다. 이렇게 노예는 지배하거나 주인이 되고자 하는 욕망을 더 이상 표현하지 않는 강함을 요구할 수 있는 위치에 처하게 된다. 들뢰즈와 가타리는 프로이트의 '오이디푸스'가 바로니체가 비판한 성직자처럼 노예가 만들어낸 주체에 불과하다고 비판한다. 주지하다시피 프로이트는 모든 욕망들을 하나의 성적 욕망, 즉 어머니/아버지로 귀착되는 오이디푸스적 욕망으로 환원한다. 여기서 아버지는 욕망을 억압함으로써 이 욕망에 인격적 형태를 부여하는 허구적 주체이다. 아버지는 힘을 그 힘이 할 수 있는 바로부터 분리시키는 법의 인격화라고 할수 있다. 그러므로 오이디푸스는 법의 출현을 통해 가족 관계 속에 인격적

---

55) Friedrich Nietzsche, GM, I 10, 270쪽. 니체전집 14, 367쪽.

56) G. Deleuze, *Nietzsche and Philosophy*, 57쪽. 질 들뢰즈, 《니체와 철학》, 114쪽.

57) G. Deleuze, *Nietzsche and Philosophy*, 61쪽 참조. 질 들뢰즈, 《니체와 철학》, 121쪽.

인 형태로 억압된 욕망이라는 점에서 반동적 힘에 불과하다.

오이디푸스적 욕망은 억압을 통해 비로소 생성되는 욕망이다. 욕망이 근친상간을 원하기 때문에 법이 그것을 금하는 것이 아니라 법이 있지도 않은 근친상간을 금했기 때문에 근친상간에 대해 죄의식을 가지는 욕망이 태어나는 것이다. 들뢰즈와 가타리는 이러한 "가족주의"[58]가 정신분석학의 고질병이라고 진단한다. 프로이트는 무의식을 발견했지만 그것을 가족의 틀에 묶어두고 또 욕망의 긍정성을 인정했지만 욕망의 물질적 생산에 주목하기보다는 욕망의 상징적 재현, 즉 환상의 생산에 주목함으로서 욕망을 올바로 분석하지 못했다는 것이다.[59] 이에 반해 들뢰즈와 가타리는 욕망을 상징적 재현의 구조, 즉 법과 가족의 틀에서 해방시켜 모든 사회적 관계로 확대하고자 한다. 다시 말해 신화, 비극, 꿈 등을 통해 상징적으로 재현되는 무의식을 생산적인 무의식으로 대체하고자 한다. 들뢰즈가 말하는 것처럼 욕망이 그 자체로 생명 현상이고, 생산적이고 능동적이라고 한다면, 우리는 어떻게 이러한 욕망을 비(非)억압적 방식으로 허용할 수 있는 것인가?

4. 욕망의 '승화'인가 아니면 욕망의 '지배'인가

니체와 들뢰즈는 플라톤이 이성에 예속시켰던 욕망에 긍정적 의미를 부여함으로써 새로운 철학을 전개한다. 만약 욕망이, 플라톤이 인정하는

---

58) Geilles Deleuze · Félix Guattari, *Anti-oedipus : Capitalism and Schizophrenia*, 92쪽. 쥘르 들뢰즈 · 펠릭스 가따리, 《앙띠 오이디푸스—자본주의와 정신분열증》, 145쪽.

59) 이에 관해서는 Geilles Deleuze · Félix Guattari, *Anti-oedipus : Capitalism and Schizophrenia*, 55쪽을 참조할 것. 쥘르 들뢰즈 · 펠릭스 가따리, 《앙띠 오이디푸스—자본주의와 정신분열증》, 89쪽.

것처럼, 우리 영혼의 대부분을 차지할 뿐만 아니라 그 자체로 삶의 역동성을 구성한다면, 우리는 욕망을 이성과 대립시키기보다는 욕망 고유의 이성을 발전시킬 필요가 있을지도 모른다. 니체가 말하는 '커다란 이성'은 바로 이러한 방향을 암시한다. 그것은 우리의 세계 체험이 의식으로 환원될 수 없음을 말해줄 뿐만 아니라 우리가 종종 확고부동한 토대로 간주하고 있는 존재와 주체, 그리고 원인 역시 생성의 결과라는 사실을 폭로한다. 니체와 프로이트는 바로 이 지점에서 교차한다. 프로이트는 니체와 마찬가지로 '무의식'이 의식보다 훨씬 더 근원적임을 밝혔을 뿐만 아니라, 들뢰즈의 비판에도 불구하고 근본적으로 욕망의 생산성을 인정한다. 프로이트에게서도 무의식은 삶을 생산하고 현실을 구성하는 문제이지 우리가 이해할 수 없는 어떤 증상이나 비현실적인 환상에 대한 해석의 문제가 아니다.

들뢰즈와 가타리는 이 점을 극단적으로 강조하기 위하여 프로이트를 거쳐 다시 니체에게로 돌아간다. 니체의 "권력에의 의지"는 "욕망하는 기계"로 변형되고, 니체의 유기체론적 생리론은 들뢰즈의 개방적 기계론이된다. 들뢰즈는 '모든 것은 권력에의 의지이다'라는 니체의 말에 '모든 것은 욕망이다'라는 말로 화답하고, 권력 의지에 대한 니체의 긍정은 욕망의 생산성에 대한 들뢰즈의 긍정과 일치한다. 그렇다면 들뢰즈가 니체를 통해 실행하고 있는 정신분석학의 해체는 도대체 어떤 의미가 있는 것인가? 우리는 들뢰즈와 함께 프로이트로부터 니체에게로 되돌아감으로써 무엇을 얻을 수 있고, 니체와 함께 프로이트를 재해석함으로써 욕망에 대해 어떤 새로운 관점을 취할 수 있는가?

들뢰즈와 가타리는 니체에게로 돌아가 주체가 욕망이 만들어낸 허구임을 폭로함으로써 욕망을 정신분석학적 성욕에서 구해내고자 한다. 욕망을 성욕으로 축소시키고 그것을 엄마-아빠-나의 오이디푸스적 가족 삼각형 안에 가두어둔다면, 삶과 사회의 모든 영역에서 작동하고 있는 욕망의 성격을 올바로 파악할 수 없다는 것이다. 니체의 욕망은 성욕보다 훨씬 더 근원적이다. 니체는 "동일한 문법적 기능에 의한 무의식적 지배"[60]를 말함으로써 문법에도 일종의 욕망, 즉 권력에의 의지가 내재할 수 있음을 암시한다. 실제로는 '생각한다'는 사유의 과정이 있을 뿐인데도 우리가 사유의 '주체'로서 '나'를 전제하는 것은 '나는 생각한다'라는 문법 때문이라는 것이다. 이런 점에서 자아가 사유의 주체로서 실재한다는 생각은 문법의 욕망이라고 할 수 있다.

니체가 사유를 주체 없이 하나의 생성 과정으로 사유하고자 했던 것처럼, 들뢰즈와 가타리는 욕망의 생산 과정을 욕망의 주체 없이 사유하고자 한다. 그들에게 "현실적인 것은 생성 그 자체이며", 이러한 생성은 궁극적으로 "생성 이외의 어떤 것도 생산하지 않는다".[61] 이런 관점에서 자아는 욕망의 과정에서 생성되는 것이지 그 자체가 욕망의 주체인 것은 결코 아니다. "욕망은 아무것도 결여하고 있지 않다. 그것은 그 대상을 결여하고 있지 않다. 욕망에 결여되어 있는 것은 오히려 주체이다. 혹은 욕망은 고정된 주체를 결여하고 있다. 고정된 주체는 억압을 통해서만 있다."[62] 여기에서 우리는 억압이 주체를 형성하는 기제로 제시되고 있음을 어렵지 않게 간파할 수 있다.

만약 전통적 주체가 억압의 산물이라고 한다면, 니체가 새로운 삶의 형식으로 제시하고 있는 초인Übermensch은 '비억압적 욕망의 표현'이라고 할 수 있을 것이다. 니체는 실제로 곳곳에서 초인이 이상적 인간 유형이

60) Friedrich Nietzsche, JGB, I 20, KSA 5, 34쪽. 니체전집 14, 40쪽.
61) Gilles Deleuze · Félix Gattari, *A Thousand Plateaus*, 238~239쪽.
62) Gilles Deleuze · Félix Guattari, *Anti-oedipus : Capitalism and Schizophrenia*, 26쪽. 쥘르 들뢰즈 · 펠릭스 가따리, 《앙띠 오이디푸스─자본주의와 정신분열증》, 49쪽.

아님을 분명히 밝히고 있다. 그것은 우리가 추구해야 할 이상도 목표도 아니다. 초인은 오히려 어떤 힘이 할 수 있는 바가 온전히 유지된 삶의 과정이라고 할 수 있다. 다시 말해 초인은 욕망을 억압하는 대신 인정하고, 욕망을 극한까지 추구한다는 점에서 욕망을 지배하는 삶의 방식이라고 할 수 있다. 초인은 "자신을 압도하지 않는 본능적 충동들을 소유하고 있는 유쾌하고 무구하고 자유로운 인간 존재"[63]이다.

그렇다면 니체의 초인은 욕망을 어떻게 비(非)억압적 방식으로 대하는가? 어떻게 우리는 욕망을 그 욕망이 할 수 있는 바로부터 분리하지 않고 적극적으로 긍정할 수 있는가? 프로이트의 '승화'와 니체의 '지배'가 대안으로서 제시되는 곳은 바로 이 지점이다. 주지하다시피 외상, 즉 트라우마 이론은 니체와 프로이트를 밀접하게 결합하지만, 두 이론 사이에는 근본적인 차이가 있다. 프로이트는 증상이 무의식적인 것에 의존하고 있다는 사실을 밝힘으로써 "자아는 자기 자신의 집주인이 아니다"[64]라는 결론에 도달한다. 프로이트는 증상을 지워지지 않는 기억의 흔적으로 정의하면서 그 특징을 다음의 세 가지로 요약한다. 첫째, 증상의 원천은 그 뜻을 의식적으로 알 수 없었던 유년기의 체험으로 귀결된다. 둘째, 이러한 체험은 억압과 왜곡을 통해 망각되었기 때문에 무의식적인 것이 된다. 셋째, 이러한 외상적 사건에 대한 기억은 그것의 의미를 상징적으로 연상시키는 징후가 나타날 때까지 억압된다.

프로이트가 이처럼 외상을 '억압된 기억'과 연결한다는 점을 상기한다

---

63) Arthur Danto, *Nietzsche as Philosopher*(New York : Columbia University Press, 1980), 199~200쪽.
64) Sigmund Freud, *Vorlesungen zur Einführung in die Psychoanalyse*, Gesammelte Werke XI(Frankfurt am Main : Fischer, 1944), 295쪽. 한국어판 : 지그문트 프로이트, 《정신분석 강의》, 임홍빈 · 홍혜경 옮김(열린책들, 1997), 406쪽.

면, 정신분석학적 치료는 망각된 것을 기억시킴으로써 무의식적인 것을 의식적인 것으로 '치환' 하는 과정이라고 할 수 있다. '치환' 은 실제로 정신분석학의 중심을 형성한다. 엠마의 예에서 알 수 있는 것처럼 어렸을 적 옷가게에 갔을 때 상점 주인에게 성추행을 당했던 체험은 그 후 상점 점원들이 자신의 옷을 보고 웃었던 다른 체험으로 치환되어 은폐 기억으로 잠복된다. 환자는 이 기억을 (데리다의 차연 개념이 말해주는 것처럼) '지연 verschieben' 할 수 있으나 '지양aufheben' 할 수는 없는 것이다. 마찬가지로 프로이트에 의하면 우리는 욕망을 지연시킬 수는 있으나 파기할 수는 없다. 그렇다면 우리가 억압된 기억을 상징적으로 상기시킴으로써 증상을 치유할 수 있는 것처럼, 무의식적 욕망은 의식화된 다른 욕망으로 치환됨으로써 승화될 수 있을 뿐이다. 이런 맥락에서 프로이트는 욕망을 가족의 틀 안에 가둬두고, 사회의 제도와 문화는 성욕이 승화된 것으로 이해한다.

프로이트가 욕망의 억압을 승화의 전제 조건으로 설정한다면, 니체는 욕망을 있는 그대로 인정하기 위해서는 그것을 우선 기억의 흔적으로부터 해방시킬 필요가 있다고 주장한다. 들뢰즈의 관점에서 니체를 해석하면, 기억은 반동적 힘이고 망각은 오히려 적극적 힘이다. 왜냐하면 기억은 한편으로 욕망의 흐름을 절단하고 억압하고, 다른 한편으로는 새로운 행위를 불가능하게 만들기 때문이다. 니체는 "인간의 선사 시대 전체에서 인간의 기억술만큼 더 무섭고 섬뜩한 것은 없다"고 말하면서, "끊임없이 고통을 주는 것만이 기억에 남는다"는 사실만큼 "지상에서 가장 오래된 심리학의 주요 명제"[65]도 없다고 단언한다.

니체는 인간이 고통에 대한 기억을 내면에 고착시킴으로써 양심의 가책을 만들어냈다고 말한다. "적의, 잔인함과 박해, 습격이나 변혁이나 파

---

65) Friedrich Nietzsche, GM, II 3, 295쪽. 니체전집 14, 400쪽.

괴에 대한 쾌감―그러한 본능을 소유한 자에게서 이 모든 것이 스스로에게 방향을 돌리는 것, 이것이 '양심의 가책'이다."[66] 여기서 니체는 적의, 잔인, 박해, 공격 및 파괴로 표현되는 권력에의 의지를 일차적인 본능으로 서술하고 있다. 이러한 본능을 그것이 할 수 있는 바로부터 분리하는 것은 두말할 나위도 없이 고통에 대한 기억이다. 이러한 기억은 본능을 반동적 힘으로 만들어 내면으로 향하게 만든다. "밖으로 발산되지 않는 모든 본능은 안으로 향하게 된다.―이것이 내가 인간의 내면화라고 부르는 것이다."[67] 그렇기 때문에 니체는 이러한 고통의 기억에서 벗어날 수 있는 망각을 강조한다. 예컨대 니체는 고통스럽게 만드는 처벌이 채무자에게는 부채에서 해방되는 축제이고 채권자에게는 보고 즐김으로써 손해를 돌려받는 축제라는 점을 상기시킴으로써 '망각'과 '욕망'을 결합한다. 프로이트에게서는 외상의 원인이었던 망각이 니체에게서는 "강건한 건강의 형식"으로 서술된다. 니체에게는 "의식의 창과 문들을 일시적으로 닫는 것", 즉 "능동적 망각"[68]만이 자율적이고 "주권적 개인"을 만들 수 있다.

그렇다면 이렇게 자율적이고 초도덕적인 개체는 욕망을 어떻게 대하는가? 만약 욕망이 억압될 수 있는 것이 아니라면, 우리는 다양한 욕망을 조직함으로써 욕망의 지배(위계) 질서를 만들어야 하는 것은 아닐까? 니체는 욕망이 권력에의 의지로서 그 자체로 하나의 질서를 가지고 있다고 말한다. 첫째, 욕망은 다양성을 전제한다. 욕망은 고정된 본성을 가지고 있는 것이 아니라 (들뢰즈가 말하는 것처럼) 접속되는 항에 따라 달라진다. 둘째, 욕망은 그 자체로 힘의 관계에 있는 다양한 욕망들의 투쟁이다. 셋째, 욕망은 근본적으로 위계질서를 지향하기 때문에 "하나로서 존재하는

66) Friedrich Nietzsche, GM, II 16, 323쪽. 니체전집 14, 431쪽.
67) Friedrich Nietzsche, GM, II 16, 322쪽. 니체전집 14, 431쪽.
68) Friedrich Nietzsche, GM, II 1, 291쪽. 니체전집 14, 395쪽.

것이 아니라 하나를 의미하는 지배 구조"[69]이다. 이런 관점에서 보면 니체의 주권적 개인은 다양한 욕망들을 사회적으로 허용되는 하나의 욕망으로 환원함으로써 욕망의 승화를 추구하는 사람이 아니라 그것들을 하나의 지배 질서로 연결하는 사람이다. 그렇다면 욕망의 승화와 욕망의 지배는 선택의 문제가 아니라 근본적으로 힘의 문제이다. 우리가 과연 이러한 힘을 가지고 있는지는 개인에 따라 다르겠지만, 한 가지 분명한 것은 우리가 존재하는 바의 우리가 되기 위해서는 우리 내면의 힘과 욕망에 대해 열린 태도를 취해야 한다는 것이다.

열정의 약화나 근절이 아닌 열정에 대한 지배! 우리 의지의 지배력이 클수록, 그만큼 열정에 더 많은 자유가 주어져도 무방하다. 위대한 인간은 자신의 욕망이 지닌 자유로운 유희 공간을 통해 위대한 것이다.[70]

69) Friedrich Nietzsche, KSA 12, 2(87), 104쪽. 니체전집 19, 130쪽.
70) Friedrich Nietzsche, KSA 13, 16(7), 485쪽. 니체전집 21, 345쪽.

제7장

의미 없는
텍스트와 관점주의

니체의 증후론과
데리다의 문자론

사람들은 자신이 간직하고 있는 것을 숨기기 위하여 책을 쓰지는 않는가? ―그렇다, 그는 철학자가 과연 자신의 '고유한 최종적' 의견을 가질 수 있는 지 또 철학자에게는 모든 동굴 뒤에 더 깊은 동굴이 놓여 있지는 않은지 그 리고 놓여 있을 수밖에 없는 것은 아닌지를 회의하게 된다……모든 의견은 또한 은신처이며, 모든 의견은 또한 가면이기도 하다.

— 프리드리히 니체, 《선악의 저편》(1886)

철학자는 글쓰기에 대항하여 글쓰기를 한다. 그는 문자로 인한 상실을 보상 하기 위하여 글을 쓴다. 그러나 그는 이러한 태도를 통해 그의 손으로 이루 어지는 것을 망각하고 부정한다.

— 자크 데리다, 《철학의 가장자리》(1985)

1. 니체의 도전과 철학의 해체

"모든 심오한 사상가는 오해받기보다는 이해되는 것을 더 두려워한다."[1] 오늘날 새로운 철학의 방향을 모색할 때 우리가 반드시 부딪히게 되는 니체와 데리다의 철학적 성격은 아마도 이 인용문을 통해 가장 잘 표현될 수 있을 것 같다. 니체와 데리다는 마치 오해받는 것을 즐기려는 듯 전통을 가로지르는 글쓰기를 시도한 대표적인 '철학자들'이다. 그렇다. 우리가 철학자라는 낱말에 의심의 따옴표를 붙여야 할지도 모른다. 그것은 그들에 대한 가장 커다란 오해가 바로 그들이 과연 철학자인가 하는 문제로 집중되기 때문이다. 그의 사상만큼이나 새로운 글쓰기의 형식을 통해 서양의 전통 형이상학을 철저하게 비판했던 니체는 오랫동안 철학보다는 문학과 예술의 영역에서 더 많은 영향을 미쳤다. 니체가 전통 형이상학을 비판적으로 계승하기는커녕 새로운 신화를 통해 철학을 해체하는 데 더 많은 관심을 기울였다는 것은 주지의 사실이다.

---

1) Friedrich Nietzsche, JGB, X 290, KSA 5, 234쪽. 니체전집 14, 307쪽.

이런 맥락에서 철학자로서의 니체를 발견하는 것은 그를 더 잘 이해하는 길로 인식되어왔다. 니체를 철학의 맥락에서 이해한다는 것은 무엇을 뜻하는가? 이해한다는 것은 (니체 자신이 인식에 관해 말하고 있듯이) "낯선 것을 이미 알고 있는 것으로 환원시키는 것"[2]을 의미한다. 우리는 통상 익히 알려진 것은 이해했다고 생각하기 때문이다. 니체의 낯선 글쓰기 형식과 글의 내용에서 전통 형이상학의 숨겨진 맥을 발견할 수 있다면, 우리는 니체를 체계적으로 이해할 수 있는 단서를 가지게 되는 셈이다. 하이데거는 두말할 나위 없이 이러한 시도를 가장 철저하게 감행한 철학자이다. 하이데거에게 니체는 문학자라기보다는 철학자, 그것도 서양의 마지막 형이상학자이다. 서양 형이상학의 본질이라고 할 수 있는 플라톤주의가 비록 니체에 의해 전도되기는 했지만 전도된 플라톤주의라는 형식 속에 여전히 형이상학으로 남아 있다고 하이데거는 주장한다.

그렇다면 하이데거는 니체가 전통 형이상학을 그 끝까지 철저하게 비판했다는 사실을 인정하면서도 왜 니체를 마지막 형이상학자라고 규정하는가? 한편으로 하이데거는 '신은 죽었다'라는 명제 속에서 니체 철학의 해체주의적 성향을 발견한다. 이 명제는 존재를 존재자의 관점에서 파악하려는 전통 형이상학의 무의미성을 극명하게 드러내고 있다는 것이다. 하이데거는 "서양적 사유의 역사에서 존재자가 처음부터 존재와 관련하여 사유되기는 하지만 존재의 진리는 여전히 사유되지 않고 있다"고 확신하면서, 서양적 사유는 그 형이상학적 틀로 말미암아 존재의 진리를 은폐하고 또 그것을 경험할 수 있는 길을 원천적으로 봉쇄한다고 단언한다.

니체는 이러한 형이상학적 시도의 무의미성을 간파하기는 했지만, 형이상학적 본질과 실체를 해체함으로써 생겨난 빈자리를 권력 의지 또는

2) Friedrich Nietzsche, FW, V 355, KSA 3, 594쪽. 니체전집 12, 343쪽.

동일자의 영원회귀 사상과 같은 또 다른 형이상학적 원리로 채워 넣음으로써 형이상학적 악순환에서 벗어나지 못했다고 하이데거는 비판한다. 하이데거에 의하면 니체는 전통 형이상학에 대한 모든 가치 전도에도 불구하고 여전히 "형이상학적 계승의 부단한 궤도"[3]를 고집하고 있는 것이다. 우리는 여기서 복잡하기 짝이 없는 니체와 하이데거 사이의 다의적 관계를 논할 생각은 없다. 단지, 니체를 전통 형이상학의 맥락에서 철학자로서 발견하는 것이 그의 낯선 사상을 이해하는 것이라는 관점이 하이데거에서 정점을 이루고 있다는 사실만을 일단 확인하려고 한다.[4]

데리다는 하이데거와는 정반대의 방향에서 니체를 읽는다. 하이데거는 자신의 저서 《니체》의 머리말에서 "'니체', 이 사상가의 이름은 그가 사유하는 사태를 대변하는 제목이다"[5]라고 간단히 말한다. 그런데 니체를 철학적으로 해석함으로써 과연 그의 문제가 명확해졌는가? 데리다는 이 물음에 대해 분명하게 '아니오'라고 대답한다. 그는 한 걸음 더 나아가서 니체의 텍스트에는 니체라는 고유명사로 통일될 수 있는 하나의 사태, 즉 "니체의 진리 또는 니체의 텍스트의 진리가 존재하지 않는다"[6]고 단언한다. 간단히 말해서 데리다는 하이데거적 니체를 해체하는 것이다. 다양한 형식과 양식으로 표현되는 니체의 다층적 텍스트에 철학적 통일성과 총

---

3) 이에 관해서는 Martin Heidegger, *Nietzsche*, 2 Bde(Pfullingen, 1961), Bd. II, 7~29쪽과 Martin Heidegger, "Nietzsches Wort 'Gott ist tot'", *Holzwege*, Gesamtausgabe Bd. 5(Frankfurt am Main : Klostermann, 1977), 209~267쪽을 참조할 것.

4) 영미 철학 분야에서는 A. Danto, *Nietzsche as Philosopher*(New York · London, 1965)의 작업이 돋보일 뿐만 아니라 "철학자로서의 니체"라는 제목이 이러한 경향 자체를 대변하고 있다.

5) Martin Heidegger, *Nietzsche*, Bd. I, 9쪽.

6) Jacques Derrida, "Sporen : Die Stile Nietzsches", W. Hamacher (Hrsg.), *Nietzsche aus Frankreich*(Frankfurt am Main : Ullstein, 1986), 129~167쪽 중 152쪽. 불영 대역판 : Jacques Derrida, *Spurs : Nietzsche's Styles/Eperons : Les Styles de Nietzsche*(Chicago · London : The University of Chicago Press, 1979).

체성을 부여하고자 하는 하이데거의 의도에 대해 데리다는 이렇게 반문한다.

> 어떤 사람이 하나의 유일한 이름만을 가지고 있다고 누가 말했던가? 니체는 분명 아니다. 이와 마찬가지로, 서양 형이상학과 같은 것이 있다고 또 이런 이름과 이런 이름으로만 수렴될 수 있는 것이 있다고 누가 말하거나 결정했단 말인가? 어떤 이름의 유일성, 서양 형이상학의 결합된 통일성, 그것은 도대체 무엇인가? 그것은 고유명사, 유일한 이름, 사유될 수 있는 계보에 대한 욕망과 어느 정도 다른 것인가? 키르케고르와 나란히 니체는 자신의 이름들을 늘리고 서명과 정체성과 가면들을 가지고 유희한 얼마 되지 않는 위대한 사상가들 중의 한 사람이지 않았는가?[7]

조금 길게 인용한 데리다의 이 말은 데리다의 반하이데거적 성향과 해체주의적 니체 읽기의 특성을 잘 말해주고 있다. 존재의 진리라는 관점에서 니체를 형이상학적으로 해석하는 하이데거와는 달리 데리다는 니체의 텍스트 자체가 갖고 있는 다양한 의미 지층들을 탐색하고자 한다. 그렇기 때문에 데리다의 니체 해석은 통일적이라기보다는 분열적이다. 그래서 데리다는 "니체의 텍스트에는 어떤 총체성도 없다. 단편적이거나 잠언적인 총체성조차도 없다"[8]라고 단언한다. 우리는 여기서 니체 사상이 과연 체계적인지 아니면 단편적인지를 상세하게 논할 필요는 없다. 단지 우리는 하이데거의 형이상학적 해석은 니체를 근본적으로 오해하고 있으며 글쓰

---

7) Jacques Derrida, "Interpreting Signatures (Nietzsche/Heidegger) : Two Questions", *Dialogue and Deconstruction : The Gadamer-Derrida Encounter*, Diane P. Michelfelder · Richard E. Palmer (eds.)(Albany : State University of New York Press, 1989), 58~71쪽 중 67쪽.
8) Jacques Derrida, "Sporen : Die Stile Nietzsches", 162쪽.

기, 즉 문학의 관점에서 니체의 텍스트에 접근할 때에만 니체를 올바로 이해할 수 있다는 데리다의 새로운 관점을 염두에 두고자 한다. 데리다는 우리의 관심을 니체라는 이름으로 환원될 수 있는 사태보다는 텍스트 자체로 돌림으로써 "새로운 니체"[9]를 탄생시키고 있는 것이다.

그렇다면 니체에 대한 이해의 역사는 문학에서 철학으로, 그리고 철학에서 다시 문학으로 회귀하고 있는 것인가? 진리를 탐구하는 철학은 이제 글쓰기로 해체된 것인가? 그러나 만약 우리가 "새로운 니체"를 단순히 철학의 해체와 철학에 대한 문학의 승리로만 이해한다면, 그것은 어쩌면 니체의 글쓰기 속에 은폐된 다른 철학을 간과하는 것일지도 모른다. 여기서 우리는 니체의 글쓰기(문학) 속에 은폐된 철학적 의도가 있다고 전제하고 니체의 텍스트에 접근하고자 한다. 이러한 전제 조건에서 출발하여 우리는 한편으로는 철학을 단순히 "문학의 특수 장르"[10]로 파악하려는 포스트모더니즘의 시각을 거부하지만, 다른 한편으로는 철학적 사상이 글쓰기를 통해 표현된다는 데리다의 지적을 적극 수용하고자 한다.

이런 관점에서 보면 철학에 대한 새로운 니체의 도전은 일차적으로 전통 철학과는 전적으로 다른 그의 글쓰기에서 기인한다. 이 글의 들머리에서 인용했듯이 니체는 '자기 안에 숨겨져 있는 것을 감추기 위해 책을 쓴다'[11]고 말한다. 만약 저자가 스스로 자신의 사상과 의도를 은폐하고 있

---

9) 이에 관해서는 David B. Allison (ed.), *The New Nietzsche : Contemporary Styles of Interpretation*(New York : Delta, 1977)과 Ernst Behler, "Nietzsche jenseits der Dekonstruktion", Josef Simon (Hrsg.), *Nietzsche und die philosophische Tradition*, Bd. 1(Würzburg : Königshausen & Neumann, 1985), 88~107쪽 ; Ernst Behler, *Derrida-Nietzsche, Nietzsche-Derrida*(München : Schöningh, 1988)를 참조할 것. 특히 프랑스에서 논의되고 있는 "새로운 니체"의 탄생은 오늘날 해체(주의)라는 이름으로 서술되는 사유의 시작과 시기적으로 일치한다.
10) 이에 관해서는 Jacques Derrida, "Qual Quelle : Die Quellen Valérys", *Randgänge der Philosophie*(Wien : Passagen-Verlag, 1988), 277쪽을 참조할 것.
11) Friedrich Nietzsche, JGB, IX 289, KSA 5, 234쪽. 니체전집 14, 307쪽.

다면, 우리가 어떻게 그의 글 속에 숨겨진 사상을 파악할 수 있단 말인가? 니체는 이 말을 통해 오히려 의미와 글쓰기의 관계를 새로운 시각에서 조명함으로써 새로운 해석학적 지평을 열어놓고 있는 것은 아닌가? 데리다가 날카롭게 지적하고 있듯이 니체는 어쩌면 "철학은 씌어진다"[12]는 사실을 철저하게 사유함으로써 글쓰기의 해석학을 정초하고 있는 것인지도 모른다. 우리는 진리를 아무리 직관적으로 포착했어도 그것을 다른 사람에게 전달하기 위해서는 글을 통해 표현할 수밖에 없으며 또 그것이 글로 쓰이는 순간 본래의 의미와 사상은 이미 균열되고 왜곡된다는 사실을 알고 있다. 글쓰기에 관한 니체의 새로운 해석은 바로 직관과 담론의 대립으로 표현되는 철학의 핵심적 문제를 맴돌고 있는 것이다. 철학자는 세계의 본질과 존재의 진리를 포착하고 자신에게 말하는 것을 스스로 듣는다.

그렇기 때문에 데리다는 진리가 이처럼 아무런 매개 없이 자기 자신에게 존재하고 있는 것을 현전이라고 규정하면서 이와 같은 진리의 현전은 서양 형이상학에서 음성 중심적이라고 말한다. 철학자는 이러한 진리의 현전을 내면화하기 위하여 글을 쓰지만 동시에 이러한 현전은 이미 자신의 목소리를 통해 깨어진다는 사실을 의식하고 있다. 니체와 데리다는 이제까지의 전통 형이상학이 이렇게 상실된 의미를 복원하기 위하여 글을 썼다고 말한다. 전통 형이상학이 '철학이 씌어진다'는 사실을 망각하고 주어진 의미의 복원에만 매달렸다면, 니체와 데리다는 철학의 글쓰기를 철저하게 반성함으로써 의미의 문제를 새로운 시각에서 제기하고 있는 것이다.

니체와 관련된 오해와 이해 역시 이와 같은 글쓰기의 문제로 귀결된다는 것은 두말할 나위도 없다. 그러므로 우리는 문학과 철학의 전통적 구분

---

12) Jacques Derrida, "Qual Quelle : Die Quellen Valérys", 275~280쪽.

에 집착하기보다는 문학과 철학의 경계가 처음으로 그어지는 지점으로 되돌아감으로써 의미의 문제를 새롭게 해석할 수 있는 해석학적 지평에 주목해야 한다.[13] 데리다가 발견한 새로운 니체는 전통 철학과는 전적으로 상이한 기호 개념을 제시함으로써 해석학의 혁명적 전환을 가져왔다. 니체가 전통 형이상학을 비판하기 위하여 사용하는 기호는 "현전하는 어떤 진리도 가지고 있지 않은 기호"[14]이다. 전통 형이상학에서 기호는 항상 '~의 기호'로 이해되었기 때문에 그것은 특정한 의미를 지시하는 기표에 불과했다. 그러나 니체와 데리다는 각각 '증후론Symptomatologie'과 '문자론Grammatologie'으로 표현되는 철학적 입장을 통해 기표와 기의, 기호와 의미의 형이상학적 분리를 포기하고 해체한다. 따라서 궁극적 의미에서 확인될 수 있는 어떤 의미도 없는 기호는 새로운 유형의 해석을 요청한다. 우리는 이와 같은 해체주의적 해석이 초월적 의미의 발견이나 또는 확고부동한 근거로의 환원으로 만족하지 않고 오히려 끊임없는 해독과 해석을 가능하게 한다는 점을 예견할 수 있다.

2. 데리다의 문자론—책의 종언과 글쓰기

니체의 사상이 문학에서 철학으로 그리고 다시 문학으로 되돌아가는 것같이 보이는 것은 아마 니체 자신이 다양한 가면을 쓴 철학자이기 때문

---

13) 니체를 해석학적 맥락에서 이해하려는 시도 중에서는 특히 슈리프트의 작업이 돋보인다. Alan Schrift, *Nietzsche and Question of Interpretation*(New York : Routledge, 1990) ; A. Schrift, *Nietzsche's French Legacy : A Genealogy of Poststructuralism*.

14) Jacques Derrida, "Die Struktur, das Zeichen und das Spiel im Diskurs der Wissenschaften vom Menschen", *Die Schrift und die Differenz*, übersetzt von R. Gasché(Frankfurt am Main : Suhrkamp, 1976), 425쪽.

일 것이다. 데리다는 니체가 철학의 글쓰기를 철저하게 인식한 철학자라는 사실을 강조하면서 자신의 니체 읽기가 "해체적 해석, 다시 말해서 긍정적 해석의 과정에 있어서 새로운 단계를 열어놓았다"[15]고 고백하고 있다. 여기서 우리는 우선 '해체적 해석은 곧 긍정적 해석'이라는 데리다의 말에 주목할 필요가 있다. 긍정적이라는 낱말이 니체적 의미에서 사용되고 있음은 자명하다. 왜냐하면 니체의 새로운 해석 방식은 세계를 유희로서 긍정하고 정당화할 뿐만 아니라 그 자체로 다양성이라고 할 수 있는 세계를 긍정하기 위해서는 기호, 글쓰기와 양식 역시 "복수"[16]여야 한다고 전제하기 때문이다. 이러한 관점에서 보면 데리다의《그라마톨로지》에서 전개되고 있는 문자론은 니체적 콘텍스트에서 이루어지고 있다고 해도 과언이 아니다.

　니체와 마찬가지로 데리다는 기호와 의미의 직선적 지시 관계를 해체함으로써 언어를 일종의 유희로 파악한다. 전통 형이상학이 의미가 주어져 있다고 전제하고 이러한 의미를 글 속에서 복원하는 데 집중했다면, 데리다는 의미가 글쓰기의 콘텍스트에 의해 창조적으로 만들어진다고 파악한다. 만약 우리가 이렇게 창조된 의미의 저자를 전제할 수 없다면, 의미는 결국 (글쓰기에 필수적인) 기호들 상호간의 유희에 의해 만들어지는 것이다. 해석의 옳고 그름을 판단할 수 있는 토대는 더 이상 존재하지 않는다. 해석되어야 하는 모든 기호는 어떤 대상의 기호가 아니라 이미 다른 특정한 기호의 해석이라고 할 수 있는 것이다. 이런 관점에서 데리다는 구조, 기호, 유희를 해석하는 데는 두 가지 유형이 있다고 말한다. "하나는 기호의 유희의 질서에서 벗어나 있는 진리와 근원의 해독을 꿈꾸는" 전통

---

15) Jacques Derrida, "Sporen : Die Stile Nietzsches", 131쪽.
16) Jacques Derrida, "Fines Hominis", *Randgänge der Philosophie*(Wien : Passagen-Verlag, 1988), 122쪽.

형이상학의 해석이고, "다른 하나는 더 이상 근원을 지향하지 않고 유희를 긍정하는"[17] 해체주의적 해석이다.

그렇다면 더 이상 근원을 지향하지 않고 세계를 유희로서 인정한다는 것은 무엇을 뜻하는가? 우리는 어떻게 진리, 근거, 시원과 목표를 전제하지 않고 기호의 작용을 이해할 수 있는가? 데리다는 이 물음에 답하기 위하여 니체에게로 돌아간다. 데리다의 해체주의적 해석학의 성격과 방향을 가늠하기 위하여 우리는 우선 데리다의 말을 길게 인용하고자 한다.

해석, 관점, 가치 평가, 차이와 그 밖의 모든 '경험주의적' 이거나 비-철학적인 동기들을 극단적으로 그 한계까지 몰고 감으로써 니체는, 단순히 형이상학의 안에 머물지 않고도, 로고스와 이와 결합되어 있는 진리 또는 일차적 의미의 개념에 대한 의존과 파생의 관계로부터 기표를 해방시키는 데 기여했음에 틀림없다. 니체에게는 책 읽기와 글쓰기, 그리고 텍스트는 음성 기호로 옮기거나 발견될 수 없는 의미에 대한 '근원적' 활동들이다……니체는 그가 쓴 바로 그것을 썼다. 그는 글쓰기(문자)가——무엇보다도 자신의 글쓰기가—— 근원적으로 로고스와 진리에 예속되어 있지 않다는 사실과 이러한 예속은 특정한 시대가 진행됨으로써 이루어졌다는 사실을 썼다.[18]

데리다는 이 글에 덧붙여서 글쓰기가 로고스와 진리에 예속되는 형이상학적 시대의 의미를 해체해야 한다고 주장한다. 우리는 여기서 이 글의 출처인《그라마톨로지》의 제1장이 "책의 종언과 문자의 시원"이라는 역설

---

17) Jacques Derrida, "Die Struktur, das Zeichen und das Spiel im Diskurs der Wissenschaften vom Menschen", 441쪽.

18) Jacques Derrida, *Grammatologie*(Frankfurt am Main : Suhkamp, 1983), 36~37쪽. 강조는 데리다 자신에 의한 것임.

적인 제목을 달고 있다는 사실에 주목할 필요가 있다. 간단히 말해서 데리다는 하나뿐인 절대적 의미와 근거에 기반을 둔 전통 형이상학은 책의 해석을 추구하는 데 반해, 진리와 의미에 예속되지 않은 기호들의 유희를 인정하는 해체주의적 해석은 문자와 글쓰기의 시원으로 돌아간다고 주장하는 것이다.

글쓰기의 시원은 두말할 나위도 없이 의미와 이를 대변하는 문자가 분열되는 사건이다. 여기서 우리는 글쓰기의 일반적 순서를 생각할 필요가 있다. 우리가 글을 쓰기 위해서는 쓰고자 하는 의미가 미리 존재해 있어야 한다. 마찬가지로 기호와 의미, 기표와 기의 사이에 환원될 수 없는 차이가 존재하려면 초월적 의미가 존재해야만 한다. 그렇기 때문에 서양 형이상학에서 존재의 사유, 즉 초월적 의미의 사유가 주로 목소리, 즉 음성 언어로 표현되는 것은 결코 우연이 아니다.

왜 데리다는 음성과 영혼, 목소리와 진리의 현전을 동일시하는 것일까? 예컨대 우리가 신의 계시를 일종의 목소리로 듣는다고 가정해보자.[19] 이 경우 어디에서 오는지 알 수 없는 목소리는 다름 아닌 신으로 인식된다. 우리는 소크라테스의 양심의 목소리, 즉 다이몬을 이와 동일한 방식으로 이해할 수 있다. 우리는 이러한 현상을 공명(共鳴)의 비유로 설명할 수 있다. 어떤 발음체가 외부로부터 온 음파의 자극을 받아 똑같은 소리를 내는 것을 공명이라고 한다면, 양심의 목소리는 아무런 자극 없이 스스로 소리를 내는 영혼의 자기 공명이라고 할 수 있다.

우리는 여기서 음성의 두 가지 특성을 발견한다. 하나는 소리가 진리의 현전이라는 것이며, 다른 하나는 음성으로서 나타나는 이상적 대상은 어

---

19) 이에 관해서는 자크 데리다, 〈최근 철학에서 제기된 묵시론적 목소리에 관하여〉, 이진우 엮음, 《포스트모더니즘의 철학적 이해》(서광사, 1993), 185~199쪽을 참조할 것.

떤 공간성과 물질성에서도 벗어나 있다는 것이다. 만약 우리가 음성을 일종의 기호로 파악한다면 음성은 기호의 "지성적 측면"[20]으로 이해될 수 있으며, 그렇기 때문에 존재, 존재의 의미, 존재의 관념성에 절대적으로 근접한 것으로 파악된다. 이에 반해서 문자와 기호는 우리가 물질적으로 지각할 수 있는 것으로 평가 절하된다. 플라톤적으로 말한다면, 음성은 지성계에 속하고 문자는 감성계에 속하는 것이다. 이런 관점에서 목소리는 "기호의 완전한 지우기"[21]로서 존재의 현전을 의미한다. 따라서 형이상학적 글쓰기는 모든 문자와 기호, 글쓰기에 대항하여 문자로 인해 훼손된 현전을 복원하는 글쓰기이다. 더욱 간단하게 표현하면, 형이상학적 글쓰기는 기호를 지우고 의미를 말한다.

데리다의 관점에서 전통 형이상학은 현전의 사유이고, 이러한 사유는 불가피하게 로고스를 음성과 동일시할 수밖에 없다. 전통 형이상학의 음성중심주의는 현전에 대한 믿음에서 기인한다는 것이다. 다시 말해 절대적 존재와 초월적 의미가 있는 그대로 현재할 수 있다고 믿는다면, 우리는 문자보다는 음성에 우선성을 부여할 수밖에 없다는 것이다. 데리다는 이 명제를 어떻게 정당화하는가? 왜 현전, 로고스와 음성은 분리될 수 없는 상관관계를 형성하는가? 로고스는 주지하다시피 언어의 계기를 필연적으로 함축하고 있는 정신 개념이다. 그러나 언어를 의사소통의 맥락에서 고찰하는 전통 철학과는 반대로 데리다는 언어의 다른 측면에 초점을 맞춘다. 그것은 우리가 말하면서 우리 자신을 스스로 지각하는 현상이다.

양심의 목소리라는 비유에서 알 수 있듯이, 우리는 우리 자신의 목소리를 들을 때 비로소 우리 자신과 가장 가까워진다. 그렇다면 "자기가 하는

---

20) Jacques Derrida, *Grammatologie*, 28쪽.
21) Jacques Derrida, *Grammatologie*, 38쪽.

말을 스스로 듣는다는 것(s'entendre parler, Sich-im-Sprechen-Vernehmen)"[22]은 어떤 뜻이며 서양 철학사에서 어떤 결과를 초래했는가? 우리가 사유할 때도 사유된 대상이 명료하게 현재하지 않는다면, 우리는 그것을 망상이라고 말한다. 그렇기 때문에 서양 형이상학은 (아리스토텔레스의 "노에시스 노에시오스noesis noesios"라는 개념이 말해주듯이) 사유가 아무런 외부의 매개와 간섭 없이 스스로를 사유하는 것을 최고의 사유로 파악했다. 이런 관점에서 보면 말해진 언어는 이와 같이 자기 자신을 지향하는 이성의 반성적 구조를 표현하고 있는 것이다. 한편으로, 그것은 초월적 주체의 전제를 필연적으로 요청한다. 나는 나 자신의 말을 듣기 위하여 나 자신의 바깥으로 나갈 필요가 없는 것이다.[23] 자기가 말하는 것을 스스로 들을 수 있는 한──이것은 말함의 우연적 속성이 아니라 말하기를 구성하는 필연적 요소이다──주체의 외면성은 동시에 제거되는 것이다.

여기서 우리는 초월적 주체는 물질적 기호로 표현되거나 분열될 수 없는 절대적 의미를 전제한다는 사실을 간파할 수 있다. 다른 한편으로 서양 형이상학은 음성phone을 "비-외면적이고 비-세계적이고, 따라서 비-경험적이고 비-우연적인 의미"로 파악함으로써 문자를 "이차적이고 도구적인 기능으로"[24] 축소시킨다. 이런 관점에서 글쓰기는 "충만한 의미, 즉 충족된 상태에서 현전하고 있는 의미의 문자적 번역"[25]에 불과한 것이다. 이와 같은 로고스와 음성의 일치, 음성 언어의 절대화는 서양 형이상학에 서 경험적인 것과 초월적인 것, 관념성과 비-관념성, 세속적인 것과 비-세속적인 것, 바깥과 안의 절대적 차이에서 출발하여 세계의 근원이라는 이념

---

22) Jacques Derrida, *Grammatologie*, 19쪽.

23) 이에 관해서는 Jacques Derrida, *Die Stimme und das Phänomen*(Frankfurt am Main : Suhrkamp, 1979), 132쪽을 참조할 것.

24) Jacques Derrida, *Grammatologie*, 19쪽.

25) Jacques Derrida, 같은 책, 같은 곳.

을 만들어왔다는 것이다.

그러므로 데리다는 서양 형이상학이 추구하는 현전의 이상을 해체함으로써 문자의 경시와 글쓰기 배척을 극복하고자 한다. 데리다가 문자와 글쓰기를 언어의 근원적 현상으로 복원한다고 해서 의미를 배제하는 것은 아니다. 문자에 관한 데리다의 새로운 사유는 단지 비—음성적이고 비—현전적인 의미, 즉 의미 중심적이지 않은 새로운 의미의 지평을 해명하고자 한다. 해체주의적 맥락에서 무게 중심은 이제 의미에서 텍스트로, 로고스에서 글쓰기로, 음성에서 문자로 옮겨 간다. 간단히 말해서 데리다는 전통 형이상학에 의해 이차적인 것으로 평가 절하되었던 기호의 물질성, 외면성, 공간성과 시간성을 다시 전면에 부각시키는 것이다. 전통 형이상학이 기표와 기호에 의미 형성의 능력을 부여하지 않았다면, 데리다는 거꾸로 의미가 기호들의 상호 작용에 의해 형성된다고 주장한다.

기표들의 기표는 언어의 운동——그 〔언어의〕 근원에 있어서의——을 서술한다.

그러나 기표들의 기표로서 해독할 수 있는 구조를 가지고 있는 근원은 자기 자신의 산출을 통해 동시에 자신을 스스로 폐지하고 지워버린다. 여기에서 기의〔의미〕는 항상 하나의 기표〔기호〕로서 작용한다. 우리가 문자의 특성이라고 규정할 수 있었던 이차성은 일반적으로 기의에 영향을 준다. 이차성은 처음부터, 즉 유희가 시작하면서 언제나 의미에 이미 영향을 주고 있는 것이다. 서로를 지시하는 기표들의 유희로부터 벗어날 수 있는 어떤 의미도 존재하지 않는다. 글쓰기의 도래는 유희의 도래이다.[26]

---

26) Jacques Derrida, *Grammatologie*, 17쪽.

모든 의미는 그 자체로 이미 기표, 그것도 다른 기표에 대한 기표인 것이다. 기호와 기호가 가지고 있는 물질적 매개성의 차원은 의미에 이차적으로 부여된 것이 아니라 처음부터 의미를 구성하는 결정적 요소이다. 소위 본래적 의미가 물질적 기호와 결합함으로써 더러워지고 왜곡되는 것이 아니다. 그와 같은 물질적 기호가 없었다면 의미는 결코 존재할 수 없는 것이다. 데리다에 의하면 의미는 기호들의 연쇄적 운동, 즉 차이와 지연을 통해 구성되는 것이다. 그렇기 때문에 데리다는 "문자에 선행하는 어떤 언어적 기호도 없다"[27]고 단언한다.

주지하다시피 데리다는 글쓰기와 동시에 생성되는 의미의 성격을 표현하기 위하여 차연différance[28]이라는 난해한 신조어를 개발한다. 우리는 여기서 차연의 개념을 상세하게 논할 생각은 없다. 데리다가 문자와 글쓰기의 본래적 특징이 기호들의 상호 작용과 차이들의 유희라는 점을 강조하기 위하여 차연이라는 개념을 고안해냈다는 점만을 기억하고자 한다. 불어 동사 '디페레différer'에서 파생한 차연이라는 낱말은 '차이가 있다'와 '지연하다'의 두 가지 상이한 의미를 함축하고 있다. 차연은 한편으로 기호들의 차이와 구별을 표현하고, 다른 한편으로 현재 억압된 것을 나중으로 지연시키는 공간적, 시간적 간격을 뜻한다.

우리가 기호를 통해 의미를 표현한다면 분명 기호들을 구별해야만 한다. 그러나 우리가 표현하고자 하는 의미가 기호를 통해 완전히 표현될 수 없다면 그 기호 속에 억압되어 있는 것, 즉 현재는 표현될 수 없지만 근본적으로 표현될 수 있는 것은 미래로 지연된다는 것은 자명하다. 예컨대 데리다가 만들어낸 차연(디페랑스différance)이라는 개념과 차이(디페랑스

27) Jacques Derrida, *Grammatologie*, 29쪽.

28) 이에 관해서는 Jacques Derrida, "Die Différance", *Randgänge der Philosophie*(Wien : Passagen-Verlag, 1988), 29~52쪽을 참조할 것.

différence)라는 개념은 문자적으로는 구별될 수 있지만 음성적으로는 그 차이가 전혀 인지되지 않는다.[29] 다시 말해 데리다는 기호와 기호의 차이를 만들어내고 동시에 서로 결합시키는 시원적 글쓰기를 차연이라고 명명하는 것이다.

여기서 우리는 '시원적'이라는 낱말이 야기할 수 있는 오해를 미연에 방지해야만 한다. 만약 우리가 이 낱말을 형이상학적으로 이해한다면 데리다는 의미와 기호, 기의와 기표, 음성과 문자, 로고스와 글쓰기의 위계질서를 단순히 전도시킨 것에 불과하기 때문이다. 그렇다면 니체는 서양 형이상학의 본질인 플라톤주의를 전도시키기는 하지만 여전히 형이상학의 틀, 즉 시원과 근거에 대한 사유에 묶여 있다는 하이데거의 비판이 데리다에게도 적용될 수 있을 것이다.[30] 그렇기 때문에 데리다는 이러한 시원적 글쓰기를 원문자archi-écriture라고 명명하면서 그것의 비-형이상학적 성격을 강조하기 위하여 '흔적'의 개념을 도입한다. 왜냐하면 흔적은 본래 '근원의 소멸'을 의미하기 때문이다. 데리다는 한 걸음 더 나아가서, 근원은 존재한 적이 없기 때문에 사라진 것도 아니라고 주장한다. 그렇다면 데리다는 궁극적으로 근원이 없는 글쓰기를 추구하는 것이다.

이러한 글쓰기를 흔적이라고 명명하는 것은 글쓰기가 기표들 사이의 끊임없는 운동과 과정을 의미하기 때문이다. 니체와 마찬가지로 데리다는 이처럼 영원불변의 근원을 탐구하는 형이상학을 정면에서 부정하는 것이다. 만약 영원한 존재와 진리가 존재하지 않는다면, 우리에게는 존재와 진리에 관한 흔적만이 남아 있는 것인가? 데리다는 이 물음에 대해서도 부정적으로 대답한다. "우리는 [흔적이라는] 이 개념이 자신의 고유한 이름

29) Jacques Derrida, "Die Différance", 30쪽.
30) 이에 관해서는 W. Welsch, Vernunft : Die zeitgenössische Vernunftkritik und das Konzept der transversalen Vernunft(Frankfurt am Main : Suhrkamp, 1995), 268쪽을 참조할 것.

을 파괴한다는 사실, 즉 설령 모든 것이 흔적으로 시작한다고 하더라도 근원적 흔적이란 있을 수 없다는 사실을 알고 있다."[31]

　의미와 근원을 모두 부정하는 데리다의 해체주의는 언뜻 반-해석학적인 것처럼 보인다. 전통적 해석학은 텍스트가 특정한 의미로 읽힐 수 있다고 전제하면서 우리가 만약 텍스트의 심층을 고려하면 반드시 텍스트의 의미와 내용에 도달할 수 있다고 주장한다. 그러나 데리다는 텍스트의 마지막 심층으로서의 의미는 항상 분열되어 있고 다양하기 때문에 통일적으로 결합될 수 없다고 주장한다. 만약 우리가 직관적으로 파악하는 존재가 이미 자신의 음성에 의해 왜곡되고 분열된 존재라면, 따라서 존재는 항상 특정한 형식으로 '쓰어진 존재'라면, 근원적 의미에 도달하고자 하는 우리의 해석학적 노력은 텍스트의 다양한 지층을 파헤쳐놓을 수밖에 없는 것이다. 데리다는 이러한 사실을 거꾸로 읽는다. 하나뿐인 의미가 존재하기 때문에 우리가 텍스트를 이해하고 해석하는 것이 아니라, 차이와 분열이 바로 근원을 구성하기 때문에 텍스트는 의미를 가질 수 있다는 것이다.

　데리다는 이러한 맥락에서 책의 종언을 선언한다. 책에는 "그것이 쓰이기 이전에 구성된 의미의 총체성이 존립하고" 또 이 의미는 여러 기호들과 글쓰기를 감시한다는 전제 조건에 기반을 두고 있다. 우리가 의도하고 있는 의미가 있어야 우리는 글을 쓴다는 것이다. 우리는 물론 본래 생각했던 의도에 따라 문자를 선택하고 기호를 결합시킨다. 그렇기 때문에 우리는 우리가 의도한 의미와 이상은 글쓰기와 무관하다고 생각한다. 과연 그런가? 우리가 생각하려고 의도하기 때문에 특정한 생각을 하는 것이 아니라 생각은 저절로 떠오르는 것은 아닌가? 마찬가지로 우리는 글을 씀으로써 비로소 의미를 생각하는 것은 아닌가?

---

31) Jacques Derrida, *Grammatologie*, 108쪽.

데리다는 "항상 자연적 총체성을 지시하는 책의 관념은 문자 언어(글쓰기)에게는 근본적으로 낯선 것"이라고 말한다. 그는 이어서 하나의 의미와 저자로 환원되는 책과 다양한 기호들의 상호 작용으로 구성되는 텍스트를 구별하면서, "오늘날 모든 영역에서 예고되고 있는 책의 몰락은 텍스트의 표면을 노출시키고 있다"[32]고 진단한다. 데리다의 해체주의적 해석학은 이렇게 근원과 의미를 배제하고 텍스트를 읽음으로써 동시에 텍스트를 구성하고 있는 다양한 기호들의 유희를 통해 산출되는 새로운 의미를 밝혀내고자 하는 것이다.

데리다는 이와 같은 차연의 사상적 계기가 이미 니체에 의해 선취되고 있다고 고백한다.[33] 니체는 "커다란 주요 활동은 무의식적이며" 또 "의식은 그 본질과 행로 및 방식들이 의식의 고유한 것이 아닌 힘들의 효과에 지나지 않는다"고 보는데, 이러한 관점이 다름 아닌 차연의 핵심적 계기를 이룬다는 것이다. 간단히 정리하면, 의식은 본래 선험적으로 주어져 있는 것이 아니라 힘에 의해 결정되지만 의식을 규정하는 힘 자체는 결코 현재하지 않는다. 그러므로 이 힘은 "단지 힘들과 양들의 유희"로 이해된다. 만약 힘들 사이의 차이가 없이는 어떠한 힘도 있을 수 없다면, 힘은 결코 차이와 분리될 수 없음에 틀림없다. 주지하다시피 "의식은 힘들의 효과이다"라는 명제는 니체가 전통 형이상학을 비판하기 위하여 전개한 '증후론'의 핵심적 전제 조건이다. 데리다에 의하면 니체의 증후론은 "진리의 해명은 현전하고 있는 사태 자체의 서술"이라는 전통 형이상학에 대립하여 "끊임없는 암호 해독의 능동적 해석"을 제시한다는 것이다. 데리다는 이러한 능동적 해석이 "진리 없는 암호" 또는 "진리 가치에 의해 지배받지

---

32) Jacques Derrida, *Grammatologie*, 35쪽.
33) Jacques Derrida, "Die Différance", 43쪽. 데리다는 자신이 전개하고 있는 차연의 사상적 선구자로서 니체 외에도 프로이트, 소쉬르, 하이데거, 레비나스를 들고 있다.

않는 암호들의 체계"[34]에 기반을 두고 있다고 주장한다. 우리는 여기서 진리 없는 암호가 데리다의 의미 없는 텍스트와 일치함을 간파할 수 있다. 그렇다면 니체는 자신의 증후론에서 기호와 텍스트를 어떻게 이해하고 있는가?

3. 니체의 증후론─주체의 해체와 관점주의적 해석

데리다가 언어의 관점에서 전통 형이상학을 비판하여 존재는 있는 그 대로 드러날 수 있다는 현전의 이념을 해체한다면, 니체는 우리의 인식은 세계 본질의 파악이라기보다는 오히려 세계에 하나의 은유와 기호를 투사 하는 기호학적 해석에 불과하다는 점을 폭로하기 위하여 주체를 해체한 다. 우리는 의미가 선험적으로 주어져 있어야 글을 쓸 수 있다고 생각하듯이, 통상 인식은 다름 아닌 인식 주체의 작용이라고 확신한다. "내가 글을 쓰고 내가 세계를 인식한다"는 사실이 아무런 이의 없이 자명한 것으로 받아들여지는 것처럼, 우리는 세계의 모든 현상에 작용의 원인과 주체를 부여한다. 데카르트가 확고부동한 토대라고 파악했던 '나', 즉 자아는 의 심의 여지가 없는 하나뿐인 사실인가? 니체는 바로 이 자아와 주체에 강 력한 물음표를 붙인다. 니체는 스스로 "데카르트보다 더 잘 회의해야 한 다"고 공언하면서 "'이성'이라는 여신의 절대적 권위에 대한 반대 운동" 을 전개한다.[35]

그렇다면 니체는 어떻게 모든 사람이 자명하다고 생각하는 인식의 주

---

34) Jacques Derrida, "Die Différance", 43~44쪽.
35) Friedrich Nietzsche, KSA 11, 40(25), 641쪽. 니체전집 18, 478쪽.

체를 해체하는가? 내가 인식하고 글을 쓰는 것이 아니라면 누가 인식하고 글을 쓴단 말인가? 우리가 '인간은 무엇인가?' 와 같은 형이상학적 본질에 관한 물음 대신에 세계 속에서 존재하고 있는 '나는 누구인가?' 라는 물음을 제기한다면, 우리는 언어와 이성뿐만 아니라 감정과 정념, 본능과 충동을 가진 신체적 인격을 발견하게 된다. 니체는 바로 인간 실존의 신체적 성격에서 출발하여 주체, 이성, 의식, 언어 역시 신체적 활동의 양상이며 효과라고 주장한다. 다시 말해 니체는 전통 형이상학을 비판하기 위하여 신체를 실마리로 삼는 것이다. 그렇기 때문에 니체가 사용하는 낯설기 짝이 없는 '생리학' 과 '증후론' 은 전통 형이상학을 대체하는 새로운 학문과 이론이 아니라 오히려 로고스에 대한 패러디이다.

신체의 관점에서 보면 해석은 단지 언어적 텍스트에 대한 해석으로 국한되지 않는다. 니체에 의하면 인간을 포함한 모든 생명체가 자신의 생명을 보존하고 유지하고 고양하기 위하여 행하는 모든 활동은 일종의 해석이다. 이런 관점에서 보면 인간의 인식과 사상, 언어와 의식 역시 신체적 존재로서 우리가 행하는 해석의 한 유형에 지나지 않는다. 여기서 우리는 전통 형이상학에 대한 니체의 반역적 성격을 다음의 간단한 명제로 압축할 수 있다. 이성과 의식은 해석의 선험적 전제 조건이 아니라 신체적 해석의 결과이다.

니체는 물론 이성과 감성, 정신과 신체, 초월적인 것과 현실적인 것의 형이상학적 위계질서를 단순히 형이상학의 안에서 뒤집어놓는 것은 아니다. 니체의 생리학과 증후론이 기반을 두고 있는 신체는 결코 이성, 정신, 의식과 형이상학적으로 대립하는 신체가 아니다. 굳이 개념화한다면, 니체의 신체는 정신과 신체(사물로서의 육체)가 구별되기 이전의 생명으로서의 신체를 의미한다. 이런 맥락에서 니체는 이성과 감성, 정신과 신체의 형이상학적 이원론은 본래부터 선험적으로 결정된 것이 아니라 특정한 해석의 유형이 절대화되고 경직된 결과라고 주장한다. 따라서 우리가 이원론적으로 구분되기 이전의 신체를 하나의 생명 현상으로서 이해한다면 우리는 동시에 형이상학적 이원론을 극복할 수 있다는 것이다. 이러한 접근 방식은 음성과 문자가 구분되기 이전의 글쓰기를 전제함으로써 의미 중심적 형이상학을 해체하려는 데리다의 방법과 정확하게 일치한다.

니체 역시 데리다와 마찬가지로 신체를 하나의 생명 현상으로 파악하기 위하여 기호 개념을 전면으로 부상시킨다. 미리 말하자면, 우리의 사상과 의식은 모두 "다의적 기호"[36]라는 것이다. 니체는 형이상학의 문법이 지배하고 있는 모든 영역에서 (전통 해석학이 전제하고 있는 것처럼) 의미의 표현을 발견하는 대신에 삶의 충동의 기호와 징후들을 본다.[37] 니체는 "도덕들은 정념(아펙트)들의 기호 언어에 불과하다"[38]고 주장할 뿐만 아니라 "자연 과학을 하나의 징후론"[39]으로 파악한다. 노예 도덕은 문화가 타락하는 증후이고 또 허무주의는 서양 형이상학이 한계에 도달했다는 증후라는 니체의 시대 진단은 어렵지 않게 수용될 수 있다. 그러나 니체는 기호와 증후의 낱말을 단지 비유적으로 사용하는 것으로 그치지 않고 세계 이해의 핵심적 단서로 설정한다. 예컨대 물리적 힘 역시 우리에게는 단지 하나의 저항의 감정으로만 알려져 있다는 것이다. 그렇기 때문에 물리적 힘은 작용과 반작용, 인력과 척력이라는 기호를 통해 의미 있게 해석될 뿐이지 결코 설명되는 것이 아니라고 니체는 강변한다. 세계를 근본적으로 운동과 생명의 관점에서 파악하는 니체의 이러한 입장은 "모든 운동들

---

36) Friedrich Nietzsche, KSA 11, 38(1), 595쪽. 니체전집 18, 417쪽.

37) 이에 관해서는 Johann Figl, *Interpretation als philosophisches Prinzip : Friedrich Nietzsches universale Theorie der Auslegung im späten Nachlaß*(Berlin · New York : de Gruyter, 1982), 158~177쪽을 참조할 것.

38) Friedrich Nietzsche, JGB, V 187, KSA 5, 107쪽. 니체전집 14, 140쪽.

39) Friedrich Nietzsche, KSA 12, 2(69), 92쪽. 니체전집 19, 114쪽.

은 내면적 사건의 기호이다"[40]라는 명제로 압축되어 표현된다.

만약 모든 것이 근본적으로 다양한 운동이고 생명이라면, 우리가 사용하는 모든 기호들은 본래 복잡한 과정의 단순화로 인해 생겨났음에 틀림없다. 전통 논리학에서도 개념은 사물에서 다양성을 사상하고 공통적 특성을 뽑아냄으로써 생겨나지 않는가. 니체에 의하면 우리는 실제의 사건을 논리적 단순화의 장치를 통해 정제함으로써 비로소 이 사건의 "기호문자, 전달 가능성 및 인지 가능성"[41]을 산출한다. 이런 관점에서 보면 인식과 개념은 헤아릴 수 없는 다양한 것을 동일한 것으로 만드는 위조에 불과하다고 할 수 있다. 그렇다면 전통 형이상학에서 확고부동한 토대로 설정하고 있는 인식 주체 역시 이와 같은 조작적 해석의 결과, 허구에 불과한 것인가? 우리는 여기서 니체의 말에 귀를 기울일 필요가 있다.

사상은 그가 우리에게 다가오는 형태에 있어서 다의적인 기호이다. 이 기호가 (하나의 뜻만을 가진 개념으로서) 명료해지기 위해서는 해석, 더 자세하게 말하면 자의적 제한과 한정을 필요로 한다. 그 사상은 나의 내면에서 떠오른다—어디로부터? 무엇을 통해? 이것을 나는 알지 못한다. 그것은 내 의지와 무관하게 다가오며, 종종 밀려오는 감정과 욕망과 혐오 및 다른 사상들의 무리에 의해 둘러싸이고 은폐되어 찾아오는 까닭에 '의지' 또는 '감정'과 결코 충분히 구별되지 않는다. 사람들은 사상을 이러한 무리로부터 끄집어내어 순화시키고 정착시킨다……누가 이 모든 것을 수행하고 있는가—나는 그것을 알지 못하지만, 내가 여기서 이 과정의 창시자이기보다는 관찰자라는 사실은 확실하다.[42]

40) Friedrich Nietzsche, KSA 12, 7(9), 294쪽. 니체전집 19, 359쪽.
41) Friedrich Nietzsche, KSA 11, 34(249), 505쪽. 니체전집 18, 298쪽.
42) Friedrich Nietzsche, KSA 11, 38(1), 595쪽. 니체전집 18, 417쪽.

니체의 징후론을 극명하게 표현하고 있는 이 인용문은 데카르트의 주체를 정면에서 부정하고 있다. 모든 사상이 다양한 의미를 가지고 탄생한다는 사실은 니체에 의하면 경험적 문제라는 것이다. 여기서 우리는 니체와 데리다의 친화적 관계를 두 가지 관점에서 분석할 수 있다. 첫째, 데리다의 시원적 글쓰기가 그 자체로 이미 차이와 지연을 함축하고 있듯이 니체의 사상은 처음부터 명료한 의미를 가지고 태어나지 않는다. 사상은 오히려 감정과 욕망에 의해 굴절되고 왜곡되기 때문에 엄밀한 의미에서 '생각한다'와 '느낀다' 사이에는 분명한 경계선이 존재하지 않는다. 둘째, 이와 같이 다양한 사상이 명료한 의미를 가지기 위해서는 근원적 해석이 필요하다는 것이다. 이러한 해석이 근원적인 것은 그것이 이미 확정된 의미와 개념을 토대로 특정한 텍스트를 이해하는 형이상학적 해석에 선행하기 때문이다. 만약 주체가 이러한 해석 과정의 행위자가 아니라 관찰자라고 한다면, 누가 해석을 하는 것인가? 이 물음에 대하여 니체는 "해석은 그 자체 특정한 생리적 상태의 증후이다"라고 단언하면서 이렇게 자문한다. "누가 해석하는가?—우리의 정념들이다."[43] 니체에 의하면 의식 속에서 사상의 의미를 확정하는 것 자체가 본질적으로 해석학적 과정인 것이다. 본래 다의적인 다양한 사상과 사상의 내용들을 해명하고 서로 연관시키는 사유는 해석의 사건인 것이다.

이런 관점에서 보면 우리가 이미 주어져 있는 것으로 전제하는 이성, 의식, 언어는 이미 이루어진 신체적 해석의 결과들이다. 만약 우리가 이성, 의식, 주체를 선험적 실체로서 파악한다면, 그것은 원인과 결과를 전도시키는 것과 다름없지 않은가. 그것은 우리가 사유를 하면서 사유 자체를 생각하기보다는 사상의 내용을 생각하고 또 우리가 글을 쓰면서 글쓰

---

43) Friedrich Nietzsche, KSA 12, 2(190), 161쪽. 니체전집 19, 197쪽.

기 자체를 생각하기보다는 글의 의미를 생각하기 때문이라고 니체는 단언한다.

그렇기 때문에 니체는 전통 형이상학의 이성 중심적 해석학을 (정신과 신체가 구분되기 이전의) 신체 중심적, 즉 생리학적 해석학 또는 징후론적 해석학으로 대체하고자 한다. 왜냐하면 우리는 사상이 어디로부터 무엇을 통해 오는지를 근본적으로 모르기 때문이다. 니체에 의하면 "사상의 기원은 감추어져 있다".[44] 그러므로 우리가 이 세계를 이해하기 위하여 투사하는 비유와 기호들은 허구들일 수밖에 없는 것이다. 이러한 맥락에서 보면 "나는 생각한다"라는 데카르트 명제에서 '나'라는 주어(주체)가 '생각한다'라는 술어의 조건이라고 말하는 것은 "사태의 왜곡과 위장"[45]임에 틀림없다. 사유에 선행하는 주체는 존재하지 않는 것이다. 다양성 속에서 부단히 변화하는 외부의 세계를 끊임없이 자기 것으로 동화시키는 권력 의지의 해석이 이루어질 때 비로소 사유는 명료한 의미를 획득하고, 이 의미를 이해하는 주체는 존재하게 되는 것이다.

주체는 하나의 허구라는 니체의 폭로는 해석학의 방향을 근본적으로 전환시킨다. 만약 우리가 이해해야 할 하나의 의미와 텍스트가 세계 속에 존재하지 않는다면, 세계가 하나의 방향으로 해석될 수 없다는 것은 자명하다. 니체는 일반화되어 있는 전통적 언어의 이해를 강렬하게 비판한다. "인간 언어에 있어서 낱말들"은 오랫동안 "기호"로서가 아니라 "기호로 표시된 사물들과 연관된 진리들로" 이해된 것처럼 보인다는 것이다. 니체는 기호를 사물 자체와 동일한 것으로 파악하는 것은 전통 형이상학의 "가장 오래된 혼동"[46]이라고 질타한다. 이런 관점에서 보면 주체와 객체

---

44) Friedrich Nietzsche, KSA 11, 38(1), 596쪽. 니체전집 18, 418쪽.
45) Friedrich Nietzsche, JGB, I 17, KSA 5, 31쪽. 니체전집 14, 35쪽.
46) Friedrich Nietzsche, KSA 11, 38(14), 614쪽. 니체전집 18, 440쪽.

역시 "단순한 기호학에 불과하지 실제적인 어떤 것도 표시하지 않음"[47]은 자명하다. 만약 우리가 (니체가 공언하고 있듯이) 어떤 영원한 개념들, 영원한 형식들, 영원한 영혼들을 믿지 않는다면, 우리가 해석할 수 있는 하나의 텍스트 역시 존재하지 않는다는 것은 분명하다. 데리다가 자연을 하나의 총체적 의미로 파악될 수 있는 책과 텍스트로 파악하는 형이상학의 태도를 비판하듯이, 니체 역시 자연 법칙은 텍스트가 아니라 하나의 해석에 불과하다고 단언한다.[48]

니체에 의하면 텍스트는 없고 해석만이 있을 뿐이다. 데리다가 의미 없는 텍스트에 대한 해체주의적 해석을 전개한다면, 니체는 한 걸음 더 나아가서 텍스트 없는 해석을 주장하는 것이다. 그렇다면 우리는 어떻게 이와 같은 해석을 이해할 수 있는가? 니체는 우리가 사용하는 모든 일반적 낱말과 개념들이 모두 근원적 사건의 증후에 불과하다는 전제 조건에서 출발하는 해석을 관점주의적 이해라고 명명한다.

세계의 가치는 우리의 해석에 달려 있다는 점, 종래의 해석들은 우리가 권력을 증대하기 위해 생명, 즉 권력에의 의지를 보존할 수 있도록 해주는 관점주의적 평가들이라는 점, 모든 인간의 향상은 편협한 해석들의 극복을 수반한다는 점, 모든 도달한 강화와 권력 확장은 새로운 관점들을 열어놓고 또 새로운 지평들을 믿게 한다는 점—이것이 나의 저서들을 관통한다……세계는 형성되는 것으로서 '흐르는 강' 속에 있다. 세계는 결코 진리에 접근하지 못하는 거짓으로서 항상 새롭게 지연된다.—왜냐하면 어떤 '진리'도 존재하지 않기 때문이다.[49]

47) Friedrich Nietzsche, KSA 13, 14(79), 50쪽. 니체전집 21, 67쪽.
48) 이에 관해서는 Friedrich Nietzsche, JGB, I 22, KSA 5, 37쪽. 니체전집 14, 43쪽.
49) Friedrich Nietzsche, KSA 12, 2(108), 114쪽. 니체전집 19, 141쪽.

니체가 핵심적 사상이라고 선언하고 있는 관점주의는 세계를 하나의 의미 체계로 환원될 수 있는 텍스트로 파악하지 않고서 세계를 이해하는 새로운 방식이다. 여기서 니체는 물론 세계에 대한 신체적 해석에 초점을 맞추고 있다. 그럼에도 불구하고 우리는 니체의 관점주의로부터 텍스트를 새로운 각도에서 이해할 수 있는 새로운 관점을 획득할 수 있다. 이 인용문을 거꾸로 읽으면, 니체에 의해 전개된 새로운 해석학은 '진리는 존재하지 않는다'는 강력한 전제 조건에서 출발한다. 우리가 세계에 투사하는 기호와 비유들은 항상 세계에 대한 하나의 해석에 불과하기 때문에 이들은 (데리다적 의미에서) 끊임없이 지연된다. 이 경우 기호들의 지연은 물론 다양한 관점들 사이의 차이를 통해 이루어진다. 그렇다면 니체는 진리의 개념을 완전히 포기하는 것인가? 결코 그렇지 않다. 니체는 형이상학적 진리를 관점주의적으로 해체함으로써 오히려 진리의 새로운 기준을 제시한다. 니체에 의하면 진리는 새로운 관점과 지평들을 열어놓음으로써 권력 확대에 기여할 때 비로소 진리로서 타당하다.

여기서 우리는 새로운 해석의 방향을 감지한다. 만약 "동일한 텍스트가 수많은 해석들을 허용하고, 이런 의미에서 '올바른' 해석이란 존재하지 않는다면", 새로운 해석은 바로 이와 같이 동일한 텍스트 속에서 다양한 의미 지층을 발견하는 작업이다. 그렇다면 우리는 어떻게 텍스트의 다층적 구조를 밝혀낼 수 있는가? 여기서 니체는 본래 다양한 의미를 가지고 있는 사건들이 하나의 명료한 의미로 조작되는 지점을 계보학적으로 추적하는 역사적 방법을 제안한다. "철학은, 그것이 입법이 아니라 학문인 한에서, 우리에게는 단지 '역사'라는 개념의 가장 폭넓은 확장을 의미"[50]할 뿐이라고 니체는 말한다. 만약 모든 개념들이 해석에 의해 사적으로 형성

---

50) Friedrich Nietzsche, KSA 11, 38(14), 613쪽. 니체전집 18, 439쪽.

된 개념들이고 또 가장 일반적인 개념들은 (가장 오래되어 경직되었다는 의미에서) 가장 그릇된 개념들이라면, 니체가 학문으로 이해하는 새로운 해석은 바로 그릇된 개념들이 탄생하는 지점을 폭로하는 작업이다. 만약 개념들이 "많은 것을 숨기고 있는 비유 언어이고 기호 언어라면"[51], 니체의 새로운 해석학은 바로 특정한 기호에 의해 억압된 다양성을 드러내는 작업이다.

그러나 니체의 해석학은 근본적으로 세계에 새로운 비유와 기호를 투사하는 입법이다. "의미-투입Sinn-hineinlegen은 대부분의 경우, 지금은 그 자체가 기호에 불과한 예전의 이해되지 않은 해석에 관한 새로운 해석이다."[52] 이런 관점에서 서양 형이상학은 아마 가장 오래되기는 했지만 지금은 이해할 수 없게 되어버린 해석이라고 할 수 있다. 니체는 우리의 세계 이해에 기여하지 못하고 또 우리의 삶과 권력을 증대시키지 못하는 형이상학에 대한 새로운 해석을 시도하고 있는 것이다. 우리가 세계에 대한 다양한 관점을 가질수록, 우리는 세계를 더 잘 이해하기보다는 세계 속의 우리의 삶을 증대시킬 수 있는 것이다. 그렇기 때문에 니체는 이렇게 결론 내린다. "오직 관점주의적 시각만이 존재하고, 오직 관점주의적 '인식'만이 있을 뿐이다. 우리가 어떤 사태에 대해 더욱더 많은 정념들로 하여금 말하게 하면 할수록 또 우리가 그 동일한 사태를 좀 더 많은 눈들과 상이한 눈들이 바라볼 수 있게 하면 할수록, 이 사태에 대한 우리의 '개념'이나 '객관성'은 더욱더 완벽해질 것이다."[53] 니체는 우리의 눈이 특정한 방향으로만 고정되어 있을 경우 세계에 대한 우리의 해석력은 감퇴된다는 점을 강조하고 있다. 그렇다면 니체의 증후론과 관점주의는 언뜻 보기에

---

51) Friedrich Nietzsche, JGB, V 196, KSA 5, 117쪽. 니체전집 14, 152쪽.
52) Friedrich Nietzsche, KSA 12, 2(82), 100쪽. 니체전집 19, 124쪽.
53) Friedrich Nietzsche, GM, III 12, KSA 5, 365쪽. 니체전집 14, 483쪽.

는 생명력을 상실한 서양 형이상학에 다시 "능동적 해석의 힘들"[54]을 부여하기 위하여 서양 형이상학을 근본적으로 해체하고 있는 것은 아닌가? 문학을 통한 형이상학의 해체라는 가면 속에는 다른 형이상학의 정초라는 철학이 숨겨져 있는 것은 아닌가? 우리는 여기서 하이데거의 형이상학적 해석에 대항하여 니체를 단순히 문학의 맥락에서만 파악하려는 데리다의 시도가 다시 한번 철학적 지층과 부딪치고 있음을 간파할 수 있다. 그러나 니체의 철학이 해체 시대에 가능한 형이상학을 함축하고 있다고 할지라도 그것이 항상 가면의 형태로만 가능하다면, 니체가 우리에게 던진 가장 커다란 도전은 '철학적 글쓰기의 미래' 라고 할 수 있다.

4. 철학적 글쓰기의 미래

니체의 증후론과 생리학에 의해 개시되고 데리다의 문자론에서 전개된 새로운 해석학은——우리는 전자를 관점주의적 해석학이라고, 그리고 후자를 해체주의적 해석학이라고 명명할 수 있다——우리를 다시금 이 책의 들머리에서 제기했던 문제로 인도한다. 모든 철학자는 이해되기보다는 오해되기 위하여 글을 쓰는가? 우리는 이 문제를 니체적 의미에서 다음과 같이 변형시킬 수 있다. 오늘날 철학적 글쓰기는 가능한가? 만약 가능하다면, 그것은 어떤 양식의 글쓰기인가? 오늘날 포스트모더니즘의 맥락에서 철학에 가장 커다란 도전이 되고 있는 것이 다름 아닌 초월론적 담론의 종언이라고 한다면, 이와 같은 물음은 우리가 미래 철학의 방향을 가늠하기 위해서 반드시 거쳐야 하는 것이다. 물론 혹자는 글쓰기의 형식과 양식

---

54) Friedrich Nietzsche, 같은 책, 같은 곳.

은 단지 문학의 소관일 뿐 철학과는 상관이 없다고 자신만만하게 천명할 수도 있을 것이다. 독자를 고려하지 않는 이러한 고상한 철학자들의 글쓰기가 이해되기는커녕 전혀 읽히지 않고 있다는 사실은 철학적 글쓰기의 문제가 간단하지 않음을 시사한다.

그렇다면 형이상학 이후의 철학적 글쓰기는 정말 문학으로 되돌아간 것인가? 철학은 이제 모든 인류에게 보편적인 진리와 의미를 탐구하기보다는 기존의 철학적 텍스트를 해체하는 것으로 만족하고 있는 것인가? 우리가 이 물음에 '예'라고 대답한다면, 그것은 분명 니체와 데리다를 오해한 소치일 것이다. 니체는 "미래 철학의 서곡"이라는 의미심장한 부제를 달고 있는 《선악의 저편》에서 미래에 도래할 "이 새로운 철학자들은 새로운 '진리들'의 친구들인가?"라고 자문하면서 이렇게 대답하고 있다. "아마 충분히 그럴 것이다. 왜냐하면 모든 철학자는 지금까지 그들 나름의 진리를 사랑해왔기 때문이다. 그러나 그들이 독단론자가 될 수 없다는 것은 확실하다."[55] 여기서 우리는 니체가 "진리들"이라고 복수로 쓰고 있다는 사실에 주목할 필요가 있다. 니체는 비록 하나뿐인 형이상학적 진리는 존재하지 않는다고 폭로했지만 진리 자체를 부정하는 것은 결코 아니다. 진리는 항상 복수로 존재할 뿐이다. 우리는 기호, 의미, 텍스트에 관해서도 동일한 방식으로 말할 수 있다. 니체와 데리다는 하나의 근원으로 환원될 수 있는 초월적 의미와 텍스트를 부정하는 것이지 결코 의미와 텍스트 자체를 거부하는 것이 아니다. 데리다의 '의미 없는 텍스트'와 니체의 '텍스트 없는 해석'은 니체가 예언하고 있는 "새로운 유형의 철학자들"[56]에게는 피할 수 없는 전제 조건이 된다.

그러므로 우리는 결코, 포스트모던 시대의 새로운 철학자들이 오해받

---

55) Friedrich Nietzsche, JGB, II 43, KSA 5, 60쪽. 니체전집 14, 73쪽.
56) Friedrich Nietzsche, JGB, II 42, KSA 5, 59쪽. 니체전집 14, 72쪽.

기 위하여 글을 쓴다고 생각해서는 안 된다. 만약 텍스트가 아무런 의미를 담고 있지 않다면, 미래의 새로운 철학자들이 쓰는 텍스트는 어떤 종류의 것인가? 그들은 정말 글자 그대로 의미 없는 글만을 쓰는가? 니체는《이 사람을 보라》에서 "나는 왜 이렇게 좋은 책을 쓰는가?"라고 자문하면서 이 물음에 답하고 있다. "나와 나의 글들은 별개다."[57] 이 명제를 통해 니체는 자신의 글들이 이해되는 것과 이해되지 못하는 것에 관한 의문을 제기한다고 말하면서, 자신의 사상이 오해되는 것은 자신이 시대를 앞서 간 때문이라고 말한다. "나 자신의 때도 아직은 오지 않았다. 몇몇 사람은 사후에야 태어나는 법이다."[58] 여기서 우리는 니체의 수사학이 설치해놓은 덫에 걸려들 필요는 없다. 니체의 글쓰기는 오히려 그의 말과는 정반대로 시대의 핵심을 꿰뚫고 있지 않은가? 새로운 해석과 관련하여 우리가 주목해야 할 것은 저자와 글은 별개의 문제라는 니체의 주장이다. 글이 쓰이는 순간 글은 이미 저자와는 관계없는 하나의 생명체가 된다는 것을 우리는 익히 알고 있다. 우리는 또한 저자의 의도로 환원될 수 있는 글들은 대개 다양한 해석을 불가능하게 하는 변변치 않은 것들이라는 것도 익히 알고 있다. 그러나 니체의 이 명제는 이와 같은 글 읽기의 일반적 현상을 언급하는 것으로 그치지 않고 "텍스트에 관한 새로운 사유"[59]를 시도하고 있다.

데리다는 미래의 철학적 글쓰기가 지향해야 할 텍스트의 성격을 니체의 유작에 실린 단편을 해석함으로써 명쾌하게 보여준다. 데리다는 해석

---

57) Friedrich Nietzsche, EH, KSA 6, 298쪽. 니체전집 15, 375쪽.

58) Friedrich Nietzsche, 같은 책, 같은 곳.

59) Ph. Forget (Hrsg.), *Text und Interpreatation : Deutsch-französische Debatte mit Beiträgen von J. Derrida, Ph. Forget, M. Frank, H.-G. Gadamer, J. Greisch und F. Laruelle*(München : Fink, 1984), 58 쪽. 이에 관해서는 Rodolphe Gasché, *The Tain of the Mirror : Derrida and the Philosophy of Reflection*(Cambridge : Harvard University Press, 1986), 278~283쪽을 참조할 것.

학적 정신에 투철한 니체 전집의 편집자들이 "나는 나의 우산을 잊어버렸다"[60]와 같은 하찮은 글까지 발표하는 사실에 주목한다. 아무런 맥락 없이 독립적으로 씌어 있는 이 문장은 도대체 무엇을 의미하는가? "어쩌면 인용일 수도 있다. 어쩌면 어느 곳에서 베껴온 것일 수도 있다. 그가 이런저런 곳에서 들은 것일지도 모른다. 그것은 어쩌면 어느 곳엔가 씌어야 할 문장의 초안이었을 수도 있다."[61] 의심할 여지 없이 분명한 사실은 우리가 그것을 결코 알 수 없다는 것이다. 이 텍스트에서 확고부동한 사실, 그것은 니체가 무엇을 말하고자 했는지를 확실히 알 수 없다는 것뿐이다. 여기서 우리는 니체라는 저자와 그의 글은 별개의 것임을 명확하게 간파할 수 있다. 그럼에도 불구하고 존재론적 해석학자들은 이 미발표 글이 의미 있는 잠언이며 또 그것은 저자의 가장 심오한 사유에서 나온 것임에 틀림없을 것이라고 생각한다고 데리다는 비판한다. 만약 이렇게 글과 저자를 연결시킨다면, 우리는 이미 그것이 '하나의 텍스트'이며, 그것도 '남겨지고 잊힌 텍스트'라는 사실을 망각하고 있는 것이다.

새로운 해석학은 이처럼 모든 텍스트가 우리에게 물질적으로 남겨지기는 했지만 동시에 잊힌 글일 수도 있다는 사실에서 출발한다. 니체와 데리다는 모두 남겨진 텍스트는 결코 근원과 목표를 왕복하는 해석학적 순환 운동으로 이해될 수 없다고 단언한다. 이와 같은 텍스트의 이해와 해석은 아무런 중심이 없으며, 살아 있는 아무런 의미도 있을 수 없다. "쓰인 것이기에 읽힐 수 있듯이, 이 미발표 문장은 항상 비밀스러울 수 있다. 그것은 이 문장이 비밀을 담고 있기 때문이 아니라 비밀을 가지고 있지 않기 때문이며 또 자신의 주름 속에 진리를 숨긴 체하기 때문이다. 이 경계는

---

60) Friedrich Nietzsche, KSA 9, 12(62), 587쪽 : "ich habe meinen Regenschirm vergessen". 니체전집 12, 604쪽. Jacques Derrida, "Sporen : Die Stile Nietzsches", 158~164쪽.
61) Jacques Derrida, "Sporen : Die Stile Nietzsches", 158쪽.

섬유 조직 같은 텍스트의 구조를 통해 그어지지만, 또한 이 구조로 인해 불투명해진다. 자신의 유희를 통해 해석학자들을 자극하고 동시에 무력하게 만드는 것은 바로 이 경계이다."[62] 데리다에 의하면 쓰인 글은 읽힐 수 있으며, 그것은 동시에 항상 비밀을 담고 있다. 그러나 쓰인 글의 비밀은 저자가 의도한 의미에서 기인하는 것이 아니라 텍스트의 구조와 유희에서 발생하는 것이라고 데리다는 단언한다. 그러나 "나는 나의 우산을 잊어버렸다"라는 문장에서 볼 수 있듯이 "어떤 텍스트가 자신의 유희의 규칙을 은폐하고 있는 한, 그것은 결코 텍스트가 아니다".[63] 그러므로 새로운 해석학은 어떤 텍스트가 의미를 가질 수 있도록 하는 콘텍스트, 즉 텍스트의 유희의 규칙을 해독하는 데 관심을 기울인다. 물론 이러한 해독은 텍스트 바깥의 어떤 초월적 저자와 의미도 전제하지 않는다. 그렇기 때문에 데리다는 "텍스트 바깥에는 아무것도 없다"[64]고 단언한다. 텍스트의 비밀이 지워져 있기 때문에 텍스트의 해석이 가능한 것이다. 이런 맥락에서 새로운 해석학은 초월적으로 설정된 비밀 지우기의 해석학이라고 할 수 있다.

미래 철학의 새로운 글쓰기는 바로 이와 같은 해석학적 지우기의 실천이다. 근원과 궁극적 의미를 전제하지 않는 글쓰기는 근본적으로 역사적이다.[65] 니체는 "전체 과정이 그 안에 농축되어 있는 모든 개념들은 정의될 수 없다"고 말하면서 "역사가 없는 것만을 정의할 수 있다"[66]고 단언한다. 다시 말해서 새로운 글쓰기는 모든 기호, 개념, 의미, 가치, 텍스트들이 역사적으로 형성되었다는 사실에서 출발한다. 여기서 우리는 미래 철

---

62) Jacques Derrida, "Sporen : Die Stile Nietzsches", 161쪽.

63) Jacques Derrida, La dissémination(Paris, 1972), 71쪽.

64) Jacques Derrida, Grammatologie, 274쪽.

65) 이에 관해서는 Michel Foucault, "Nietzsche, die Genealogie, die Historie", Von der Subversion des Wissens(Frankfurt am Main, 1978), 83~109쪽을 참조할 것.

66) Friedrich Nietzsche, GM, II 13, KSA 5, 317쪽. 니체전집 14, 425쪽.

학의 새로운 글쓰기를 상술하는 대신에 니체와 데리다를 연결하여 그 방향만을 제시하고자 한다.[67] 데리다가 전통 형이상학을 비판하기 위하여 주목한 "철학은 씌어진다"는 사실은 어렵지 않게 《이 사람을 보라》의 니체적 입장과 결합될 수 있다. 데리다는 "철학은 씌어진다"는 사실로부터 글쓰기의 근원, 형식, 양식의 세 가지 필연적 결론을 도출한다. 첫째, 철학적 글쓰기는 상실된 의미를 복원하기 위하여 문자라는 수단을 이용하지만 이 의미는 글쓰기와 동시에 왜곡된다. 따라서 철학적 글쓰기는 의미를 왜곡하는 차이와 지연, 비연속성과 이질성, 타자성을 고려해야 한다. 둘째, 철학적 글쓰기는 그것이 씌어지는 한 형식적 요소를 고려해야 한다. 만약 우리가 사용하는 모든 기호가 특정한 의미로 화석화되어 있다면, 새로운 글쓰기는 이와 같은 형이상학적 의미를 지우면서 동시에 새로운 의미를 투입하는 형식을 개발해야 한다. 새로운 글쓰기 개념보다는 비유에 관심을 기울이는 것은 바로 이 때문이다. 셋째, 새로운 철학적 글쓰기는 초월적 의미의 법칙, 형이상학적 존재의 사유에 예속되어 있지 않기 때문에 텍스트에 새로운 의미를 부여할 수 있는 '양식'을 전면에 내세운다.

우리는 이와 같이 의미의 무근원성을 의식하고, 개념보다는 비유를 선호하고, 논리적 법칙보다는 양식을 추구하는 새로운 글쓰기를 반역적이라고 여길 수도 있을 것이다. 의미 없는 텍스트, 텍스트 없는 해석은 서양 형이상학의 관점에서 보면 반역 그 자체이다. 그러나 인간의 실존과 이념마저 파괴할 수 있는 허무주의의 문명이 서양 형이상학에서 기인한다는 사실을 인정한다면, 우리는 형이상학 안에서 이루어지는 반성만으로는 새로운 의미를 창출할 수 없다는 니체와 데리다의 입장에 동의할 수 있을 것이

---

67) 데리다의 글쓰기에 관해서는 앞에서 언급한 R. Gasché의 책 외에도 Heinz Kimmerle, *Derrida zur Einführung*(Hamburg : Junius, 1988), 15~22쪽을 참조할 것.

다. 형이상학적 흔적을 지우고 새로운 의미를 창출하는 글쓰기, 이러한 글쓰기를 위해 필요한 것은 진리가 아니라 진실성이라고 니체는 말한다. 그것은 아마 다음과 같은 사실의 인정일 것이다. "유기체의 세계에서 일어나는 모든 사건은 하나의 제압이자 지배이다. 그리고 모든 제압과 지배는 다시금 하나의 새로운 해석과 정돈인데, 이 과정에서 종래의 '의미'와 '목적'은 필연적으로 불분명해지거나 심지어는 완전히 지워져버린다."[68] 미래 철학의 새로운 글쓰기는 바로, 더 이상 이해할 수 없게 되어버린 형이상학의 의미와 목적을 지우고 새로운 의미를 탐색하고자 한다. 그것은 바로 하나의 방향으로만 경직되었던 우리의 시선을 돌려 우리를 둘러싸고 있는 삶의 다의적 콘텍스트를 볼 것을 요청한다. 텍스트에서 콘텍스트로 방향을 전환한 새로운 글쓰기는 물론 미래 철학의 텍스트를 구성한 새로운 규칙을 발견하고자 한다. 그러나 이러한 규칙이 독단론이 되는 것을 미연에 방지하기 위해서 미래의 철학자들은 동시에 새로운 의미를 가면 속에 숨겨야 할지도 모른다.

모든 심오한 정신은 가면을 필요로 한다. 그뿐만 아니라 모든 심오한 정신 주위에는 가면이 계속 자라나는데, 이는 그가 부여하는 모든 말, 모든 발걸음, 모든 생명의 기호를 끊임없이 잘못, 즉 피상적으로 해석하는 덕분이다.[69]

---

68) Friedrich Nietzsche, GM, II 12, KSA 5, 314쪽. 니체전집 14, 421쪽.
69) Friedrich Nietzsche, JGB, II 40, KSA 5, 58쪽. 니체전집 14, 71쪽.

제8장

허무주의의 일상화와
능동적 허무주의

포스트모던 허무주의와
로티의 상대주의

내가 여기서 말하는 것은 다음 두 세기의 역사다. 나는 다가오고 있으며, 더 이상 다르게 올 수 없는 것을 기술한다. 허무주의의 도래. 이 역사는 지금 이미 말할 수 있다. 왜냐하면 필연성 자체가 이미 여기서 일하고 있기 때문이다.

—프리드리히 니체,《유고》(1887년 11월~1888년 3월)

우리가 어느 것도 더 이상 숭배하지 않는 곳, 우리가 아무것도 아닌 무를 유사 신성으로 대하는 곳, 우리가 모든 것을——우리의 언어, 우리의 의식, 우리의 공동체를——시간과 기회의 산물로 간주하는 곳, 우리는 이 지점에 도달하고자 한다.

—리처드 로티,《우연성, 아이러니, 그리고 유대성》(1989)

허무주의의 가장 극단적인 형식은 어떤 것을 참으로 간주하는 모든 믿음이 필연적으로 거짓이라는 것일 것이다. 왜냐하면 하나의 참된 세계란 전혀 존재하지 않기 때문이다……그것은 우리가 얼마만큼 가상성과 거짓의 필연성을 몰락하지 않고도 시인할 수 있는지가 힘의 척도라는 사실일 것이다. 하나의 참된 세계와 존재를 부정하는 한, 허무주의는 신적인 사유 방식일 수 있다.

—프리드리히 니체,《유고》(1887년 가을)

1. 허무주의, 위기의 징후인가 아니면 진부한 일상인가

니체라는 이름은 여전히 그가 의미심장한 어조로 예언했던 허무주의의 문제를 대변한다. 이제는 역사의 장으로 사라진 20세기는 전체주의와 민주주의, 기술 문명과 생태계 파괴같이 대체로 진보와 재앙이라는 두 극단이 공존한 '극단의 시대'로 서술되기도 하지만, 이러한 역설을 통해 드러나는 가장 주목할 만한 시대정신 중의 하나는 삶의 무의미에 대한 경험일 것이다. 풍요 속의 만성적 기아, 구조적인 남북 갈등, 통제할 수 없는 기술 권력, 생태계 파괴와 생명 복제 등을 경험하며 얻게 된, 문명의 진보가 반드시 인간성 실현에 기여하는 것은 아니라는 깨달음은 진보의 이념에 대한 회의를 야기했으며, 이데올로기의 종말과 함께 폭발적으로 표출되는 다양한 이념 및 가치들의 범람은 어떤 것도 허용될 수 있다는 가치의 무관심을 산출했다. 만약 가치의 무의미와 지식의 무력감, 행위의 하찮음과 삶의 공허함이 현대 사회를 관류하고 있다면, 니체가 예견한 허무주의의 문제는 아직 극복되지 않은 것이다.

인간의 이성과 역사의 진보를 믿었던 사람들에게 엄청난 충격을 주었던 니체의 허무주의는 21세기를 맞이하는 현대인들에게는 이제 당연한 것으로 여겨지고 있다고 해도 과언이 아니다. 오늘날 포스트모던 사회의 전제 조건으로 인정되고 무리 없이 받아들여지고 있는 삶의 무의미성은 20세기가 우리에게 넘겨준 정신적 유산이라고 해도 과언이 아니다. 니체는 이러한 역사적 발전 과정을 미리 알았던 것일까? 그는 주지하다시피 19세기 말에 허무주의를 "다음 두 세기의 역사"[1]로 예언했다. 니체는 "우리에게 닥쳐오는 것, 즉 허무주의의 도래를 서술한다"고 말한다. 비록 이를 지연시키려는 시도가 대단한 양식으로 이루어지기는 하지만, 허무주의는 저지할 수 없을 정도로 역사적 "필연성"을 가지고 있다는 것이다.[2] 허무주의가 지금 우리가 경험하고 있는 방식으로 도래할 수밖에 없다면, 허무주의가 단순한 부정의 대상이 아니라는 것은 자명하다. 그것은 한편으로 삶의 일반적 조건으로 인정되어야 할 뿐만 아니라, 다른 한편으로는 새로운 가치 창조의 계기로 이용될 수 있어야 하는 것이다.

이런 관점에서 20세기는 우리가 초기의 충격에서 벗어나 허무주의를 삶의 일반적 조건으로 받아들인 시대라고 할 수 있다. 니체가 당시 허무주의의 징후가 도처에 널려 있는데도 불구하고 이를 볼 수 있는 눈이 결여되어 있다고 한탄했다면, 오늘날 포스트모던 문화의 허무주의적 성격을 부인하는 사람은 거의 없다고 해도 지나치지 않다. 허무주의의 경험과 정서가 보편화된 것이다. 한때는 "신은 죽었다"[3]라는 명제가 서양 형이상학의 토대를 철저하게 부정하는 불온한 전복(顚覆)의 대명사로 인식되었다면, 그것은 지금 절대적 가치가 타당성을 상실했을 뿐이라는 진부한 사실로 확인되고 있다. 만약 모든 가치가 역사적으로 형성되었다면, 한때 절대적

---

1) Friedrich Nietzsche, KSA 13, 11(119), 57쪽. 니체전집 20, 355쪽.
2) Friedrich Nietzsche, KSA 13, 11(411), 189쪽. 니체전집 20, 518쪽.
3) Friedrich Nietzsche, FW, III 125, KSA 3, 481쪽. 니체전집 12, 183쪽.

타당성을 지녔던 가치들이 무가치하게 된다는 것은 더 이상 놀라운 일이 아닌 것이다.

허무주의의 정서가 일상적으로 보편화된 지금 우리는 더 이상 허무주의의 원인과 그것이 초래할 수 있는 결과에 대해 진지하게 묻지 않는다. 니체가 광인의 입을 빌려 선포했던 신의 죽음은 이제 하나의 철학적 에피소드에 지나지 않는다. 그렇기 때문에 신을 죽인 것은 바로 우리라고 주장하는 니체의 고백은 이제 허무주의의 근원에 관한 철저한 성찰보다는 실존적 부조리로 여겨질 뿐이다. 포스트모던 문화를 관류하고 있는 정서는 오직 삶의 무의미성과 무가치성일 뿐이다. 절대적 무가치성은 허무주의의 구호이다. "이제까지의 인류의 이상주의 전체는 막 허무주의로 변하려 하고 있다―절대적 무가치성, 다시 말해 무의미성에 대한 믿음으로 바뀌려 하고 있는 것이다."[4] 이제까지 서양 형이상학을 주도했던 이상주의가 왜 갑자기 허무주의로 변하게 되었는가 하는 물음이 한 세기 전 니체의 핵심적 문제였다면, 포스트모던 문화는 허무주의를 자명한 사실로 받아들이고 있다.

역사적 사실의 관점에서 허무주의는 절대적 타당성을 가졌던 가치들이 무가치하게 되는 과정을 의미한다. 니체가 오늘의 우리를 꿰뚫어 보듯 예언했던 것처럼, "현대적 인간은 때로는 이 가치를 그리고 때로는 저 가치를 시험적으로 믿다가 곧 포기하지" 않는가? 만약 우리가 "남겨진 가치들과 포기된 가치들의 규모가 점점 더 커질수록 가치들에 대한 공허함과 빈곤을 더욱더 강하게 느낀다면"[5], 니체가 예언한 가치들의 무가치성과 무의미성은 이미 우리의 일상이 된 것이다.

---

4) Friedrich Nietzsche, KSA 12, 7(54), 313쪽. 니체전집 19, 381쪽.
5) Friedrich Nietzsche, KSA 13, 11(119), 57쪽. 니체전집 20, 354쪽.

허무주의의 일상화, 이것은 20세기로부터 물려받은 문화적 유산일 뿐만 아니라 21세기의 시대적 도전이다. 이 사실을 확인하기 위하여 니체에게서 애매하고 모호하게 사용된 허무주의의 개념을 여기서 굳이 명료하게 분석할 필요는 없을 것이다. 허무주의는 삶의 무의미성에 대한 믿음을 의미한다는 것만으로도 충분히 21세기의 시대정신을 이해할 수 있기 때문이다. 물론 포스트모더니즘의 맥락에서 거론되는 허무주의의 양태들은 다양한 방식으로 결합되어 있다. 이성, 진리, 가치에 대한 믿음의 상실로부터 출발하는 포스트모더니즘은 두말할 나위 없이 허무주의에 대한 지적인 대응이다. 정당화된 신념과 정당화되지 않은 신념을 구별할 수 있는 절대적 기준이 존재하지 않는다는 반(反)토대주의는 인식론적 허무주의의 다른 이름에 불과하다. 모든 지식과 인식론적 주장들이 평등하게 타당하다면, 지식과 오류를 구별하는 것은 무의미한 것이다. 이러한 인식론적 허무주의는 종종 지식과 일치하는 외부 세계를 근본적으로 부정하는 형이상학적 또는 존재론적 허무주의를 포함한다. 디지털 정보 시대에 진입하면서 실재와 가상 현실의 경계가 불투명해진다면, 지성과 외부 세계의 일치를 진리로 파악하는 전통적 진리 이론은 흔들리게 된다.

니체는 물론 지성과 실재, 주관과 객관이 일치할 수 있다는 전통적 진리 이론을 부정할 뿐만 아니라 "진리는 존재하지 않는다"[6]고 단언한다. 그러나 진리는 존재하지 않는다는 주장은 그 자체의 논리에 따라 진리일 수 없기 때문에 진리 허무주의는 자기 모순적이다. 그렇다면 진리가 존재하지 않는다는 것은 무엇을 의미하는가? 우리는 과연 진리 없이 살 수 있는가? 21세기 허무주의의 도전은 바로 이 물음에 집중된다. 니체가 진리를 가치의 문제로 환원함으로써 이 물음에 대한 답을 시도했다는 것은 익

---

6) Friedrich Nietzsche, KSA 12, 2(108), 114쪽. 니체전집 19, 141쪽.

히 알려진 일이다. 진리는 이제까지 삶과 행위의 규범적 기준으로도 통용되었기 때문에 진리 허무주의는 종종 도덕적 허무주의를 수반한다. 모든 가치들은 그것을 추구하는 행위자의 관점에서만 가치 있을 뿐 절대적 가치는 존재하지 않는다는 주장이 그것이다. 만약 도덕 허무주의가 도덕적 용어 및 가치 자체의 사용을 부정하는 것은 아니라면, "진리는 존재하지 않는다"는 니체의 주장은 마찬가지로 진리 자체를 부정하지 않는다. 그는 단지 "세계의 가치가 우리의 해석에 달려 있다"[7]고 주장하면서 이제까지의 해석들과는 다른 해석들, 즉 삶의 의미를 고양시킬 수 있는 새로운 가치들을 창조할 수 있는 해석들을 추구할 뿐이다.

여기서 우리는 포스트모더니즘의 다양한 유형들이 허무주의의 변형들이라는 것을 쉽게 간파할 수 있다. 인식론적 허무주의와 존재론적 허무주의, 진리 허무주의와 도덕 허무주의는 모두 삶은 아무런 의미를 가지고 있지 않다는 실존적 허무주의를 산출한다. 그러나 실존적 허무주의는 삶의 무의미성을 전제한다는 점에서 가장 분명한 허무주의의 형식임에도 불구하고 실제로는 이차적이다. 왜냐하면 실존적 허무주의는 인식론적, 진리론적 그리고 도덕적 허무주의에서 기인하기 때문이다.[8] 이런 관점에서 보면 포스트모던 문화는 무의미성과 무가치성의 정서만을 보편화할 뿐 허무주의의 근원과 결과에 관해서는 침묵하고 있는 것이다. 우리가 지금 허무주의의 문제를 21세기의 시대적 도전으로 보고자 하는 까닭이 여기에 있다.

그러나 허무주의는 니체의 예언에 의하면 20세기뿐만 아니라 앞으로 도래할 21세기의 역사이기도 하다. 20세기가 무의미성이 보편화된 시대

---

7) Friedrich Nietzsche, 같은 책, 같은 곳.
8) 이에 관해서는 Karen L. Carr, *The Banalization of Nihilism. Twentieth-Century Responses to Meaninglessness*(Albany : SUNY Press, 1992), 20쪽을 참조할 것.

라면, 21세기는 그 원인과 결과에 관한 철저한 성찰을 통해 허무주의를 극복하는 시대여야 하지 않을까? 우리는 여기서 니체가 허무주의를 부정과 긍정의 이중적 관점에서 고찰하고 있다는 점에 주목할 필요가 있다. 허무주의는 "가장 커다란 위기들 중의 하나"이며 동시에 "가장 심오한 자기성찰의 순간"이기도 하다.[9] 그렇기 때문에 니체가 허무주의를 예견한 이래 삶을 창조적으로 해석하는 우리의 능력을 마비시키는 허무주의의 상태로부터 긍정적 이점을 이끌어내려는 전화위복의 여러 시도가 있어왔다. 20세기 전반부의 실존주의와 후반부의 포스트모더니즘은 모두 무의미성을 인간 실존의 필연적 양태로 포용하려는 시도들이라고 할 수 있다. 그결과로 허무주의는 이제 포스트모던 문화의 당연한 전제 조건으로 수용되어 있다.

그렇다면 허무주의는 이제 새로운 가치를 창조할 수 있는 토대로서 기능하고 있는가? 포스트모던 현실은 오히려 그 반대의 징후를 보이고 있다. 실존주의적 사유를 산출했던 무의미성에 대한 불안은 이미 증발해버렸고, 허무주의에 대한 진지함이 오히려 비웃음을 살 정도로 허무주의의 위험은 사라져버린 것으로 여겨진다. 사람들은 진리가 존재하지 않는다는 사실을 두려워하지 않으며, 가치 평가의 절대적 기준이 없어도 다양한 가치들과 더불어 살 수 있다고 생각한다. 이러한 일상적 인식은 종종 진리는 특정한 공동체의 가치가 표현된 것에 지나지 않는다는 로티의 상대주의로 대변되기도 한다. 간단히 말해서, 우리는 불가피한 허무주의의 상황에 대해 더 이상 염려하지 않는 것이다. 니체가 19세기에 시대의 독과 병으로 진단했던 허무주의가 포스트모던 사회의 진부한 특징이 되어버린 것이다.

우리는 이러한 허무주의의 일상화가 바로 가치 창조의 문화적 힘을 쇠

---

9) Friedrich Nietzsche, KSA 13, 11(119), 56쪽. 니체전집 20, 354쪽.

약하게 만드는 새로운 독이라는 점에서 21세기의 새로운 도전이라고 생각한다. 물론 니체가 허무주의의 두 번째 단계라고 예견한 21세기는 이제 막 시작되었다. 만약 21세기에는 허무주의가 새로운 가치 창조의 토대가 되고 또 의미의 해체가 새로운 의미의 시작이 되어야 한다면, 우리는 니체의 철학적 진지함으로 되돌아가 허무주의의 근원을 근본적으로 되새겨보아야 한다. 허무주의가 함축하고 있는 위기의 잠재력이 약화되면, 무의미성을 창조의 힘으로 변형시킬 수 있는 토대 역시 침식되기 때문이다. 니체가 "모든 손님들 중에서 가장 무시무시한 손님"[10]이라고 명명한 허무주의의 위험은, 일상성 속에 허무주의가 은폐되어 있는 지금, 예전보다 오히려 더 심각하다. 이런 관점에서 우리는 우선 니체가 예리하게 분석한 허무주의의 이중적 성격을 살펴봄으로써 진리와 가치를 연관시킨 그의 관점주의가 결코 진리 허무주의를 주장하지 않는다는 사실을 확인하고, 다음에는 토대의 무의미성을 진부한 사실로 수용하고 있는 포스트모더니즘이 오히려 새로운 독단론——가치 창조를 배제하고 현상(現狀)을 절대화하는——으로 변질된다는 점을 밝히며, 끝으로 허무주의를 극복할 수 있는 철학적 해석의 가능성을 모색하고자 한다.

2. 니체 허무주의의 이중성—수동적 허무주의와 능동적 허무주의

허무주의가 니체의 철학적 성향을 서술하기 이전에 그것은 이미 그의 핵심 문제였다. 니체는 한편으로 서양의 철학사를 허무주의의 역사로 파악하고 있으며, 다른 한편으로는 스스로를 "서양 최초의 완전한 허무주의

---

10) Friedrich Nietzsche, KSA 12, 2(127), 125쪽. 니체전집 19, 154쪽.

자"[11]라고 명명한다. 니체가 서양 형이상학을 진리에의 의지가 자기모순에 의해 스스로 해체되는 과정으로 폭로하고 있다는 것은 주지의 사실이다. 그는 이미 《도덕의 계보》에서 "서양 허무주의의 역사"를 언급하면서, 허무주의를 극복하기 위하여 모든 가치들의 전도를 실행할 수 있는 권력의지의 철학을 예고한다. 여기서 우리는 허무주의가 설령 니체 이전에도 하나의 정신적 경향으로 존립했다 해도, 니체에게 와서야 비로소 철학적 문제로 파악되고 있음을 간파할 수 있다.[12]

그러나 허무주의가 니체의 이름과 동일시될 정도로 허무주의가 니체 철학에서 차지하는 위치가 너무 분명하기 때문에 그가 허무주의를 사유하게 된 철학적 동기는 오히려 희석되는 경향이 있다. 우리는 신의 죽음에 관한 니체의 명제를 상기하면서 허무주의에 대한 그의 관심은 기독교적 도덕성에 관한 그의 반감에서 기인한다고 생각할 수도 있다. 허무주의에 대한 니체의 관심은 또한 당시에 이미 널리 퍼져 있었지만 감지되지 못한 시대정신에 대한 문화 비판으로 읽힐 수도 있을 것이다. 그뿐만 아니라 진리를 정면으로 부정하는 것은 근본적으로 그의 허무주의적 경향에 뿌리를 두고 있다고 말할 수도 있다. 허무주의에 관한 니체의 발언과 주장들은 이처럼 상호 긴장 관계에 있으며, 어쩌면 허무주의의 의미가 모호하다는 것만이 분명할 정도로 다양한 각도에서 서술되고 있다. 허무주의는 역사적 과정 또는 심리적 상태, 철학적 입장 또는 문화적 상황으로 서술되며, 약

---

11) Friedrich Nietzsche, KSA 13, 11(411), 190쪽. 니체전집 20, 518쪽.

12) 이에 관해서는 Dieter Arendt (Hrsg.), *Der Nihilismus als Phänomen der Geistesgeschichte in der wissenschaftlichen Diskussion unseres Jahrhunderts*(Darmstadt : Wissenschaftliche Buchgesellschaft, 1974) ; Alexander Schwan (Hrsg.), *Denken im Schatten des Nihilismus : Festschrift für Wilhelm Weischedel zum 70. Geburtstag*(Darmstadt : Wissenschaftliche Buchgesellschaft, 1975) ; Otto Pöggeler, "'Nihilist' und 'Nihilismus'", *Archiv für Begriffsgeschichte*, Bd. XIX, 197~210쪽 ; Michael Allen Gillespie, *Nihilism before Nietzsche*(Chicago · London : The University of Chicago Press, 1995)를 참조할 것.

함의 징후 또는 강함의 기호로 사용되고, 위험들 중의 위험 또는 철저한 사유의 방식이라는 의미를 갖기도 한다.[13]

만약 허무주의가 니체 철학을 관통하는 핵심적 문제라면, 애매하고 종종 모순적인 것처럼 보이는 그의 발언과 주장들은 몇 가지 분명한 특징들로 압축될 수 있다. 첫째, 허무주의는 문화 비판적인 요소를 함축하고 있다. 니체의 초기 저서인 《반시대적 고찰》이 암시하고 있듯이 허무주의는 현대적 유행에 의해 은폐된 시대정신을 폭로하려는 문화 비판의 산물이라고 할 수 있다. 이런 맥락에서 허무주의는 병, 퇴락, 분열, 타락과 연결된다. 니체는 많은 사람들이 문화적 병으로 생각하는 비관주의는 실제로 하나의 징후에 지나지 않고 진정한 문제는 허무주의라고 말하면서, 허무주의는 "생리적 데카당스의 표현"[14]이라고 규정한다.

물론 이러한 개념 규정은 반드시 부정적 현상만을 가리키지 않는다. 병, 퇴락, 분열 또는 타락으로 표현되는 데카당스는 니체에게 이중적 의미를 가진 현상이다. 그것은 한편으로 해체와 죽음의 결과를 가져올 수 있지만, 다른 한편으로는 증대와 개선을 야기할 수도 있다. 따라서 니체는 삶이 고양되고 진보하려면 "데카당스가 필연적"이라고 단언한다. "쓰레기, 퇴락, 불량품은 그 자체로 단죄할 만한 것은 아니다. 그것들은 삶의, 삶의 성장의 필연적 결과다."[15] 만약 데카당스가 생명의 필연적 결과이고 또 그렇기 때문에 완전히 제거할 수 있는 것이 아니라면, 우리는 데카당스를 생명과 이성의 권리로 수용해야 된다는 것이다. 병에는 죽음에 이르는 병뿐만 아니라 이전보다 더욱 건강하게 만드는 병도 존재한다. 그 내면적 논

---

13) 이에 관해서는 Robert C. Solomon, "Nietzsche, Nihilism, and Morality", Robert C. Solomon (ed.), *Nietzsche : A Collection of Critical Essays*(Notre Dame, Ind. : University of Notre Dame Press, 1980), 202~225쪽을 참조할 것.

14) Friedrich Nietzsche, KSA 13, 17(8), 529쪽. 니체전집 21, 403쪽.

15) Friedrich Nietzsche, KSA 13, 14(75), 255쪽. 니체전집 21, 63쪽.

리를 철저하게 인식할 때 우리의 생명과 권력 의지를 더욱 건강하게 만들 수 있는 병이 다름 아닌 허무주의인 것이다.

그렇다면 니체가 말하는 생리적 데카당스란 도대체 무엇을 의미하는 가? 그것은 일차적으로 현대인들이 무비판적으로 수용하는 가치와 진리 들이 생명과 권력 의지를 오히려 해치는 상태를 의미한다. "생명이 발전 하는 데 토대가 되었던 모든 법칙들이 내게는 우리가 삶을 견뎌온 궁극적 목적으로서의 가치들과 대립하는 것처럼 보였다"고 고백하면서, 니체는 이러한 대립이 "현대 세계의 근본 성격이며 원래 비극적 문제"[16]라고 진 단한다. 이제까지 삶의 증대에 기여했던 가치들이 더 이상 삶에 도움이 되 지 않는 상태가 허무주의를 초래했다는 것은 쉽게 이해된다. 니체는 한 걸 음 더 나아가 허무주의를 현대에 대한 해석의 필연적 결과로 이해한다. 허 무주의자는 존재하고 있는 세계에 대해서는 그것이 존재해서는 안 된다고 판단하고, 존재해야 하는 세계에 대해서는 그것이 존재하지 않는다고 판 단한다. 따라서 행위, 고통, 의욕, 감정을 포함한 우리의 실존은 아무런 의 미를 가지지 않는다. 이렇게 문화 비판적 관점에서 보면 허무주의는 일차 적으로 가치와 현실의 적대 관계에서 발생하는 "헛됨의 파토스"[17]로 나타 나며, 이러한 파토스는 궁극적으로 삶과 세계를 새롭게 해석할 수 있는 능 력을 파괴한다는 점에서 생리적 데카당스를 산출한다.

둘째, 허무주의는 서양의 내면적 역사와 밀접한 관련이 있다.[18] 허무주 의는 단순히 창조력이 쇠진한 부정적 상태와 현재를 서술하는 것이 아니

---

16) Friedrich Nietzsche, KSA 12, 7(8), 291쪽. 니체전집 19, 356쪽.

17) Friedrich Nietzsche, KSA 12, 9(60), 366쪽. 니체전집 20, 41쪽.

18) 이에 관해서는 Martin Heidegger · Friedrich Nietzsche, *Der europäische Nihilismus*, Gesamtausgabe Bd. 48(Frankfurt am Main : Klostermann, 1986) ; Josef Simon, "Nietzsche und das Problem des europäischen Nihilismus", R. Berlinger · W. Schrader (Hrsg.), *Nietzsche kontrovers III*(Würzburg : Königshausen & Neumann, 1984), 9~37쪽을 참조할 것.

라 이러한 상황에 이르게 된 역사 과정의 논리를 가리킨다. 이런 맥락에서 니체는 "허무주의가 데카당스의 원인이 아니라 논리일 뿐"[19]이라고 말한다. 만약 허무주의가 서양의 역사를 관통하는 논리라면, 이 논리가 올바로 파악될 때 비로소 허무주의는 극복될 수 있을 것이다. 그렇기 때문에 니체는 허무주의를 "허무주의의 도래", "허무주의의 필연성", "허무주의의 자기 극복"[20]이라는 세 단계로 고찰한다.

허무주의는 근본적으로 서양의 역사와 일치한다. 헤겔이 자신의 역사 철학에서 서양의 이성이 발전되는 과정을 서술했다면, 니체는 이러한 서양 이성의 탄생 배경과 동인을 계보학적으로 추적한다. 주지하다시피 니체는 서양 형이상학이 전제하고 있는 '진리에의 의지'를 허무주의의 근원으로 파악하고 있다. 진리에의 의지는 본래 권력 의지의 한 양태임에도 불구하고 그 근원을 망각함으로써 새로운 가치를 창조할 수 있는 힘을 상실했다는 것이다. 그렇기 때문에 끊임없이 변화하는 세계에 적합한 새로운 가치를 창조하려면 우선 '진리에의 의지'가 '권력에의 의지'임을 폭로할 수밖에 없다. 우리가 허무주의를 무조건 부정할 수 없는 까닭이 여기에 있다. 허무주의는 오직 자신의 논리를 인식할 때에만 비로소 극복될 수 있기 때문이다.

그러므로 서양 형이상학의 시작은 이미 허무주의의 씨앗을 품고 있다. 소크라테스와 플라톤으로 대변되는 고대 그리스 시대에 삶을 관조하는 '이론적 인간'이 탄생했다는 것이 허무주의를 예고했다는 것이다. 이론적 인간은 삶과 세계를 바라볼 수 있는 거리를 취하고, 구체적 현실에서 벌어지는 사건에 관한 이론적 표상을 형성한다. 우리가 이러한 표상을 통해 운

---

19) Friedrich Nietzsche, KSA 13, 14(86), 265쪽. 니체전집 21, 75쪽.
20) Friedrich Nietzsche, KSA 13, 13(4), 215쪽. 니체전집 21, 12쪽.

명과 사건으로부터 어느 정도 해방될 수 있다는 것은 자명한 일이다. '이론'의 근원은 동시에 인간을 해방시키는 '허구'의 근원인 것이다. 이러한 허구의 창조가 니체에게서는 권력 의지로 환원된다는 것은 쉽게 짐작할 수 있다. 그런데 플라톤은 권력 의지의 산물인 허구를 영원한 진리의 세계로 고정시킨다. 플라톤은 우리에게 나타나고 삶을 통해 우리와 직접 관련 있는 사물들은 진정한 존재가 아니기 때문에 이들로부터 벗어나 실제로 존재하는 이데아의 세계로 나아가야 한다고 말한다. 니체는 물론 허구가 진리로 변하는 이 지점이 바로 허무주의의 시작이라고 해석한다.

진리에의 의지가 도덕적 이상으로 부상함으로써 권력에의 의지는 악으로 전락한다. 최초의 가치 전도가 이루어진 것이다. 만약 이러한 관점이 고정된다면, 일반적 법칙과 규범을 따르는 사람들은 선한 반면 스스로 자신의 가치와 척도를 설정하는 사람들은 악한 것으로 통용될 것이다. 모든 것을 일반적 기준에 따라 이원론적으로 평가하는 도덕적 사유는 근본적으로 허무주의적인 것이다. 다른 사람을 판단한다는 것은 이미 다른 견해와 관점, 다른 표상과 이념을 판단한다는 것을 의미한다. 물론 니체는 "생성에 존재의 성격을 새기는 것이 최고의 권력에의 의지이다"[21]라고 말한다. 그러나 이렇게 생성된 존재의 세계가 생성의 성격을 망각한다면, 그것은 영원히 변하지 않는 진리로 경직된다는 것이다. 그렇기 때문에 서양 형이상학은 근본적으로 모든 것을 이원론적 세계의 관점에서 판단하는 "도덕적 존재론"[22]이다.

니체의 서양 형이상학 해체는 이런 맥락에서 읽혀야 한다. 서양 형이상학은 항상 있는 것을 있다고 말하고 또 없는 것을 없다고 말하는 도덕적

---

21) Friedrich Nietzsche, KSA 12, 7(54), 312쪽. 니체전집 19, 380쪽.
22) Friedrich Nietzsche, KSA 12, 7(4), 265쪽. 니체전집 19, 327쪽.

존재론에서 출발한다. 니체는 《우상의 황혼》에서 권력 의지의 산물인 참된 세계라는 허구가 어떻게 우화로 변하고 있는가를 간단하게 서술하고 있다. 삶의 필연성으로부터 산출된 참된 세계가 처음에는 인식될 수 있을 뿐만 아니라 동시에 성취될 수 있는 세계로 여겨졌다. 참된 세계가 권력 의지의 창조적 산물이라는 점을 상기하면, 참된 세계의 성취 가능성은 쉽게 이해된다. 그러나 참된 세계가 구체적 삶의 세계로부터 분리되어 영원한 세계로 고정될수록, 그것은 우리가 인식할 수 없는 영원한 진리의 세계로 변형되었다. 그것은 때로는 위로로 이해되고, 때로는 명령으로 인식되었다. 이 참된 세계가 이제는 우리에게 아무런 소용이 없게 되었다는 사실의 인식이 바로 허무주의인 것이다.

허무주의는 이처럼 서양 역사의 필연적 귀결일 뿐만 아니라 이 역사의 논리인 것이다. 만약 우리가 이제는 참된 세계를 없애버렸다면 어떤 세계가 남아 있는 것일까? 니체는 이 물음에 이렇게 대답한다. "참된 세계와 함께 우리는 가상의 세계 역시 없애버렸다."[23] 니체는 실재와 가상, 허구와 진리의 존재론적 이원론을 부정함으로써 새로운 가치를 창조할 수 있는 권력 의지를 회복하고자 하는 것이다. 이런 관점에서 보면 형이상학적 신의 표상을 박탈당했다는 것은 동시에 기존의 가치들과는 전혀 다른 새로운 가치를 창조할 수 있다는 해방을 의미한다.[24] 허무주의의 개념이 이처럼 니체에게서 해체와 파괴의 전복적 힘을 발휘할 수 있는 것은 그것이 근본적으로 역사적 맥락에서 이해되기 때문이다.

셋째, 허무주의는 세계를 '해석'하는 권력 의지와 관련이 있다. 니체는

---

23) Friedrich Nietzsche, GD, Wie die 'wahre Welt' endlich zur Fabel wurde, KSA 6, 81쪽. 니체전집 15, 104쪽.
24) Margot Fleischer, *Der "Sinn der Erde" und die Entzauberung des Übermenschen. Eine Auseinandersetzung mit Nietzsche*(Darmstadt : Wisse. Buchges., 1993), 47쪽을 참조할 것.

진리에의 의지가 절대화됨으로써 오히려 변화하는 세계를 해석할 수 있는 힘이 약화된다고 진단한다. 그가 서양 형이상학을 해체하고 또 진리에의 의지가 권력 의지임을 폭로하는 것은 모두 새로운 가치를 설정할 수 있는 해석의 힘과 지평을 얻기 위해서이다. 이런 맥락에서 보면 허무주의는 우선 불교와 기독교처럼 삶과 세계를 부정하는 해석의 양태로 서술되기도 하고, 기존의 절대적 가치가 무가치해져 세계에 대한 의미 있는 해석이 부재하게 된 것으로 이해되기도 하고, 또 가능한 해석들의 다양성으로 파악되기도 한다. 이처럼 허무주의의 자기 극복에 있어서 중요한 것은 해석의 문제이다.

니체는 물론 해석이 인간에게만 고유한 활동이라고 생각하지 않는다. 니체에 의하면 모든 생성과 생명은 그 자체로 해석이다. 살아 있다는 것은 끊임없이 해석한다는 것을 의미한다. 해석의 중단이 생명체의 죽음을 가져오듯, 문화의 원동력이라고 할 수 있는 해석의 마비는 허무주의를 야기한다. 우리는 여기서 해석과 진리의 상관관계만을 집중적으로 논하고자 한다. 허무주의는 일차적으로 "참된 세계와 존재의 부정"[25]이다. 그러나 니체는 이러한 허무주의적 인식이 동시에 '신적인 사고방식'이 될 수도 있다고 강조한다. 현재 우리가 직면하고 있는 허무주의의 논리를 철저하게 극단까지 몰고 간다면, 허무주의는 이미 허무주의를 극복할 수 있는 가능성을 함축하고 있다는 것이다.

이런 맥락에서 보면 "참된 세계가 존재하지 않기 때문에 모든 신념, 무엇인가를 진리로 간주하는 모든 행위가 필연적으로 거짓일 수밖에 없다는 생각이 허무주의의 가장 극단적인 형식"이라는[26] 것이다. 니체에 의하면

---

25) Friedrich Nietzsche, KSA 12, 9(41), 354쪽. 니체전집 20, 26쪽.
26) Friedrich Nietzsche, 같은 책, 같은 곳.

해석은 텍스트 속에 숨겨져 있는 진리를 '발견' 하는 것이 아니라 의미 있는 가치와 허상을 '발명' 하는 것이다. 따라서 니체의 철학에는 "모든 인간의 향상은 편협한 해석들의 극복을 수반하고, 모든 도달한 강화와 권력 확장은 새로운 관점들을 열어놓는다"[27]는 해석학적 직관이 관류하고 있다.

니체는 이처럼 허무주의를 이중적 의미로 이해한다. 허무주의는 박탈인 동시에 해방이고, 절망인 동시에 희망인 것이다. 정신력의 퇴보와 몰락으로 이해되면 그것은 "수동적 허무주의"이고, 고양된 정신력의 기호로 읽히면 그것은 "능동적 허무주의"인 것이다.[28] 수동적 허무주의가 진리는 존재하지 않는다는 사실만을 인식한 채 해석의 힘을 상실한다면, 능동적 허무주의는 진리의 부재를 새로운 가치 창조의 밑거름으로 만들기 위하여 기존의 형이상학적 해석들을 해체하고 파괴한다.

수동적 허무주의를 능동적 허무주의로 발전시키려면, 우리는 우선 진리는 존재하지 않는다는 명제의 의미를 철저하게 인식해야 한다. 그것은 결코 진리가 더 이상 우리의 삶에 대해 아무런 가치가 없다는 진리 허무주의를 의미하지 않는다. 그렇기 때문에 니체는 무엇인가가 진리로 간주되어야 하는 것이 필연적이지, 무엇이 진리라는 사실이 필연적인 것은 아니라고 주장한다. 마찬가지로 극단적 허무주의는 세계를 인식할 수 없다는 인식론적 허무주의를 의미하지도 않는다. 니체는 영원한 원리를 통해 세계를 설명하는 '인식' 을 단지 '해석' 으로 대체하고 있는 것이다. 그렇다면 우리는 21세기의 포스트모던 시대에 삶과 세계에 의미 있는 가치를 창조할 수 있는가? 아니면, 우리는 단지 진리는 존재하지 않는다는 수동적 허무주의와 문화적으로 타협하고 있는가?

---

27) Friedrich Nietzsche, KSA 12, 2(108), 114쪽. 니체전집 19, 141쪽.
28) Friedrich Nietzsche, KSA 12, 9(35), 350쪽 이하. 니체전집 20, 22쪽 이하.

3. 포스트모던 허무주의와 로티의 상대주의

허무주의에 대한 포스트모더니즘의 반응과 태도를 정확하게 진단하려면, 우리는 우선 포스트모더니즘의 사상적 선조라고 할 수 있는 실존주의 철학자들을 고찰해야 한다. 니체와 키르케고르, 야스퍼스와 하이데거, 카뮈와 사르트르는 모두 니체가 천명한 진리의 부재를 본래적 실존의 필연적 전제 조건으로 수용한다. 예컨대 하이데거가 주장하는 실존의 본래성은 진리가 존재하지 않는다는 사실에 직면하여 자신의 행위에 대한 책임을 떠맡는다는 것을 의미한다. 우리의 신념을 정당화할 수 있는 어떤 토대도 존재하지 않는다는 인식에서 오는 불안과 공포가 실존주의적 정서의 밑바탕을 이루었다면, 포스트모더니즘은 이러한 불안 의식으로부터의 해방을 추구하고 있다. 한때 실존주의자들에게 불안의 원천이었던 토대들의 해체가 이제는 즐거운 긍정과 가벼운 유희의 원천으로 파악되고 있는 것이다.[29]

진리가 존재하지 않는다는 허무주의의 인식이 20세기 초에는 나쁜 소식이었지만, 허무주의가 보편화된 21세기 초에는 진리가 이제까지 존재한 적이 없었다는 새로운 인식은 일종의 해방감까지 산출할 정도로 즐거운 소식이다. 근대 계몽주의는 물론 어떤 것도 확고하지 않은 혼돈 속에서 살고 있다는 회의에서 출발했다. 이와 같은 "데카르트적 불안"[30]은 물론

---

29) 이에 관해서는 Karen, L. Carr, *The Banalization of Nihilism : Twentieth-Century Responses to Meaninglessness*, 86쪽을 참조할 것. 바티모G. Vattimo 역시, 허무주의를 니체가 제시한 강한 철학적 전제에서 분리시켜 이해하려고 시도하긴 하지만, 허무주의를 역사적 자각의 형식으로 이해한다는 점에서 여전히 니체의 노선을 따르고 있다. G. Vattimo, *Jenseits vom Subjekt : Nietzsche, Heidegger und die Hermeneutik*(Graz · Wien : Passagen, 1986) ; G. Vattimo, *Das Ende der Moderne*(Stuttgart : Reclam, 1990). 이에 관해서는 Wolfgang Müller-Lauter, "Nietzsche und Heidegger als Nihilistische Denker. Zu Gianni Vattimos 'postmoderner' Deutung", *Nietzsche-Studien*, Bd. 27(1998), 52~81쪽을 참조할 것.

어떤 회의에도 정당화될 수 있는 확고부동한 토대를 구축하려는 계몽의 기획을 발전시켰다. 그러나 이러한 불안은 더 이상 반토대주의적인 성향을 띠고 있는 포스트모더니스트와 해체주의자들을 동요시키지 않는다. 포스트모더니즘과 해체주의는 더 이상 확실한 토대와 절대적 진리를 추구하지 않을 뿐만 아니라 이들에 대한 동경마저 없다고 공공연히 주장하고 있는 것이다. 허무주의는 이제 독성과 파괴력을 상실하고 점차 일상화되고 있다.

포스트모더니즘의 맥락에서 벌어지고 있는 허무주의의 평범화는 로티의 상대주의에서 가장 극명하게 나타난다. "우리가 어느 것도 더 이상 숭배하지 않는 곳, 우리가 아무것도 아닌 무를 유사 신성으로 대하는 곳, 우리가 모든 것을——우리의 언어, 우리의 의식, 우리의 공동체를——시간과 기회의 산물로 간주하는 곳, 우리는 이 지점에 도달하고자 한다."[31] 로티는 이렇게 절대적 진리를 부정하고 아무런 가치가 없는 것으로 여겨졌던 우연성을 드러내는 자신의 철학을 "포스트니체주의"[32]라고 명명한다. 로티 역시 다른 포스트모더니스트들과 마찬가지로 진리의 부재를 삶의 필연적 전제 조건으로 수용하고 있는 것이다.

로티는 니체와 마찬가지로 지성과 세계의 일치를 진리로 파악하는 대응설을 정면으로 부정함으로써 철학에는 두 종류의 유형이 있음을 주장한다. 로티에 의하면 전통적 철학은 "우리의 활동을 설명하고 또 지적인 것

---

30) Richard Bernstein, *Beyond Objectivism and Relativism : Science, Hermeneutics, and Praxis* (Philadelphia : University of Pennsylvania, 1985), 18쪽.

31) Richard Rorty, *Contingency, irony, and solidarity*(Cambridge : Cambridge University Press, 1989), 22쪽.

32) Richard Rorty, "Introduction : Pragmatism and post-Nietzschean Philosophy", *Essays on Heidegger and Others : Philosophical Papers Volume 2*(Cambridge : Cambridge University Press, 1991), 2쪽. 로티의 포스트니체주의에 관해서는 이진우, 《이성은 죽었는가—포스트모더니즘의 철학》, 295~326쪽을 참조할 것.

으로 정당화하게 해주는 어휘와 신념들을 발견한, 즉 근거에 도달한 문화의 한 영역"[33]이다. 전통 철학은 세계가 어떤 것이고 또 우리가 어떻게 그러한가를 인식할 수 있는 법을 알려준다. 이렇게 논증을 통해 영원한 진리의 세계를 건립하는 철학을 로티는 "체계적systematic 철학"이라고 명명한다. 로티는 체계적 철학의 토대가 되고 있는 전통적 진리 이론이 점차 신뢰성을 상실하고 있다고 진단하면서, 이에 "교화의edifying 철학"을 대립시킨다. 교화의 철학은 이 세상에는 이미 존재하고 있는 것의 정확한 재현이 아닌 우연성이 존립한다고 전제하면서, "교화의 철학자들의 문화적 역할은 일련의 객관적 요소들을 앎으로써 우리 자신을 안다고 믿는 데서 오는 자기기만을 피할 수 있도록 돕는 것"[34]이라고 말한다. 로티는 "보편적 일치와 공약(公約)의 기획"[35]을 추구하는 체계적 철학의 토대주의가 더 이상 불가능하기 때문에 "진리의 발견보다는 지속적인 대화"[36]를 목표로 해야 한다고 제안한다.

교화의 철학은 이처럼 전통적 토대주의에 내재하고 있는 자연적 독단론의 경향을 보완하기 위하여 제안되었다. 그것은 독단론과 절대주의에 대한 관용과 개방성을 보장해야 한다는 것이다. 그러나 처음에는 계몽주의의 가치를 보존하기 위한 의도로 도입되었던 교화의 철학이 점점 더 형이상학적 진리뿐만 아니라 진리 자체를 부정하는 방향으로 발전된다. 그것은 더 이상 철학적 사유의 진보에 필연적인 두 양태로 파악되지 않는다. 근거와 진리를 탐구하는 플라톤 이후의 모든 형이상학은 이제 대문자의 철학Philosophy으로 배척되고, 독단론으로부터 우리를 구원해줄 수 있는

---

33) Richard Rorty, *Philosophy and the Mirror of Nature*(Princeton : Princeton University Press, 1979), 5~6쪽.
34) Richard Rorty, *Philosophy and the Mirror of Nature*, 373쪽.
35) Richard Rorty, *Philosophy and the Mirror of Nature*, 368쪽.
36) Richard Rorty, *Philosophy and the Mirror of Nature*, 373쪽.

우연성의 사유만이 소문자의 철학philosophy으로 정당화된다. 로티는 전통 형이상학이 "우리의 피부에서 벗어나 우리 자신을 절대적인 것과 비교하려는 불가능한 시도"[37]라고 질타하며, 이러한 초월의 욕망은 '형이상학적 충동'에 지나지 않는다고 매도한다. 그렇지만 로티에 의하면 우리의 언어와 공동체를 넘어서서 그것을 근거 짓는 토대를 발견하는 것은 원천적으로 불가능하다. 우리가 스스로를 발견하고 이해하는 특정한 담론의 공동체를 벗어나서는 어떤 진리도 존재하지 않는다는 것이다.

체계적 철학과 교화의 철학이 인간 사유의 양면적 계기로 일단 파악되면, 두 계기의 관계가 전도되는 것은 시간문제이다. 형이상학이 (생물학적으로 비유하면) 일종의 숙주로 이해되는 한에서만 허무주의는 일종의 기생 식물로서 형이상학의 병, 감염 또는 부패로 파악된다.[38] 해체주의와 상대주의는 이러한 관계를 전도시킨다. 그들은 허무주의를 오히려 일차적인 것으로 만듦으로써 허무주의와 결합되어 있던 부정적 함의들을 제거한다. 진리는 존재하지 않는다는 허무주의적 인식이 숙주가 되고, 형이상학이 거꾸로 기생 식물로 전락하는 것이다. 이러한 입장은 로티의 종족중심주의ethnocentrism에서 가장 극명하게 드러난다.

그는 자신의 맥락주의에 대한 비난이 "어떤 것도 허용된다Anything goes"는 정서에 담겨 있는 도덕적, 인식론적 허무주의에 집중되고 있다고 판단하면서, 이를 반박하기 위하여 상대주의의 세 가지 의미를 구별한다.[39] (1) "모든 믿음은 다른 모든 것과 마찬가지로 그 나름대로 쓸모 있

---

37) Richard Rorty, *Consequences of Pragmatism*(Minneapolis : University of Minnesota Press, 1982), xix쪽.
38) J. Hillis Miller, "The Critic as Host", *Deconstruction and Criticism*(New York : Seabury Press, 1979), 216~253쪽을 참조할 것.
39) Richard Rorty, "Solidarity and Objectivity?", *Objectivity, Relativism, and Truth. Philosophical Papers Volume 1*(Cambridge : Cambridge University Press, 1991), 23쪽. 한국어판 : 리처드 로티,

다"는 관점, (2) 진리는 "다의적 용어로서 정당화의 절차만큼이나 많은 의미들을 가지고 있다"는 관점, (3) "특정한 사회가——우리 사회가——이런저런 연구 분야에 적용하는 익숙한 정당화 절차를 떼어놓고는 진리와 합리성에 관해 아무것도 말할 수 없다"는 관점. 로티는 자신이 추구하는 실용주의가 첫 번째 종류의 인식론적 허무주의를 의미하지 않으며, 또 두 번째 종류의 문화상대주의도 아니라고 반박한다. 왜냐하면 진리 주장의 내용은 문화마다 다를 수 있지만, 진리라는 낱말이 수행하는 기능은 어느 곳에서나 동일하기 때문이다. 이런 관점에서 그는 진리를 특정한 공동체에서 이미 이해되는 방식으로 파악하는 종족중심주의만이 진정한 상대주의라고 주장한다. 따라서 세 번째 입장을 대변하는 종족중심주의는 "어떠한 진리론도 가지고 있지 않으며, 더군다나 상대주의적 진리론은 주장하지 않는다"[40]고 단언한다. 실용주의적 종족중심주의는 우리가 우리 자신의 피부에서 벗어날 수 없으며, 세계를 특정한 관점에서 바라보며, 또 공동체의 맥락에서 어떤 것은 참으로 그리고 어떤 것은 거짓으로 판단한다는 사실의 표현이다. 간단히 말해서 로티는 전통 철학이 추구했던 객관성의 이상을 유대성으로 환원함으로써 진리론 자체를 부정하고 있는 것이다.

로티는 물론 진리에 관한 담론을 부정한다고 해서 반드시 우리가 무엇을 할 수 있고 또 무엇을 알 수 있는지에 관해 논할 수 없다는 것을 의미하지는 않는다고 말한다. 일정한 절차와 관습을 통해 정당화된 지식은 진리 허무주의의 영향을 받지 않는다는 것이다. 그러나 인식론적 허무주의의 비난을 반박할 수 있다고 해서 자동적으로 진리 허무주의의 굴레에서 벗

〈유대성인가 아니면 객관성인가?〉, 이진우 엮음, 《포스트모더니즘의 철학적 이해》(서광사, 1993), 273쪽.
40) Richard Rorty, "Solidarity and Objectivity?", 24쪽. 한국어판 274쪽.

어날 수 있는 것은 아니다. 왜냐하면 로티는 진리의 부재를 종족중심주의의 강한 전제 조건으로 설정하기 때문이다. "세계가 바깥에 존재한다는 주장과 진리가 바깥에 있다는 주장을 구별할 필요가 있다. 세계가 바깥에 존재한다, 즉 세계는 우리의 창조물이 아니라고 말하는 것은, 상식적으로, 시공간에 있는 모든 사물들은 인간의 정신적 상태를 포함하지 않는 원인들의 결과들이라고 말하는 것이다. 그러나 진리가 바깥에 있지 않다고 말하는 것은 단순하게 문장이 없는 곳에는 진리도 없다고 말하는 것이며, 즉 문장들은 인간 언어의 요소들이고 또 인간 언어는 인간의 창조물이라고 말하는 것이다."[41] 우리는 여기서 로티가 인간의 언어와 사상과 상관없는 외부 세계의 존재를 부정하는 형이상학적 허무주의를 대변하지 않고 있음을 알 수 있다.

　로티의 종족중심주의는 외부 세계와의 일치로서 파악되는 진리를 부정한다. 그것은 외부 세계가 다양한 관점에서 문화에 따라 다양한 방식으로 서술될 수 있다는 것을 의미한다. 이 점에서 로티의 종족중심주의는 니체의 관점주의와 일맥상통한다. 왜냐하면 "바깥에서 발견되기를 기다리고 있는 것으로서의 진리 개념을 포기해야 한다고 말하는 것이 저 바깥에는 진리가 없다는 사실을 발견했다고 말하는 것이 아니기"[42] 때문이다. 이런 맥락에서 로티는 진리에 관한 어떤 다른 이론을 제시할 생각도 없을 뿐만 아니라 진리에 관해 말하는 데 관심이 전혀 없다고 거듭 강조한다. 그러므로 자신의 종족중심주의는 진리가 존재하지 않는다는 사실을 '절대화' 하는 대안적 이론으로 곡해되어서는 안 된다는 것이다.

　바로 이 지점에서 로티의 진리 허무주의가 나타난다. 물론 '진리가 바

---

41) Richard Rorty, *Contingency, Irony, and Solidarity*, 5쪽.
42) Richard Rorty, 같은 책, 8쪽.

같에 존재하지 않는다' 또는 '우리는 진리에 도달할 수 있는 어떤 기관도 가지고 있지 않다'는 주장이 일치설만을 겨냥할 수도 있다. 그러나 형이 상학적 의미에서 진리에 관한 이론을 제공하지 않는다는 것과 진리에 관한 담론 자체를 포기한다는 것은 별개의 문제이다. 다시 말해서 '진리가 바깥에 존재하지 않는다'는 주장과 '진리가 없다'는 주장 사이에는 상당한 차이가 있는 것이다. 물론 진리는 탈형이상학적 맥락에서 특정한 공동체 안에서 이루어지는 정당화 절차로 이해될 수도 있다. 어떤 것이 정당화된 신념인가를 알면 무엇이 진리인지를 알 수 있다는 것이다. 진리는 이렇게 정당화와 동일시된다. 그러나 정당화된 신념과 진리 사이에 어떤 차이도 존재하지 않는다면, 다시 말해 우리가 논할 수 있는 어떤 진리도 존재하지 않는다면, '진리'라는 어휘는 우리의 언어와 철학적 사유에서 아무런 기능도 수행하지 않는다.

예컨대 진리와 마찬가지로 '선(善)'에 관한 다양한 담론들이 의미 있는 것은 선이 궁극적 목적으로서의 의미를 보존하고 있을 때뿐이다. 만약 선과 진리가 규제적 이념으로서의 의미와 기능도 상실한다면, 선과 진리에 관한 다양한 담론들은 우리에게 아무런 방향도 제시하지 않는 진리 허무주의에 빠질 것이 틀림없다. 그런데 로티는 좋은 삶을 구성하는 것에 관한 어떤 신념도 공동체적으로 정당화된 신념에 불과하다고 단언한다. 선 자체에 대한 담론은 의미를 상실하고 공동체에서 이루어지는 다양한 담론들만이 타당성을 부여받고 있는 것이다. 그런데 다원주의 사회에서는 다양한 공동체들이 서로 교류할 뿐만 아니라 동일한 공동체 안에도 '좋은 삶'에 관한 다양한 가치와 신념들이 존립한다. 만약 선에 관한 경쟁적 가치들 사이에서 선택할 수 있는 기준이 존재하지 않는다면, 우리는 필연적으로 '어떤 공동체인가?'라는 질문을 제기할 수밖에 없다. 자기가 속해 있는 공동체의 규범에 호소할 수 없기 때문에 다른 집단의 실천을 비판할 수 없다거나 또는 공동체적 맥락에서 역사적으로 정당화되었기 때문에 자기 집단의 실천을 비판할 수 없다면, 종족중심주의는 본래의 의도와는 다르게 지금 우리가 처해 있는 현상을 절대화하는 독단론으로 변질될 수 있다.

4. 허무주의의 일상화와 자기 극복의 가능성

해체주의와 상대주의로 대변되는 포스트모던 사상은 허무주의를 현대적 삶의 필연적 전제 조건으로 설정함으로써 허무주의가 본래 가지고 있는 파괴적 성격을 상당히 약화하고 있다. 충격과 불안을 야기했던 신의 죽음과 진리의 부재는 이제 진부한 상식으로 전락했다. 진리는 이제 개인의 주관적 선택과 심미적 취미의 문제가 되었다고 해도 과언이 아니다. 만약 공동체들, 즉 다양한 언어 게임들 사이에서 선택할 수 있는 외부의 기준이 존재하지 않는다면, 진리에 관한 판단은 단순히 취미의 문제에 불과할 것이다. "한 언어 게임에서 다른 언어 게임으로 옮겨 갈 때에는 기준과 선택의 개념들은 더 이상 중요하지 않다."[43] 포스트모던 사상가들은 이처럼 니체의 허무주의를 심미적 관점에서 수용함으로써 그것을 평범화하고 있는 것이다.

그러나 이러한 허무주의의 평범화는 궁극적으로 허무주의의 정반대라고 할 수 있는 독단론으로 귀착한다.[44] 전통 형이상학에서 독단론이 하나뿐인 진리와 가치의 절대화에서 기인했다면, 허무주의 시대에 독단론은

---

43) Richard Rorty, *Contingency, Irony, and Solidarity*, 6쪽.

44) 이에 관해서는 Karen L. Carr, *The Banalization of Nihilism : Twentieth-Century Responses to Meaninglessness*, 134쪽 이하를 참조할 것. 이 책은 허무주의가 21세기에도 중요한 철학적 문제로 대두될 수 있음을 선명하게 보여주고 있다.

어떤 비판과 합리적 검증에도 면역이 되어 있는 자기 입장과 주장에 대한 가차 없는 고집을 의미한다. 삶과 세계에 대한 다양한 해석이 가능할 수 있도록 형이상학적 독단론에 대한 파괴와 해체로 시작되었던 허무주의가 이제는 거꾸로 합리적 비판과 검증을 용납하지 않는 독단론으로 변질되고 있는 것이다. 만약 우리가 진리로부터 완전히 분리된다면, 그 결과로 얻게 되는 것은 관용과 다원주의가 아니라 '우리가 속해 있는 문화의 지배적 구조의 절대화'이다. 그러므로 종족중심주의는 나의 신념이 다른 사람들의 견해와 마찬가지로 보편적 가치의 관점에서 동등하게 타당하다고 생각하는 천박한 상대주의에 빠지거나 아니면 나의 주관적 취미를 보편적 진리로 일반화하는 독단론의 덫에 걸리게 된다.

로티의 실용주의적 종족중심주의가 사회의 내재적 비판이 어떻게 가능한지를 보여주지 않는다면, 그는 허무주의를 평범화함으로써 허무주의를 극복하기는커녕 오히려 그 반대인 독단론에 빠졌다는 비난을 면할 수 없을 것이다. 진리에 대한 로티의 반감과 부정적 태도는 사회를 비판할 수 있는 객관적 기준의 가능성을 원천적으로 봉쇄함으로써 현재의 사회 구조와 상태를 영속화하는 독단론을 산출한다. 간단히 말해서 니체의 허무주의에 함축되어 있는 "비판적 사상은 심미화되어 사적인 문제로 전락하고, 사회적-정치적 함의를 박탈당한 것이다".[45] 삶과 사회 자체가 항상 불의의 요소를 함축하고 있다는 점을 인정한다면, 우리가 현재 속해 있는 사회의 구조를 넘어설 수 있는 진리의 관점이 필요한 것은 아닐까?

이 물음은 우리를 다시금 니체의 허무주의로 인도한다. 그것은 허무주의 본래의 병적이고 파괴적인 성격이 다시 진지하게 사유되어야 한다는

---

45) Thomas McCarthy, "Private Irony and Public Decency : Richard Rorty's New Pragmatism", *Critical Inquiry* 16(1990), 367쪽.

것을 의미한다. 왜냐하면 포스트모더니즘은 허무주의를 일상적으로 길들임으로써 우리 삶이 본래 가지고 있는 해석의 성격과 비판의 가능성을 오히려 약화하고 있기 때문이다. 허무주의의 부정적 성격이 진지하게 사유되어야 하는 까닭은 다음과 같다. 첫째, 니체는 포스트모더니즘과는 달리 허무주의를 일단 파괴적인 병으로 파악하고 있다. 물론 니체는 이러한 병에서 치유되면 더욱 건강할 수 있다고 전제한다. 그러나 만약 허무주의를 극복하지 못한다면 우리는 멸망할 수도 있다고 니체는 단언한다. 그렇기 때문에 니체는 허무주의를 "병리적 중간 상태"[46]라고 명명한다. 허무주의는 새로운 가치를 설정할 수 있을 정도로 최고의 정신 상태를 서술할 수도 있지만, 이를 극복할 수 있는 인식에 도달하지 못해 데카당스가 지연될 수도 있는 것이다. 이런 관점에서 보면 포스트모더니즘은 현대인들이 허무주의를 두려워하지 않도록 허무주의를 평범화함으로써 수동적 허무주의의 상태를 연장시키고 있는 것이다.

둘째, 니체의 허무주의는 역사에 관한 철저한 성찰이지 결코 역사적으로 형성된 현상의 절대화가 아니다. 니체는 역사가 순간과 우연의 의미를 포착하는 초역사적인 것과 인간의 기억을 토대로 연속성을 구성하는 역사적인 것의 이중적 성격을 함축하고 있다고 본다. 허무주의가 필연적인 것은 그 속에 우리의 역사를 움직여온 논리가 내재하고 있기 때문이다. 다시 말해 서양 형이상학은 자신의 목적과 이상인 진리에의 의지를 철저하게 추구하면 어쩔 수 없이 허무주의로 귀결될 수밖에 없다는 것이다. 따라서 허무주의는 "극단까지 철저하게 사유된 우리의 위대한 가치와 이상들의 논리"이다. 니체가 "이러한 가치들의 가치가 본래 무엇인지를 알기 위해 우리는 우선 허무주의를 체험해야 한다"[47]고 말하는 까닭이 여기에 있다.

---

46) Friedrich Nietzsche, KSA 12, 9(35), 351쪽. 니체전집 20, 23쪽.

순간과 우연은 이러한 역사적 맥락에서만 올바른 의미를 획득한다. 권력의지의 근본 성격이 표출되는 우연과 순간은 이와 같은 역사적 논리를 인정할 때에만 비로소 가치 전도의 힘을 획득하기 때문이다. 이에 반해 로티는 순간과 우연을 현재의 관점에서 절대화함으로써 역사에 내재하고 있는 과정과 논리를 간과하고 있다. 로티에 의하면 허무주의는 더 이상 역사적 과정의 산물이 아니고 인간 삶에 내재하는 특성인 것이다. 만약 허무주의가 인간 실존의 필연적 요소라면, 우리는 그것을 더 이상 두려워할 필요도 없다. 이러한 허무주의의 탈(脫)역사화는 니체에게서 보였던 비판적 성격을 완전히 박탈한다.

끝으로, 포스트모더니즘은 진리를 완전히 부정함으로써 인간의 삶이 본래 가지고 있는 해석의 성격을 간과한다. 니체의 가치 전도와 관점주의는 종종 진리 자체를 부정하는 것으로 오해된다. 그러나 니체는 허무주의를 역사의 논리로 인정하는 것과 마찬가지로 진리 자체를 부정하지 않는다. 그는 오히려 "우리가 문법을 여전히 믿고 있기 때문에 신을 떨쳐버리지 못하는 게 아닌가 하고"[48] 염려한다. 주어와 술어, 주체와 객체, 원인과 결과를 구분하는 서양의 사유가 언어와 사유의 내면적 구조를 지배하는 한, 삶과 세계를 판단하는 기준으로서의 도덕적 신은 극복될 수 없다는 것이다. 도덕적 신이 서양적 사유의 운명이라면, 진리가 부정될 수 없는 것은 당연한 이치이다.

그렇다면 니체가 전통적 진리를 부정한 까닭은 무엇인가? 그것은 삶의 본래적 특성인 해석의 힘을 마비시킬 정도로 삶과 세계에 관한 특정한 해석이 절대화되었기 때문이다. 니체는 주지하다시피 해석을 모든 생명의

---

47) Friedrich Nietzsche, KSA 13, 11(411), 190쪽. 니체전집 20, 519쪽.
48) Friedrich Nietzsche, GD, Die "Vernunft" in der Philosophie 5, KSA 6, 78쪽. 니체전집 15, 101쪽.

본질적 과정으로 이해한다. "권력에의 의지는 해석한다. 어떤 기관의 형성 과정에서도 중요한 것은 해석이다. 그것은 경계를 짓고, 등급과 권력의 차이를 규정한다." 권력의 차이를 단순히 확인하는 것은 상대주의에 불과하다. 이를 평가하려면 "성장하고자 하는 다른 모든 것을 자신의 가치로 해석하는 성장하고자 하는 그 무엇인가가 있어야 한다".[49] 만약 모든 유기체의 생명 과정이 지속적인 해석을 전제한다면, 해석은 생명체를 둘러싸고 있는 세계에 대한 권력 의지의 발현인 것이다. 우리는 여기서 니체의 관점주의가 다양한 신념과 가치들의 무차별적 평등을 주장하는 것이 아니라 삶과 사회의 내재적 비판과 해석을 가능하게 만드는 기준과 척도를 전제하고 있음을 간파할 수 있다. 이에 반해 로티는 해석을 단순히 존립하고 있는 사회적 맥락의 수용과 이해로 축소함으로써 한편으로는 진리 자체를 부정하고, 다른 한편으로는 해석의 맥락을 제거한다. 절대적인 것의 상실이 니체에게서는 해석의 가능성을 열어놓고 있다면, 로티에게서는 절대적 진리의 부재를 절대화함으로써 현상을 내재적으로 비판할 수 있는 가능성을 박탈하고 있는 것이다.

이처럼 로티의 상대주의는 니체의 허무주의를 평범화하고, 탈역사화하고, 탈맥락화함으로써 허무주의의 극복을 지연시키고 있다. 그러나 허무주의의 평범화는 현재의 사회와 문화를 내재적으로 비판할 수 있는 여지를 없앰으로써 현상을 절대화하는 독단론의 위험을 안고 있다. 진리가 없다는 허무주의적 사실에 길든다는 것은 새로운 해석의 가능성을 탐구하는 대신 주어진 현실에 스스로를 내맡긴다는 것을 의미할 수도 있다. 우리가 니체의 허무주의를 환기하고자 하는 것은 바로 이 때문이다. 20세기에 진리의 부재가 허무주의를 무시무시한 손님으로 만들었다면, 21세기에는

---

49) Friedrich Nietzsche, KSA 2(148), 139쪽. 니체전집 19, 171쪽.

바로 허무주의의 평범화가 보이지 않는 파괴적인 병이 될 수도 있다. 이런 점에서 "파국적 허무주의의 충격 효과는 이제 진부하고 흥미 없다"[50]는 포스트모더니즘의 인식은 재고되어야 한다. 니체가 20세기뿐만 아니라 21세기도 허무주의 시대로 예언했다는 것은 어쩌면 하나의 중요한 암시가 될 수도 있다. 20세기가 진리가 존재하지 않는다는 사실의 보편화에 기여한 수동적 허무주의의 시대였다면, 21세기는 이러한 논리를 철저하게 성찰함으로써 비로소 새로운 가치를 창조할 수 있는 능동적 허무주의의 시대가 될 수도 있다는 암시. 그러나 허무주의의 자기 극복을 성취하려면, 우리는 우선 니체의 허무주의에 놀라 움츠리지 말고 그것을 극단까지 철저하게 사유해야 할 것이다. "극단적인 입장들은 완화된 입장들로 대체되는 것이 아니라 다시금 정반대의 극단적인 입장들로 대체된다."[51]

---

50) Cornel West, "Afterword : The Politics of American Neo-Pragmatism", John Rajchman · Cornel West (eds.), *Post-Analytic Philosophy*(New York : Columbia University Press, 1985), 259 쪽.
51) Friedrich Nietzsche, KSA 12, 5(71), 212쪽. 니체전집 19, 265쪽.

니체와 동양적 사유

미래의 철학은 동양과
서양을 융합하는가

나는 철학과 인식에 관해 더욱 동양적으로 사유하는 법을 배워야 한다. 서양에 대한 동양의 통찰.[1]

　　　　　　　　　　　　　　　　　—프리드리히 니체, 《유고》(1884년 여름~가을)

나는 미래의 사상가를 상상해본다. 그의 내면에서는 유럽과 미국의 분주함이 수백 겹 유전되었을 아시아적 평온과 결합한다. 이러한 결합은 세계의 수수께끼를 풀게 될 것이다.

　　　　　　　　　　　　　　　　　—프리드리히 니체, 《유고》(1876년 여름)

---

1) Friedrich Nietzsche, KSA 11, 26(317), 234쪽 : "Ich muß orientalischer denken lernen über Philosophie und Erkenntniß. Morgenländischer Überblick über Europa." 니체전집 17, 308쪽.

1. 니체의 '미래 철학'은 동 · 서양 사상을 융합하는가

니체가 부활하고 있다. 19세기가 마감되고 20세기가 시작되는 전환의 해인 1900년에 12년간의 광기와 정신적 방황을 뒤로하고 이 세상을 떠난 니체가 다시 부활한다는 것은 무엇을 의미하는가? 그 후 100년이 지난 지금, 중심으로부터의 탈주가 급속도로 진행되고 있는 속도의 시대에, 그가 말한 오늘과 내일은 이미 어제가 되어버리지 않았는가? 시대를 앞서 태어나 자신의 시대를 통렬하게 비판했던 니체의 예언적 말들은 이미 급변하는 현실 앞에서 빛을 잃고 있는 것은 아닌가? 물론 니체라는 이름은 이해되지 않은 채 부유하고 있는 개념들과 결합되어 있다. "허무주의", "초인", 그리고 "권력에의 의지". 우리는 이 개념들이 니체에게서 유래한다는 사실만을 알고 있을 뿐 니체가 그것들을 통해 철저하게 사유하고자 했던 문제는 보지 않는다. 그뿐만 아니라 니체가 새로운 시대의 인간 유형으로 설정했던 '위버멘쉬'는 인간 이후를 공공연히 논하는 생명 공학 시대의 기호로 사용되고 있는 실정이다. 이런 관점에서 니체는 우리가 겪고 있는 고통과 문제에 대해서는 아무런 의미를 가지지 못하는 단순한 유행 현상처럼 보인다.

그러나 니체는 이러한 일반적 평가를 비웃듯이 '새로운 시대'의 문제로 다시 부각되고 있다. 그칠 줄 모르고 번져가고 있는 그의 철학에 대한 관심과 수용은 니체와의 철학적 대결과 대화가 아직 끝나지 않았다는 것을 방증한다. 20세기의 대표적인 지성들이 토론하고 또 내면적 성찰을 통해 해결하고자 했던 모든 것은 이미 니체에 의해 철저하게 사유되고 표현되었다. 그 밖의 모든 것들은 그의 예언자적 통찰에 대한 해석에 지나지 않는다고 해도 과언이 아니다. 그의 사상이 문학 이론, 심리학, 정신분석학, 사회·정치 이론, 실존 철학, 구조주의에 미친 영향의 정도를 생각하면, 우리는 지성의 역사를 니체 이전의 시기와 이후의 시기로 구분하여 서술할 수도 있을 것이다. 한마디로 니체는 이 시대와 지성 세계를 뒤흔든 지진의 진원이었다.[2] 물론 동양과 아시아도 니체의 영향에서 벗어나 있지 않다.[3] 설령 니체의 사유가 아시아에서 전통적 사유와의 비판적 대결을 통해 독자적인 해석을 발전시키지는 못했다고 하더라도, 서양의 영향을 받으면서도 동시에 서양을 극복하고자 하는 우리에게도 니체는 분명 피할 수 없는 문제인 것이다.

우리가 지금 이 시점에서 니체에게 주목하는 까닭은 그가 서양 이성의 오만과 광기를 비판한 탈(脫)서양의 사상가일 뿐만 아니라 이행(移行)Übergang의 철학자라는 데 있다.[4] 서양 문명의 정점에서 서양의 극복을

---

2) Klaus Podak, "Das Erdbeben der Epoche. Philosophieren als Abschied von der Philosophie : Vor hundert Jahren starb Friedrich Nietzsche in Weimar", *SZ am Wochenende*, 26./17(2000년 8월), I. 독일 일간지 《쥐트도이체 차이퉁*Süddeutsche Zeitung*》 문예란에 실린 이 글은 니체 사상의 영향을 "시대의 지진"으로 묘사하고 있다. 그 밖에 김상환 외, 《니체가 뒤흔든 100년》을 참조할 것.
3) 이에 관해서는 Graham Parkes (ed.), *Nietzsche and Asian Thought*(Chicago · London : The University of Chicago Press, 1991)를 참조할 것.
4) 이에 관해서는 Margot Fleischer, *Der Sinn der Erde und die Entzauberung des Übermenschen : Eine

326 니체, 실험적 사유와 극단의 사상

외친 그의 지적 진실성과 급진성은 종종 오해되고 있지만, 그의 문제의식
은 여전히 타당하다. 절대적 가치가 존재하지 않는 포스트모던 시대에 우
리는 자신의 가치를 스스로 설정하는 독창적 해석자일 수밖에 없다. 니체
가 허무주의라고 명명한 문화적 현상은 사실 우리가 오늘날 겪고 있는 다
원주의와 다를 바 없다. 배타적 타당성을 주장했던 단수 이데올로기의 종
말은 우리 세계에 대한 다양한 해석들이라고 할 수 있는 복수 이데올로기
들의 출현을 의미한다. 오늘날 우리는 이 다양한 해석들 중에서 하나를 의
식적으로 선택해야만 하는 것이다. 이것이 바로 니체가 '서양 허무주의'
라는 개념으로 선명하게 담아냈던 문화적 현상이다. 만약 우리가 여전히
"때로는 이 가치를 그리고 때로는 저 가치를 시험적으로 믿다가 곧 포기
한다면"[5], 니체의 이름이 각인되어 있는 허무주의는 여전히 우리의 문제
인 것이다.

　허무주의가 동양과 서양을 관통하는 이 시대의 문제라면, 아시아적 사
유는 허무주의의 극복에 어떻게 기여할 수 있는가? 니체와 아시아적 사유
를 결합하는 것은 물론 자기 파괴의 잠재력을 함축한 현대 문명에 대한 비
판적 문제의식이다. 우리는 물론 니체와 아시아적 사유를 비교 철학적 관
점에서 두 방향으로 연결할 수도 있다. 니체의 사상에 영향을 준 동양 사
상을 연구함으로써 우리는 니체 사상이 어떤 측면에서 거꾸로 동양 사상
에 깊은 발자취를 남겼는지를 알 수도 있을 것이다.[6] 그러나 우리는 니체
가 허무주의를 극복할 수 있는 새로운 관점을 찾기 위하여 불교와 같은 동

Auseinandersetzung mit Nietzsche(Darmstadt : Wissenschaftliche Gesellschaft, 1993), 1쪽과 61쪽을
참조할 것. 니체의 차라투스트라는 바로 미래로 넘어가는 이행의 철학자로 서술된다.

5) Friedrich Nietzsche, KSA 13, 11(119), 57쪽. 니체전집 20, 354쪽.

6) 이에 관해서는 Graham Parkes, "The Orientation of the Nietzschean Text", Graham Parkes
(ed.), *Nietzsche and Asian Thought*(Chicago · London : The University of Chicago Press, 1991), 3
~19쪽 중에서 3쪽 이하를 볼 것.

양 사상에 관심을 기울였다는 사실을 망각해서는 안 된다. 니체는 허무주의의 논리를 철저하게 인식함으로써 그것을 극복하려고 했던 최초의 사상가이다. 그는 현대 기술 문명의 형이상학적 전제 조건을 해체함으로써 새로운 가치를 창조하려고 했던 실험적 철학자였다. 우리가 니체라는 이름의 권위에 기대지 말고 그의 사상을 우리 것으로 만들어야 하는 까닭이 여기에 있다. 그가 예리하게 비판한 서양 이성의 파괴력은 인간의 자기 극복에 기여할 수 있는 잠재력으로 전환되어야 한다.

니체는 자신의 사상이 아시아적 사유와 결합될 수 있는 근거와 가능성을 스스로 두 가지 관점에서 제시한다. 첫째, 니체는 스스로를 한 세기에서 다른 세기로 넘어가는 이행의 철학자로 이해한다. 니체는 서양의 형이상학이 발전한 과정을 계보학적으로 해체함으로써 새로운 세기를 정당화할 수 있는 철학을 탐색한다. 그는 한편으로는 허무주의가 서양의 형이상학으로부터 필연적으로 발생할 수밖에 없음을 주장하지만, 동시에 이러한 계보학적 해체를 통해 허무주의가 극복될 수 있음을 암시한다. 그렇기 때문에 허무주의는 일차적으로 "병리적 중간 상태"[7]로 인식된다. 새로운 가치를 창조할 수 있는 생산적 힘들은 아직 충분히 강하지 못한 상태에서 가치들에 대한 회의적 태도만 팽배한 데카당스가 지속되고 있다는 것이다. 다양한 가치들과 목표들을 하나로 묶었던 형이상학적 종합이 해체되면, 개별적 가치들 사이에서는 파괴와 분열이 불가피하게 일어난다. '무엇을 위하여?'라는 물음에 대한 대답이 불가능하고 목표가 부재하는 허무주의 상태가 정상적인 것으로 인식될 수 있는 것이다. 이러한 허무주의의 평범화는 오늘날 문화 다원주의의 이름으로 확산되고 있다. 서양의 분주함과 동양의 명상이 아무런 상관 없이 존립하고 있는 것이 다름 아닌 허무주의

---

7) Friedrich Nietzsche, KSA 12, 9(35), 351쪽. 니체전집 20, 23쪽.

의 상태인 것이다. 동양의 관조적 인간은 서양의 성급함과 분주함을 경멸하고, 서양의 현대인은 동양의 명상을 두려워한다.[8]

물론 니체는 허무주의를 통시적 관점에서 분석한다. 허무주의가 서양의 형이상학적 전제 조건들을 견지하는 한 필연적으로 도래할 수밖에 없다면, 허무주의는 바로 서양의 역사이다.[9] 만약 허무주의가 서양 형이상학의 필연적 결과라면, 서양 형이상학의 논리를 극단까지 몰고 가지 않고는 허무주의를 극복할 수 없을 것이다. 그렇기 때문에 니체는 "허무주의 자체를 내면적으로 끝까지 살아본 서양 최초의 완전한 허무주의자"[10]이기를 바란다. 그가 앞으로 도래할 허무주의를 서술하는 과정에서 서양의 역사를 되돌아보는 것은 바로 이 때문이다. 서양의 전통적 형이상학에 대한 반성적 파괴와 해체가 시작되는 곳이 바로 '미래의 철학'이 생산적으로 전개되는 곳이다. 《선악의 저편》의 부제가 암시하는 것처럼 니체는 자신의 철학을 "미래 철학의 서곡"[11]으로 이해한다. "새로운 계몽", "권력에의 의지", "초인", "동일한 것의 영원한 회귀"는 모두 미래 철학의 방향을 암시하는 철학적 기호들이다.

그러나 니체의 일차적 문제는 서양에 짙게 드리워진 허무주의의 그림자이다. 그는 미래의 철학적 토대를 구축하기 이전에 우선 허무주의를 야기한 서양 형이상학의 전제 조건들을 파괴해야 한다. 니체는 근본적으로 '오늘과 내일의 틈바구니에 끼어 있는' 고독한 철학자이다. 그는 "서양에

---

8) 니체는 1873년의 글《비도덕적 의미에서의 진리와 거짓에 관하여》에서 "이성적 인간과 직관적 인간이 나란히 서 있는 시대"임을 동시대의 허무주의적 특징으로 묘사하고 있다. Friedrich Nietzsche, WL, KSA 1, 889쪽. 니체전집 3, 460쪽.

9) 이에 관해서는 Martin Heidegger, *Nietzsche II*(Pfullingen, 1961), 91쪽을 참조할 것. 허무주의는 인간과 세계를 특정한 방식으로, 즉 형이상학적으로 규정해온 서양의 역사적 과정을 서술한다는 점에서 하이데거에게 "허무주의는 역사이다".

10) Friedrich Nietzsche, KSA 13, 11(411), 190쪽. 니체전집 20, 518쪽.

11) Friedrich Nietzsche, JGB, Vorrede, KSA 5, 9쪽. 니체전집 14, 7쪽.

서 곧 발전하게 될 그림자를 지금 벌써 보아야만 하기" 때문에 "도래하는 세기의 첫아이이며 조산아"[12]이다. 그렇다면 니체는 어떻게 허무주의의 논리로 규정되어 있는 오늘과 이를 극복할 내일의 모순을 견뎌내고자 하는가? 그는 기독교적 신에 대한 믿음이 상실되어버린 허무주의 시대에 도덕과 형이상학뿐만 아니라 "우리의 서양 문화"가 "무시무시한 문제"[13]가 되어버렸다고 진단한다. 니체가 아시아적 사유와의 지평 융합을 강렬하게 희망하는 동기는 바로 이러한 진단에 근거한다. 그러므로 미래의 방향을 제시할 새로운 철학자와 "자유정신들"은 신이 죽었다는 소식을 부정적으로 파악하는 대신에 "동쪽에서 밝아오는 여명의 빛을 받은 것처럼 느낀다". 미래의 철학을 상징적으로 예고하는 "여명Morgenröthe"을 동양의 빛으로 이해하면 지나친 해석일까? 아무튼, 니체는 "우리의 대양이 다시 저기 열려 있다. 아마도 저처럼 '열린 대양'은 존재하지 않았을 것이다"[14]라고 말하면서 허무주의를 극복하기 위한 어떤 인식의 모험도 허용될 수 있음을 암시한다. 물론 이 대양은 동양과 서양의 지평 융합에 대한 상징이다.

둘째, 허무주의를 극복하기 위하여 다양한 사상들을 섭렵하는 니체의 "정신적 유목(遊牧) 문화"[15]는 아시아적 사유와의 교류와 대결을 필연적으로 함축한다. 서양의 형이상학이 모든 것을 영원불변의 존재와 근거로 환원한다는 점에서 정주(定住)의 문화를 발전시켰다면, 형이상학을 해체하려는 니체가 유목민의 사유를 추구하는 것은 자명하다. 니체가 제시한 허무주의를 극복하는 첫 번째 방법인 "이행"이 역사적이고 통시적이라면, 두

---

12) Friedrich Nietzsche, FW, V 343, KSA 3, 574쪽. 니체전집 12, 320쪽.

13) F. Nietzsches Brief an C. Brandes vom 8. Januar 1888, KGB III/5, 227쪽.

14) Friedrich Nietzsche, FW, V 343, KSA 3, 574쪽. 니체전집 12, 320쪽.

15) Friedrich Nietzsche, MA II, Vermischte Meinungen und Sprüche, 211, KSA 2, 469쪽. 니체전집 8, 132쪽.

번째 방법인 "유목민의 사유Nomadenthum"는 공시적이고 공간적이다. 물론 니체는 교통과 통신 수단이 발달된 현대의 삶이 문화적으로는 유목민의 삶과 닮아 있다고 진단한다. "무역과 산업, 책과 편지의 교류, 모든 고등 문화의 공통성, 장소와 풍경의 빠른 변화"는 현대인의 유목민적 삶을 규정하며,[16] 이러한 삶은 필연적으로 문화적 힘의 약화를 초래한다는 것이다.

> 유럽인과 국민 국가의 파멸. — 무역과 산업, 책과 편지의 교류, 모든 고등 문화의 공통성, 장소와 풍경의 빠른 변화, 토지를 소유하지 않은 모든 사람들의 현재의 유목 생활, 이러한 상황들은 필연적으로 국민 국가의 약화와 마침내는 파멸을 가져올 것이다. 적어도 유럽 국민 국가의 경우에는 그럴 것이다. 그래서 그 모든 것에서 끊임없는 교차의 결과로 하나의 잡종이, 즉 유럽인이라는 혼합 종족이 생겨날 수밖에 없다. 오늘날에는 국가적 적개심을 산출함으로써 국민 국가를 폐쇄적으로 분리시켜 의식적으로 또는 무의식적으로 이러한 목표를 저지하려 하고 있다. 그러나 그 혼합의 진행은 일시적인 반대 흐름에도 불구하고 서서히 앞으로 나간다.[17]

현재 우리가 직면하고 있는 글로벌화를 예견한 것처럼 보이는 이 잠언에서 니체는 이러한 현대적 삶의 특성을 정신적으로 승화시키려 한다. 자유에의 경향을 정신의 가장 강렬한 충동으로 느끼는 미래의 철학자들은 "속박되고 뿌리를 깊이 내린 지성인들과는 반대로 거의 정신적 유목 문화에서 자신의 이상을 발견한다".[18] 허무주의를 극복할 수 있는 곳이라면

---

16) Friedrich Nietzsche, MA I, 475, KSA 2, 309쪽. 니체전집 7, 380쪽.
17) Friedrich Nietzsche, 같은 책, 같은 곳.

어느 곳이라도 찾아 나서는 미래의 철학자들이 현대적 오디세우스의 방황을 시작한다는 것은 자명한 일이다. 이러한 방황이 서양 전통의 경계를 넘어설 것이라는 것은 두말할 나위가 없다. 왜냐하면 직접적인 자기 관찰로는 자기 자신을 아는 데 충분하지 않기 때문이다. 그렇기 때문에 니체는 자기 자신을 알기 위해서도 (설령 그곳이 "야만적이고 반은 미개한 부족들"이 사는 곳이라고 할지라도) "사람이 유럽의 옷을 벗어버렸거나 아직 한 번도 입은 적이 없는 곳"[19]으로 여행을 떠나야 한다고 말한다. 동양이 과연 서양을 이미 극복했는지 아니면 서양을 수용하기에 급급하기 때문에 서양 허무주의의 문제점을 느끼지 못하고 있는지는 확실하지 않다. 그러나 한 가지 분명한 것은 미래의 방향을 설정할 "가장 자유롭고 또 가장 멀리 바라보는 정신들"은 허무주의의 문제를 극복하기 위하여 동·서양 사상의 다양한 지형들을 섭렵해야 한다는 점이다. 허무주의의 극복은 이처럼 시간적으로는 전통의 해체를 요구하고, 공간적으로는 다른 사상과의 치열한 대결을 요청한다.

우리는 허무주의의 극복이라는 역사적 과제와 관련하여 니체와 아시아적 사유의 만남이 필연적이라는 관점에서 우선 니체가 아시아적 사유에 접근하는 방법과 니체의 서양 형이상학에 대한 비판을 서술한 다음, 만약 아시아적 사유가 허무주의의 극복에 기여할 수 있다면, 그러기 위해서는 아시아적 사유 자체가 어떻게 해체되고 재구성되어야 하는가를 살펴보고자 한다.

---

18) Friedrich Nietzsche, MA II, 211, KSA 3, 469쪽. 니체전집 8, 132쪽.
19) Friedrich Nietzsche, MA II, 223, KSA 3, 477쪽. 니체전집 8, 142쪽. 이에 관해서는 G. Campioni, "'Wohin man reisen muss'. Über Nietzsches Aphorismus 223 aus 'Vermischte Meinungen und Sprüche'", *Nietzsche-Studien* 16(1987), 209~226쪽을 참조할 것.

2. 계보학적 해체주의의 지평 융합—초서양적인 것과 초아시아적인 것

니체는 근본적으로 서양 정신의 역사적 발전 과정을 계보학적으로 재구성함으로써 허무주의를 극복할 수 있는 새로운 관점을 획득하고자 한다. 역사적 해체를 통한 새로운 가치의 창조라는 이중적 관점은 니체 사유의 근본 동기인 것이다.[20] 우리는 여기서 해체와 계보학을 데리다와 푸코에 의해 발전된 체계적 방법으로서가 아니라 유목민적 사유의 일반적 특징으로서 이해하고자 한다. 니체가 정신적 유목 문화를 자유정신과 연결시킨다고 해서 장소를 자의적으로 선택하는 경향을 유목 문화의 특성으로 오해해서는 안 된다.[21] 유목민들이 방향을 마음대로 정하는 것이 아니라 풍토와 변화하는 기후 조건에 맞춰 조심스럽게 옮겨 갈 루트를 결정하는 것처럼, 니체가 전통 형이상학을 비판하고 새로운 입장을 취할 때에는 비판을 통해 새롭게 드러난 궤적에 따라 미래 철학의 방향을 설정한다. 간단히 말해 유목민의 사유는 미리 정해진 관점에서 기존의 도덕과 형이상학을 해체하고 비판하는 것이 아니라 비판 과정에서 노출된 관점과 입장을 통해 비로소 새로운 관점이 형성되는 것이다. 우리는 이러한 유목민적 사유의 방법을 계보학적 해체주의라고 명명할 수 있다.

그런데 문제는 그렇게 간단하지 않다. 우리가 속해 있는 전통을 비판하려면 우선 이 전통으로부터 벗어나야 하기 때문이다. 우리의 비판적 시각,

---

20) 이에 관해서는 Christian Niemeyer, *Nietzsches andere Vernunft. Psychologische Aspekte in Biographie und Werk*(Darmstadt : Wissenschaftliche Gesellschaft, 1998)를 참조할 것.

21) 이에 관해서는 Eberhard Scheiffele, "Questions One's 'Own' from the Perspective of the Foreign", Graham Parkes (ed.), *Nietzsche and Asian Thought*(Chicago · London : The University of Chicago Press, 1991), 31~47쪽 중 36쪽을 볼 것.

관점, 입장, 신념을 여전히 규정하고 있는 전통의 '안'으로부터 어떻게 이를 비판할 수 있는 (푸코가 니체의 의미를 따라 개념화한) '바깥의 관점'을 획득할 수 있는가? 여기서 우리는 자신의 역사를 거꾸로 해체하는 계보학적 여정과 낯설고 이질적인 문화에서 유래하는 다른 관점들을 동화시키는 해석학적 여정이 밀접하게 결합되어 있음에 주목할 필요가 있다. 니체는 한편으로는 역사를 이해하기 위해서는 역사적으로 퇴적된 사상사의 지층 구조를 탐색해야 한다고 주장하지만, 다른 한편으로는 이러한 계보학적 시각을 갖기 위해서는 다른 관점들과의 대결이 필연적이라고 전제한다.

유목민의 궁극적 목적이 삶의 잠정적 거처를 정하는 데 있는 것처럼 니체 정신의 오디세우스적 방황은 미래 질서를 정당화할 수 있는 새로운 가치의 창조를 목적으로 한다. 해체와 파괴는 문화적 창조를 통해서만 정당화되는 것이다. 서양의 전통 형이상학은 확고부동한 토대 위에 정착하는 것만이 진정한 삶이라고 주장하지만, 니체의 관점에서 보면 삶과 세계는 그 자체로 끊임없는 생성과 변화이기 때문에 유목민처럼 새로운 관점으로 옮겨 가는 것이 삶의 증대에 기여할 수 있는 것이다. 이런 맥락에서 니체는 "어느 인간, 민족, 문화가 가지고 있는 조형의 힘"을 말하면서, 문화는 "과거의 것과 낯선 것을 변형시키고 동화시킬 수 있는 힘"[22]에 따라 표현될 수 있다고 주장한다. 그러나 상실한 것을 보충하고, 상처를 치유하고, 파괴된 형식들을 재건하려면 한때는 삶에 유익했던 기존의 도덕과 형이상학이 어느 지점에서 삶에 적대적인 틀로 굳어지게 되었는지를 계보학적으로 확인해야 한다.

니체의 유목민적 사유는 이처럼 '과거의 것'과 '낯선 것'을 현재의 삶

---

22) Friedrich Nietzsche, HL, KSA 1, 251쪽. 니체전집 2, 293쪽.

에 기여할 수 있도록 동화시켜야 한다. 이 두 요소들은 서양의 전통 형이상학에 대한 계보학적 해체뿐만 아니라 동양과 서양의 지평 융합에서도 상호 구성적인 역할을 담당한다. 니체는 과거의 것이 망각되어야 하는 지점과 경계를 확인하기 위하여 자신이 속해 있는 전통을 낯설게 만들 수 있는 바깥의 관점을 필요로 하며, 동시에 이러한 해체를 통해 드러난 본래의 서양 정신을 통해 다른 문화들을 포괄할 수 있는 관점을 획득하고자 한다. 물론 니체는 우선 유럽을 넘어서고자 함으로써 이러한 현대적 오디세우스의 여정을 시작한다. 그는 서양의 본래 정신을 통찰할 수 있는 관점을 "초유럽적über-europäisch 시각"[23]이라고 명명한다. 물론 이것은 유럽의 관점을 포기하고 단순히 다른 문화의 관점에 동화된다는 것을 의미하지 않는다. 니체가 다른 관점을 통해 서양의 전통을 새롭게 보려고 하는 것처럼, 다른 문화 역시 이러한 과정에서 허무주의를 극복할 수 있는 방향으로 비판적으로 재구성되어야 한다. 그렇기 때문에 니체는 "서양에 대한 동양의 통찰"을 얻기 위하여 "철학과 인식에 관해 더욱 동양적으로 사유하는 법을 배워야 한다"[24]고 주장하면서도 동시에 "초아시아적über-asiatisch인 시각"을 강조한다.

나와 똑같이 어떤 수수께끼 같은 욕망을 가지고 염세주의를 그 심층까지 생각해보고 금세기에 결국에는 즉 쇼펜하우어 철학의 형태로 나타난 염세주의, 반쯤 그리스도교적이고 반쯤 독일적인 편협함과 단순성에서 염세주의가 해방되도록 오랫동안 노력하는 사람, 실로 한번은 아시아적인, 초아시아적인

---

23) F. Nietzsches Brief an P. Deussen vom 3. Januar 1888, KGB, III/5, 222쪽. 이에 관해서는 Mervyn Sprung, "Nietzsche's Trans-European Eye", Graham Parkes (ed.), *Nietzsche and Asian Thought*(Chicago · London : The University of Chicago Press, 1991), 76~90쪽을 참조할 것.
24) KSA 11, 26(317), 234쪽. 니체전집 17, 308쪽.

눈으로 가능한 모든 사유 방식 중 세계를 가장 부정하는 사유 방식으로 꿰뚫고 들어가 바닥을 본 적이 있는 사람—부처나 쇼펜하우어처럼 도덕의 속박이나 망상에 있는 것이 아니라 선과 악의 저편에 있는 사람, 이러한 사람은 그것을 의도한 적이 없다고 해도 아마 이로 말미암아 반대되는 이상에 눈을 뜨게 되었을 것이다. 즉 가장 대담하고 생명력 넘치며 세계를 긍정하는 인간의 이상에 눈을 뜨게 되었을 것이다.[25]

허무주의의 가장 일반적인 현상은 삶을 부정하는 염세주의이다. 그렇기 때문에 니체는 염세주의를 극단적으로 사유하여 그 끝까지, 그 심층까지 들어가 보라고 권유한다. 니체는 이러한 극단적 사유의 한 방식으로 초아시아적인 사유를 소개한다. 그것은 선과 악의 저편에서 삶을 있는 그대로 긍정하는 사유라는 것이다. 극단과 극단은 통한다. 어떤 사태와 문제를 그 밑바닥까지 생각해본 사람은 삶의 긍정이라는 동일한 결론에 도달할 수 있다. 허무주의를 극복하고 세계의 비밀을 해결할 수 있는 미래의 철학을 얻기 위해서는 서양뿐만 아니라 동양도 해체를 통해 비판적으로 재구성되어야 하는 것이다.

니체가 추구하는 이중적 지평 융합을 올바로 이해하려면 그의 철학적 방법뿐만 아니라 미래 철학의 방향을 제시하고 있는 '위버über'를——초인(위버멘쉬Übermensch) 개념이 암시하는 것처럼——정확하게 파악할 필요가 있다.[26] 그것은 대체로 세 가지를 의미한다. 새로운 것을 시험적으로 시도하는 자기 극복의 용기, 미래 철학으로의 이행 그리고 전통의 전회가 그것이다. 따라서 니체가 유럽을 넘어서고자 하는 것은 근본적으로 서양

25) Friedrich Nietzsche, JGB, III 56, KSA 5, 74쪽. 니체전집 14, 93쪽.
26) Gianni Vattimo, "Nietzsche und das Jenseits vom Subjekt", *Jenseits vom Subjekt, Nietzsche, Heidegger und die Hermeneutik*(Graz · Wien : Böhlau, 1986), 36~64쪽을 참조할 것.

의 역사에서 망각된 본래의 서양 정신을 회복하기 위해서이다. 니체는 아시아적 사유와 만남으로써 "서양적인 모든 것에 관한 자신의 판단과 시각을 예리하게 만들고자"[27] 한다. 그것은 어떤 도시의 탑이 얼마나 높은지를 가늠하기 위해서는 일단 도시를 떠나봐야 하는 이치와 같다. 이런 맥락에서 니체는 "우리의 서양적 도덕성을 한 번쯤 멀리서 바라보고 또 그것을 예전의 것이나 앞으로 도래할 다른 도덕성들과 견주어보려면, 우리는 방랑자가 어느 도시의 탑들이 얼마나 높은지를 알기 위해 그 도시를 떠나는 것과 같은 방식의 일을 해야만 한다"고 단언한다. 도덕적 편견에 관한 판단을 내리려면 우선 "도덕 바깥의 입장"을 전제해야 하는 것처럼 서양을 극복하려면 우선 "'서양'의 모든 것으로부터의 자유"[28]를 추구해야 한다는 것이다. 여기서 서양이 선과 악을 절대적으로 분리하는 형이상학적 관점을 의미한다면, 서양으로부터의 자유는 바로 선악을 넘어선 저편을 뜻한다. 그러므로 서양의 기독교와 형이상학에서 당연한 것으로 전제되었던 도덕의 조건들과 최고 가치들을 조망하려면, 우리는 우선 "초서양적으로 사유해야 한다"[29]는 것이다.

니체가 말하는 '우리 문화'는 일차적으로 기독교적 서양을 의미한다. 반면 서양을 바라볼 수 있는 바깥의 관점을 제공하는 낯선 것은 서양 이외의 모든 문화, 철학, 종교를 포함하지만, 그중에서도 특히 아시아적인 것으로 대변된다. 그러나 이러한 비판적 해체의 과정에서 현대의 서양인들

---

27) F. Nietzsches Brief an H. Köselitz vom 13. März 1881, KGB, III/1, 68쪽.

28) Friedrich Nietzsche, FW, V/380, KSA 3, 633쪽. 니체전집 12, 388쪽. 앞의 인용문들은 모두 "방랑자가 말한다"라는 제목의 잠언에 들어 있다.

29) Friedrich Nietzsche, KSA 11, 35(9), 512쪽. 니체전집 18, 309쪽. "서양을 넘어서 사유한다 übereuropäisch denken"라는 말은 니체 사유의 기획을 간단하게 말해준다. 니체는 유럽과 아시아, 서양과 동양을 거의 같은 맥락에서 사용하기 때문에 '유럽' 또는 '유럽적'이라는 말은 문맥에 따라서 '서양' 또는 '서양적'으로 옮겼음을 밝혀둔다.

에게 가장 낯선 것은 다름 아닌 그리스 정신임이 폭로된다. 니체는 "그리스적인 것은 우리에게 매우 낯설다"고 말하면서, "동양적인 것이든 현대적인 것이든, 아시아적인 것이든 유럽적인 것이든"[30] 그리스 정신보다 우리에게 더 낯선 것은 없다고 단언한다. 그것은 가치를 창조할 수 있는 문화적 힘이 서양의 기독교와 형이상학에 의해 망각되고 파괴되었기 때문이다. 그러나 니체는 서양 정신의 본질이라고 할 수 있는 그리스 정신으로 직접 돌아갈 수 없다고 말한다. 단지 낯선 문화 속에서 그리스적인 것이라고 판단될 수 있는 현상들을 통해서만 서양 정신을 회복할 수 있다는 것이다. 그렇기 때문에 니체는 "현대인은 어디에서 그리스적 사유를 시작해야 하는가?"라는 물음에 대해 "거의 그리스적이라고 불릴 수 있는 우리 세계의 유사한 현상들만이 우리가 나아갈 수 있도록 도와줄 수 있다"[31]고 대답한다. 니체는 이처럼 아시아적 사유를 통해 그리스 정신으로 되돌아감으로써 허무주의를 극복할 수 있는 새로운 관점을 획득하고자 한다.

그렇다면 니체에게 자신의 문화와 전통을 낯설게 볼 수 있게 해준 아시아적 사유는 어떤 의미를 가지고 있는 것인가? 그에게 그리스적인 것은 단순한 창조의 힘만이 아니라 낯선 것을 자기 것으로 동화시킬 수 있는 권력에의 의지를 의미한다. 니체에 의하면 "형식들을 낯선 문화로부터 빌려와 창조해내지는 않지만 그것을 가장 아름다운 가상으로 변형하는 것이 바로 그리스적인 것이다".[32] 그렇다면 오늘날 서양인들에게 가장 낯설고 이질적이면서도 그리스 정신과 가장 동질적인 것은 무엇인가? 니체가 사용하는 아시아라는 말은 문화적, 역사적 의미에서는 인도를 포함하는 근동과 중동을 지칭하지만, 사상의 관점에서는 대체로 불가, 유가, 도가같이

---

30) Friedrich Nietzsche, M, III 169, KSA 3, 151쪽. 니체전집 10, 188쪽.

31) Friedrich Nietzsche, KSA 7, 25(1), 566쪽. 니체전집 5, 204쪽.

32) Friedrich Nietzsche, MA II, 221, KSA 2, 474쪽. 니체전집 8, 138쪽.

극동에서 발전된 아시아적 사유를 가리킨다.

그러나 아시아적 사유에 관한 니체의 평가는 이중적이다.[33] 니체는 한편으로 불교 같은 아시아적 사유가 선과 악을 넘어서 있다고 인정하면서도, 다른 한편으로는 아시아적 사유 역시 도덕의 틀 안에 갇혀 있다고 비난한다. 니체는 아시아적 사유 속에서 현대 서양 철학을 비판할 수 있는 관점을 발견하면서도 동시에 아시아적 사유 자체를 미래의 시각에서 비판하는 것이다. 기독교가 데카당스 운동이라고 폭로하는 과정에서 니체는 중국인을 "서양인들보다 지구력이 강한 잘 형성된 유형"[34]으로 칭송하지만, 다른 한편으로는 그가 극복하고자 하는 "마지막 인간"을 "일종의 중국인"에 비유하기도 한다.[35] 마찬가지로 니체는 "고도의 정신성에서 발원하였을"[36] 뿐만 아니라 선악을 넘어섰다고 판단되는 불교를 기독교보다는 훨씬 더 높게 평가하는 동시에 이를 능동적 허무주의의 관점에서 비판한다. 예컨대 그는 "아시아의 베단타 교리"를 "유럽의 플라톤주의"[37]와 마찬가지로 철학적 독단론의 예로 서술한다. 그뿐만 아니라 그는 현대 서양을 지배하고 있는 도덕을 통해 문화가 쇠약해지는 문화 현상을 비판하면서, "서양이 새로운 불교에 의해 위협받고 있는 것처럼 보인다"[38]고 말한다. 니체는 이처럼 허무주의를 "유럽의 불교"[39] 또는 "두 번째 불교"[40]라고 명명하기도 하면서도 동시에 불교 같은 아시아적 사유에서 허무주의를 극복

33) Andrea Orsucci, *Orient—Okzident : Nietzsches Versuch einer Loslösung vom europäischen Weltbild* (Berlin · New York : de Gruyter, 1996)를 참조할 것.
34) Friedrich Nietzsche, KSA 13, 15(8), 409쪽. 니체전집 21, 251쪽.
35) Friedrich Nietzsche, KSA 10, 4(204), 168쪽. 니체전집 16, 218쪽.
36) Friedrich Nietzsche, KSA 13, 11(367), 163쪽. 니체전집 20, 485쪽.
37) Friedrich Nietzsche, JGB, Vorrede, KSA 5, 12쪽. 니체전집 14, 10쪽.
38) Friedrich Nietzsche, JGB, V 202, KSA 5, 125쪽. 니체전집 14, 162쪽.
39) Friedrich Nietzsche, KSA 11, 35(9), 512쪽. 니체전집 18, 308쪽.
40) Friedrich Nietzsche, KSA 12, 9(82), 377쪽. 니체전집 20, 53쪽.

할 수 있는 새로운 관점을 획득하려고 한다.

  그러나 우리는 아시아적 사유에 대한 니체의 이중적 태도에 대해 그가 문화 초월적 지평 융합을 이루기는커녕 여전히 서양 중심적 시각에 갇혀 있다고 비난할 필요는 없다.[41] 그것은 니체의 계보학적 해체주의를 근본적으로 오해한 소치이다. 니체는 낯선 것을 통해 자신의 전통을 해체할 뿐만 아니라 낯선 문화 역시 허무주의를 극복할 수 있는 방향으로 변형시키기 때문이다. 니체가 불교와 기독교를 "두 개의 위대한 허무주의적 운동"[42]이라고 명명하고 있는 사실에서 알 수 있듯이 우리에게 무시무시한 손님으로 찾아온 허무주의의 극복은 동·서양 사상의 지평을 융합하고자 하는 근본 동기인 것이다. 그렇기 때문에 "정말 한 번쯤 아시아적인 시각과 초아시아적인 시각으로 가능한 모든 사고방식들 중에서 가장 세계 부정적인 사고방식의 내면을 끝까지 들여다본 사람"에게는 "전도된 이상"[43]을 인식할 수 있는 눈이 생긴다는 것이다. 니체가 말하는 전도된 이상은 두말할 나위 없이 "가장 대담하고 생명력이 있으며 세계를 가장 긍정하는 인간의 이상"[44]이다. 세계를 부정하는 도덕과 형이상학으로부터 삶과 세계를 긍정하는 미래 철학으로의 전환, 절대적 가치의 탈가치화를 당연한 것으로 받아들이는 수동적 허무주의에서 새로운 가치를 창조하는 능동적 허무주의로의 탈바꿈이 이루어질 때 비로소 초서양적인 것은 초아시아적인 것과 지평 융합을 할 수 있는 것이다. 물론 동·서양의 진정한 지평 융합이 이루어지려면 우선 서양의 도덕과 형이상학이 어떻게 삶과 세계를 부

---

41) Mervyn Sprung, "Nietzsche's Trans-European Eye", 83쪽. 스프링Mervyn Sprung은 니체가 인도를 강력한 니체적 렌즈를 통해 바라본다는 사실을 예로 들면서 니체의 초서양적 시각이 "초월적이기보다는 서양적"이라고 주장한다.

42) Friedrich Nietzsche, KSA 13, 11(373), 167쪽. 니체전집 20, 490쪽.

43) Friedrich Nietzsche, JGB, III 56, KSA 5, 74쪽 이하. 니체전집 14, 93쪽.

44) Friedrich Nietzsche, 같은 책, 같은 곳.

정하는 허무주의로 발전하게 되었는지를 비판적으로 추적해야 한다. 그것은 동시에 아시아적 사유를 현대적으로 재구성할 수 있는 길이기도 하다.

3. 서양 허무주의—논리학과 형이상학을 통한 세계의 부정

미래 철학의 토대를 구축하려는 니체의 철학적 시도가 파괴와 해체의 경향을 띠는 것은 결코 우연이 아니다. 니체는 전통 형이상학과의 철저한 단절을 통해 우리의 삶과 세계를 다르게 해석할 수 있는 새로운 이성을 추구하기 때문이다. 인간에 관한 전통적 이해가 완전히 해체되지 않는다면, 우리는 새로운 미래의 인간에 관해 결코 긍정적으로 말할 수 없을 것이다. 디오니소스라는 상징이 말해주고 있듯이 파괴와 창조의 통일성은 니체 사상의 핵심을 이루고 있다. 우리는 전통의 철저한 해체를 통해서만 인간을 새롭게 규정하고, 미래의 가치를 창조적으로 설정할 수 있는 것이다. 니체는 서양의 근본정신을 플라톤주의로 대변되는 형이상학으로 규정한다. 그러므로 서양의 형이상학적 전통을 관통하고 있는 인식론과 논리학을 철저하게 인식하는 것만이 서양으로부터의 완전한 자유를 획득할 수 있는 유일한 길이다. 니체는 "이제까지 온갖 오류들 가운데 가장 나쁘고, 가장 질기고, 가장 위험한 오류는 바로 독단론자의 오류였다"고 말하면서, 그 대표적인 예로서 "순수 정신과 선 자체에 관한 플라톤의 발명"[45]을 든다. 이렇게 니체는 서양 형이상학이 오류의 역사라고 폭로하는 것이다.

그렇다면 서양의 형이상학을 발전시킨 이러한 오류는 어디에서 시작된 것인가? 니체는 이제까지는 전혀 문제 되지 않았던 형이상학의 전제 조건

---

45) Friedrich Nietzsche, JGB, Vorrede, KSA 5, 12쪽. 니체전집 14, 10쪽.

들을 생리학적이고 심리학적인 관점에서 재구성한다. 전통 형이상학의 이상과 개념들은 니체에 의해 변화하는 세계에 대한 은폐된 공포와 원한, 실존의 고통에 대한 반응이라고 폭로된다. 서양 형이상학에 의해 이루어진 첫 번째 가치의 전도는 능동적 행위가 아니고 반동, 즉 원한Ressentiment 자체가 창조적이 될 때 시작된다는 것이다.

예컨대 본래의 고귀한 도덕은 자기 자신에 대한 긍정으로부터 생성되는 데 반해 "노예 도덕은 처음부터 '밖에 있는 것', '다른 것', '자기가 아닌 것'을 부정한다".[46] 다시 말해 노예 도덕이 할 수 있는 유일한 창조적 활동이 반동인 것처럼 서양 형이상학은 세계를 변화로서 정당화하기보다는 처음부터 부정했다는 것이다. 삶의 강자에게는 낯설고 이질적인 것, 자기와 다른 것을 지배하는 창조적 해석이 선이라고 한다면, 이러한 것은 독성을 가진 원한의 시각을 통해 정반대의 악으로 해석되어 변형되었다는 것이다. 이러한 도덕과 형이상학은 불변의 진리로 경직되어 결과적으로는 삶을 부정하는 허무주의를 야기한다. 이러한 도덕에 의해 순화되고 길든 현대인들에게서 싫증을 느끼고 고통을 당하는 상태가 다름 아닌 허무주의의 문화적 현상이기 때문이다. 이런 관점에서 보면 "공포가 아니라, 우리가 인간에게서 더 이상 두려워할 것이 없다는 것"[47]이 허무주의의 문제이다. 여기서 니체는 서양의 도덕과 형이상학에 의해 은폐되고 망각된 인간에 대한 공포를 회복하는 것만이 "인간에 대한 사랑과 외경심, 그리고 인간에 대한 희망"[48]을 함께 복원하는 길이라고 전망한다.

니체에 의하면 변화하는 세계와 인간의 이중성에 대한 공포로부터 오히려 이와 상반되는 존재와 선을 절대화하는 형이상학을 발전시킨 것이

---

46) Friedrich Nietzsche, GM, I 10, KSA 5, 270쪽. 니체전집 14, 367쪽.
47) Friedrich Nietzsche, GM, I 11, KSA 5, 277쪽. 니체전집 14, 375쪽.
48) Friedrich Nietzsche, GM, I 12, KSA 5, 278쪽. 니체전집 14, 376쪽.

서양의 가장 커다란 오류이다. 그렇다면 우리는 왜 이러한 오류를 인식하지 못하고 논리적 인식과 형이상학적 존재를 당연한 것으로 전제했던 것인가? 그것은 인간이 오직 인식 조건의 덕택으로만 실존할 수 있기 때문이다. 니체는 한편으로는 지성과 인식 자체가 형이상학적으로 주어진 것이 아니라 오랜 기간의 오류의 역사를 통해서 만들어졌다고 말하지만, 다른 한편으로는 생성에 존재의 성격을 부여하는 인식이 없이는 실존할 수 없다고 단언한다. 사실 오류가 그토록 오랫동안 지속될 수 있었던 것도 그것이 한때는 삶에 유익하고 종의 보존에 기여할 수 있었기 때문이다. 인식의 조건들이 실제로는 인간에 의해 창조된 것임에도 불구하고 오랜 오류의 역사를 통해 그 사실이 망각된 것이다. 이런 관점에서 보면 "인식의 힘은 진리의 정도에 있는 것이 아니라 그것의 나이, 그것이 체화된 정도, 삶의 조건으로서의 성격에 근거한다"[49]. 왜냐하면 변화하는 세계 속에서 삶의 방향을 설정하기 위하여 만들어놓은 인간의 진리는 단지 잠정적 성격을 띠기 때문이다. 니체는 이처럼 인식과 존재 자체를 부정하는 것이 아니라 이들을 삶의 관점에서 재구성하고자 한다.

니체에 의하면 인식은 지극히 개인적이고, 충동적이고, 때로는 폭력적인 것임에도 불구하고 서양 형이상학을 통해 존재의 불변성, 인식 주체의 비인격성, 인식의 보편성이라는 허구가 만들어졌다. 그러므로 니체는 이러한 허구가 만들어지게 된 인식의 전제 조건들을 집중적으로 탐색한다. 이러한 비판을 통해 니체는 "논리학 역시 현실 세계의 그 어떤 것에도 일치하지 않는 전제 조건들을 토대로 하고 있다"[50]는 사실을 발견한다. 엄밀한 의미에서 "어떤 현실적인 것도 그것과 일치하지 않는데도 불구하고

---

49) Friedrich Nietzsche, FW, III 110, KSA 3, 469쪽. 니체전집 12, 186쪽.
50) Friedrich Nietzsche, MA I, 11, KSA 2, 31쪽. 니체전집 7, 32쪽.

논리학의 필연적 전제 조건인 실체의 개념이 생성된 것이다".[51] 모든 것은 끊임없이 변화하는 '사건의 흐름' 속에 있기 때문에 인간이 삶을 위해 창조한 어떤 인식 조건들도 근본적으로 오류일 수밖에 없다. 동일한 것이라고는 하나도 없는 생성의 과정에서 동일한 것을 발견하려면 우리는 실체, 사물, 질료, 원자, 물체, 면, 선, 분할될 수 있는 공간과 시간, 운동과 정지, 주체와 객체 같은 개념들을 만들어낼 수밖에 없는 것이다. 그러나 분명한 것은 이러한 개념들이 형이상학적으로 주어진 것이 아니라 삶의 조건으로서 창조된 것이라는 점이다.

니체에 의하면 인식은 처음부터 사물들 사이의 차이를 간과하고 세계의 본질을 왜곡하는 성격을 가지고 있다. 그것은 두말할 나위 없이 권력에의 의지이다. 그러나 서양 형이상학은 오랜 역사를 거치면서 인식을 삶의 조건으로 창조하는 권력에의 의지를 망각하고 오히려 존재, 실체, 물자체를 주어진 것으로 전제했다. 그렇기 때문에 니체는 서양의 논리학을 올바로 이해하려면 다른 것을 같게 만드는 "동일성에의 의지는 권력에의 의지이다"[52]라는 사실을 통찰해야 한다고 말한다. "모든 것이 생성이라고 가정한다면, 인식은 단지 존재에 대한 믿음의 근거 위에서만 가능하기 때문이다."[53] 이처럼 서양의 논리학은 존재를 규정하는 형이상학과 자연스럽게 맞물려 있다.

형이상학적 세계관은 물론 한편으로는 논리학의 필연적 귀결이지만, 다른 한편으로는 세계의 모순에 대한 인간의 공포와 밀접하게 결합되어 있다. 왜냐하면 형이상학적 세계관은 인간이 현실에서 겪는 고통에 대한 반동으로 탄생했기 때문이다. 니체는 "형이상학의 심리학에 관하여"라는

---

51) Friedrich Nietzsche, FW, III 111, KSA 3, 472쪽. 니체전집 12, 188쪽.
52) Friedrich Nietzsche, KSA 12, 2(90), 106쪽. 니체전집 19, 131쪽.
53) Friedrich Nietzsche, KSA 12, 2(91), 106쪽. 니체전집 19, 132쪽.

제목을 달고 있는 1887년의 유고에서 이러한 사실을 확인한다. "이 세계는 가상적이다—따라서 참된 세계가 존재한다. 이 세계는 제한적이다—따라서 무제한적 세계가 존재한다. 이 세계는 모순적이다—따라서 모순 없는 세계가 존재한다. 이 세계는 생성된다—따라서 존재하는 세계가 있다." 가상과 진리, 조건과 무조건, 모순과 모순 없음, 생성과 존재 사이에는 단지 심리학적 인과성만이 존재할 뿐이다. 니체는 "현실적인 것에 대한 원한 감정"[54]이 여기서 더 가치 있다고 여겨지는 세계를 창조하고 있다고 분석한다. 형이상학은 가치 있다고 생각되는 세계에 대해 '참되다', '무제약적이다', '모순이 없다', '존재한다' 라고 서술함으로써 세계를 이원화한다. 그러나 니체는 이러한 현상을 세계에 대한 고통으로부터의 도피로 해석한다. 형이상학자는 존재하는 유일무이한 세계의 근본 경향들, 즉 가상, 제약성, 모순, 생성에 고통을 당하고 있다는 것이다. 간단히 말해서 서양 형이상학에서는 "존재해야만 하는 세계는 존재하며, 우리가 살아가는 이 세계는 오류일 뿐이다"[55]. 서양 형이상학은 이원론적 관점에서 '우리의 이 세계가 실존해서는 안 된다' 고 말하는 것이다. 이처럼 서양의 논리학과 형이상학은 근본적으로 세계를 부정하는 허무주의로 귀결된다.

여기서 우리는 니체가 아시아적 사유로부터 무엇을 기대하는지를 충분히 짐작할 수 있다. 니체가 서양을 넘어서고자 하는 것은 세계를 긍정할 수 있는 철저하게 비형이상학적인 사유 방식을 획득하기 위해서이다.[56] 유가, 도가, 불가와 같은 아시아적 사유가 대안으로 제시되는 것은 바로 이 때문이다. 만약 니체의 서양 형이상학 비판을 통해 존재자에 대한 믿음이 일차적인 것이 아니라 오히려 가치 전도의 결과이며 본래의 제일 동인

---

54) Friedrich Nietzsche, KSA 12, 8(2), 327쪽. 니체전집 19, 399쪽.
55) Friedrich Nietzsche, KSA 12, 9(60), 365쪽. 니체전집 20, 39쪽.
56) Graham Parkes, "The Orientation of the Nietzschean Text", 15쪽.

제9장 니체와 동양적 사유 345

은 생성되는 것에 대한 불신이었다는 사실이 밝혀졌다면, 우리는 아시아적 사유에서 세계를 생성으로 정당화할 수 있는 관점을 발견해야 한다. 만약 서양의 허무주의가 의지와 의도를 전제하지 않고는 세계의 사건을 해석할 수 없는 무능력에서 발생했다면, 아시아적 사유는 세계를 인과성과 주객의 개념 없이도 다르게 해석할 수 있는 관점을 제시할 수 있어야 한다. 물론 니체의 이러한 도전에 응답하는 과정에서 아시아적 사유 자체가 창조적으로 변형될 수도 있을 것이다.

4. 아시아적 사유의 '현상주의'와 세계의 긍정

니체는 서양 허무주의를 그 극한까지 추적함으로써 결국은 이 세상이 한갓 허상과 해석에 지나지 않는다는 인식에 도달한다. 이제까지 세계에 목적과 진리를 부여하고 삶에 통일적 의미를 부여했던 최고가의 가치가 더 이상 존재하지 않는다는 수동적 허무주의는 니체의 이러한 인식을 통해 드디어 능동적 허무주의로 전환된다. 형이상학적 세계에 대한 불신과 진리에 대한 회의를 함축하고 있는 능동적 허무주의는 생성의 세계를 유일한 세계로 인정할 수 있는 가능성을 제공한다. 이런 의미에서 "신은 죽었다"는 최대의 사건은 일종의 명랑성을 유발한다. "무신론자와 반(反)형이상학자"[57]로서의 니체는 진리가 존재하지 않는다는 사실을 자신에게 하나의 목표, 하나의 근거, 하나의 믿음을 생산적으로 다시 설정할 수 있는 계기로 간주하기 때문이다.

니체가 궁극적으로 추구하는 능동적 허무주의는 세계에 대한 긍정을

---

57) Friedrich Nietzsche, FW, V 344, KSA 3, 577쪽. 니체전집 12, 323쪽.

함축한다. 니체가 위버멘쉬, 영원회귀, 권력에의 의지로 사유하고자 하는 사상을 가장 극단적인 형식으로 표현하면 다음과 같다. "존재하고 있는 그대로의 실존은 의미와 목표가 없지만, 필연적으로 끝도 없이 무(無)로 되돌아가는 '영원회귀'이다." 니체는 이를 "허무주의의 가장 극단적인 형식"이라고 부르기도 하고 또 "불교의 서양적 형식"[58]이라고 부르기도 한다. 이처럼 현상하는 세계를 인정하는 극단적 허무주의의 양식에서 초서양적인 것과 초아시아적인 것이 융합하는 것이다.

이러한 니체의 관점으로부터 우리는 아시아적 사유를 현대적으로 재구성하는 법을 배울 수 있다. 허무주의적 세계관을 태어나면서부터 물려받은 아시아인들에게는 니체의 이러한 인식이 전혀 낯설게 보이지 않을지도 모른다. 세계는 본래 변화를 의미한다든가 아니면 세계의 모든 현상들은 근본적으로 무상하고 공허하다는 인식은 우리의 문화 속에 깊이 뿌리를 내리고 있기 때문이다. 니체의 철학과 아시아적 사유를 비교 철학적 관점에서 분석한 많은 글들은 모두 이러한 표면적 유사성과 동질성에만 주목한다.[59] 그러나 니체의 계보학적 해체주의의 관점에서는 바로 이러한 동질성이 문제가 된다. 서양의 현대인들에게 도덕과 형이상학이 친숙한 것처럼, 우리 아시아인들에게는 동양의 허무주의가 결코 낯설지 않기 때문이다. 그렇다면 니체가 서양 형이상학을 비판할 수 있는 관점을 획득하기 위하여 아시아적 사유의 낯선 관점을 수용했던 것처럼, 우리는 동양 허무

58) Friedrich Nietzsche, KSA 12, 5(71), 213쪽. 니체전집 19, 266쪽.
59) Ryogi Okochi, "Nietzsches Amor Fati im Lichte von Karma des Buddhismus", *Nietzsche-Studien*, Bd. 1(1972), 36~94쪽 ; R. Okochi, "Nietzsches Naturbegriff aus östlicher Sicht", *Nietzsche-Studien*, Bd. 17(1988), 108~124쪽 ; Kogaku Arifuku, "Der aktive Nihilismus Nietzsches und der buddhistische Gedanke von sunyata(Leerheit)", Josef Simon (ed.), *Nietzsche und die philosophische Tradition*, Bd. 1(Würzburg : Königshausen & Neumann, 1985), 108~121쪽을 참조할 것.

주의의 전제 조건들을 문제 삼을 수 있는 타자의 관점을 필요로 하는 것은 아닌가? 이러한 질문은 불가와 도가로 대변되는 동양 허무주의가 니체가 전제한 것과는 달리 형이상학적 요소를 함축하고 있는 것은 아닌가 하는 의문을 함축한다.

우리는 여기서 니체와 아시아적 사유의 유사성을 확인하는 대신 아시아적 사유를 비(非)형이상학적으로 해석할 수 있는 관점을 니체에게서 끌어오고자 한다. 불교, 특히 아시아 사유에 커다란 영향을 미친 마하야나 불교는 모든 존재자들이 꿈, 환상, 거품, 그림자처럼 허무하다는 인식에서 출발한다. 서양 형이상학과는 정반대로 여기서는 무엇인가가 존재한다는 인식은 오히려 인간적 미혹과 무지(아비댜)의 원인으로 파악된다. 유식(唯識) 사상 자체가 말해주듯이, 모든 인식은 변화하기 때문에 우리 인식과 상응하는 실재 사물이 따로 존재하는 것이 아니라 오로지 마음속에 떠오르는 식(識), 즉 현상만이 있을 뿐이라는 것이다. 그러므로 불교의 허무주의에 의하면 우리가 일상적으로 전제하는 주관과 객관은 독립적인 실체가 아니라 현상의 변형에 지나지 않는다. 오히려 끊임없이 변화하는 현상 안에서 주객을 분별하는 것은 결국 아집(我執)과 법집(法執)을 야기한다. 그렇기 때문에 이러한 고통을 극복하려면 우선 인식의 무상함을 통찰해야 한다. 그래서 나가르주나는 우리가 분별을 위하여 사용하거나 또는 분별로부터 발생하는 다양한 개념과 범주들이 모두 공허하다(수냐)는 점을 강조한다. 그의 공(空) 이론은 모든 주장들이 그 반대를 허용하지 않고도 부정될 수 있음을 강력하게 역설한다.[60] 우리는 여기서 불교의 허무주의가 모든 현상 세계를 공(空)과 무(無)로 본다고 해서, 현상 세계를 존재와는 반대

---

60) Frederick J. Streng, *Emptiness : A Study in Religious Meaning*(Nashville : Abingdon Press, 1967), 96쪽을 참조할 것.

되는 형이상학적 실체로 파악하는 것은 아님을 알 수 있다. 나가르주나의 공은 현상 세계에 대한 긍정을 의미한다는 점에서 니체 철학과 친화 관계에 있음이 틀림없다.

그렇다면 우리는 동양 허무주의와 아시아적 사유를 아무런 변형도 없이 허무주의의 극복에 직접 사용할 수 있는가? 니체에 의하면 "삶의 가장 강력한 본능들을 더 이상 즐겁게 느끼는 것이 아니라 오히려 고통의 원인으로 느끼는 것"[61]이 다름 아닌 허무주의의 문화적 현상이다. 삶의 가장 강력한 본능은 바로 세계를 삶에 유익한 관점에 따라 해석하는 권력에의 의지이다. 아시아적 사유는 개념과 범주, 존재와 진리를 만들어내는 권력에의 의지를 고통의 원인으로 파악하고 있는 반면, 니체는 이를 새로운 가치를 창조할 수 있는 토대로 변형하고자 한다. 그렇기 때문에 니체의 극단적 허무주의는 근본적으로 "즐거운 학문"의 성격을 띠고 있다.

물론 이러한 철학적 변용은 우리의 인식이 결코 세계의 본질에 도달할 수 없다는 통찰에 토대를 두고 있다. 니체는 "우리가 의식할 수 있는 세계가 단지 표면 세계이며 기호 세계일 뿐이라는 사실"을 출발점으로 삼아 "본래의 현상주의와 관점주의"[62]를 발전시킨다. 간단히 말해 니체의 현상주의는 우리에게 나타나는 현상 세계를 있는 그대로 받아들임으로써 동시에 인간의 해석 능력을 긍정적으로 평가하는 태도를 의미한다. 니체는 이제까지의 해석들이 삶의 보존과 권력의 증대에 유익하게 사용되었던 관점주의적 평가들에 지나지 않았다는 사실을 계보학적으로 폭로함으로써 "세계의 가치는 우리의 해석에 달려 있다"는 결론에 도달한다. 그뿐만 아니라 "성취된 모든 강화와 권력 확장은 새로운 관점들을 열어놓는다"[63]는

61) Friedrich Nietzsche, KSA 13, 11(367), 163쪽. 니체전집 20, 486쪽.
62) Friedrich Nietzsche, FW, V 354, KSA 3, 593쪽. 니체전집 12, 342쪽.
63) Friedrich Nietzsche, KSA 12, 2(108), 114쪽. 니체전집 19, 141쪽.

것이다. 이런 맥락에서 보면 해석은 무엇인가를 지배하는 수단에 불과하기 때문에 진리는 결코 존재하지 않으며 단지 "항상 그 위치가 새롭게 바뀌는 허위"[64]만이 존재할 뿐이다. 우리에게 나타나는 것은 단지 그 본질을 알 수 없는 사건의 징후들, 표면적 현상들뿐이다. 어쩌면 해석 자체도 특정한 생리학적 상태의 징후일지 모른다. 그러나 니체는 이러한 해석 행위가 권력에의 의지가 표출되는 근본적인 방식일 뿐만 아니라 삶의 보존에 필연적인 수단이라고 단언한다.

권력에의 의지를 아시아적 사유의 근본 정서처럼 고통의 원인으로 파악할 것인지 아니면 니체처럼 새로운 세계를 창조할 수 있는 가능성으로 받아들일 것인지는 허무주의에 직면한 우리가 선택할 문제이다. 만약 허무주의가 어떠한 해석과 가치도 근본적으로는 무의미하다는 인식을 전제한다면, 오늘날 공과 무의미성은 이미 특정한 문화적 전통을 넘어서 우리 시대의 정신적 상태를 규정하는 핵심적 용어가 되어버렸다.[65] 니체가 서양의 전통 형이상학을 계보학적으로 해체함으로써 세계의 무의미성을 인식하게 되었다면, 우리는 아시아적 사유의 핵심이라고 할 수 있는 공을 어떻게 현대적으로 재해석하고 있는가? 니체는 유럽에 짙게 드리워질 허무주의의 그림자를 예언하면서 부처에 관한 일화를 이렇게 전한다. "부처가 죽고 난 다음에 사람들은 수세기 동안 동굴에서 그의 그림자를 보여주었다. 무시무시하고 으스스한 그림자를."[66]

우리는 어쩌면 서양인들보다 더 오랫동안 허무주의의 그림자에 예속되어 있는지도 모른다. 니체가 중국을 가리키면서 말하고 있듯이 우리에게

---

64) Friedrich Nietzsche, 같은 책, 같은 곳.

65) 이에 관해서는 Glen T. Martin, "Deconstruction and Breakthrough and Nagarjuna", Graham Parkes (ed.), *Nietzsche and Asian Thought*(Chicago · London : The University of Chicago Press, 1991), 91~111쪽 중 109쪽을 볼 것. 니체전집 12, 183쪽.

66) Friedrich Nietzsche, FW, III 108, KSA 3, 467쪽.

서는 어쩌면 "이미 수세기 전부터 변신의 능력이 소멸되어버렸는지도"[67] 모른다. 물론 서양의 도덕과 형이상학이 한때는 서양 문화에 유익한 해석이었던 것처럼, 도가와 불가로 대변되는 동양 허무주의가 한때 아시아인들의 삶에 기여한 해석이었음은 틀림없을 것이다. 그러나 이러한 해석이 아직도 우리에게 타당한 것인가? 우리는 아시아적 사유를 현대적으로 변형시키려는 대신 허무주의를 주장하는 서양의 현대 철학에서 만족을 느끼고 있는 것은 아닌가? 우리는 이 물음에 대해 확실하게 대답할 수 있기 위해서도 니체처럼 우리의 전통을 철저하게 해체해야 한다. 니체가 서양으로부터의 완전한 자유를 원했다면, 우리는 허무주의를 극복하기 위하여 동양으로부터의 완전한 자유를 추구해야 한다. 만약 자신의 전통에 대한 철저한 해체를 통해서만 동서양의 지평 융합이 이루어질 수 있다면, 세계의 긍정을 추구하는 니체의 철학은 동양에 대한 서양의 통찰일 수도 있다. 이런 맥락에서 허무주의를 여전히 문제로 생각하는 현대인들에게 니체의 다음과 같은 말은 여전히 타당하다.

나는 미래의 사상가를 상상해본다. 그의 내면에서는 유럽과 미국의 분주함이 수백 겹 유전되었을 아시아적 평온과 결합한다. 이러한 결합은 세계의 수수께끼를 풀게 될 것이다. 그동안에 관조하는 자유정신은 자신의 사명을 가지는데, 그들은 인간의 융합에 방해가 되는 모든 장애를 제거한다. 즉 종교, 국가, 군주적 본능, 부와 가난의 환상, 건강과 인종의 편견 등을 제거한다.[68]

---

67) Friedrich Nietzsche, FW, I 24, KSA 3, 399쪽. 니체전집 12, 100쪽.
68) Friedrich Nietzsche, KSA 8, 17(55), 306쪽. 니체전집 9, 40~41쪽.

제10장

———

니체와
동양 허무주의

———

영원회귀인가
아니면 운명의 사랑인가

우리 시대는 석가모니의 시대가 그랬던 것처럼 어떤 의미에서 성숙하다. (다시 말해 퇴폐적이다.)[1]

—프리드리히 니체, 《유고》(1887년 11월~1888년 3월)

불교는 역사가 우리에게 보여준 단 하나의 진정한 실증적인 종교이다.

—프리드리히 니체, 《도덕의 계보》(1887)

너는 지금 살고 있고 지금까지 살아온 삶을 다시 한번, 아니 수없이 여러 번 다시 살아야만 할 것이다. 거기에 새로운 것이라고는 아무것도 없을 것이다. 일체의 고통과 기쁨, 일체의 사념과 탄식, 네 생애의 일일이 열거하기 어려운 크고 작은 일들이 네게 다시 일어날 것이다.

—프리드리히 니체, 《즐거운 학문》(1881)

---

1) Friedrich Nietzsche, KSA 13, 11(366), 162쪽. 니체전집 20, 485쪽.

1. 니체와 '동양 허무주의'의 문제

우리는 흔히 니체를 허무주의자로 간주하지만, 니체는 사실 서양의 역사가 허무주의의 역사라고 폭로한 최초의 철학자이다. 헤겔이 서양의 역사를 이성의 변증법적 발전 과정으로서 서술한 최초의 철학자라고 한다면, 니체는 허무주의가 단순한 문화적 현상이 아니라 서양 형이상학의 필연적 산물임을 예리하게 밝혀냈다는 점에서 '헤겔의 타자'인 셈이다. 니체와 더불어 이성에 관한 서양 형이상학의 논의는 근본적으로 변화한다. 모든 가치와 목표들을 통합했던 종교의 힘을 대체한 서양 이성은 한편으로는 스스로를 정당화하기 위하여 끊임없이 자신과 다른 타자를 비이성적인 것으로 규정하여 배척했지만, 다른 한편으로는 궁극적으로는 이성과 비(非)이성, 이념과 현실, 현상 세계와 초월 세계를 화해시킬 수 있다고 확신했다. 니체는 이러한 서양 형이상학의 자기 계몽적 성격에 회의의 물음표를 붙인 것이다.

니체가 서양 형이상학을 비판하기 위하여 그 발전 과정을 부정적으로 재구성한 것은 사실이지만, 우리는 여기서 니체가 "주체 중심적 이성을 다시 한번 내재적으로 비판하거나 아니면 이 기획을 전체적으로 포기하는"[2] 양자택일의 기로에 처해 있다는 하버마스의 의견에 동조할 필요는 없다. 니체는 이성과 신화, 비판과 파괴를 결코 대립적인 것으로 생각하지 않을 뿐만 아니라 이성의 내재적 비판을 통해 이성 자체가 변할 수 있다고 확신하기 때문이다. 그러므로 "니체는 역사적 이성의 사다리를 사용하지만 결국 이를 던져버리고 이성의 타자인 신화 속에 정착한다"[3]는 하버마스의 주장은 역설적으로 그가 형이상학의 틀에 갇혀 있음을 입증할 뿐이다. 니체의 디오니소스가 서양 이성에 의해 배척되었지만 상실된 근원의 힘을 부활시키기 위하여 언젠가 도래할 부재의 신으로 이해될 수 있는 것은 사실이지만, 서양 형이상학에 내재하고 있는 허무주의의 논리를 철저하게 비판하지 않는 한 우리에게 새로운 방향을 제시할 디오니소스는 결코 도래할 수 없는 것이다.

그런데 언제부터인지 동양 사상은 서양을 구원할 타자로 인식되는 경향이 있다. 서양 이성이 내재적으로 철저하게 비판되고 해체되기까지 한다고 해서 동양 사상이 '자동적으로' 서양의 문제점들을 해결하는 대안이 될 수 있는 것인가? 니체가 허무주의의 근본적 원인으로 서양 형이상학을 지목하고 또 "철학과 인식에 관해 더욱 동양적으로 사유하는 법을 배워야 한다"[4]고 주장한다 해서 동양 사상이 자연스럽게 미래 철학의 주인이 될 수 있는 것인가? 동양 사상은 정말 허무주의를 산출하는 형이상학적 전제 조건으로부터 벗어나 있는 것인가? 이러한 물음들은 한결같이 아시아적 사유가 허무주의를 어떻게 극복할 수 있는가 하는 문제로 귀결된다.

니체는 새로운 가치를 창조할 수 있는 생산적 힘들은 아직 충분히 강하

---

2) 위르겐 하버마스, 《현대성의 철학적 담론》, 113쪽 이하.
3) 위르겐 하버마스, 《현대성의 철학적 담론》, 114쪽.
4) Friedrich Nietzsche, KSA 11, 26(317), 234. 니체전집 17, 308쪽.

지 못한 채 가치들에 대한 회의적 태도만 팽배한 데카당스 상태가 여전히
우리를 지배하고 있다고 진단한다. 이러한 진단은 서양의 문제일 뿐만 아
니라 우리에게도 해당한다. 왜냐하면 아시아적 사유는 서양과 동양을 융
합할 수 있는 새로운 가치를 창조하기는커녕 자신의 정당성을 확보하기
위하여 서양과 동양을 끊임없이 대립시키기 때문이다. 서양의 내부적 문
제점들을 예리하게 드러내는 서양 이성의 자기비판에 편승하면서도 우리
는 정작 자기비판에 인색한 것이다. 그러나 동양의 가치들 역시 서양 형이
상학에 의해 야기된 문제점들을 해결할 수 없을 뿐만 아니라 그 자체로 이
미 타당성을 상실하고 있다. 니체는 이렇게 "정신의 힘이 지쳐버리고 고
갈되어 이제까지의 목표와 가치들이 이것에 적합하지 않을 뿐만 아니라
더 이상 신뢰를 받지 못하는" 허약함의 상태를 "수동적 허무주의"[5]라고
명명하고, 강한 정신에 의해 종합되었던 다양한 가치들과 목표들 사이에
는 파괴와 분열이 필연적일 수밖에 없다고 예언한다.

　이렇게 허무주의의 위험을 회피하지 않고 직시하는 니체의 용기는 문
화 비판가로서의 그의 지적 매력을 강화한 것이 사실이지만, 그를 혁명적
사상가로 부각하는 것은 오히려 허무주의를 극복할 수 있는 단초가 허무
주의 자체에 있다는 철학적 통찰이라고 할 수 있다. 허무주의가 니체 사유
의 출발점을 이룬다면, '허무주의를 통해 허무주의를 극복한다'는 역설은
니체의 궁극적 지향점이다. 만약 서양 또는 서양 철학의 역사 자체가 허무
주의라면, 서양에 내재하고 있는 허무주의의 논리를 극단까지 몰고 가지
않고서 어떻게 허무주의를 극복할 수 있단 말인가? 이런 관점에서 니체는
"서양 허무주의의 역사"[6]라는 표현을 사용한다.

---

5) Friedrich Nietzsche, KSA 12, 9(35), 351. 니체전집 20, 23쪽.
6) Friedrich Nietzsche, GM, III 27, KSA 5, 408쪽과 KSA 13, 11(150), 71쪽 : "Zur Geschichte
des europäischen Nihilismus". 니체전집 20, 371쪽. '유럽 허무주의' 보다는 '서양 허무주의' 가

니체는 한편으로 서양의 역사가 허무주의의 역사라고 주장하지만, 다른 한편으로는 스스로 "허무주의 자체를 자신의 내부에서 끝까지 살아본 서양 최초의 완전한 허무주의자"[7]이기를 바란다. 니체는 왜 자신이 그토록 비판해 마지않았던 허무주의자를 자처하는 것인가? 그것은 니체가 허무주의의 논리를 철저하게 해명하고 해체할 때에만 허무주의를 극복할 수 있다는 확신을 가지고 있기 때문이다. 주지하다시피 니체는 현상 세계와 초월 세계를 이원론적으로 구별한 형이상학이 결국은 우리가 살고 있는 경험 세계를 부정하는 허무주의를 야기했다고 분석한다. 형이상학적 초월 세계는 본래 삶을 보존하고 고양하기 위하여 창조된 허구임에도 불구하고 마치 영원불변하는 실재인 것처럼 절대화됨으로써 생성과 우연을 본질로 하는 세계의 인식에 오히려 장애가 되고 있다는 것이다. 형이상학은 이미 그 자체에 본래의 목적을 은폐하고 훼손할 수 있는 논리를 함축하고 있는 것이다.

그러므로 형이상학이 우리 언어 및 사유의 구조를 규정하고 있는 한 우리는 형이상학에 내재하고 있는 허무주의의 논리를 올바로 파악할 수 없다. 니체가 자신의 전통을 철저하게 비판하기 위해서는 서양 형이상학을 낯설게 할 수 있는 타자의 관점이 필요하다고 주장하는 까닭이 여기에 있다. 아시아적 사유는 니체에게 바로 이러한 타자이다. 니체는 자신의 전통인 서양 형이상학이 허무주의의 역사임을 폭로하기 위하여 아시아적 사유와 같은 낯선 관점을 수용한다. 니체는 서양 허무주의 역사를 계보학적으로 재구성할 수 있는 관점을 "초유럽적über-europäisch 시각"[8]이라고 명명

동양 사상과의 대비를 더욱 선명하게 드러낼 뿐만 아니라 니체의 본래 의도에 더욱 적합하다고 생각된다. '서양 허무주의'의 문제에 관해서는 Josef Simon, "Nietzsche und das Problem des europäischen Nihilismus", R. Berlinger · W. Schrader (Hrsg.), *Nietzsche kontrovers III*(Würzburg : Königshausen & Neumann, 1984), 9~37쪽을 참조할 것.

7) Friedrich Nietzsche, KSA 13, 11(411), 190. 니체전집 20, 518쪽.

358 니체, 실험적 사유와 극단의 사상

하면서, 이러한 관점은 "서양에 대한 동양의 통찰"[9]을 통해 얻을 수 있다고 주장한다. 여기서 아시아적 사유가 단순하게 서양 형이상학의 대안으로 제시되는 것은 아니다. 서양의 역사가 허무주의의 역사로 재구성되는 과정에서 아시아적 사유 역시 허무주의를 극복할 수 있는 방향으로 변형되기 때문이다.[10]

그렇다면 '서양을 넘어서 사유한다'는 것은 우리에게 결국 '동양을 넘어서 사유한다'는 것을 의미하지 않는가? 우리는 동양적 사유에 내재하고 있는 허무주의의 논리를 간파하기 위하여 동양을 넘어설 수 있는 "초아시아적über-asiatisch 시각"[11]을 획득해야 하는 것은 아닌가? 여기서 우리는 니체의 서양 허무주의에 '동양 허무주의'라는 개념을 대립시킴으로써 동양 사상이 과연 허무주의의 극복에 어떻게 기여할 수 있는가를 살펴보고자 한다. 동양 허무주의는 허무주의의 극복이라는 관점에서 비판적으로 해체되고 동시에 재구성된 아시아적 사유의 내재적 논리를 의미한다. 우리가 스스로를 이해하고 있는 것처럼 니체는 아시아적 사유, 특히 불교가 근본적으로 허무주의적이라고 파악한다. 이런 관점에서 니체는 서양 철학의 필연적 결과인 허무주의를 극복할 수 있는 방법으로 다른 허무주의, 즉 불교적 동양 허무주의를 선택한 것이다. 그러므로 우리는 니체에 의해 서술된 동양 허무주의를 비판적으로 재구성함으로써 불교와 같은 아시아적 사유에도 역시 서양이 직면하고 있는 것과 같은 허무주의의 요소가 내재

---

8) F. Nietzsches Brief an P. Deussen vom 3. Januar 1888, KGB, III/5, 222쪽.

9) Friedrich Nietzsche, KSA 11, 26(317), 234쪽 : "Morgenländischer U-berblick über Europa". 니체전집 17, 308쪽.

10) 이렇게 전통을 비판적으로 해체함으로써 허무주의를 극복할 수 있는 관점을 획득하는 방법을 우리는 '계보학적 해체주의'라고 명명할 수 있다. 이에 관해서는 이진우, 〈니체와 아시아적 사유〉,《철학연구》제53집(2001년 여름), 203~223쪽. 이 책의 앞장을 볼 것.

11) Friedrich Nietzsche, JGB, III 56, KSA 5, 74쪽. 니체전집 14, 93쪽.

하고 있음을 논증하고자 한다.

2. 불교와 수동적 허무주의

니체는 '동양 허무주의' 라는 용어를 스스로 사용하고 있지는 않지만 이 개념을 발전시킬 수 있는 단서를 곳곳에서 제시하고 있다. 니체는 우선 서양과 동양을 모두 허무주의적 관점에서 고찰하면서 불교와 기독교를 "두 개의 위대한 허무주의적 운동"[12]이라고 명명한다. 니체는 불교의 동양이 허무주의로 시작됐다면, 서양은 이제야 이러한 허무주의의 상태에 도달했다고 진단한다. 본래의 허무주의가 실현될 수 있는 조건은 물론 서양 허무주의에 의해 만들어졌다는 것이다. 그렇기 때문에 니체는 불교는 허무주의를 극복할 수 있는 미래의 철학으로 발전한 대신 여전히 허무주의적 상태에 머물러 있다고 진단한다. 니체가 한편으로는 불교를 어떤 가치와 의미도 인정하지 않는 수동적 허무주의로 규정하면서도 다른 한편으로는 불교의 동양 허무주의에서 새로운 가치를 창조할 수 있는 능동적 허무주의의 가능성을 발견하는 까닭이 여기에 있다.

불교는 니체에게 현재의 데카당스를 서술해주는 것이기도 하고 허무주의를 극복할 수 있는 가능성이기도 하다. 간단히 말해 불교는 허무주의의 과거이며 동시에 미래인 것이다. 니체가 서술하고 있는 것처럼 불교가 서양 철학보다 더 허무주의적이라면, 불교는 허무주의를 심화할 수 있는 요소뿐만 아니라 허무주의를 극복할 수 있는 가능성도 함축하고 있음에 틀림없다. 그렇기 때문에 니체는 "가능한 모든 사유 방식들 중에서 세계를

---

12) Friedrich Nietzsche, KSA 13, 11(373), 167쪽. 니체전집 20, 490쪽.

가장 부정하는 사유 방식"¹³⁾인 불교의 내면을 들여다보고자 한다. 그는 "살아 있으며 살아 있었던 모든 유럽인들 중에서 나는 가장 포괄적인 영혼을 가지고 있기" 때문에 "나는 유럽의 부처일 수도 있다"고 고백하면서 "그것은 인도의 부처와는 정반대일 것"이라고 단언한다.¹⁴⁾ 이런 관점에서 니체는 서양 허무주의를 극복하기 위하여 승화된 형태의 동양 허무주의를 추구하고 있는 것이다.

그러므로 불교에 대한 니체의 평가는 동양 허무주의의 관점에서 대체로 세 가지 물음으로 압축해 설명할 수 있다. 첫째, 니체는 왜 불교를 서양 허무주의의 현재 상태인 데카당스의 문화로 파악하는 것인가? 다시 말해 불교는 정말 수동적 허무주의인가? 둘째, 니체가 불교에서 발견하고 있는 능동적 허무주의의 요소는 무엇인가? 셋째, 불교가 본래 능동적 허무주의의 요소를 함축하고 있음에도 불구하고 데카당스의 문화를 산출한 까닭은 무엇인가? 첫째와 둘째 물음이 허무주의의 현재와 미래를 서술한다면, 셋째 물음은 동양 허무주의의 논리에 관한 것이라고 할 수 있다.

니체는 불교를 우선 수동적 허무주의로 파악하면서 자신이 추구하는 능동적 허무주의와 대비하고 있다. 니체에게 능동적 허무주의가 기존의 가치들을 해체시키고 새로운 가치들을 창조할 수 있는 강력한 힘을 상징하는 반면, 그 반대인 수동적 허무주의는 기존의 가치들을 더 이상 공격하지 않는 쇠퇴의 기호이다. 니체는 데카당스가 지속되지만 이를 치유할 수 있는 수단이 발견되지 않은 병리적 상태를 언급하면서 이러한 "수동적 허무주의"의 "가장 유명한 형식"이 바로 "불교"라고 단언한다.¹⁵⁾

니체는 두 가지 이유에서 불교를 수동적 허무주의로 평가한다. 무(無)에

---

13) Friedrich Nietzsche, JGB, III 56, KSA 5, 74쪽. 니체전집 14, 93쪽.
14) Friedrich Nietzsche, KSA 10, 4(2), 109쪽. 니체전집 16, 141쪽.
15) Friedrich Nietzsche, KSA 12, 9(35), 351쪽. 니체전집 20, 23쪽.

기초한 세계관으로서 불교는 우선 행위보다는 무위를 선호하고, 다른 한 편으로는 현실의 삶과 세계로부터 도피하는 현실 부정적 세계관이라는 것이다. 니체의 모든 저서에서 동양, 특히 인도의 불교는 허무와 동일시된다. "모든 것이 몰락하며, 새로운 세계는 예전의 세계와 마찬가지로 나쁘다. 그리고 인도의 마녀인 무가 손짓을 한다."[16] 무는 일차적으로 의지의 부정과 행위의 중단을 의미한다. 니체는 "안절부절못하고 스스로를 피곤하게 만드는" 서양의 활동성을 비판하면서 "아시아적 평온과 관조"[17]를 긍정적으로 평가하기도 하지만, 삶의 충동을 부정하는 허무주의의 보편화는 결국 "최면에 걸린 허무의 감정과 가장 깊은 잠의 평온"[18]만을 만들어낼 뿐이라고 말한다. 그렇기 때문에 니체는 허무주의가 만연하는 서구의 데카당스를 바라보면서 "불교가 유럽 곳곳에서 조용히 퍼져가고 있다"[19]고 표현한다.

니체가 불교를 수동적 허무주의로 파악하는 둘째 이유는 불교에 함축되어 있는 현실도피주의에 있다. 허무주의 시대는 대체로 '신은 진리이다'라는 명제가 "신은 죽었다"라는 명제로 변형되었음을 의미한다. 니체에 의하면 불교는 이러한 상황에 대처할 수 있는 하나의 대안이지만, 그러나 불교는 실존의 허무를 극복할 수 있는 새로운 가치를 창조하는 대신 허무주의에 순응할 수 있도록 도와줄 뿐이다. 서양이 이제야 비로소 "세계는 우리가 믿었던 것보다 가치가 없다"[20]는 염세주의의 인식에 도달했다면, 불교는 처음부터 삶과 세계의 무의미성에서 출발하기 때문에 "실존으로부터 허무주의적으로 은둔하거나 허무를 갈망한다"[21]고 니체는 말

---

16) Friedrich Nietzsche, WA, 4, KSA 6. 20~21쪽. 니체전집 15, 28쪽.
17) Friedrich Nietzsche, M, III 206, KSA 3, 185쪽. 니체전집 10, 230쪽.
18) Friedrich Nietzsche, GM, III 17, KSA 5, 382쪽. 니체전집 14, 503쪽.
19) Friedrich Nietzsche, KSA 12, 2(144), 138쪽. 니체전집 19, 169쪽.
20) Friedrich Nietzsche, KSA 12, 6(25), 242쪽. 니체전집 19, 300쪽.

한다.

그에 의하면 불교는 삶과 세계의 허무를 있는 그대로 받아들임으로써 현실의 모든 고통과 문제를 회피하고자 한다. 불교는 허무주의에 대처할 수 있는 방법으로서 모든 욕망과 고통으로부터 해방된 열반nirvana을 제시한다. 우리는 "고통 앞에서 열반이라고 불리는 저 동양적 허무jenes ori-entalisches Nichts로 은둔함으로써"[22] 무의미한 현실로부터 도피할 수 있는 것이다. 그렇기 때문에 불교는 니체에게 "문명의 종말을 위한, 지쳐버린 문명을 위한 종교"[23]이다. 불교는 허무의 병을 치유할 수 있는 새로운 가치를 창조하기보다는 삶과 현실의 허무를 강조함으로써 허무주의의 문제점을 느끼지 못하게 하기 때문이다. 그러므로 "가장 대담하고 가장 생명력이 넘치며 세계를 가장 긍정하는 인간의 이상"[24]을 추구하는 니체에게 삶과 현실을 부정하는 불교가 그와 정반대로 비치는 것은 당연한 일이다.

여기서 우리는 니체가 서양이 부정적으로 인식하는 것을 서양과 대립하는 동양에 투사하는 오리엔탈리즘에 사로잡혀 있다고 비판할 수 있다. 동양의 무와 밀접하게 관련된 '정체', '평안', '현실도피주의', '의지의 부정', '염세주의'는 물론 아시아적 사유의 본질과 깊이를 올바로 이해하지 못한 서양중심주의의 결과일 수도 있다.[25] 그러나 우리는 오리엔탈리즘의 이분법적 평가와 관계없이 허무주의가 아시아적 사유의 핵심이라고 생각한다. '존재는 본래 아무런 의미를 가지고 있지 않은 무이다'라는 명제는 무보다 존재를 우선시하는 서양인들보다 분명 우리에게 더 친숙하지

---

21) Friedrich Nietzsche, GM, II 21, KSA, 5, 331쪽. 니체전집 14, 441쪽.

22) Friedrich Nietzsche, FW, Vorrede 3, KSA 3, 350쪽. 니체전집 12, 29쪽.

23) Friedrich Nietzsche, AC, 22, KSA 6, 189쪽. 니체전집 15, 240쪽.

24) Friedrich Nietzsche, JGB, III 56, KSA 5, 75쪽. 니체전집 14, 93쪽.

25) 이에 관해서는 Freny Mistry, *Nietzsche and Buddhism : Prolegomena to a Comparative Study* (Berlin · New York : de Gruyter, 1981), 9쪽을 참조할 것.

않은가? 우리 역시 서양의 존재와 동양의 무를 대립시키지 않는가? 서양의 형이상학이 존재를 절대화함으로써 허무주의를 야기했다면, 아시아적 사유는 단지 삶의 허무를 인정하기 때문에 허무주의의 문제점에서 벗어나 있는 것인가? 만약 니체가 오리엔탈리즘의 덫에 걸린 것이 아니라면, 동양 허무주의에 대한 그의 비판은 아시아적 사유 역시 서양 허무주의와 같은 문제를 산출할 수 있음을 역설하고 있는 것이다.

그런데 니체는 동양을 결코 서양에 의해 배척된 열등한 타자로 이해하지 않는다. 그는 오히려 서양과 동양을 허무주의의 양극단으로 이해함으로써 동양적 사유에서 서양의 허무주의를 극복할 수 있는 가능성을 발견한다. 그것은 허무주의를 철저하게 경험하지 않고는 허무주의를 극복할 수 없기 때문이다. 그렇기 때문에 니체는 만약 불교가 최고의 가치에 관한 "실존의 절대적 허무를 확신하는 급진적 허무주의"[26]임에 틀림없다면, 현재 만연하고 있는 염세주의를 궁극적 허무주의로 발전시키기 위해서도 "유럽의 불교는 불가피할 것"이라고 예견한다. 유럽의 불교는 "우리가 하나의 망치로 가르칠 필요가 있는 유형의 철학"[27]이라는 것이다. 니체가 기존의 가치를 깨뜨릴 미래의 철학을 즐겨 망치에 비유한다는 점을 상기하면 유럽의 불교는 현재 서양의 허무주의를 극복할 수 있는 대안으로 제시되고 있음이 분명하다.

니체는 서양 허무주의를 통해 비로소 그 내면의 논리가 통찰된 허무주의를 "능동적 허무주의"라고 명명한다. 여기서 우리는 니체가 서양 허무주의 역사의 마지막 단계에서 "새로운 불교의 개연성"[28]을 언급하고 있다는 사실에 주목할 필요가 있다. 게다가 니체는 자신이 허무주의를 극복하

---

26) Friedrich Nietzsche, KSA 12, 10(192), 571쪽. 니체전집 20, 281쪽.
27) Friedrich Nietzsche, KSA 11, 35(9), 512쪽. 니체전집 18, 308쪽.
28) Friedrich Nietzsche, KSA 12, 2(131), 131쪽. 니체전집 19, 160쪽.

기 위하여 발전시킨 영원회귀 사상을 "불교의 유럽적 형식"이라고 명명하고 있다. 존재하고 있는 그대로의 실존은 아무런 의미와 목표 없이 반복된다는 영원회귀 사상은 "허무주의의 가장 극단적인 형식"[29]이기 때문에 허무주의의 문제를 극복하기 위해서는 반드시 거칠 필요가 있다는 것이다. 서양 허무주의가 이천 년에 걸친 서양 허무주의의 역사를 통해 도달한 "진실하고 무조건적인 무신론"은 이미 "기원전 5세기에 부처와 함께"[30] 이루어졌다는 것이다.

그렇다면 불교는 우리가 궁극적으로 도달해야 할 능동적 허무주의의 요소를 내면에 함축하고 있는 것이다. 이런 관점에서 니체는 불교에 관해 정반대의 평가에 도달하게 된다. 니체는 "불교가 기독교보다 백배나 더 현실적"이라고 말하면서, 불교는 수백 년 동안의 철학적 운동의 결과로 출현할 때 이미 "신의 개념을 폐지"했다고 분석한다. 그렇기 때문에 "불교는 역사가 우리에게 보여준 단 하나의 진정한 실증적인 종교"[31]라는 것이다. 니체가 불교를 가장 실증주의적인 종교로 분류하는 이유를 살펴보면 니체와 불교가 상이한 언어에도 불구하고 철학적 친화 관계에 있음을 쉽게 알 수 있다.[32] 니체는 불교에 대해 첫째, 진실한 무신론을 대변하며, 다음으로 도덕 개념의 자기기만적 성격을 간파하고 선악의 이원론을 넘어서고 있으며, 끝으로 삶의 현상에 충실하다고 평가한다.[33] 이처럼 불교는 서

---

29) Friedrich Nietzsche, KSA 12, 5(71), 213쪽. 니체전집 19, 266쪽.
30) Friedrich Nietzsche, GM, III 27, KSA 5, 409쪽. 니체전집 14, 538쪽.
31) Friedrich Nietzsche, AC, 20, KSA 6, 186쪽. 니체전집 15, 236쪽.
32) 니체와 불교를 철학적으로 비교한 모든 연구들은 이 점에서 일치하고 있다. Freny Mistry, *Nietzsche and Buddhism : Prolegomena to a Comparative Study*, 9쪽과 Robert G. Morrison, *Nietzsche and Buddhism : A Study in Nihilism and Ironic Affinities*(Oxford · New York : Oxford University Press, 1997)를 참조할 것.
33) Friedrich Nietzsche, KSA 11, 25(163), 56쪽. 니체전집 17, 72쪽 : "유럽인들의 특성 : 말과 행동 사이의 모순. 동양인은 일상적 삶에서 자신에게 충실하다."

양이 현재 직면하고 있는 수동적 허무주의를 극복하고 도달해야 할 능동적 허무주의의 미래를 의미한다.

그렇다면 불교에 대한 니체의 이중적 평가는 어디에서 기인하는 것인가? 여기서 우리는 불교에 대한 니체의 관심이 주로 역사적이었음에 주목할 필요가 있다.[34] 니체는 전통에 대한 비판적 태도에서 자신과 부처 사이에 유사성이 있다고 주장한다. 니체가 서양 형이상학에 내재하고 있는 허무주의의 역사를 최초로 인식했다면, 부처는 베단타 철학의 형이상학적 관념론의 문제점을 인식하고 진실한 무신론에 도달했다는 것이다. 우리는 이러한 사실로부터 서양의 형이상학적 이원론뿐만 아니라 베단타 철학 같은 관념론적 일원론 역시 허무주의를 산출할 수 있다는 것을 추론할 수 있다.

니체는 실제로, 그가 불교를 수동적 허무주의로 규정할 때에는, 불교를 베단타 철학과 혼동하는 경향이 있다. 니체는 초기에 쇼펜하우어의 영향을 받아 불교와 베단타 철학을 동일한 것으로 파악하기도 한다. 예컨대 니체는 《비극의 탄생》에서 "현상들의 소용돌이 속에는 영원한 삶이 계속 흐르고 있다는 형이상학적 위안"을 "불교적 문화"[35]로 소개하고 있지만, 이는 엄밀히 말해서 아트만과 브라만의 일치를 주장하는 베단타 철학을 불교로 혼동하고 있는 것이다. 베단타 철학은 소아와 대아, 인간과 우주를 실체로 파악하면서도 두 실체는 근본적으로 하나라고 전제한다. 그렇기 때문에 베단타 철학에서는 "덕을 더 쌓음으로써 구원이 실현되지 않는다. 왜냐하면 구원은 더 이상의 완전함을 성취할 필요가 없는 브라만과의 합일에 있기 때문이다".[36] 니체는 베단타 철학의 구원 사상에는 존경을 표

---

34) Robert G. Morrison, *Nietzsche and Buddhism : A Study in Nihilism and Ironic Affinities*, 15쪽.

35) Friedrich Nietzsche, GT, 18, KSA 1, 115~116쪽. 니체전집 2, 135쪽. 이에 관해서는 Freny Mistry, *Nietzsche and Buddhism : Prolegomena to a Comparative Study*, 20쪽 이하를 참조할 것.

하면서도 아트만과 브라만의 합일은 결국 삶을 부정하는 "깊은 잠"[37]에 지나지 않는다고 비판한다. 다시 말해 인간과 우주의 신비적 합일을 절대화하는 일원론적 관념론 역시 삶을 부정하는 허무주의를 산출한다는 것이다.

베단타 철학에 대한 니체의 비판은 아시아적 사유가 삶과 현실을 긍정하는 실증주의적 성격이 있음에도 불구하고 허무주의로 빠질 수 있다는 '동양 허무주의의 논리'를 명확하게 드러내고 있다. 그것은 다름 아닌 일원론적 형이상학이다. 니체는 불교가 베단타 철학의 형이상학을 극복하고 삶을 긍정하는 긍정적 철학에 도달했지만 시간이 지나가면서 부처의 철학적 동기를 망각하고 베단타 철학의 형이상학으로 퇴보했다고 암시하고 있는 것이다. 이런 맥락에서 니체는 베단타 철학을 서양의 형이상학을 보편화시킨 사도 바울과 동일시한다. 니체에 의하면 그들은 결국 "자신의 몸을 기만"[38]으로 간주하고 현실을 부정한다. 그뿐만 아니라 베단타 철학의 금욕주의자들은 "신체적인 것을 환영으로 격하시키고, 동시에 고통이나 다수성도, '주관'과 '객관'이라는 개념의 대립 전체도 환영으로 격하시킬"[39] 것이다. 니체는 이러한 "정신의 피상성"[40]보다 더 위험한 것은 없다고 비판하면서 "모든 사유의 가치를 평가할 수 있는 토대는 바로 몸의 신뢰성"[41]이라고 단언한다. 니체는 몸을 형이상학적 일원론의 관점에서 단순한 가상으로 파악하고 있는 베단타 철학을 비판하고 있는 것이다.

---

36) Friedrich Nietzsche, GM, III 17, KSA 5, 381쪽. 니체전집 14, 502쪽.
37) Friedrich Nietzsche, 같은 책, 같은 곳 : "깊은 잠이란 이미 브라만에게로 몰입해가는 것이며, 신과의 신비적 합일unio mystica을 성취함을 의미한다."
38) Friedrich Nietzsche, KSA 11, 36(36), 566쪽. 니체전집 18, 378쪽.
39) Friedrich Nietzsche, GM, III 12, KSA 5, 364쪽. 니체전집 14, 482쪽.
40) Friedrich Nietzsche, KSA 11, 27(62), 290쪽. 니체전집 17, 386쪽.
41) Friedrich Nietzsche, KSA 11, 39(18), 627쪽. 니체전집 18, 457쪽.

어느 시대에나 정신을 믿는 것보다 우리의 가장 확실한 존재, 간략히 말해 자아로서의 몸을 믿는 것이 훨씬 낫다……몸에 대한 믿음은 잠정적으로 언제나 정신에 대한 믿음보다 훨씬 더 강한 믿음이다. 몸에 대한 믿음을 파고들고자 하는 사람은 이와 마찬가지로 가장 근본적으로—정신의 권위에 대한 믿음 역시 파고들 것이다![42]

니체와 불교는 형이상학을 부정한다는 점에서 일치한다. 니체와 서양 형이상학의 관계가 배타적인 것처럼 불교와 베단타의 철학 역시 형이상학적 차원에서 배타적이다. 불교 역시 아트만과 브라만의 형이상학적 실체를 부정하고 세계를 있는 그대로 파악하는 현상주의 철학을 추구한다. 이런 맥락에서 니체는 불교가 인식론에서도 "엄격한 현상주의"[43]를 보이고 있다고 강조하는 것이다. 불교는 수동적 허무주의가 아니다. 니체는 단지 부처의 철학적 동기를 망각하고 우주와의 신비적 합일을 추구하는 일원론적 형이상학으로 퇴보하면 동양 허무주의 역시 삶을 부정하는 깊은 잠에 빠질 수 있음을 경고하는 것이다. 그렇기 때문에 허무주의가 서양의 문제일 뿐만 아니라 우리의 문제이기도 하다는 점을 인정한다면, 우리는 동양 허무주의에 내재하고 있는 일원론적 형이상학의 유혹을 분명하게 인식하고 부처의 현상주의에 주목할 필요가 있는 것이다.

---

42) Friedrich Nietzsche, KSA 11, 36(36), 566쪽. 니체전집 18, 377~378쪽.
43) Friedrich Nietzsche, AC, 20, KSA 6, 186쪽. 니체전집 15, 236쪽.

3. 불교와 능동적 허무주의

　서양의 형이상학이 존재를 실체로 파악하고 절대화함으로써 허무주의를 산출했다면, 불교적 동양 허무주의는 형이상학에 대한 철저한 비판을 통해 탄생했다. 니체에 의하면 부처는 형이상학과 허무주의의 관계를 예리하게 통찰한 최초의 철학자이다. '모든 것은 무이다' 라는 명제로 서술될 수 있는 불교의 "진실하고 무조건적인" 무신론은 우리가 진리를 추구하는 한 도달할 수밖에 없는 "마지막 발전 과정의 하나"[44]이다.

　　무신론은 그 마지막 발전 과정의 하나일 따름이며, 그 추리 형식이나 내적 논리적 결론의 하나일 따름이다. 이것은 이천 년에 걸친 진리를 향한 훈련의 장중한 파국이며, 이것은 마침내 신에 대한 신앙에서의 허위를 스스로 금하게 한 것이다. (이와 같은 전개 과정은 인도에서도 있었지만, 완전히 독립적으로 전개된 것이며, 따라서 이것은 그 무엇인가를 입증한다. 똑같은 이상이 어쩔 수 없이 동일한 귀결에 이르게 된다. 결정적인 점에 이른 것은 유럽의 기원보다 5세기 전에 부처와 함께였다.)[45]

　서양 형이상학의 밑바탕을 이루고 있는 진리에의 의지를 그 극단까지 몰고 가면, 서양은 결국 존재의 무상성과 진리의 허구성에 도달한다는 것이다. 서양 형이상학이 처음에는 존재와 가상의 이원론에서 출발했지만 존재를 어떻게 인식할 수 있는가 하는 문제를 철저하게 파고들수록 "하나의 결론에서 또 다른 결론을 이끌어낸 다음, 결국에는 자기 자신에 반하는

---

44) Friedrich Nietzsche, GM, III 27, KSA 5, 409쪽. 니체전집 14, 537쪽.
45) Friedrich Nietzsche, 같은 책, 같은 곳.

가장 강력한 결론"[46]에 도달하게 된다는 것이다. 이처럼 니체와 불교는 모두 형이상학에 대한 철저한 비판을 통해──또는 형이상학의 철저한 실현을 통해──진실한 무신론에 도달한 것이다.

> 모든 위대한 것은 그 스스로에 의해, 즉 자기 지양의 활동에 의해 몰락해간다. 생명의 법칙이, 생명의 본질 속에 있는 필연적인 '자기 극복'의 법칙이 이러한 것을 원하는 것이다……진리를 향한 의지가 이와 같이 스스로를 의식하게 될 때, 이제부터─이것은 의심의 여지가 없다─도덕은 몰락하게 된다. 이 것은 유럽의 다음 2세기를 위해 아껴 남겨둔 100막의 저 위대한 연극이며, 모든 연극 가운데 가장 무서운, 가장 의심스러운, 아마 가장 희망에 차 있기도 한 연극일 것이다.[47]

여기서 니체는 동양과 서양이 동일한 결론에 도달할 수 있음을 암시하고 있다. 동양은 우리의 몸과 이 세상을 철저하게 긍정하는 직관을 통해, 그리고 서양은 진리에의 의지를 극단적으로 실현함으로써 허무주의의 본질을 인식할 수 있다는 것이다. 니체는 이러한 무신론만이 형이상학의 타당성 상실로 인해 야기된 수동적 허무주의를 극복할 수 있다고 믿는다. 수동적 허무주의가 형이상학적 전제 조건으로부터 벗어나지 못한 까닭에 존재의 타당성 상실을 단지 부정적으로만 받아들인다면, 능동적 허무주의는 이를 오히려 삶의 긍정적 조건으로 설정한다. "진리는 없다. 사물에는 어떤 절대적 특성도 없다. '물자체'는 존재하지 않는다─이것이야말로 허무주의이다, 그것도 가장 극단적인 허무주의이다."[48] 니체가 서양 형이상

---

46) Friedrich Nietzsche, 같은 책, 410쪽. 니체전집 14, 539쪽.
47) Friedrich Nietzsche, GM, III 27, KSA 5, 410~411쪽. 니체전집 14, 538~540쪽.
48) Friedrich Nietzsche, KSA 12, 9(35), 351쪽. 니체전집 20, 24쪽.

370 니체, 실험적 사유와 극단의 사상

학의 계보를 비판적으로 해체함으로써 이러한 결론에 도달한다면, 부처는 우리에게 나타나는 삶을 있는 그대로, 즉 삶으로서 인식하는 현상주의만이 형이상학을 비판할 수 있는 유일한 방법이라고 역설한다.

　서양이 진정한 세계에 대한 형이상학적 믿음으로 시작했다면, 불교는 현실의 무상(無常)에서 출발했다. 니체는《우상의 황혼》에서 서양 형이상학을 "오류의 역사"라고 규정하면서 "진정한 세계가 마침내 우화가 되어버린 과정"을 간단하게 그리고 있다. 첫째 단계에서 현자에게만 도달할 수 있는 것으로 전제되었던 진정한 세계는 두 번째 단계에서는 도달할 수는 없지만 약속된 세계로, 세 번째 단계에서는 도달할 수도 없고 약속할 수도 없지만 하나의 의무로 사유될 수 있는 세계로 서술되고, 네 번째 단계에서는 도달하지 못한 세계일 뿐만 아니라 미지의 세계로 묘사된다. 존재에 대한 형이상학적 믿음으로 시작한 서양은 마침내 존재의 인식 불가능성을 통찰하게 된 것이다. 다섯 번째 단계에서 니체는 "진정한 세계"의 이념은 아무런 의미와 가치가 없는 것으로 드러났으니 이제는 "그것을 폐지하자!"라고 제안한다. 그렇지만 능동적 허무주의가 전통에 대한 비판과 부정으로 그치지 않는다는 사실은 이 역사의 마지막 단계인 여섯 번째 단계에서 분명하게 드러난다. "우리는 진정한 세계를 폐지하였다. 어떤 세계가 남아 있는가? 어쩌면 가상의 세계가? 그러나 아니다! 우리는 진정한 세계와 함께 가상의 세계도 폐지하였다."[49]

　서양 형이상학은 마침내 존재와 현실 사이에는 단지 정도의 차이만 있을 뿐이라는 불교적 인식에 도달한 것이다. 이런 관점에서 보면 불교의 동양 허무주의는 형이상학이 자신의 논리를 극단까지 몰고 가면 도달할 수

---

49) Friedrich Nietzsche, GD, Wie die wahre Welt endlich zur Fabel wurde, KSA 6, 81쪽. 니체 전집 15, 103~104쪽. 불교와의 연관 관계에 관해서는 Robert G. Morrison, *Nietzsche and Buddhism : A Study in Nihilism and Ironic Affinities*, 11쪽 이하를 볼 것.

밖에 없는 필연적 결과이다. 니체가 "실재(實在) 일반[가상성(假象性) = 고통]에 대한 불교의 부정은 완전한 귀결"이라고 단언하는 까닭이 여기에 있다. "생성하는 세계에서 '실재' 란 항상 실천적 목적을 위한 단순화에 지나지 않는다"면 '자아', '영혼', '존재', '실재'의 이념은 근본적으로 자기모순이라고 할 수 있다. "비(非)존재와 존재를 대립시켜야 한다는 점과 '생성'의 개념이 부정된다는 사실로부터 논리적 세계 부정과 허무화(虛無化)의 결론이 나온다"[50]는 것이다. 세계에 대한 부정은 결과적으로 현실을 이원론적으로 파악하는 형이상학에서 기인한다. 니체와 불교의 접점은 바로 여기에 있다.

형이상학적 세계관의 부정으로 시작하는 능동적 허무주의는 현실을 존재가 아닌 생성의 관점에서 바라본다. 존재는 우리가 삶의 실천적 목적을 위해 만들어낸 단순화의 개념이라는 점에서 이차적 의미만을 가진다. 우리의 삶과 현실은 결코 배후에 존재하는 이념을 반영하는 가상(假象)이 아니고 생성의 과정에서 우리에게 나타나는 덧없는 가상(假想)일 뿐이다. 니체와 불교는 이처럼 현실의 어떤 것도 형이상학적 실체로 파악될 수 없다는 능동적 허무주의를 대변한다. 그렇다면 능동적 허무주의는 현실을 어떻게 파악하며 또 어떤 점에서 삶과 현실 자체를 부정하는 수동적 허무주의의 문제점을 극복할 수 있는 것인가? 여기서 우리는 능동적 허무주의가 이제까지 형이상학에 의해 배제되었던 삶의 현상들을 복권시키고 있다는 사실에 주목할 필요가 있다. 영혼에 의해 한갓 허상으로 전락했던 몸(Leib, 身)이 삶 자체의 현상으로 재인식되고, 형이상학이 그토록 제거하려고 노력했던 고통(Leiden, 苦)이 본래의 의미를 획득하고, 모든 고통의 원인으로 파악되었던 의지(Wille, 欲)는 삶의 근원적 충동으로 재해석된다. 불교의 철

---

50) Friedrich Nietzsche, KSA 12, 9(62), 368쪽 이하. 니체전집 20, 44쪽.

학이 니체의 철학을 통해 현대 서양의 문제점을 해결할 수 있는 능동적 허무주의로 재구성될 수 있는 까닭이 여기에 있다.

특히 몸은 니체와 불교에 의한 형이상학 비판의 중심을 이룬다. 몸은 형이상학적 실체를 부정하고 나면 우리에게 남는 유일한 현상이다. 니체는 "몸에 대한 믿음이 영혼에 대한 믿음보다 훨씬 더 기본적"[51]이라고 말한다. 영혼에 대한 믿음은 몸을 몸으로서, 즉 하나의 현상으로서 관찰할 수 없는 비과학적 태도의 논리적 곤란에서 생겨났다는 것이다. 몸을 하나의 현상으로 고찰하면 몸은 다양성 그 자체이다. 니체에 의하면 "몸은 커다란 이성이며, 하나의 의미를 가진 다양성이며, 전쟁과 평화이다"[52]. 그렇다면 근본적으로 다양성인 몸이 왜 무시되고 '자아', '인격', '영혼' 같은 형이상학적 실체가 가정된 것일까? 니체에 의하면 그것은 생성을 생성으로서 해석할 수 없는 무능력 때문이다. 어떤 현상이 일어나면 우리는 그 배후에 이 현상의 원인과 주체가 있다고 생각한다는 것이다. 그러므로 니체는 현상을 "아무런 의도가 없는 사건"[53]으로 해석하고자 한다. 이런 관점에서 보면 "생각의 근원은 우리에게 감추어져 있다. 그것은 모든 감정이 그런 것처럼 어떤 포괄적인 상태의 징후에 지나지 않을 개연성이 크다".[54]

삶의 관점에서 보면 우리에게는 모든 사건과 체험에 대한 다양한 관점의 평가만이 있을 뿐인데 우리는 항상 하나의 주체를 가정한다. 예컨대 영

---

51) Friedrich Nietzsche, KSA 12, 2(102), 112쪽. 니체전집 19, 139쪽.
52) Friedrich Nietzsche, Za, Von den Verächtern des Leibes, KSA 4, 39쪽. 니체전집 13, 51쪽.
53) Friedrich Nietzsche, KSA 12, 2(83), 102쪽 이하. 니체전집 19, 127쪽. 철학자들은 사건을 의미하는 독일어 'Geschehen'을 '생기(生起)'로 번역하는 경향이 있다. 이 번역 용어는 어떤 현상이 생성되어 일어난다는 뜻을 함축하고 있기 때문에 철학적으로 정확하지만, 여기에서는 '일어난 일'을 지칭할 때보다 일반적으로 사용되는 '사건'으로 번역했다.
54) Friedrich Nietzsche, KSA 11, 26(92), 174쪽과 38(1), 596쪽. 니체전집 17, 229쪽.

혼 개념과 밀접한 관련이 있는 기억은 "유기체적 생명체가 하는 체험의 집합"[55]일 뿐인데도 우리는 여기서 기억을 영원히 재생산하고 재인식하는 영혼으로 가정한다는 것이다. 기억은 이미 경험된 것들이 지속될 수 있도록 분리하고 종합하는 몸의 과정일 뿐이다. 마찬가지로 우리는 의식을 우리의 내면에 있는 모든 합목적적인 활동의 원인으로 간주하지만, 의식은 본래 "단순화의 기관"이며 "상호 이해를 위한 수단"[56]일 뿐이다. 이처럼 니체는 다양한 힘의 활동 장소인 몸이 훨씬 더 근원적이며 '자아', '의식', '영혼'은 표면에 나타난 징후에 불과하다고 주장한다.[57]

니체가 현실을 삶(生)의 관점에서 파악하는 생리주의자라면 부처 역시 "생리주의자 그 자체"[58]이다. 불교 역시 삶을 다양성의 현상으로 파악한다. 우리가 어떤 현상을 분석할 때 그것은 실제의 생성을 대상으로 하는 것이 아니라 "전혀 일어나지 않는 허구의 '기계적' 분류와 첨가"와 관련이 있다는 니체의 통찰은 불교에서도 대체로 받아들여진다. 우리가 어떤 아이에게서 그의 부모의 요소를 다시 발견하는 것도 오직 "집합체"의 개념을 통해서만 가능하다. "어떤 새로운 것을 설명하려면 우리는 무의식적으로 이것을 하나의 집합이나 연합적 질서로 파악하고자"[59] 한다는 것이다. 불교는 우리의 몸을 이러한 다양한 힘들의 집합체khandhas로 파악한다. 불교에서도 자아는 감각samajna, 감정vedana, 의지samskaras, 의식vijnana

---

55) Friedrich Nietzsche, KSA 11, 26(94), 175쪽. 니체전집 17, 230쪽. KSA 11, 40(29), 644쪽과 40(34), 645쪽을 참조할 것.

56) Friedrich Nietzsche, KSA 11, 26(52), 161쪽. 니체전집 17, 213쪽. KSA 13, 11(145), 68쪽을 참조할 것.

57) Friedrich Nietzsche, KSA 10, 7(273), 324쪽 : "다수로서의 개인Das Individuum als Vielheit". KSA 11, 34(123), 461쪽. 니체전집 18, 242쪽 : "인간은 어떤 위계질서 안에 있는 다수의 힘들이다."

58) Freny Mistry, *Nietzsche and Buddhism : Prolegomena to a Comparative Study*, 7쪽. 저자는 같은 맥락에서 불교를 "위생의 체계system of hygiene"로 규정한다.

59) Friedrich Nietzsche, KSA 11, 34(122), 461쪽. 니체전집 18, 242쪽.

의 합성물이다. 우리는 흔히 감각이 성립하기 위해서는 감각 주체와 감각 대상이 그 자체로서 실재해야 한다고 생각하지만 현상으로서 실재하는 것은 감각뿐이라는 것이다. 보고 듣고 느끼는 현상만이 하나의 사건으로서 실재할 뿐, "볼 수 있고 들을 수 있고 느낄 수 있는 실체는 불교 교리에서 인정되지 않는다"[60]. 불교는 니체와 마찬가지로 현상의 배후에 이를 움직이는 실체가 존재하지 않는다고 전제한다. 모든 현상은 하나의 집합체 dhammas이고, 모든 집합체는 비아(非我)anatta이며, 삶과 현실은 근본적으로 무인 것이다. 이처럼 니체와 불교의 능동적 허무주의는 형이상학적 실체를 부정함으로써, 몸을 영혼의 지배로부터 해방시켜 하나의 현상으로 파악할 수 있는 새로운 토대를 획득한다.

4. 미래의 윤리—운명애와 니르바나

니체와 불교는 몸을 삶과 현실에 대한 해석의 실마리로 삼고 있다는 점에서 일치하고 있음에 틀림없지만, 이것으로써는 니체와 불교 사이에 존재하고 있는 편견이 완전히 제거될 수 없다. 니체가 서양 허무주의를 계보학적으로 해체함으로써 삶을 긍정하는 미래의 철학을 추구한다면, 불교는 대체로 현실을 부정한다는 편견으로부터 자유롭지 않기 때문이다. 불교가 수동적 허무주의를 극복할 수 있는 미래의 윤리로 재구성되려면 이 점이 명확하게 해명되어야 한다. 불교가 의지와 행위를 부정함으로써 고통 자

---

60) H. Oldenberg, *Buddha : Sein Leben, seine Lehre, seine Gemeinde*, 2nd ed.(Berlin, 1890), 275쪽. Freny Mistry, *Nietzsche and Buddhism : Prolegomena to a Comparative Study*, 54쪽에서 재인용. Robert G. Morrison, *Nietzsche and Buddhism : A Study in Nihilism and Ironic Affinities*, 103쪽 이하를 참조할 것.

체인 현실로부터의 해방을 추구한다는 통념의 핵심에는 '고통'과 '의지'의 개념이 자리 잡고 있다. 불교는 실제로 의지를 부정함으로써 고통으로부터의 해방을 추구하는가? 불교는 정말, 니체가 쇼펜하우어를 통해 이해하고 있는 것처럼, "존재하는 것보다는 오히려 존재하지 않는 것"[61]을 원하는가?

불교는 수동적 허무주의의 현상으로 파악될 때에만 삶을 부정하고 현실로부터 도피하는 철학으로 해석된다. 니체는 능동적 허무주의의 관점에서 불교를 재해석함으로써 불교가 삶과 현실을 긍정하는 철학이라는 점을 분명하게 보여준다. 이런 맥락에서 니체는 영원회귀 사상을 "불교의 유럽적 형식"으로 규정한다. "우리 이 사상을 가장 두려운 형식으로 사유해보자. 의미와 목표도 없는, 그렇지만 피할 수 없이 회귀하는, 무에 이르는 피날레도 없는, 존재하는 그대로의 실존 : '영원한 회귀'."[62] 니체는 정신이 강할 때에만 이런 믿음을 견뎌낼 수 있다고 강조한다. 그렇다면 니체는 영원회귀로부터의 해방을 추구하는 불교를 뒤집어 해석함으로써 영원회귀 자체를 현실을 긍정할 수 있는 철학적 전제 조건으로 설정하는 것인가? 불교의 영원회귀 사상은 정말 현실에 대한 부정을 함축하고 있는 것인가? 이러한 물음은 결국 고통과 의지에 관한 해석으로 이어진다.

니체는 불교가 현실을 인정하는 가장 실증주의적인 종교라고 평가하면서 "불교는 더 이상 '죄와의 투쟁'을 말하지 않고 '고통과의 투쟁'을 말한다"고 덧붙인다. 니체에 의하면 불교는 자기 기만적인 도덕 개념을 극복하고 이미 "선악의 피안에 서 있다"는 것이다. 불교는 도덕적 의미의 죄보다는 생리적 고통에 초점을 맞추고 있기 때문에 "기도"와 "금욕"을 배제

---

61) Friedrich Nietzsche, KSA 13, 14(123), 304쪽 : "besser nicht sein als sein". 니체전집 21, 123쪽.
62) Friedrich Nietzsche, KSA 12, 5(71), 213쪽. 니체전집 19, 265~266쪽.

할 뿐만 아니라 칸트의 정언 명법도 강요하지 않는다.[63] 이 모든 것들은 고통을 강화할 뿐이기 때문이다. 여기서 니체가 주목하는 것은 결코 '실존은 고통이다'라는 명제가 아니라 고통의 제거를 실존의 목적으로 설정하는 수동적 태도이다. 마음의 안정을 찾기 위하여 고통에 저항하는 불교에 대해 니체는 이렇게 말한다. "고통의, 엄청난 고통의 훈련―오직 이러한 훈련만이 지금까지 인간의 모든 향상을 이루어왔다는 사실을 그대들은 알지 못하는가?"[64] 니체는 고통을 통해 오히려 삶의 깊이를 성찰할 수 있다고 생각한다. 그는 "그러한 고통이 우리를 개선할지는 의심하지만, 그것이 우리를 심오하게 만든다는 사실은 알고 있다"[65]고 말한다. 니체는 고통 자체에 도덕적 힘을 부여하지는 않지만 고통이 우리를 삶의 본질로 인도할 수 있다는 점을 인정하는 것이다. 그렇기 때문에 니체는 "지금까지 인류에게 널리 퍼져 있던 저주는 고통이 아니라 고통의 무의미였다"[66]고 단언한다.

불교에서 '고통의 단절dukkha-nirodha'이 '열반nirvana'과 동일시된다면, 불교는 정말 '고통dukkha'을 부정적으로만 파악하고 '고통의 단절'을 추구하는 것인가? 이 질문에 답하려면 우리는 다시 한번 니체의 말에 귀를 기울일 필요가 있다. 니체는 두 가지 종류의 고통을 구별한다. 하나는 "삶의 충만으로 인한 고통"이며, 다른 하나는 "삶의 궁핍에 의한 고통"이다.[67] 전자가 불행을 짊어지고 감내하고 해석하고 이용하는 독창성과 용기를 필요로 하는 디오니소스적 고통이라면, 후자는 안정과 자신으로부터

---

63) Friedrich Nietzsche, AC, 20, KSA 6, 187쪽. 니체전집 15, 237쪽.
64) Friedrich Nietzsche, JGB, VII 225, KSA 5, 161쪽. 니체전집 14, 210쪽.
65) Friedrich Nietzsche, FW, Vorrede 3, KSA 3, 350쪽. 니체전집 12, 28쪽.
66) Friedrich Nietzsche, GM, III 28, KSA 5, 411쪽. 니체전집 14, 540쪽.
67) Friedrich Nietzsche, FW, 370, KSA 3, 620쪽. 니체전집 12, 373쪽.

의 구원을 찾는 수동적 의미의 고통이다. 불교 역시 고통 자체를 부정하지 않는다. 생(生), 노(老), 병(病), 사(死)의 삶 자체가 고통이라면, 고통을 부정하고 어떻게 생을 긍정할 수 있겠는가? 불교는 오히려 삶의 본질을 통찰하지 못한 무지만이 고통sankhara-dukkhata을 산출한다고 전제한다.[68] 불교는 바로 삶의 역동적 성격을 올바로 성찰하지 못한 데서 기인하는 이 고통으로부터의 해방을 추구하는 것이다. 그러므로 불교의 고통 해방은 현실의 부정을 의미하기보다는 인간은 고통을 통해 스스로 극복할 수 있다는 사상을 함축하고 있다.

우리가 고통을 제거하지는 못하지만 승화시킬 수는 있다는 니체와 불교의 통찰은 의지의 문제에도 해당한다. 니체는 《도덕의 계보》를 끝맺는 마지막 문장에서 이 점을 분명히 한다. "인간은 의욕하지 않으려 하기보다는 오히려 무(無)를 의욕한다."[69] 현실과 관련하여 고통이 아니라 고통의 무의미가 문제인 것처럼 우리는 의지 자체보다는 의지의 성격에 관심을 기울여야 한다는 것이다. 니체는 쇼펜하우어가 말하는 형이상학적 의미의 "'의지'는 존재하지 않는다"[70]고 단언한다. 배후에서 모든 행위와 사건을 조정하는 의지는 단지 다양한 현상들을 단순화하기 위하여 오성이 만들어낸 개념일 뿐이라는 것이다. 니체에 의하면 의지 역시 삶과 마찬가지로 다양성 그 자체이다. "의지—모든 의욕 속에는 다수의 감정들이 하나로 결합되어 있다."[71] 의지는 감정과 사고의 복합체일 뿐만 아니라 무

---

68) 이에 관해서는 Robert G. Morrison, *Nietzsche and Buddhism. A Study in Nihilism and Ironic Affinities*, 32쪽 이하를 볼 것.

69) Friedrich Nietzsche, GM, III 28, KSA 5, 412쪽 : "lieber will noch der Mensch das Nichts wollen, als nicht wollen". 니체는 이 명제에서 행위의 부정을 뜻하는 nicht와 실체를 뜻하는 명사적 의미의 Nichts를 대립시킴으로써 의욕의 부정 자체가 불가능함을 강조하고 있다. 니체전집 14, 541쪽.

70) Friedrich Nietzsche, KSA 10, 24(34), 663쪽. 니체전집 19, 233쪽.

엇보다 명령과 복종의 지배 체제이다. 그렇기 때문에 의지는 근본적으로 다양한 감정들에 하나의 통일성과 지배 질서를 부여하는 자기 극복의 행위로 이해된다. "'의지의 자유'—이것은 명령하고 동시에 명령을 수행하는 자와 스스로를 일치시키는, 의지하는 자의 다양한 쾌락 상태를 나타내는 말이다."[72] 이처럼 니체는 의지 자체를 권력에의 의지로 파악함으로써 의지 자체를 부정하는 것이 아니라 자기 극복의 의지를 추구한다.

그렇다면 욕망tanha을 고통의 원인으로 파악하는 불교는 쇼펜하우어가 생각하는 것처럼 의지의 부정을 추구하는 것인가? 불교 역시 니체처럼 의지를 하나의 실체로 파악하지 않는다. 불교에서 의지는 상호 연관된 감정의 역동적 과정이지 결코 행위의 주체가 아니다. 니체가 말하는 것처럼 불교에서는 "모든 욕망, 즉 정념과 피를 만드는 모든 것이 행위를 계속하게 만든다. 오직 이 점에 있어서만 우리는 악(惡)을 경계해야 한다는 것이다. 왜냐하면 행위는 우리를 실존할 수 있도록 하기 때문이다".[73] 이처럼 불교는 욕망이 행위를 산출하고, 행위가 실존을 유지시키며, 실존은 영원히 반복된다고 전제한다. 우리가 욕망을 가지고 있는 한 우리는 윤회samsara로부터 벗어날 수 없는 것이다. 그렇다면 이러한 욕망에 따라 산다는 것은 현실의 고통을 인정하는 것을 의미하기 때문에 불교의 관점에서 보면 자기모순이다. 그렇기 때문에 니체는 "행위해서는 안 된다"[74]는 것이 불교의 원칙이라고 단언한다.

그러나 불교는 결코 욕망을 부정하지 않는다. 몸의 현상으로서 욕망은 실존의 토대일 뿐만 아니라 도덕적으로도 중립적 성격을 가지고 있다. 불

---

71) Friedrich Nietzsche, KSA 11, 38(8), 606쪽. 니체전집 18, 430쪽.
72) Friedrich Nietzsche, JGB, I 19, KSA 5, 33쪽. 니체전집 14, 39쪽.
73) Friedrich Nietzsche, KSA 12, 10(190), 569~570쪽. 니체전집 20, 280쪽.
74) Friedrich Nietzsche, KSA 13, 14(107), 286쪽. 니체전집 21, 101쪽.

교는 몸과 세계의 성격을 올바로 성찰하지 못한 욕망만이 고통을 산출한다고 전제한다. 이와는 반대로 삶의 역동적 성격을 올바로 파악한 욕망은 스스로의 한계를 인식하고 진정한 만족을 가져다준다. 이런 관점에서 보면 무지avijja의 욕망이 고통을 산출한다면, 지혜vijja의 욕망은 열반으로 인도한다. 여기서 우리는 불교가 욕망과 행위 자체를 부정하는 것이 아니라 욕망의 승화를 통한 자기 극복을 추구하고 있음을 알 수 있다.[75]

형이상학적 초월 세계에 대한 철저한 부정은 결국 니체와 부처에 의해 삶과 현실의 인정으로 승화된다. 니체의 운명애amor fati와 불교의 열반은 각각 형이상학적 이원론이 야기한 수동적 허무주의를 극복할 수 있는 미래의 윤리로 제시되고 있다. 니체가 영원회귀 사상으로부터 운명애의 개념을 이끌어내고 있다는 사실에서 불교의 열반이 윤회로부터의 단순한 해방을 의미하지 않음을 추론할 수 있다. 불교에서는 욕망이 고통을 낳고, 고통은 결국 윤회를 야기한다. 그렇지만 앞서 살펴본 것처럼 욕망은 승화될 수 있을지언정 제거될 수 있는 것이 아니라면 우리는 윤회로부터 완전히 해방될 수 없는 것이다. 그렇다면 불교의 윤회는 어떤 윤리적 의미를 함축하고 있는 것인가?

니체는 표면적으로 보면 불교와는 정반대로 영원회귀를 실존의 긍정적 조건으로 설정한다. 니체는 영원회귀 사상을 처음 언급한 《즐거운 학문》에서 한 악령의 입을 빌려 이렇게 말한다.

너는 지금 살고 있고 지금까지 살아온 삶을 다시 한번, 아니 수없이 여러 번 다시 살아야만 할 것이다. 거기에 새로운 것이라고는 아무것도 없을 것이다.

---

75) 이에 관해서는 Robert G. Morrison, *Nietzsche and Buddhism : A Study in Nihilism and Ironic Affinities*, 147쪽 이하를 참조할 것.

일체의 고통과 기쁨, 일체의 사념과 탄식, 네 생애의 일일이 열거하기 어려운 크고 작은 일들이 네게 다시 일어날 것이다.

악령은 이렇게 말한 다음 간단하게 결론을 내린다. "'너는 이것이 다시 한번, 또는 수없이 계속 반복되기를 원하는가?' 라는 질문은 최대의 비중으로 너의 행위 위에 놓이게 될 것이다! 아니면 이 최후의 영원한 확인과 봉인 이외에는 아무것도 원하지 않기 위하여 너는 얼마만큼 너 자신과 삶에 충실해야 할 것인가!"[76] 니체에 의하면 현실을 인정한다는 것은 이 삶의 영원한 반복을 원한다는 것이며, 영원회귀를 인정한다는 것은 결국 존재를 부정한다는 의미에서 무를 원한다는 것이다. 이러한 추론의 과정을 거꾸로 읽으면 불교적 무, 즉 열반을 원한다는 것은 곧 영원회귀를 인정하고 삶에 충실하다는 것을 의미한다. 이렇게 니체는 불교의 윤회 사상을 거꾸로 재구성함으로써 불교의 열반이 욕망과 고통으로부터 해방된 초월세계가 아니라 삶을 현실 속에서 실현할 수 있는 자기 극복임을 암시하고 있다.

영원회귀의 관점에서 현실의 인정은 동시에 과거의 인정을 함축한다. 현실 속에 있는 과거를 인정하지 않고서 어떻게 미래의 질서를 창조할 수 있단 말인가? 그렇기 때문에 니체는 "인간에게서 과거를 구원하고, 의지가 '내가 그렇게 원하였다! 그래서 나는 그것을 원할 것이다'라고 말할 때까지 모든 과거를 변형시켜라"[77]라고 제안한다. 니체에 의하면 현재와 과거 사이에는 결코 인과 관계가 성립하지 않기 때문에 과거를 총체적으로 구원하려면 과거를 우연의 관점에서 해석할 필요가 있다는 것이다. "모든

---

76) Friedrich Nietzsche, FW, 341, KSA 3, 570쪽. 니체전집 12, 315쪽.
77) Friedrich Nietzsche, Za III, Von alten und neuen Tafeln, KSA 5, 249쪽. 니체전집 13, 322쪽.

결합의 엄청난 우연적 성격을 증명하는 것, 이로부터 인간의 행위 하나하나가 앞으로 다가올 모든 것에 막대한 영향을 무한히 행사하게 된다는 결론이 나온다. 그가 뒤돌아보면서 전체 운명에 신성하게 바치는 저 동일한 경외심을 그는 자기 자신에게도 함께 바쳐야 한다. 나는 운명이다Ego fatum."[78] 여기서 니체는 우리가 과거의 우연적 성격을 인정할 때에만 현재의 우연적 조건으로부터 우리의 삶을 창조할 수 있다고 말하는 것이다.

니체의 운명애는 현실에의 수동적 적응을 강요하는 숙명론이 결코 아니다. 그것은 자신의 삶을 창조하기 위하여 삶의 우연을 두려워하지 않는 능동적 태도이다. 간단히 말해 "최고의 운명론은 우연과 동일하며 창조적인 것과 동일하다".[79] 니체의 운명애가 의지를 부정하는 숙명론이 아닌 것처럼 불교의 열반 역시 현실로부터 벗어난 초월 세계를 의미하지 않는다. 그렇다면 니체의 관점에서 보면 불교의 열반과 윤회는 어떤 관계에 있는가? 열반은 한편으로 윤회로부터의 해방을 의미하지만, 다른 한편으로는 형이상학적 초월 세계를 부정한다는 점에서 현실 속에서만 실현될 수 있다. 그렇다면 열반은 현실 속의 자기 극복을 의미한다. 불교에서 현재는 어떤 의미에서 과거이다. 과거의 행위들은 현재의 사건들이 일어나는 데 관여하기 때문이다. 그렇기 때문에 현재의 삶 속에서 우리의 의지를 승화시킨다는 것은 과거 행위의 결과를 극복함으로써 미래의 삶을 풍요롭게 하는 결과를 초래한다. 이런 관점에서 보면 열반은 결국 윤회를 윤회로서 인정한다는 것을 의미한다. 윤회가 없으면 열반이 있을 수 없다.[80] 니체는 이처럼 불교의 윤회 사상을 적극적으로 재해석함으로써 이 세계를 긍정할

---

78) Friedrich Nietzsche, KSA 11, 25(158), 55쪽. 니체전집 17, 70쪽.
79) Friedrich Nietzsche, KSA 11, 27(71), 292쪽. 니체전집 17, 389쪽.
80) 이에 관해서는 Freny Mistry, *Nietzsche and Buddhism : Prolegomena to a Comparative Study*, 163쪽을 볼 것.

수 있는 새로운 철학을 제시한다.

불교에 대한 니체의 해석은 이처럼 우리에게 동양 허무주의를 현대적으로 재구성할 수 있는 가능성을 제시한다. 니체는 불교를 수동적 허무주의와 능동적 허무주의의 이중적 관점에서 비판적으로 분석함으로써 동양 허무주의의 철학적 지평을 해명했다. 동양 허무주의는 일차적으로 현실을 부정하는 것처럼 보이지만 그 밑바탕에 있는 반(反)형이상학적 요소로 인해 현실을 긍정할 수 있는 미래의 철학으로 발전할 수 있다는 것이다. 불교는 니체에 의해 형이상학 이후의 시대에 현실을 해석할 수 있는 철학적 대안으로 재구성되고 있는 것이다. 니체는 물론 동양의 무가 실체화되면 서양의 형이상학과 마찬가지로 수동적 허무주의를 야기할 수 있음을 지적한다. 그러므로 우리는 동양의 무를 서양의 존재와 형이상학적 차원에서 대립시키는 오류를 범하지 말고 오히려 동양 허무주의를 현실에 충실할 수 있는 자기 극복의 윤리로 발전시켜야 한다.

에필로그

———

무엇이 니체를 우리의
동시대인으로 만드는가

———

나와 내 작품들은 별개다. — 내 작품들에 대해 말하기 전에 여기서 나는 그것들이 이해되고 있다는, 혹은 그것들이 이해되지 못한다는 문제를 다루어 본다. 나는 이. 문제를 적절한 정도로 느슨하게 다루겠다. 왜냐하면 이 문제를 다루기에는 아직은 때가 아니기 때문이다. 나 자신의 때도 아직은 오지 않았다. 몇몇 사람은 사후에야 태어나는 법이다.

—프리드리히 니체, 《이 사람을 보라》(1888)

오늘날 니체 없이는 철학이 무엇일 수 있는가를 이해하지 못한다.

—귄터 피갈, 《니체. 하나의 철학적 입문》(1999)

니체는 음식이 아니다. 그는 하나의 자극제이다.

—폴 발레리, 《수첩》(1902)

나는 유일한 니체주의가 있다고 생각하지 않는다. 진정한 니체주의가 있다거나 또는 나의 니체주의가 다른 것보다 더 진실하다고 믿을 어떤 근거도 존재하지 않는다.

—미셸 푸코, 《비판 이론/지성사》(1983)

1. 모던과 포스트모던 사이의 니체

　고전적 텍스트들은 그에 대한 해석들보다 더 오래 산다. 영원한 생명력이 있는 고전들은 대체로 시대 구분을 뛰어넘기 때문이다. 플라톤과 아리스토텔레스는 고대 철학자이지만 항상 새롭게 읽히고 있으며, 칸트와 헤겔은 근대 철학자이지만 어떤 면에서는 현대 철학자들보다 더 현대적일 수 있다. 물론 이와 같은 시대 구분 역시 역사를 발전의 과정으로 파악한 근대 철학의 산물이라는 점은 부인할 수 없다. 여기서 바로 '현대성'의 개념은 혼란스러워진다. 무엇이 현대적인가?

　스스로를 과거의 시대와 구분하여 '현대적'이라고 이해하는 역사적 시대의 구분은, 현대성의 개념이 불투명한 것만큼이나 불분명하다. 현대 철학은 무엇이며 또 언제부터 시작되는가? 우리는 이 물음에 대한 대답이 현대성을 어떻게 이해하느냐에 따라 달라질 수 있다는 것을 쉽게 알 수 있다. 어떤 사람은 현대 철학의 시점을 헤겔 이후의 시기로 설정할 수도 있겠지만, 현대 철학은 니체와 함께 비로소 시작되었다고 할 수 있다. 하이데거의 말을 조금 변형해 표현하자면, 니체라는 이름이 대변하는 사태는 바로 현대성이다. 니체는 "진정한 의미의 현대 철학자이다".[1] 단 한 가지 해결되지 않은 것은 그의 현대성이 어디에 있는가 하는 문제이다.

이 물음은 니체의 철학적 입장을 규정하는 데 결정적이다. 니체는 현대적 철학자인가 아니면 포스트모던 사상가인가? 물론 한때 유령처럼 유럽의 지성 세계를 휩쓸었던 포스트모더니즘의 개념 자체가 명료하지 않기 때문에 그렇기도 하겠지만,[2] 니체는 그의 철학을 해석하는 관점에 따라 현대성의 철학자가 되기도 하고 또 포스트모더니즘의 선구자로 이해되기도 한다. 여기서 우리는 두 가지 중요한 사실을 확인한다. 하나는 포스트모더니즘에 관한 논의가 보여주듯이 현대성의 개념 자체가 다의적이라는 것이며, 다른 하나는 모더니즘과 포스트모더니즘의 논의에는 반드시 니체가 언급된다는 것이다.

포스트모더니즘은 더 이상 단순히 모더니즘 이후의 역사적 시기로 이해되지 않는다. 포스트모더니즘에 반대적 입장을 취하는 하버마스도 모더니즘을 "미완의 기획"[3]으로 판단하며, 포스트모더니즘의 대변자인 리오타르 역시 포스트모더니즘이 현대성에 대한 성찰적 태도를 함축하고 있음을 부인하지 않는다. 설령 모더니즘과 포스트모더니즘을 변증법적 관계로 파악하지 않는다고 하더라도 양자가 내면적으로 밀접하게 결합되어 있음을 부인할 수 없다. 철학적 사유가 니체에 의해 "탈현대로 진입"[4]했다는 하버마스의 입장을 받아들인다면, 우리는 전환점으로서의 니체를 통해 현

---

1) Günter Figal, *Nietzsche. Eine philosophische Einführung*(Stuttgart : Reclam, 1999), 34쪽.
2) 이에 관해서는 Umberto Eco, *Nachschrift zum 'Namen der Rose'*, B. Kroeber (übers.)(München · Wien, 1984), 77쪽을 참조할 것.
3) Jürgen Habermas, "Die Moderne—ein unvollendetes Projekt", *Kleine politische Schriften I~IV* (Frankfurt am Main : Suhrkamp, 1981), 444~464쪽을 참조할 것.
4) J. Habemas, *Der philosophische Diskurs der Moderne*. 한국어판 : 위르겐 하버마스,《현대성의 철학적 담론》, 111쪽을 참조할 것.

대성의 핵심에 도달할 수도 있고 또 포스트모더니즘의 실험적 시도를 이해할 수도 있을 것이다.

　니체의 철학은 현대적 성격과 탈현대적 성격을 동시에 함축하고 있다. 그뿐만 아니라 그의 실험적 사유는 포스트모더니즘 논의에서 중요한 의미를 갖고 있는 예술에 기반을 두고 있다. 실제로 '니체' 와 '예술' 을 제외하고는 포스트모더니즘에 관한 논의가 불가능하다고 해도 과언이 아니다. 그렇다면 니체를 이렇게 두 얼굴의 철학자로 만드는 핵심 요인은 어디에 있는 것인가? "현대성의 담론에 니체가 끼어들면서 논증은 근본적으로 변화한다"[5]는 하버마스의 말을 받아들인다면, 무엇이 도대체 변화한 것인가? 하버마스는 현대성의 논리를 '계몽의 변증법' 에서 찾으면서 니체가 이성을 내재적으로 비판하는 이러한 "변증법과 결별하였다"[6]고 단언한다. 이에 반해 비판 이론의 창시자인 아도르노와 호르크하이머는 니체를 "헤겔 이후 계몽의 변증법을 인식한 몇 안 되는 사람"[7]에 속한다고 말한다. 이런 맥락에서 보면 모더니즘은 이성의 내재적 비판을 통해 이성을 수정하는 계몽의 극단화이며, 포스트모더니즘은 서양의 전통 이성이 한계에 도달했다는 인식을 통해 '다른 이성' 을 탐색하는 시도라고 할 수 있다.[8] 우리는 니체에게서 마치 숨은 그림을 찾는 것처럼 이 두 계기를 동시에 발견한다.

　니체는 모순적이고 동시에 극단적인 철학자이다. 니체의 사상은 모순

---

5) 위르겐 하버마스,《현대성의 철학적 담론》, 113쪽.

6) 위르겐 하버마스,《현대성의 철학적 담론》, 114쪽.

7) M. Horkheimer · Th. W. Adorno, *Dialektik der Aufklärung : Philosophische Fragmente*(Frankfurt am Main : Fischer, 1969), 50쪽.

8) 이에 관해서는 A. Wellmer, *Zur Dialektik von Moderne und Postmoderne—Vernunft-Kritik nach Adorno*(Frankfurt am Main : Suhrkamp, 1985), 48쪽을 참조할 것. 그에 의하면 포스트주의에서 "종말의 파토스"와 "계몽의 극단화의 파토스"의 두 계기가 발견된다.

으로 가득 차 있을 뿐만 아니라 모든 사유의 대상을 가능한 한 끝까지 몰고 간다는 점에서 극단적이다. 철학에 미친 니체의 다양한 영향은 그의 사상을 하나의 체계로 재구성하는 것이 불가능하다는 것을 극명하게 보여주고 있다. 니체에 대한 철학자들의 해석과 평가는 다양성을 넘어 대립적이고 모순적이기도 하다. 그렇다면 니체의 철학이 극단적으로 다양하게 해석됨에도 불구하고 한결같이 현대적이라고 평가받는 이유는 무엇일까? 현대가 스스로를 이해하는 방식이 어쩌면 니체에게서 가장 극명하게 드러나기 때문일 것이다.[9] 따라서 니체의 현대성은 종종 거론되는 것처럼 그의 철학의 예술적 성격에 국한되는 것이 아니라 근본적으로 과거와 현재를 바라보는 관점과 지각 방식의 문제이다.

이처럼 내면적으로 모순적이고 대립적인 철학을 파악하기는 쉽지 않다. 그렇다면 니체의 철학적 근본 입장을 어떻게 파악해야만 하는 것인가? 니체의 현대성은 어디에 있는 것인가? 많은 사람들은 현대성에 관한 니체의 발언들을 정리하거나 현대 철학에——더욱 정확하게 말하자면 후기구조주의와 같은 현재의 철학에——수용된 니체의 사상을 재구성함으로써 이 물음에 답할 수도 있을 것이다.[10] 우리는 여기서 반대의 접근 방식을 택하고자 한다. 만약 니체가 많은 사람들이 인정하는 것처럼 현대적 철학자 그 자체라고 한다면, 니체의 '철학적 태도'에서 현대성의 본질과 내용을 추론할 수 있을 것이다.

우리가 니체의 철학적 태도 또는 철학적 질문의 방식에 주목하는 데는 나름의 이유가 있다. 만약 우리가 위험한 철학자 니체에게 감염된다면, 우

---

9) 니체의 현대성에 관해서는 Alexander Nehamas, "Nietzsche, Modernity, Aestheticism", *Internationale Zeitschrift für Philosophie* 2(1994), 180~200쪽을 참조할 것.
10) 후기구조주의에 끼친 니체의 영향에 관해서는 Alan D. Schrift, *Nietzsche's French Legacy : A Genealogy of Poststructuralism*을 참조할 것.

리를 감염시키는 것은 그의 철학적 텍스트이기보다는 "니체의 도전"[11]이다. 니체의 철학 자체가 다양성을 추구할 뿐만 아니라 그의 글들이 대부분 다의적이기 때문에 그의 글에서 현대성과 관련된 특정한 명제를 뽑아내어 분석하는 것은 문제의 이해에 커다란 도움이 되지 않는다. 니체의 글은 그 내용을 확정하는 순간 이미 다양한 의미로 분절되고 변화되고 상대화되기 때문이다. 니체 글쓰기의 미로에서 벗어나 그의 사상을 올바로 파악하고자 한다면, 우리는 개별적 명제에 대해 어느 정도 거리를 두고 "니체의 철학 안에서 작용하고 있는 사상의 운동이 무엇인지를 파악하려고"[12] 시도해야 한다. 우리가 현대성이 여전히 각인돼 있는 우리의 삶에 문제를 제기하는 방식을 니체의 철학함에서 배우고자 한다면 더욱 그렇다.

2. 니체 사상의 '현대성'

우리는 우리의 삶과 시대를 이해하기 위하여 니체를 인용하고 또 이용한다. 니체가 철학적으로 인용되는 방식을 보면, 니체의 철학적 영향사(史)는 마치 '현대를 살고 있는 우리는 누구인가?', '무엇이 현대적인가?'라는 물음에 대한 다양한 대답들과 다를 바 없는 것처럼 보인다. 이 시도들의 다양성에도 불구하고 한 가지 분명한 공통점은 니체를 철저하게 특수하고 철저하게 급진적인 철학자로 이해하고 있다는 점이다. 니체와 함께

---

11) Michel Foucault, "Critical Theory/Intellectual History", Michel Foucault, *Politics, Philosophy, Culture : Interviews and Other Writings 1977~1984*, L. D. Kritzman (ed.), Jeremy Harding (trans.)(New York : Routledge, 1988), 33쪽.

12) Günter Figal, *Nietzsche : Eine philosophische Einführung*, 33쪽. 강조는 필자에 의한 것임. 여기서 말하는 사상의 운동Gedankenbewegung은 어떤 사상의 정합성을 밑받침하는 논리적 규칙을 의미하는 것이 아니라 니체가 평생 추구했던 '삶의 연관성'을 뜻한다.

철학은 새로운 상황에 놓이게 되었고, 철학함의 방식이 근본적으로 달라졌으며, 무엇보다도 전통과 철학의 관계가 근본적으로 변화했다.

니체와 함께 달라진 것은 무엇이며 또 무엇이 니체에게서 현대적인가? 우리는 이 물음에 대해 대체로 세 가지 입장을 구별할 수 있다. 첫째, 니체는 전통 철학에 대한 철저한 비판자로서 현대적이다. "학문은 예술가의 광학으로 바라보지만, 예술은 삶의 광학으로 바라본다"[13]라는 명제가 분명히 말해주고 있는 것처럼 니체는 전통의 형이상학적 이성을 삶으로 환원시키고, 전통 철학의 개념, 범주 및 사상들이 삶에 대한 왜곡에서 생겨났다는 점을 적나라하게 폭로한다. 간단히 말해 니체는 모든 "전래된 역사적 실체"와의 "완전한 단절"[14]을 실행한 것이다. 니체의 급진적 비판으로 침식되거나 붕괴되지 않은 전통 형이상학의 개념들은 존재하지 않는다. 이성은 삶을 왜곡하는 수단으로 밝혀져 포기되고, 진리는 보편적 거짓말이라고 폭로되며, 도덕은 약자들의 승리로 평가된다. 이 점에서 니체는 절대적으로 현대적이다. 이성과 이상에 대한 환상도 갖고 있지 않으며, 드러나는 현실 앞에서 과거로 역행하지도 않는다. 여기서 현대적이라 함은 옛 것에 의지하지 않으면서 이루어지는 자기주장, 즉 철저한 독립의 주장과 지속적인 극복의 역학을 의미한다.

니체의 현대성은 특히 그의 이성 비판에서 극명하게 드러난다. 니체는 이성의 문제를 그 극단까지 추적했다는 점에서 (마르크스의 의미에서) 철저하게 급진적이다. 이 과정에서 진리에의 의지는 권력에의 의지임이 폭로된다. 니체의 이성 비판은 특히 두 가지 독해 방식으로 읽힌다. 하나는 니체의 이성 비판이 비판의 수위를 넘어 결국은 "이성의 파괴"[15]로 이어

---

13) 프리드리히 니체, 《비극의 탄생》, 니체전집 2, 12쪽.
14) Karl Jaspers, *Nietzsche : Einführung in das Verständnis seines Philosophierens*(Berlin · Leipzig, 1936), 392쪽.

진다는 해석이고, 다른 하나는 이성의 독립성이 삶과의 연관 관계에서 제한되어야 한다는 관점이다. 루카치는 니체에게서 이성의 파괴를 확인할 수 있다고 믿었으며, 하버마스는 다른 관점에서 니체의 이성 비판이 궁극적으로 이성 자체를 해체할 수 있다고 주장한다. 이에 반해 아도르노와 호르크하이머는 니체의 정신으로 돌아가 전통적 이성이 간과하고 부인했던 삶의 연관성을 복원하고자 한다.

물론 니체의 이성관은 의식의 작은 이성과 몸의 큰 이성을 구분하는 그의 입장에서 알 수 있듯이 그렇게 간단하지 않다. 그가 전통의 형이상학적 이성은 비판하지만 이성 자체를 부정하지 않는 것은 분명하다. 니체는 이성에 관한 논의에 '진실성'의 문제를 도입함으로써 우리의 삶에 기여할 수 있는 '다른 이성'을 추구할 뿐이다. 이러한 유형의 이성이 니체에게서 이미 발견되고 있든 아니면 아직 탐색의 단계에 있든, 우리가 이 문제를 해결해야 한다면 니체의 이성 비판은 여전히 현대적이다.

둘째, 니체는 서양 형이상학의 완성자로서 현대적이다. 하이데거는 잘 알려진 것처럼 니체를 전통에 대한 논쟁적 저술가로서가 아니라 순수한 철학자로서 서술한다. 하이데거는 여기서 멈추지 않고 한 걸음 더 나아가 니체의 철학은 근본적으로 "서양 형이상학의 완성"[16]이라고 주장한다. 니체가 전통 형이상학이 진정한 세계로 추구했던 초감성적 지성 세계를 하나의 가상으로 폭로한 것은 사실이지만 전통 형이상학의 존재에 대한 문제제기 방식에서는 벗어나지 못했다는 것이다. 니체는 자신이 전통 형이상학을 극복했다고 생각하지만 사실은 "인지할 수 없게 되어버린 동일한

15) Georg Lukács, *Die Zerstörung der Vernunft : Der Weg des Irrationalismus von Schelling zu Hitler*(Berlin · Weimar, 1988).
16) Martin Heidegger, "Die ewige Wiederkehr des Gleichen und der Wille zur Macht", *Nietzsche II*(Pfullingen : Neske, 1961), 7쪽.

것〔형이상학〕에 스스로를 기만하여 얽혀든 것"[17]이라는 것이다. 간단히 말해 니체의 철학은 하이데거에 의하면 반(反)형이상학적 형이상학이다.

니체가 전통 철학을 비판했지만 실제로는 가장 위대한 서양 철학자에 속한다는 인식은 우리를 충분히 혼란스럽게 만들 수 있다. 만약 니체가 서양 형이상학을 완성한 마지막 철학자라고 한다면, 그는 어떤 점에서 현대적인가? 니체와 서양 형이상학의 연관성을 강조한 하이데거 자신의 말은 이 물음과 관련하여 많은 것을 시사한다. "그렇다면 니체는 그를 둘러싸고 있는 소란으로 미루어 생각되는 것처럼 전혀 현대적modern이지 않은 것인가? 그렇다면 니체는 스스로 그렇게 행동하는 것처럼 보이지만 전혀 전복적이지 않은 것인가? 이러한 걱정들의 해소는 절박하지 않으며, 따라서 고려되지 않을 수 있다. 이와는 반대로 니체가 서양 철학이 제기하는 물음의 궤도 안에 있다는 지적은 니체가 철학이 무엇인지 알고 있었다는 점을 분명하게 밝혀줘야만 한다. 이러한 지식은 드물다. 오직 위대한 사상가만이 이러한 지식을 소유한다."[18] 니체는 서양 형이상학이 끊임없이 제기했던 동일한 문제를 그 나름의 방식으로, 즉 이제까지와는 전혀 다른 방식으로 문제 삼고 있는 것이다. 니체에게서 가장 현대적인 것은 바로 이와 같은 철학적 물음의 제기 방식이다. 니체는 철학적 질문을, 하이데거의 표현에 의하면, "가장 순수하게" 제기하기 때문에 그는 전통적 철학의 틀 안에 있으면서 동시에 밖에 있는 것이다. 그렇지만 하이데거는 니체의 철학적 물음에만 관심을 가지고 니체만의 독보적인 질문 방식은 간과하고 있

---

17) Martin Heidegger, *Gesamtausgabe*, Bd. 50, Petra Jäger (Hrsg.)(Frankfurt am Main : Klostermann, 1990), 232쪽. 이에 관해서는 Martin Heidegger, "Nietzsches Metaphysik : Vorlesungsmanuskript 1941~1942", *Gesamtausgabe*, Bd. 50, Petra Jäger (Hrsg.)(Frankfurt am Main, 1990), 1~87쪽을 참조할 것.

18) Martin Heidegger, "Der Wille zur Macht als Kunst", *Nietzsche I*(Pfullingen : Neske, 1961), 12쪽.

는 것처럼 보인다. 철학함의 방식이 니체와 함께 달라졌기 때문에 "오늘날 니체 없이는 철학이 무엇일 수 있는가를 이해하지 못한다".[19] 니체는 예전에는 알려지지 않은 방식으로 철학을 극적으로 표현했기 때문이다.

셋째, 니체는 철학적 글쓰기의 저자와 예술가로서 현대적이다. 니체는 전통 형이상학을 직접적으로 비판할 뿐만 아니라 자신의 텍스트들이 갖고 있는 다의성을 통해 이미 전통 철학의 주장을 무력화한다. 다양한 의미를 함축하고 있는 텍스트의 저자로서, 즉 새로운 지평을 열어놓은 글쓰기의 예술가로서 니체는 훨씬 더 현대적인 영향력을 발휘한다. 전통 철학이 예술을 단순한 인식의 수단으로 평가했다면, 니체는 그의 철학적 사유의 초기부터 예술에서 철학함의 고유한 모델을 발견했다. 니체에게는 삶이 예술이고, 세계도 오직 하나의 예술 작품으로서만 정당화될 수 있다. 그렇다면 세계를 사유하는 철학의 방식 역시 예술적이어야 하지 않는가? 세계를 표현하는 언어 역시 예술이어야 하지 않는가?

니체는 데리다의 표현에 따르면 기표를 로고스와의 의존 관계에서 해방시킨다.[20] 이제까지 언어가 명료한 사상을 표현하는 불명료한 외면적 도구로 인식되었던 것과는 달리 의미를 산출하는 것은 문자와 텍스트이다. 니체가 주장하는 것처럼 언어로부터 독립된 어떤 존재도 없고 실체도 없다면, 우리가 인식하고 표현해야 할 근원적인 의미도 존재하지 않는다. 존재하는 것은 우리와 세계의 관계뿐이다. 세계를 이해하는 과정에서 우리는 우리가 이미 집어넣은 의미만을 다시 끄집어낼 수 있을 뿐이라고 하지 않는가? 그렇기 때문에 니체는 문자와 텍스트, 그리고 읽기를 보다 근원적인 것으로 파악한다.

---

19) Günter Figal, *Nietzsche : Eine philosophische Einführung*, 9쪽.
20) Jacques Derrida, *Grammatologie*, 36쪽.

니체의 텍스트에도 역시 하나의 체계로 논리적으로 재구성될 수 있는 근원적인 것은 존재하지 않는다. 다양한 실험들과 다양한 텍스트들만이 존재할 뿐이다. 니체의 텍스트들은 근본적으로 하나의 생명체처럼 살아 움직이기 때문에 완전히 해명되지 않는다. 우리가 니체를 특정한 관점으로 규정하려는 순간 항상 해석자의 접근에서 벗어나는 무엇인가가 모습을 드러낸다. 그렇기 때문에 니체를 정확하게 이해하려면 '예술로서의 읽기'가 필요하다. 니체는 자신의 반시대성을 이렇게 말한다. "오늘날 바로 가장 많이 잊힌 것—그렇기 때문에 나의 저서들이 읽힐 수 있으려면 아직 시간이 필요하다—이 잊힌 것을 위하여 우리는 거의 소가 되어야 하지만 아무튼 '현대인'일 필요는 없다 : 되새김질."[21] 그가 말하는 되새김질의 읽기 방식은 어떤 점에서 현대인의 그것과 다른 것인가? 이러한 되새김질의 대상이 서양 전통 형이상학일 수 있다는 점을 인정한다면, 니체의 현대성은 결국 그의 되새김질 방식에 있다고 할 수 있다.

3. 현대성의 실험적 성격과 니체의 '실험 철학'

니체는 분명 현대에 속하면서도 현대를 뛰어넘는 철학자이다. 그의 철학적 사유는 시대성과 반(反)시대성을 동시에 함축하고 있다. 그가 예견한 것처럼 니체가 이해하는 바의 삶과 가르침을 살고 또 가르치는 기관도 존재하고 '차라투스트라'를 해석하는 일에 전념하는 교수들도 있는 것이 사실이지만 그의 철학은 명료한 대답 대신에 여전히 수많은 질문만을 제기할 뿐이다. 니체는 진정한 의미의 위대한 철학자인가? 만약 그가 위대한

---

21) Friedrich Nietzsche, GM, Vorrede 8, KSA 5, 256쪽.

철학자라면, 니체 사상의 위대성은 어디에 있는가? 만약 그가 전통 철학과는 명확하게 구별되는 이질성에도 불구하고 철학자라고 한다면, 그의 사유 방식의 '새로움'은 어떻게 정의될 수 있는 것인가? 니체를 읽으면 읽을수록 이러한 질문들이 더욱 강렬하게 제기된다는 사실에서 우리는 다시 한번 니체 사상의 내면적 다의성을 확인할 수 있다. 니체가 때로는 전통 철학의 비판자로서 그리고 때로는 그 완성자로서 현대성을 대변하는 것도 이 때문이다.

그렇지만 니체를 가장 현대적으로 만드는 것은 니체가 "미래 철학의 서곡"[22]으로서 추구했던 실험의 철학이라고 할 수 있다. 니체는 항상 자신이 시대에 앞서 사유하고 있다는 점을 강조한다. "나와 내 작품들은 별개다.―내 작품들에 대해 말하기 전에 여기서 나는 그것들이 이해되고 있다는, 혹은 그것들이 이해되지 못한다는 문제를 다루어본다. 나는 이 문제를 적절한 정도로 느슨하게 다루겠다. 왜냐하면 이 문제를 다루기에는 아직은 때가 아니기 때문이다. 나 자신의 때도 아직은 오지 않았다. 몇몇 사람은 사후에야 태어나는 법이다."[23] 니체는 스스로 시대에 적합하지 않다고 생각했을 뿐만 아니라 자신의 사유는 철저하게 미래에 맞추어져 있다고 강조한다. "나는 다가오고 있으며, 더 이상 달리 올 수 없는 것을 기술한다. 허무주의의 도래."[24] 니체의 현대성은 이처럼 미래의 문제로 제시된 허무주의를 사유하는 방식으로 압축된다. 니체에 의하면 허무주의가 바로 현대의 문제이며, 허무주의를 그 극단까지 몰고 가는 니체의 실험적 사유가 현대성을 대변한다.

---

22) Friedrich Nietzsche, JGB, *Vorspiel einer Philosophie der Zukunft*, KSA 5, 9쪽. 니체전집 14, 7쪽.
23) Friedrich Nietzsche, EH, Warum ich so gute Bücher schreibe, KSA 6, 288쪽. 니체전집 15, 375쪽.
24) Friedrich Nietzsche, KSA 13, 11(411), 189쪽. 니체전집 20, 518쪽.

현대성은 실험 정신에 바탕을 두고 있다. 니체가 현대의 특성으로 서술하는 허무주의는 근본적으로 규범적 방향의 상실이다. 방향을 설정하는 자신의 척도를 더 이상 다른 시대의 모범들로부터 차용할 수 없기 때문에 현대는 "자신의 규범성을 자신으로부터 스스로 창조해야만 한다".[25] 새로운 시대의 시작으로 규정되는 현대는 끊임없이 "새로운 것"을 스스로 탄생시켜야 한다. 물론 우리는 새로운 것novus과 현대적인 것modernus을 구별해야 한다.[26] 현대적인 것은 모두 필연적으로 새롭지만 새로운 것이라고 해서 모두 현대적인 것이 아니라면, 현대성은 미래의 새로운 것을 개척하는 실험 정신에 토대를 두고 있다고 할 수 있다.

니체가 현대적인 것은 그가 바로 이와 같은 실험 정신을 가장 탁월한 방식으로 보여주고 있기 때문이다. 니체의 철학적 사유 자체가 실험이다. 니체가 진리의 탐구자에 머물지 않고 "진리를 시험함으로써 또한 자신의 독자들을 시험하는 유혹자"[27]로 우리에게 다가오는 까닭이 여기에 있다. 전통 철학에 대한 니체의 극단적 비판과 미래 철학을 개척하려는 그의 시도는 언뜻 모순적인 것처럼 보이지만 실제로는 실험 정신을 통해 연결된다. 전통 철학에 대한 그의 비판은 외견상 철학 자체를 파괴하고 부정하는 것처럼 보인다. 니체는 철학이 무엇인가 병적인 것, 폭력적인 것을 갖고 있다고 주장한다. "형이상학과 철학은 가장 비옥한 영역을 폭력적으로 장악하려는 시도들"[28]이라는 것이다.

---

25) Jürgen Habermas, *Der philosophische Diskurs der Moderne*, 16쪽. 한국어판 : 위르겐 하버마스, 《현대성의 철학적 담론》, 26쪽.

26) 이에 관해서는 Frederic Jameson, *A Singular Modernity : Essay on the Ontology of the Present* (London · New York : Verso, 2002), 18쪽을 참조할 것.

27) K. Löwith (Hrsg.), *Nietzsche—Zeitgemässes und Unzeitgemässes*(Frankfurt am Main · Hamburg, 1956), 25쪽.

28) Friedrich Nietzsche, *Nachgelassene Fragmente*. Anfang 1875 bis Ende 1879, KSA 8, 40(21), 583쪽. 강조는 필자에 의한 것임.

무엇이 니체로 하여금 철학을 이렇게 극단적으로 부정하게 했는가? 1888년에 남겨진 한 단편은 이 물음에 대해 분명한 답을 제시한다. "퇴폐 décadence로서의 철학. 철학자들은 왜 중상자인가? 감각에 대한 철학자들의 악의적이고 맹목적인 적대감. 우리를 속이는 것은 감각이 아니다!"[29] 니체가 전통 철학을 퇴폐로 보는 이유는 간단하고 명료하다. "철학의 역사는 삶의 전제 조건들, 삶의 가치 감정, 그리고 삶의 편을 드는 것에 대한 비밀스러운 분노이다. 철학자들은 어떤 한 세계를 긍정하는 데 주저하지 않았다. 단지 그 세계가 우리가 살고 있는 이 세계와 모순되고 또 그 세계가 우리가 살고 있는 이 세계에 관해 나쁘게 말할 동기를 제공한다고 가정한다면 말이다. 그것은 이제까지 위대한 **중상**의 학파였다."[30] 니체에 의하면 전통 철학은 감각에 대해 적대적이고, 우리의 삶 자체를 중상하고 비방했기 때문에 퇴폐적인 것이다. 만약 이제까지의 철학이 폭력적이고 퇴폐적이고 반생명적이라고 한다면, 철학의 어떤 면이 여전히 우리에게 의미가 있는 것일까?

　　니체는 어느 곳에서도 이 물음에 대한 명료한 대답을 제시하지 않는다. 그는 헤겔이 시도한 것처럼 철학을 논리적으로 정당화하지 않는다. 니체가 철학을 위해 할 수 있는 최대의 정당화는 어쩌면 그가 철학적으로 사유한다는 사실뿐일지도 모른다. 그의 철학적 사유는 일차적으로 전통 철학을 극단적으로 시험하기 때문이다. 그는 이렇게 스스로를 실험의 철학자로 이해한다.

　　내가 삶을 통해 구현하는 것과 같은 그러한 **실험-철학**Experimental-Philosophie

---

29) Friedrich Nietzsche, KSA 13, 14(134), 317~318쪽. 니체전집 21, 140쪽.
30) Friedrich Nietzsche, 같은 책, 318~319쪽. 니체전집 21, 141쪽. "중상의 학파Schule der Verleumdung"의 강조는 니체 자신에 의한 것임.

은 원칙적 허무주의의 가능성들 자체를 시험적으로 선취한다. 그렇다고 이 철학이 하나의 아니오, 하나의 부정, 하나의 부정에의 의지에 머물러 있다고 말하는 것은 아니다. 그것은 오히려 정반대의 것에 이르려고 한다—아무런 공제, 예외, 선별도 없이 있는 그대로의 세계에 대한 디오니소스적 긍정에 이르려고 한다—그것은 영원한 순환을 원한다.—동일한 사물들, 매듭들의 동일한 논리와 비논리. 한 철학자가 도달할 수 있는 최고의 상대 : 실존에 대해 디오니소스적 입장을 취하는 것—: 그에 대한 나의 공식은 운명애amor fati이다.[31]

전통 철학이 우리가 살고 있는 이 구체적 세계를 비방했다면, 니체는 새로운 사유를 통해 이 세계를 긍정하고자 한다. 더욱 정확하게 표현하면, 니체는 이 세계를 있는 그대로 긍정할 수 있는 새로운 사유를 실험적으로 시도한다.

니체는 과거의 전통 철학을 시험함으로써 미래의 철학을 실험한다.[32] 니체가 전통 철학과 관계를 맺는 방식도 실험이며, 그가 미래의 사유를 시도하는 방식도 실험이다. 그렇다면 니체는 전통 철학을 어떻게 시험하는가? 앞서 언급된 것처럼 니체는 "종래 철학의 반(反)감성적 성격이 인간의 가장 어리석은 짓"이라고 말하면서 이렇게 강조한다. "우리는 우리의 감각들을 그리고 그것에 대한 믿음을 굳건히 잡고 있으려 한다. 그리고 그것을 끝까지 사유하고자 한다zu Ende denken."[33] 우리는 여기서 니체 실험 철학의 두 가지 측면을 끄집어낼 수 있다. 하나는 전통 철학에 의해 배제된

---

31) Friedrich Nietzsche, KSA 13, 16(32), 492쪽. 니체전집 21, 355쪽.
32) 이런 입장에 관해서는 F. Kaulbach, *Nietzsches Idee einer Experimentalphilosophie*(Köln · Wien : Böhlau, 1980) ; Volker Gerhardt, "'Experimental-Philosophie'. Versuch einer Rekonsgtruktion", *Kunst und Wissenschaft bei Nietzsche*(Würzburg : Königshausen & Neumann, 1986), 45~61쪽 ; Reinhart Maurer, "Nietzsche und das Experimentelle", 7~28쪽을 참조할 것.
33) Friedrich Nietzsche, KSA 11, 25(438), 128쪽. 니체전집 17, 167쪽.

타자의 관점에서 전통 철학을 뒤집어 사유한다는 것이고, 다른 하나는 그 것을 그 극단까지 사유한다는 것이다. 전복(顚覆)과 실험은 이처럼 니체 사유의 특징이다.

니체가 실험의 관점에서 전통과 미래를 연결하고자 한다면, 이제까지 의 철학에서도 경직된 교리의 체계가 아니라 사유의 실험적 성격이 발견 되어야 한다. 그렇다면 이제까지의 철학사 뒤에 숨겨진 다른 사유의 역사 가 존재하고 있는 것은 아닌가? 니체는 전통 철학을 삶의 관점에서 재구 성함으로써 새로운 철학의 토대를 마련하고자 한다. 이런 맥락에서 니체 는 전통 철학을 한편으로는 "어떤 오류의 역사"[34]로 재구성하고, 다른 한 편으로는 이러한 재구성 과정에서 드러나는 다른 하나의 숨겨진 역사를 통해 실험 철학을 창의적으로 구성한다. 이 역사에 의하면 전통 형이상학 의 이원론은 그것이 인류의 가장 오래된 그리고 가장 커다란 오류로 인식 되고 부정될 때까지 일련의 발전 단계를 거친다. 플라톤에 의한 이원론의 기초 단계, 그에 대한 기독교적 재해석과 절대화, 칸트에 의한 이원론의 도덕화, 그리고 실증주의적 비판과 부정을 관통하면서 전통 철학은 해체 된다. 그렇지만 참된 세계와 함께 가상 세계도 없애버리는 이 허무주의의 역사는 니체에게 우리가 살고 있는 이 세계의 구체적 성격을 다시 획득하 는 계기를 제공한다.

전통 철학의 해체를 통해 새로운 미래의 철학을 창조하려면, 우리는 물 론 전통 철학 속에서 다른 사유의 역사를 볼 수 있어야 한다. 그렇기 때문 에 니체는 실험 철학의 관점을 이렇게 서술한다. "철학의 숨겨진 역사, 그 위대한 이름들의 심리학이 내게 분명하게 드러났다. '어떤 정신이 얼마나

---

34) 이에 관해서는《우상의 황혼》의 유명한 글〈어떻게 '참된' 세계가 결국 우화가 되어버렸는가〉 를 참조할 것. Friedrich Nietzsche, *Götzen-Dämmerung*, KSA 6, 80~81쪽. 니체전집 15, 103~104 쪽.

많은 진리를 견디어내고 또 얼마나 많은 진리를 감행하는가?—이것이 내게는 참된 가치 척도가 되었다."[35] 이제까지의 철학사가 진리에의 의지에 의해 쓰였다면, 니체가 폭로하고자 하는 은폐된 역사는 권력 의지의 관점에서 기술될 수 있을 것이다. 여기서 우리는 니체가 전통 철학을 비판한다고 해서 철학 자체를 포기하는 것은 아님을 분명히 알 수 있다. 니체는 철학을 삶으로 환원시킴으로써 철학적 사유를 하나의 삶의 양식으로 복원하려고 한다. 왜냐하면 니체에게 철학자는 "위대한 사상가일 뿐만 아니라 진정한 인간"[36]이기 때문이다.

니체에게 삶은 바로 실험 그 자체이다. 니체는 이러한 인식을 《아침놀》에서 간단한 잠언으로 명확하게 표현한다. "우리는 실험으로 존재한다. 우리는 역시 그렇게 존재하기를 바라는가!"[37] 어쩌면 이 문장을 직역하는 것이 니체의 의도를 더욱 분명하게 전달할 수도 있다. "우리는 실험들이다." 우리의 존재 자체가 실험과 다를 바 없다는 것이다.

> 우리는 우리의 덕성과 선한 행위를 실험하며, 목표의 관점에서 그것이 필수적인지는 확실히 알지 못한다. 우리는 의심을 제기해야 하며, 모든 도덕적 규정들을 의심해야만 한다. 더구나 이 규정들은 너무나 조야해서 어떤 현실적 행위도 그러한 규정에 부합하지 않는다. 현실적인 것은 훨씬 더 복잡하다.[38]

니체에 의하면 전통 철학의 논리적 체계들은 이러한 시도들의 잠정적

---

35) Friedrich Nietzsche, KSA 13, 16(32), 492쪽. 니체전집 21, 354쪽. 강조는 니체 자신에 의한 것임.
36) Friedrich Nietzsche, SE, KSA 1, 409~410쪽. 니체전집 2, 474쪽.
37) Friedrich Nietzsche, M, V 453, KSA 3, 274쪽. 니체전집 10, 350쪽.
38) Friedrich Nietzsche, KSA 9, 6(32), 202쪽. 11, 267쪽.

결과에 불과하다. 삶에 기여하려는 본래의 목표에 비추어 볼 때 어떤 사상도 결코 필수적이지 않다. 그렇기 때문에 니체는 전통 형이상학을 삶에 대한 중상의 학파라고 매도하면서 의심의 학파를 건설하려 하는 것이다. 우리의 삶은 우리가 생각하는 것보다 훨씬 더 복잡하기 때문에 스스로 절대성을 주장하는 어떤 사상도 의심의 대상이 된다. 이런 관점에서 보면 전통철학의 위대한 철학자들에게서 진정으로 위대한 것은 그들의 사상이 아니라 그 사상을 통해 자신의 삶을 실험하고자 했던 실험 정신인 것이다.

　전통 철학은 이러한 실험 정신에 의해 탄생했지만 그것을 망각함으로써 결국 허무주의를 야기한다. 미래의 새로운 철학이 전통 철학을 비판하면서 실험 정식을 회복하려 하는 것도 바로 이 때문이다. 그렇기에 니체는 "방황하고 실험하고 어떤 것을 잠정적으로만 받아들일 수 있는 용기를 다시 획득했다"고 말하면서 이렇게 주장한다. "우리는 우리 자신을 실험해도 된다. 그렇다 인류는 자기 자신을 실험해도 된다."[39] 철학은 인간이 자기 자신과 세계를 실험하는 방식이다. 위대한 철학자는 이러한 실험을 통해 당대의 사회에 문화적 길과 목표를 제시한다. 그는 어떤 전통과 도덕적 규범에도 구속되어 있지 않기 때문에 종종 "자유정신"으로 묘사된다. "자유로운 정신들은 삶의 다른 방식들을 시험한다."[40] 여기서 우리는 미래의 철학을 개척하는 니체의 현대성이 실험 정신에 근거하고 있음을 분명히 알 수 있다. 자유정신에게는 "시험적으로 살고 모험에 몸을 내맡겨도 된다는 위험스러운 특권"[41]이 부여된다. 니체는 바로 이와 같은 자유정신의 철학자였다. 니체는 이러한 유형의 새로운 철학자가 나타나기를 기대한다. "이러한 미래의 철학자들은 시험자Versucher로 불릴 권리를, 어쩌면 그

39) Friedrich Nietzsche, M, V 501, KSA 3, 294쪽. 니체전집 10, 376쪽.
40) Friedrich Nietzsche, KSA 9, 1(38), 14쪽. 니체전집 11, 16쪽.
41) Friedrich Nietzsche, MA I, Vorrede 4, KSA 2, 18쪽. 니체전집 7, 15쪽.

렇게 불릴 부당한 권리를 가질 수도 있다. 이 이름 자체가 결국은 하나의 시험일 뿐이며, 사람들이 원한다면 하나의 유혹Versuchung이다."[42] 니체는 자신의 철학적 실험을 통해 우리가 새로운 시도를 하도록 끊임없이 유혹하기 때문에 영원히 현대적이다.

4. 니체 실험 철학의 탈현대성과 '예술'

니체가 미래의 철학을 실험적으로 추구하는 것이 사실이라면, 그는 분명 시인이기보다는 진정한 의미에서의 철학자이다. 그는 어쩌면 논리적 체계에 갇힌 전통 형이상학을 해체함으로써 '철학적 사유' 자체를 해방시키고자 했는지도 모른다. 이성 중심의 체계에서 벗어난 사유, 거대한 이야기가 없는 의미 있는 작은 이야기들. 이러한 문제들은 우리를 니체 철학의 탈현대성으로 인도한다. 니체의 현대성이 그의 실험 정신에 있다면, 니체는 도대체 어떤 점에서 탈현대적인가? 니체는 현대적이면서 동시에 탈현대적인가?

여기서 우리는 우선 탈현대성에 관한 일반적 의미를 살펴볼 필요가 있다. 포스트모더니즘에 관한 다양한 논의에도 불구하고 포스트모더니즘에 대한 일반적으로 합의된 개념이 없는 것은 사실이지만, 포스트모더니즘은 대체로 "메타 이야기에 대한 회의"[43]로 정의된다. 포스트모더니즘의 철학자로 대변되는 리오타르는 니체와 함께 비로소 서양의 이성중심주의가 끝났다고 단언한다. 니체는 물론 의식의 이성과 몸의 이성을 구분함으로써

---

42) Friedrich Nietzsche, JGB, II 42, KSA 5, 59쪽. 니체전집 14, 73쪽.
43) J.-F. Lyotard, *Das postmoderne Wissen : Ein Bericht*(Graz · Wien : Böhlau, 1986), 14쪽. 이에 관해서는 이진우, 《이성은 죽었는가—포스트모더니즘의 철학》, 제9장을 참조할 것.

이성의 의미를 재구성할 뿐이지 이성 자체를 부정하지는 않는다. 그렇다면 니체는 현대성에 내재된 계몽 정신을 극단적으로 실현함으로써 다른 이성을 찾고자 한 것인가? 만약 니체가 현대성의 특징인 실험 정신을 계승하면서 동시에 전통 철학의 굴레인 이성중심주의에서 벗어나고자 한다면, 니체의 미래 철학은 "탈현대적 현대" 또는 "현대적 탈현대"라고 할 수 있는가?[44]

    니체의 미래 철학은 사유의 새로운 양식을 탐색한다. 전통 철학이 개념을 통해 현실을 서술하고자 했다면, 니체는 개념적으로 파악될 수 없는 것을 사유하고 서술하고자 한다. 리오타르가 〈'포스트모던이란 무엇인가?'라는 물음에 대한 대답〉에서 제시한 정의는 니체의 철학적 사유를 정확하게 말해준다. "현실성을 제공하는 것이 우리의 임무가 아니라 사유될 수는 있지만 서술될 수 없는 것에 대한 암시를 찾아내는 것이 우리의 임무라는 사실이 이제는 분명해져야 한다."[45] 이제까지는 이성적으로 파악할 수 있었던 세계를 더 이상 이성적으로 서술할 수 없다면, 우리는 이 세계를 어떻게 사유해야 하는가? 만약 이성 중심적인 서양 형이상학의 결과로 허무주의가 도래했다면, 우리는 이러한 의미의 상실을 어떻게 견뎌낼 수 있는가? 이 물음에 대해 니체는 새로운 철학적 사유의 모델로서 예술을 제시한다. 그는 예술가로서의 철학자를 염두에 두고 있는 것이다. 니체는 예술가에 관해 이렇게 묻는다. "그의 가장 심층적인 본능은 예술을 향하고 있는가, 아니면 오히려 예술의 의미인 삶을 향하고 있지는 않은가?"[46] 니체

---

44) 포스트모더니즘에 관한 철학적 논의는 실제로 포스트모더니즘을 "현대 이후의 시기"로 파악하기보다는 "현대성에 관한 성찰"로 이해하는 경향이 있다. W. Welsch, *Unsere postmoderne Moderne*(Weinheim : Acta Humaniora, 1988)를 참조할 것.

45) J.-F. Lyotard, "Beantwortung der Frage : Was ist postmodern?", *Postmoderne für Kinder : Briefe aus den Jahren 1982~1985*(Wien : Passagen, 1985), 30쪽.

에 의하면 허무주의를 통해 의미가 상실될 삶을 그래도 소망할 만한 것으로 만드는 것은 바로 예술이다. "예술은 삶의 위대한 자극제이다."[47] 따라서 예술은 허무주의에 대항할 수 있는 반대 운동으로 이해된다. 허무주의가 더 이상 하나의 의지, 하나의 의도, 하나의 의미를 세우지 않으려는 경향이라고 한다면, 예술은 근본적으로 의미 창조라고 할 수 있기 때문이다.

니체의 탈현대성은 이처럼 그가 예술의 정신으로부터 새로운 사유의 모델을 재구성하고자 하는 데 있다. 여기서 우리는 물론 전통적 의미의 예술과 니체의 예술을 구별할 필요가 있다. 칸트 이래 예술은 항상 인식의 영역과 실천의 영역을 매개할 수 있는 수단으로 여겨졌다. 그렇지만 예술은 현대화가 진행되면 될수록 진리를 추구하는 학문, 자유와 평등을 실현하고자 하는 정치, 효율성을 강조하는 경제의 영역과 마찬가지로 점점 더 자신의 고유한 영역을 구축했다. 그렇기 때문에 "예술을 위한 예술l'art pour l'art"은 바로 이러한 현대성의 산물로 인식된다. "예술 안의 목적에 맞서는 싸움은 항상 예술 안에 있는 도덕화 경향에 맞서는 싸움이며, 예술을 도덕에 예속시키는 것에 맞서는 싸움이다."[48] 니체는 예술이 다른 목적에 예속되어서는 안 되지만 예술 자체가 의미가 없거나 목적이 없는 것은 아니라고 단언한다. 니체가 예술에서 새로운 철학의 모델을 발견하는 지점이 바로 여기이다.

우리가 예술을 인정하지 않고 이러한 종류의 허위의 숭배를 고안해내지 않았다면, 일반적 허위와 거짓에 대한 통찰—이러한 통찰은 학문을 통해 지금 우

---

46) Friedrich Nietzsche, GD, Streifzüge eines Unzeitgemässen 24, KSA 6, 127쪽. 니체전집 15, 162쪽.
47) Friedrich Nietzsche, 같은 책, 같은 곳.
48) Friedrich Nietzsche, GD, Streifzüge eines Unzeitgemässen 24, KSA 6, 464쪽. 니체전집 15, 161쪽.

리에게 주어진다—, 즉 인식하고 지각하는 실존의 조건으로서의 망상과 오류에 대한 통찰을 결코 견뎌낼 수 없을 것이다. 진실성은 혐오와 자살의 결과를 가져올 것이다. 그런데 우리의 진실성은 그러한 결과를 피하게 도와주는 반대 힘을 갖고 있는데, 가상을 향한 선한 의지로서의 예술이 바로 그것이다……실존은 우리에게 예술적 현상으로서는 여전히 견딜 만하다. 그리고 예술을 통해 우리에게는 눈과 손, 그리고 무엇보다 양심이 주어져 우리 자신으로부터 그와 같은 예술적 현상을 만들 수 있는 것이다.[49]

《즐거운 학문》의 "예술에 대한 우리의 마지막 감사"라는 잠언에서 니체는 이렇게 예술을 허무주의를 치유할 수 있는 수단으로 제시한다. 여기서 니체는 허무주의가 이성 중심적 서양 학문의 결과라고 말한다. 우리는 허무주의를 인식하고 그것의 문제점을 파악하기 위해서도 학문을 필요로 한다. 니체가 근대 학문의 정신이라고 할 수 있는 계몽을 그 끝까지 몰고 가는 것도 이 때문이다. 니체는 "인식하는 사람의 행복"을 말하면서 "열정적인 정신들에게는 학문의 문을 통해 바라보는 것이 모든 매력 중에서 가장 큰 매력으로 작용한다"[50]고 강조한다. 그런데 이성이 외부 세계를 비판함으로써 회득하는 것이 진리라면, 자기 자신을 비판의 대상으로 삼음으로써 얻는 것은 진실성이다. 니체에 의하면 이러한 진실성의 결과는 세계의 가상적 성격이다. 이제까지 이성적이라고 여겨졌던 현실이 가상과 허위임이 폭로되었을 때 삶을 위해 필요한 것이 바로 예술이라는 것이다. 여기서 예술은 허무주의를 극복할 수 있는 새로운 양식의 사유로 서술되고 있다. 이런 관점을 니체는 1888년의 유고에서 다음과 같이 간단하게 표현한다.

---

49) Friedrich Nietzsche, FW, II 107, KSA 3, 107쪽. 니체전집 12, 178~179쪽. 강조는 니체에 의한 것임.
50) Friedrich Nietzsche, M, V 450, KSA 3, 273쪽. 니체전집 10, 348쪽.

"우리는 진리로 인해 몰락하지 않도록 예술을 갖고 있다."[51]

니체가 서양의 역사를 허무주의의 역사로서 폭로하는 과정에서 얻게 된 진실성은 예술적 사유의 필요성을 드러낸다. 우리가 진리라고 생각했던 현실이 하나의 가상임이 폭로되었을 때 이러한 진실을 견뎌낼 수 있게 만드는 것이 바로 예술이기 때문이다. 니체에게 예술은 세 가지 의미를 갖고 있다. 첫째는 심미적 의미에서의 예술이다. 좁은 의미의 예술로 이해되는 이 영역에서도 니체는 중심을 예술 작품에서 예술가로 옮겨놓는다. 니체가 강조하는 것은 예술 작품에 나타난 가상의 창조이다. "우리는 예술 작품을 계속 체험하고 싶어 한다!"[52] 가상의 창조를 통해서만이 보편적 가상 현실에 능동적으로 참여할 수 있기 때문이다. "예술 작품과 개인은, 세계가 발생되는 근원 과정의 반복이며, 말하자면 파도 위에서 퍼지는 파도와 같다."[53] 전통적 학문이 인간이 만들어놓은 가상을 진리로 파악한다면, 예술은 세계의 가상적 성격에서 출발한다. "예술은 가상을 가상으로 다룬다. 그러므로 기만하기를 원치 않는다. 예술은 참된 것이다."[54] 그렇기 때문에 예술은 어느 학문과 철학보다 정직하다.

둘째는 존재론적 의미에서의 예술이다. 니체에 의하면 예술이 세계를 가상으로 서술하는 것이 아니라 세계 자체가 이미 가상의 성격을 갖고 있다. "예술은 세계의 내면에 얼마나 깊이 다가갈 수 있는가? 그리고 '예술가'와 떨어져서도 예술가적 힘이 존재하는가? 이 물음은, 사람들이 알고 있는 것처럼, 나의 출발점이다. 그리고 나는 두 번째 질문에 대해서는 그렇다고 대답했다. 첫 번째 질문에 대해서는 '세계 자체는 예술과 다를 바 없

---

51) Friedrich Nietzsche, KSA 13, 16(40), 500쪽. 니체전집 21, 364쪽.
52) Friedrich Nietzsche, KSA 9, 11(165), 505쪽. 니체전집 12, 501쪽.
53) Friedrich Nietzsche, KSA 7, 7(117), 166쪽. 니체전집 4, 219쪽.
54) Friedrich Nietzsche, KSA 7, 29(17), 632쪽. 니체전집 5, 290쪽.

다'라고 대답했다."⁵⁵⁾ 세계는 예술가 없는 예술 작품이라고 생각할 수 있지만 근본적으로는 "자기 자신을 낳는 예술 작품"⁵⁶⁾이라고 할 수 있다. 니체의 이러한 입장은 초기부터 후기에 이르기까지 그의 철학적 사유를 관통한다.

셋째는 실존적–실천적 의미에서의 예술이다. 니체가 "오직 미적 현상으로서만 실존과 세계는 영원히 정당화된다"⁵⁷⁾고 말할 때의 미적 현상은 근본적으로 실천적 의미를 갖고 있다. 우리는 우리의 삶을 정당화할 수 있는 의미의 지평을 필요로 한다. 본래 정당화는 합리적 근거에 기반을 두고 있다는 점에서 심미적 현상과 대립하지만, 니체는 정당화와 미적 체험을 연결시킨다. 허무주의에 의해 모든 이성적 토대가 붕괴되고 의미가 상실되었다면, 우리에게 제일 필요한 것은 두말할 나위 없이 새로운 의미의 지평이다. 허무주의는 새로운 허구의 창조를 요구하는데, 우리가 사유하고 행하는 모든 것은 실제로 창조적 허구일 뿐이다. 그렇기 때문에 니체는 "우리의 실존 자체는 하나의 지속되는 예술가적 행위이다"⁵⁸⁾라고 단언한다.

니체가 이러한 세 가지 의미의 예술에서 미래 철학의 모델을 발견하고자 하는 것은 그가 우리 시대의 문제가 허무주의라고 인식했기 때문이다. 우리가 현대 사회의 역사적 특징을 어떻게 규정하든 "신은 죽었다"라는 명제로 대변되는 의미 상실은 현대성의 중심을 이룬다. 그렇지만 이 명제가 야기했던 지적 충격은 사라지고 이제는 이 명제가 그저 철학사의 한 귀퉁이를 장식하고 있는 것처럼 보인다. 허무주의는 이미 누구나 알고 있는

---

55) Friedrich Nietzsche, KSA 12, 2(119), 121쪽. 니체전집 19, 149쪽. 강조는 니체에 의한 것임.
56) Friedrich Nietzsche, KSA 12, 2(114), 146쪽. 니체전집 19, 146쪽.
57) Friedrich Nietzsche, GT, KSA 1, 47쪽. 니체전집 2, 56쪽.
58) Friedrich Nietzsche, KSA 7, 7(196), 213쪽. 니체전집 4, 274쪽.

평범한 문제로 전락하여, 어느 누구도 허무주의의 극복을 긴박한 문제로 생각하지 않은 것처럼 보인다. 철저하게 세속화된 현대 사회는 더 이상 신의 죽음에 관한 니체의 명제에 관심을 두지 않는다. 현대 복지 사회의 물질적, 외면적 확실성이 니체가 허무주의라는 개념으로 서술했던 문제들을 덮어버렸기 때문이다.

그러나 니체는 여전히 우리에게 "이론적, 실천적 불확실성의 철학자"[59]로서 위험하게 다가온다. 허무주의가 단순히 특정한 시대의 문제로서 간단하게 극복될 수 있는 문제가 아니기 때문이다. 니체의 허무주의는 그것이 아무리 극복된 것처럼 보일지라도 미해결 문제로 영원히 회귀하는 구체적 문제에 속하기 때문이다. 여기서 우리는 허무주의라는 개념에 집착할 필요는 없다. 소외, 아노미, 정체성의 위기, 환경 파괴, 인간 복제 등과 같이 현재 우리가 직면하고 있는 여러 문제들은 궁극적으로 철저한 의미 상실로 압축된다. 우리는 우리의 시대를 어떻게 이해해야만 하는가? 자신이 따라야 할 규범과 의미를 스스로 창조해야 하는 것이 여전히 현대성의 문제라고 한다면, 니체는 여전히 현대성의 출발점이다.

우리가 우리 자신의 시대와 싸우고 또 우리 시대의 문제가 무엇인지를 알고자 한다면, 우리는 니체를 통과할 수밖에 없다. 니체는 1888년 《바그너의 경우》의 머리말에서 현대성은 "바그너를 통해 자신 안에 있는 가장 내밀한 말을 하고 있다"고 말하면서 이렇게 말한다. "현대성은 자신의 선한 면도 숨기지 않고, 악한 면도 숨기지 않는다. 현대성은 자신을 부끄러워하는 것을 잊어버렸다."[60] 무엇이 우리 시대의 선한 면이고 또 무엇이 우리 시대의 악한 면인가? 모든 가치와 규범의 의미 상실이 악한 면이라

---

59) Reinhart Maurer, "Nietzsche und das Experimentelle", 7쪽.
60) Friedrich Nietzsche, *Der Fall Wagner*, KSA 6, 12쪽. 니체전집 15, 13쪽.

면, 새로운 가치의 정립 가능성이 우리 시대의 선한 면이다. 이처럼 니체는 새로운 철학자에게 시대의 문제를 직시할 것을 요구한다. 이 시대를 파악하고자 한다면 그리고 이 시대의 문제가 여전히 허무주의라면 더더욱 우리는 어쩔 수 없이 우선 니체주의자가 되어야 한다.

한 철학자가 자기 자신에게 가장 먼저 그리고 마지막에도 요구하는 바는 무엇인가? 자기가 사는 시대를 자기 안에서 극복하며 '시대를 초월하는' 것이다. 그렇다면 그가 가장 격렬한 싸움을 벌이는 대상은 무엇인가? 그를 그 시대의 아들이게끔 만드는 것이다.[61]

---

61) Friedrich Nietzsche, *Der Fall Wagner*, KSA 6, 11쪽. 니체전집 15, 11쪽.

참고문헌

국내 문헌

김상환 외, 《니체가 뒤흔든 철학 100년》(민음사, 2000)

김정현, 《니체, 생명과 치유의 철학》(책세상, 2006)

김정현, 《니체의 몸 철학》(지성의 샘, 1995)

니체, 프리드리히, 《니체전집》 전21권(책세상, 2000~2005)

니체, 프리드리히, 《비극적 사유의 탄생》, 이진우 옮김(문예출판사, 1997)

들뢰즈, 쥘르 · 펠릭스 가따리, 《앙띠 오이디푸스―자본주의와 정신분열증》, 최명관 옮김(민음사, 1994)

들뢰즈, 질, 《니체와 철학》, 이경신 옮김(민음사, 1988)

메르키오르, J. G., 《푸코》, 이종인 옮김(시공사, 1999)

백승영, 《니체, 디오니소스적 긍정의 철학》(책세상, 2005)

서동욱, 《들뢰즈의 철학—사상과 그 원천》(민음사, 2002)

슬로터다이크, 페터, 《냉소적 이성 비판》, 이진우 · 박미애 옮김(에코 리브르, 2005)

슬로터다이크, 페터, 《인간농장을 위한 규칙》, 이진우 · 박미애 옮김(한길사, 2004)

요나스, 한스, 《책임의 원칙 : 기술 시대의 생태학적 윤리》, 이진우 옮김(서광사, 1994)

이진경, 《노마디즘 I》(휴머니스트, 2002)

이진우, 《이성은 죽었는가―포스트모더니즘의 철학》(문예출판사, 1998)

이진우 엮음, 《포스트모더니즘의 철학적 이해》(서광사, 1993)

프로이트, 지그문트, 《정신분석 강의》, 임홍빈 · 홍혜경 옮김(열린책들, 1997)

푸코, 미셸, 《광기의 역사》, 김부용 옮김(인간사랑, 1997)

푸코, 미셸, 《지식의 고고학》, 이정우 옮김(민음사, 1992)

플라톤, 《국가》, 박종현 역주(서광사, 1997)

하버마스, 위르겐, 《새로운 불투명성》, 이진우 · 박미애 옮김(문예출판사, 1995)

하버마스, 위르겐, 《현대성의 철학적 담론》, 이진우 옮김(문예출판사, 1994)

외국 문헌

Abel, Günter, "Wissenschaft und Kunst", M. Duric · J. Simon (Hrsg.), *Kunst und Wissenschaft bei Nietzsche*(Würzburg : Königshausen & Neumann, 1986), 9~25쪽

Agamben, Giorgio, *Das Offene : Der Mensch und das Tier*(Frankfurt am Main : Suhkamp, 2003)

Allison, David B. (ed.), *The New Nietzsche : Contemporary Styles of Interpretation*(New York : Delta, 1977)

Arendt, Dieter (Hrsg.), *Der Nihilismus als Phänomen der Geistesgeschichte in der wissenschaftlichen Diskussion unseres Jahrhunderts*(Darmstadt : Wissenschaftliche Buchgesellschaft, 1974)

Beck, Ulrich, *Weltrisikogesellschaft : Auf der Suche nach der verlorenen Sicherheit*(Frankfurt am Main : Suhrkamp, 2007)

Behler, Ernst, "Nietzsche jenseits der Dekonstruktion", Josef Simon (Hrsg.), *Nietzsche und die philosophische Tradition*, Bd. 1(Würzburg : Königshausen & Neumann, 1985), 88~107쪽

Behler, Ernst, *Derrida-Nietzsche, Nietzsche-Derrida*(München : Schöningh, 1988)

Bernstein, Richard, *Beyond Objectivism and Relativism : Science, Hermeneu-tics, and Praxis*(Philadelphia : University of Pennsylvania, 1985)

Bertrand, Michèle, "Das philosophische Interesse an der Psychoanalyse", Helmuth Vetter · Ludwig Nagl (eds.), *Die Philosophen und Freud : Eine offene Debatte*(Wien · München : Böhlau, 1988), 100~118쪽

Bindschedler, M., *Nietzsche und die poetische Lüge*(Berlin : Verlag für Recht und Gesellschaft, 1966)

Blanton, S., *Tagebuch meiner Analyse bei Sigmund Freud*(Frankfurt u.a. : Ullstein, 1975).

Borsche, T., "Intuition und Imagination. Der erkenntnistheoretische Prspektivenwechsel von Descartes zu Nietzsche", M. Djuric · J. Simon (Hrsg.), *Kunst und Wissenschaft bei Nietzsche*(Würzburg : Königshausen & Neumann, 1986), 26~44 쪽

Burckhardt, J., *Weltgeschichteliche Betrachtungen*(Stuttgart : Kröner, 1969)

Carr, Karen L., *The Banalization of Nihilism : Twentieth-Century Responses to Meaninglessness*(Albany : SUNY Press, 1992)

Colebrook, Claire, *Gilles Deleuze*(London · New York : Routledge, 2002)

Conway, Daniel W., "Genealogy and Critical Method", Richard Schacht(ed.), *Nietzsche, Genealogy, Morality : Essays on Nietzsche's "Genealogy of Morals"* (Berkeley · Los Angeles · London : University of California Press, 1994), 318~333쪽

Danto, A., *Nietzsche as Philosopher*(New York : Columbia University Press, 1980)

Deleuze, Gilles, *Nietzsche and Philosophy*, Hugh Tomlinson (trans.)(New York : Columbia University Press, 1986)

Deleuze, Gilles · Félix Guattari, *Anti-oedipus : Capitalism and Schizophrenia* (Minneapolis : University of Minnesota Press, 1983)

Deleuze, Gilles · Félix Guattari, *A Thousand Plateaus*, Brian Massumi (trans.) (Minneapolis : University of Minnesota Press, 1987)

Deleuze, Gilles · Claire Parnet, *Dialogues*, Hugh Tomlinson · Barbara Habberjam (trans.)(New York : Columbia University Press, 1987)

Derrida, Jacques, *Die Schrift und die Differenz*, übersetzt von R. Gasché(Frankfurt am Main : Suhrkamp, 1976)

Derrida, Jacques, *Die Stimme und das Phänomen*(Frankfurt am Main : Suhrkamp, 1979)

Derrida, Jacques, *Grammatologie*(Frankfurt am Main : Suhrkamp, 1974)

Derrida, Jacques, "Interpreting Signatures (Nietzsche/Heidegger) : Two Questions", *Dialogue and Deconstruction : The Gadamer-Derrida Encounter*, Diane P. Michelfelder · Richard E. Palmer (eds.)(Albany : State University of New York Press, 1989), 58~71쪽

Derrida, Jacques, *Randgänge der Philosophie*(Wien : Passagen-Verlag, 1988)

Derrida, Jacques, "Sporen : Die Stile Nietzsches", W. Hamacher (Hrsg.), *Nietzsche aus Frankreich*(Frankfurt am Main : Ullstein, 1986), 129~167쪽

Derrida, Jacques, *Spurs : Nietzsche's Styles/Eperons : Les Styles de Nietzsche*(Chicago · London : The University of Chicago Press, 1979)

Djuric, M., *Nietzsche und die Metaphysik*(Berlin · New York : de Gruyter, 1985)

Dreyfus, Hubert L. · Paul Rabinow, *Michel Foucault. Beyond Structuralism and Hermeneutics* (Brighton, Sussex : The Harvester Press, 1982)

Eco, Umberto, *Nachschrift zum 'Namen der Rose'*, übers.v. B. Kroeber, (München · Wien, 1984)

Figal, Günter, *Nietzsche : Eine philosophische Einführung*(Stuttgart : Reclam, 1999)

Figl, Johann, *Interpretation als philosophisches Prinzip : Friedrich Nietzsches universale Theorie der Auslegung im späten Nachlaß*(Berlin · New York : de Gruyter, 1982), 158〜177쪽

Fischer, Kurt Rudolf, "Nietzsche, Freud und die Humanistische Psychologie", *Nietzsche-Studien*, Bd.10/11(Berlin · New York : de Gruyter, 1982), 482〜499쪽

Fleischer, Margot, *Der "Sinn der Erde" und die Entzauberung des Übermen-schen : Eine Auseinandersetzung mit Nietzsche*(Darmstadt : Wisse. Buchges., 1993)

Forget, Ph. (Hrsg.), *Text und Interpreatation. Deutsch-französische Debatte mit Beiträgen von J. Derrida, Ph. Forget, M. Frank, H.-G. Gadamer, J. Greisch und F. Laruelle*(München : Fink, 1984)

Foucault, Michel, "Critical Theory/Intellectual History", Michel Foucault, *Politics, Philosophy, Culture : Interviews and Other Writings 1977〜1984*, L. D. Kritzman (ed.), Jeremy Harding (trans.)(New York : Routledge, 1988)

Foucault, Michel, *Der Gebrauch der Lüste : Sexualität und Wahrheit 2*(Frankfurt am Main : Suhrkamp, 1989)

Foucault, Michel, *Die Ordnung des Diskurses*(Frankfurt am Main · Berlin · Wien : Suhrkamp, 1977)

Foucault, Michel, *Histoire de la folie à l' âge classique*(Paris : Gallimard, 1978)

Foucault, Michel, *Histoire de la Sexualité : L' usage des plaisirs*(Paris : Gallimard, 1984)

Foucault, Michel, *L'archéologie du savoir*(Paris : Gallimard, 1969)

Foucault, Michel, "On the Genealogy of Ethics : An Overview of Work in Progress", Michel Foucault, *Ethics : Subjectivity and Truth, Essential Works of Foucault 1954〜1984, Vol. I*, Paul Rabinow (ed.)(New York : The New Press, 1997), 252〜

280쪽

Foucault, Michel, *Surveiller et Punir : Naissance de la prison*(Paris : Gallimard, 1975)

Foucault, Michel, "The Subject and Power", Hubert L. Dreyfus · Paul Rabinow, *Michel Foucault. Beyond Structuralism and Hermeneutics*(Brighton, Sussex : The Harvester Press, 1982), 208~226쪽

Foucault, Michel, *Überwachen und Strafen. Die Geburt des Gefängnisses*(Frankfurt am Main : Suhrkamp, 1981)

Foucault, Michel, *Von der Subversion des Wissens*, Walter Seitter (Hrsg.)(Frankfurt am Main · Berlin · Wien : Ullstein, 1978)

Foucault, Michel, *Wahnsinn und Gesellschaft*(Frankfurt am Main : Suhrkamp, 1969).

Frenzel, I., *Nietzsche*(Hamburg : Rowohlt, 1966)

Freud, S., *Neue Folge der Vorlesungen zur Einführung in die Psychoanalyse*, Gesammelte Werke XV(Frankfurt am Main : Fischer, 1944)

Freud, S., *Vorlesungen zur Einführung in die Psychoanalyse*, Gesammelte Werke XI (Frankfurt am Main : Fischer, 1944)

Gasché, Rodolphe, *The Tain of the Mirror : Derrida and the Philosophy of Reflection* (Cambridge : Harvard University Press, 1986)

Gerhardt, Volker, "'Experimental-Philosophie' : Versuch einer Rekonsgtruktion", *Kunst und Wissenschaft bei Nietzsche*(Würzburg : Königshausen & Neumann, 1986), 45~61쪽

Gerhardt, Volker, *Friedrich Nietzsche*(München : C. H. Beck, 1992)

Gillespie, Michael Allen, *Nihilism before Nietzsche*(Chicago · London : The University of Chicago Press, 1995)

Grau, Gerd-Günther, *Ideologie und Wille zur Macht : Zeitgemäße Betrachtungen über Nietzsche*(Berlin · New York : de Gruyter, 1984)

Habermas, Jürgen, *Der philosophische Diskurs der Moderne*(Frankfurt am Main : Suhrkamp, 1985)

Habermas, Jürgen, "Die Moderne—ein unvollendetes Projekt", *Kleine politische Schriften I ~ IV*(Frankfurt am Main : Suhrkamp, 1981), 444~464쪽

Habermas, Jürgen, *Die Neue Unübersichtlichkeit : Kleine Politische Schrfiten V*(Frankfurt am Main : Suhrkamp, 1985)

Hamacher, W. (Hrsg.), *Nietzsche aus Frankreich*(Frankfurt am Main · Berlin, 1986).

Hegel, G. W. F., *Die Vernunft in der Geschichte*, G. Lasson (Hrsg.)(Hamburg : Meiner, 1955)

Heidegger, Martin, *Nietzsche*, 2 Bde(Pfullingen : Neske, 1961)

Heidegger, Martin, *Nietzsche : Der europäische Nihilismus*, Gesamtausgabe Bd. 48 (Frankfurt am Main : Klostermann, 1986)

Heidegger, Martin, "Nietzsches Wort 'Gott ist tot' ", *Holzwege*, Gesamtausgabe Bd. 5(Frankfurt am Main : Klostermann, 1977), 209~267쪽

Horkheimer, M. · Th. W. Adorno, *Dialektik der Aufklärung : Philosophische Fragmente* (Frankfurt am Main : Fischer, 1969)

Jameson, Frederic, *A Singular Modernity : Essay on the Ontology of the Present*(London · New York : Verso, 2002)

Jaspers, Karl, *Nietzsche. Einführung in das Verständnis seines Philosophierens*(Berlin · Leipzig, 1936)

Jonas, Hans, *Das Prinzip Verantwortung : Versuch einer Ethik für die technologische Zivilisation* (Frankfurt am Main : Suhrkamp, 1979)

Kant, I., *Kritik der reinen Vernunft*(Hamburg : Meiner, 1956)

Kaulbach, F., *Nietzsches Idee einer Experimentalphilosophie*(Köln · Wien : Böhlau, 1980)

Kimmerle, Heinz, *Derrida zur Einführung*(Hamburg : Junius, 1988)

Latour, Bruno, *Iconoclash : Gibt es eine Welt jenseits des Bilderkrieges*(Berlin : Merve, 2002).

Lee, Jin-Woo, *Politische Philosophie des Nihilismus*(Berlin · New York : de Gruyter, 1992)

Löwith, K. (Hrsg.), *Nietzsche—Zeitgemässes und Unzeitgemässes*(Frankfurt am Main · Hamburg, 1956)

Löwith, K., *Weltgeschichte und Heilsgeschehen*, Sämtliche Schriften, Bd. 2(Stuttgart : Metzler, 1983)

Lukács, Georg, *Die Zerstörung der Vernunft : Der Weg des Irrationalismus von Schelling zu Hitler*(Berlin · Weimar, 1988)

Lyotard, J.-F., *Das postmoderne Wissen : Ein Bericht*(Graz · Wien : Böhlau, 1986)

Lyotard, J.-F., "Das postmoderne Wissen", *Theatro Machinarum*, Heft 3 · 4(1982), 127~150쪽

Lyotard, J.-F., *La Condition postmoderne : Rapport sur le savoir*(Paris : Minuit, 1979)

Lyotard, J.-F., *Philosophie und Malerei im Zeitalter ihres Experimentierens*(Berlin : Merve, 1986)

Lyotard, J.-F., *Postmoderne für Kinder, Briefe aus den Jahren 1982~1985*(Wien : Passagen, 1985)

Maenauer, Beat, "Der Wille zur Perversion : Nietzsche im Dienst der Nationalsozialisten", *du*, Heft Nr. 6(1998년 6월), 62~63쪽

Mahon, Michel, *Foucault's Nietzschean Genealogy : Truth, Power, and the Subject*(Albany : SUNY Press, 1992)

Manschot, Henk, "Nietzsche und die Postmoderne in der Philosophie", Dietmar Kamper (Hrsg.), *Die unvollendete Vernunft : Moderne versus Postmoderne*(Frankfurt am Main : Suhrkamp, 1987), 478~496쪽

Marquard, Odo, Apologie des Zufälligen(Stuttgart: Reclam, 1986)

Marquard, Odo, "Genealogie", Joachim Ritter (Hrsg.), *Historisches Wörterbuch der Philosophie*, Bd. 3(Basel · Stuttgart : Schwabe, 1974)

Marquard, Odo, *Transzendentaler Idealismus, Romantische Naturphilosophie, Psychoanalyse* (Köln, 1987)

Maurer, Reinhart, "Nietzsche und das Experimentelle", Mihailo Djuric · Josef Simon (Hrsg.), *Zur Aktualität Nietzsches*, Bd. I(Würzburg : Königshausen & Neumann, 1984), 7~28쪽

May, Keith M., *Nietzsche on the Struggle between Knowledge and Wisdom*(London : St. Martin's Press, 1993)

McCarthy, Thomas, "Private Irony and Public Decency : Richard Rorty's New Pragmatism", *Critical Inquiry* 16(1990)

Miller, J. Hillis, "The Critic as Host", *Deconstruction and Criticism*(New York : Seabury Press, 1979), 216~253쪽

Mistry, Freny, *Nietzsche and Buddhism : Prolegomena to a Comparative Study*(Berlin · New York : de Gruyter, 1981)

Montinari, M., *Nietzsche lesen*(Berlin · New York : de Gruyter, 1980)

Morrison, Robert G., *Nietzsche and Buddhism : A Study in Nihilism and Ironic Affinities* (Oxford · New York : Oxford University Press, 1997)

Müller-Lauter, Wolfgang, *Nietzsche : Seine Philosophie der Gegensätze und die Gegensätze seiner Philosophie*(Berlin · New York : de Gruyter, 1971)

Müller-Lauter, Wolfgang, "Nietzsche und Heidegger als Nihilistische Denker : Zu Gianni Vattimos 'postmoderner' Deutung", *Nietzsche-Studien*, Bd. 27(1998), 52~81쪽

Müller-Lauter, Wolfgang, *Über Werden und Wille zur Macht : Nietzsche-Interpretationen I* (Berlin · New York : de Gruyter, 1999)

Nancy, Jean-Luc, "Unsre Redlichkeit! Über Wahrheit im moralischen Sinne bei Nietzsche", W. Hamacher (Hrsg.), *Nietzsche aus Frankreich*(Frankfurt am Main · Berlin, 1986), 169~192쪽

Nehamas, Alexander, *Nietzsche : Life as Literature*(Cambridge, Mass. : Harvard University Press, 1985)

Nehamas, Alexander, "Nietzsche, Modernity, Aestheticism", *Internationale Zeitschrift für Philosophie* 2(1994), 180~200쪽

Nehamas, Alexander, "The Genealogy of Genealogy : Interpretation in Nietzsche's Second Untimely Meditation and in On the Genealogy of Morals", Richard Schacht (ed.), *Nietzsche, Genealogy, Morality. Essays on Nietzsche's "Genealogy of Morals"* (Berkeley · Los Angeles · London : University of California Press, 1994), 269 ~283쪽

Nietzsche, Friedrich, *Sämtliche Briefe : Kritische Studienausgabe in 8 Bänden*, Giorgio Colli · Mazzino Montinari (Hrsg.)(München · Berlin · New York : de Gruyter · dtv, 1986)

Nietzsche, Friedrich, *Sämtliche Werke : Kritische Studienausgabe in 15 Bänden*, Giorgio Colli · Mazzino Montinari (Hrsg.)(München · Berlin · New York : de Gruyter · dtv, 1980)

Oldenberg, H., *Buddha. Sein Leben, seine Lehre, seine Gemeinde*, 2nd ed.(Berlin, 1890).

Ottmann, Henning (Hrsg.), *Nietzsche Handbuch. Leben-Werk-Wirkung*(Stuttgart · Weimar : Metzler, 2000)

Platon, *PoliteiáDer Staat*, 442a, *Werke in acht Bänden, Griechisch und Deutsch*, Vierter Band(Darmstadt : Wissenschaftliche Buchgesellschaft, 1971)

Pöggeler, Otto, "'Nihilist' und 'Nihilismus'", *Archiv für Begriffsgeschichte*, Bd. XIX,

197~210쪽

Popitz, Heinrich, *Phänomene der Macht*(Tübingen : Mohr, 1986)

Rajchman, John, *Michel Foucault : The Freedom of Philosophy*(New York : Columbia University Press, 1985)

Rajchman, John · Cornel West (eds.), *Post-Analytic Philosophy*(New York : Columbia University Press, 1985)

Ricoeur, P., *Die Interpretation : Ein Versuch über Freud*(Frankfurt am Main : Suhrkamp, 1974)

Riedel, M., "Nachwort", Friedrich Nietzsche, *Die Philosophie im tragischen Zeitalter der Griechen*, M. Riedel (Hrsg.)(Stuttgart : Reclam, 1994), 199~227쪽

Ries, Wiebrecht, *Nietzsches Werke : Die grossen Texte im Überblick*(Darmstadt : Wissenschaftliche Buchgesellschaft, 2008)

Rorty, Richard, *Consequences of Pragmatism*(Minneapolis : University of Minnesota Press, 1982)

Rorty, Richard, *Contingency, irony, and solidarity*(Cambridge : Cambridge University Press, 1989)

Rorty, Richard, *Essays on Heidegger and Others : Philosophical Papers Volume 2*(Cambridge : Cambridge University Press, 1991)

Rorty, Richard, *Objectivity, Relativism, and Truth : Philosophical Papers Volume 1*(Cambridge : Cambridge University Press, 1991)

Rorty, Richard, *Philosophy and the Mirror of Nature*(Princeton : Princeton University Press, 1979)

Ross, Werner, "Vorwort", Johann Prossliner, *Das Lexion der Nietzsche-Zitate*(München : DTV, 2001), 8~10쪽

Safranski, Rüdiger, *Nietzsche*(München · Wien : Hanser, 2000)

Safranski, Rüdiger, "Über Nietzsche. Einleitung", Friedrich Nietzsche, *Nietzsche*, ausgew. und vorgestellt von R. Safranski(München : Diederichs, 1997), 15~51쪽

Schacht, Richard (ed.), *Nietzsche, Genealogy, Morality. Essays on Nietzsche's "Genealogy of Morals"*(Berkeley · Los Angeles · London : University of California Press, 1994)

Scheer, Brigite, "Die Bedeutung der Sprache im Verhältnis von Kunst und Wissenschaft bei Nietzsche", M. Djuric · J. Simon (Hrsg.), *Kunst und Wissenschaft bei Nietzsche*(Würzburg : Königshausen & Neumann, 1986), 101~111쪽

Schlaffer, Heinz, *Das entfesselte Wort. Nietzsches Stil und seine Folgen*(München : Hanser, 2007)

Schrift, Alan, *Nietzsche and Question of Interpretation*(New York : Routledge, 1990)

Schrift, Alan D., *Nietzsche's French Legacy. A Genealogy of Poststructuralism*(New York · London : Routledge, 1995)

Schwan, Alexander (Hrsg.), *Denken im Schatten des Nihilismus. Festschrift für Wilhelm Weischedel zum 70. Geburtstag*(Darmstadt : Wissenschaftliche Buchgesellschaft, 1975)

Simon, Joef, "Der gewollte Schein. Zu Nietzsches Begriff der Interpretation", M. Djuric · J. Simon (Hrsg.), *Kunst und Wissenschaft bei Nietzsche*(Würburg : Königshausen & Neumann, 1986), 62~74쪽

Simon, Josef, "Nietzsche und das Problem des europäischen Nihilismus", *Nietzsche kontrovers III*, R. Berlinger · W. Schrader (Hrsg.)(Würzburg : Königshausen & Neumann, 1984), 9~37쪽

Sloterdijk, Peter, *Der Denker auf der Bühne : Nietzsches Materialismus*(Frankfurt am Main : Suhrkamp, 1986)

Sloterdijk, Peter, *Kritik der zynischen Vernunft*(Frankfurt am Main : Suhrkamp, 1983)

Sloterdijk, Peter, *Regeln für den Menschenpark*(Frankfurt am Main : Suhrkamp, 1999)

Sofsky, Wolfgang, *Das Prinzip Sicherheit*(Frankfurt am Main : Fischer, 2005)

Solomon, Robert C., "Nietzsche, Nihilism, and Morality", Robert C. Solomon (ed.), *Nietzsche : A Collection of Critical Essays*(Notre Dame, Ind. : University of Notre Dame Press, 1980), 202~225쪽

Stegmaier, Werner, *Nietzsches 'Genealogie der Moral'*(Darmstadt : Wiss. Buchges, 1994)

Tejera, V., *Nietzsche and Greek Thought*(Dordrecht : Martinus Nijihoff, 1987)

Vattimo, G., *Das Ende der Moderne*(Stuttgart : Reclam, 1990)

Vattimo, G., *Jenseits vom Subjekt. Nietzsche, Heidegger und die Hermeneutik*(Graz · Wien : Passagen, 1986)

Weber, M., *Wirtschaft und Gesellschaft*(Tübingen : Mohr, 1972)

Wellmer, A., *Zur Dialektik von Moderne und Postmoderne — Vernunft-Kritik nach Adorno*
 (Frankfurt am Main : Suhrkamp, 1985)

Welsch, Wolfgang, *Unsere postmoderne Moderne*(Weinheim : Acta Humaniora, 1988)

Welsch, Wolfgang, *Vernunft : Die zeitgenössische Vernunftkritik und das Konzept der transversalen Vernunft*(Frankfurt am Main : Suhrkamp, 1995)

찾아보기 | 인명 · 서명

161

니체,
실험적 사유와
극단의 사상

초판 1쇄 펴낸날 | 2009년 7월 5일
초판 3쇄 펴낸날 | 2015년 4월 10일

지은이 | 이진우
펴낸이 | 김직승
펴낸곳 | 책세상

주소 | 서울시 마포구 광성로1길 49 대영빌딩 4층(121-854)
전화 | 영업부 02-704-1251 편집부 02-3273-1333
팩스 | 02-719-1258
이메일 | bkworld11@gmail.com
등록 1975. 5. 21 제1-517호

ISBN 978-89-7013-725-4 93160

책값은 뒤표지에 있습니다.
잘못된 책은 바꿔드립니다.

이 도서의 국립중앙도서관 출판시도서목록(CIP)은 서지정보유통지원시스템 홈페이지
(http://seoji.nl.go.kr)와 국가자료공동목록시스템(http://www.nl.go.kr/kolisnet)에서
이용하실 수 있습니다.(CIP제어번호 : CIP2015009991)